KB068979

경제사개설

Economic History

■ ■ ■

김호범 저

박영사

사실을 연구하기 전에 역사가를 연구하라. … 역사가는 역사의 일부이다. …
역사가는 역사책을 쓰기 이전에 이미 역사의 산물이다.

— E. H. Carr —

역사가 언제나 진보하는 것은 아니다. 퇴보할 때도 있다. 그러나 그 후진은 앞으로 나아가기 위한 고통이다. 현재 세계를 풍미하고 있는 보수주의적 분위기도 긴 역사에서 바라보면 그럴 터이다.

역사에서 진보란 무엇인가? 이것이 사회과학과 인간 역사를 공부하는 우리가 가지는 가장 기본적인 질문이다. 역사의 진보는 인간의 자유와 평등이 확대되는 과정이다. 얼핏 보아 이 두 가지는 상충되는 개념 같지만 역사에서 이 둘은 수레의 두 바퀴처럼, 마치 동전의 양면처럼 우리의 삶과 역사가 지향해 온 목표였다. 이 두 가치는 인간이 인간답게 살 수 있도록 하는 인권 문제로 수렴될 것이다.

역사의 이해에서 가장 기본적인 국면은 무엇일까? 그것은 당연히 경제이다. 물론 경제가 모든 것을 결정하지는 않는다. 정치와 문화, 예술과 사상 등 복합적이고 종합적인 요인들이 복잡하게 얽혀서 오늘날 우리의 삶을 형성했기 때문이다. 거기에는 뛰어난 선각자나 지도자의 부정할 수 없는 영향력이 결정적으로 작용할 때도 있었고, 일반 민중의 뜻이 그들을 뛰어넘어 역사적 발전을 이룩해 온 적도 있었다. 그러나 경제가 이 모든 것을 만들지는 않았지만 가장 중요한 요소였다는 사실만은 부정할 수 없다. 이 책은 이러한 문제를 염두에 두고 인류경제의 발전 과정을 이해하는 데 도움이 되도록 서술하려고 했다.

첫째, 본서는 학술 논문이 아님에도 많은 각주를 달아두었다. 인류의 경제 발전을 다각도로 이해하기 위해서는 경제뿐만 아니라 정치사나 사회사에 대한 지식을 필요로 한다. 각주에서는 이러한 사항들을 정리해 두었으므로 본문과 함께 읽어보기를 권한다.

둘째, 이해를 돕기 위하여 지명과 성명, 조약 등의 명칭을 되도록 원어로 표기하고 관련되는 연도도 기록했다. 부득이한 경우에는 영어로 표기했다. 특히 경제적 상황을 이해하는 데 도움이 되도록 인물들의 생몰 연대도 찾아서 기록하였다.

셋째, 역사연구의 생명은 역사사실에 대한 해석의 다양성에 있을 것이다. 다양한 견해를 나름대로 정리하고자 했지만 재독해보니 역시 한 측면만 부각하지 않았나 하는 반성을 하게 된다. 누락된 지역의 역사를 포함한 경제발전의 역사가 되도록 다음 저서에서는 세계경제사를 저술하고 싶다는 것이 저자의 능력에 넘치는 욕심이다.

끝으로 본서를 출간해 준 박영사와 편집을 맡아 준 배근하 선생님을 비롯한 관계자, 그리고 교정에 참여해 준 김수진, 김현욱 선생에게 깊이 감사드린다.

2015년 12월

저   자

차 례

제1장 경제사학의 기본 개념

| 제 2 장 | 원시사회의 경제 |

| 제 3 장 | 고대사회의 경제 |

제 4 장   봉건사회의 경제

제 5 장   봉건경제의 해체

제6장 중상주의와 세계시장의 지배

제 7 장　자본주의 경제의 확립

제 8 장　독점자본주의의 형성

제 9 장　현대자본주의의 형성

제10장　사회주의경제의 성립

제11장 고도성장기의 세계경제

제12장 전후 경제체제의 붕괴

제1장

경제사학의 기본 개념

경제사학의 기본 개념

경제사학의 개념 및 연구 배경

1. 경제사학의 개념

경제사학은 한마디로 경제의 역사를 연구하는 학문이다. 세계적 경제사 학술지인 *Economic History Review*의 창간호(1927년)에서 영국의 경제사학자 W.J. Ashley(1860~1927)는 경제사란 "물질적 생활의 기초에 관해 실제적으로 이루어진 인간 실천의 역사"라고 한다.[1] N.S.B. Gras(1884~1956)도 같은 호에서 "경제사는 인간이 생계를 얻는 여러 방법의 역사"라고 한다. 나아가 그는 "경제 분야는 궁극적으로 다른 분야에 영향을 주거나 결정하기 때문에 인류역사의 가장 근본적인 부분"이라고 주장한다.[2] 즉 경제사란 인간이 생존하기 위하여 생활자원을 확보해 온 경제 활동의 역사이며, 역사학 중에서도 경제현상의 발전

---

1) W.J. Ashley, "The Place of Economic History in University Studies," *Economic History Review,* Vol. Ⅰ, No.1, 1927, p.1.

2) N.S.B. Gras, "The Rise and Development of Economic History," *Economic History Review*, Vol. Ⅰ, No.1, p.12.

과정을 연구하는 학문이라 하겠다.

　경제사연구는 시대와 지역에 따라서 그 분석 대상이 되는 경제현상이나 경제적 조직이 달랐기 때문에 각 시기, 각 지역의 경제적 특징에 대한 이해를 필요로 한다. 예를 들어, 아주 오랜 옛날인 원시시대에 인류는 돌칼, 돌도끼와 같은 석기나 동물의 뼈를 갈아서 만든 골각기나 단단한 나무막대기 정도를 생산도구로 사용하였다. 이러한 사회에서는 생산수준이 낮아서 생활이 매우 불안정했기 때문에 수십 명씩 공동체를 이루어 살았고, 열매 따기나 사냥과 같은 생산활동에 구성원 모두가 동원되고 먹거리도 거의 균등하게 나누어 먹었다. 똑같이 나누어 먹더라도 배불리 먹는 것은 거의 불가능했고 먹을 것이 없을 경우에는 하루, 이틀씩 굶는 것이 예사였다. 생산수준이 지극히 낮았기 때문에 평등한 사회였다. 원시시대 말기에 농업이 발명되고 금속기가 사용되면서 경제생활에는 한결 여유가 생겼다. 농업의 시작과 금속기 사용으로 생산기술이 획기적으로 개선되어 원시시대와는 비길 바가 없이 생산수준이 크게 향상되었다. 잉여가 남게 되자 구성원 모두가 일을 하지 않아도 되었는데, 일하지 않아도 되는 지배계급 혹은 지배집단이 등장하고 다른 쪽에는 노예 혹은 생산물을 바쳐야만 하는 예속적 집단이 생겨났다. 소비생활에서도 균등분배가 사라지고 배를 곯는 자와 유복한 자로 차별화되었다. 생산은 물론 분배와 소비생활의 형태가 근본적으로 달라진 것이다. 오늘날의 자본주의 사회를 생각해보면 이전 사회와의 차이는 더욱 명확해진다. 거의 모든 생산에는 기계와 로봇이 동원되어 인간노동을 대체하고 있으며 생산성도 엄청나게 높다. 자본가는 이윤을 획득하고 대부분의 노동자들은 임금을 받아서 경제생활을 영위한다. 전근대시대의 자급자족생산 형태는 완전히 사라졌고 모든 재화와 서비스는 오로지 판매를 위해서 생산된다. 최빈곤국만 아니라면 소비자들은 이전보다 훨씬 유복한 소비생활을 누리는 것이 일반적이고, 자산가들은 서민들보다 엄청나게 많은 금융자산을 투자한다. 이러한 사회에서는 공동체가 완전히 해체되어 존재하지 않는다. 이렇게 본다면, 경제사학은 시대별로 달리 나타난 경제현상과 경제조직, 즉 경제구조가 변천되어 가는 과정을 생산의 기술수준, 노동형태, 경제조직 및 분배구조 등의 측면에서 연구하는 학문이라고 하겠다.

경제현상을 드러내는 경제조직 혹은 경제구조가 시대별로만 다른 것이 아니다. 거의 같은 시기에 유사하거나 동일한 경제구조가 서로 멀리 떨어진 여러 곳에서 나타나는 경우도 있고, 동일한 시기에 지역에 따라 경제구조가 전혀 다르게 나타나는 경우도 있는데, 이것은 발전과정에서 일반적으로 나타난 현상이다. 예를 들면, 아시아에서는 비슷한 시기에 메소포타미아, 나일강, 인더스, 황하지역에서 비슷한 시기에 한 공동체가 다른 공동체들을 지배하는 같은 형태의 인류 최초의 문명이 나타났다. 2, 3천 년이 지난 뒤에야 지중해 연안의 그리스 도시국가와 로마에서 노예제가 등장했지만, 인류 최초로 문명이 발달했던 지역에서는 여전히 공동체가 공동체를 지배하는 형태가 지속되고 있었다. 영국에서 산업혁명이 진행될 때 동유럽이나 동아시아에서는 여전히 봉건적 토지소유제도가 일반적이었다. 그리하여 유럽경제사, 동양경제사와 같은 지역사를 연구할 수도 있고, 각 민족 및 국가를 기준으로 한 경제의 발전과정을 서술할 수도 있을 것이며, 지역별 경제구조의 차이를 역사적으로 비교하는 비교경제사를 연구할 수도 있다.

그런데 경제문제나 혹은 경제현상은 순전히 경제문제로만 나타나지 않는 것이 일반적이다. 경제현상임에도 불구하고 표면적으로는 정치·사회적 문제인 것으로 비쳐지는 경우가 많고, 사회·문화적 현상 또한 그 근저에 경제적 측면을 깔고 있는 경우가 적지 않다. 더구나 자본주의 이전의 사회에서는 소득, 소비, 저축, 투자, 이윤과 같은 경제변수가 명확하게 드러나지 않고 사회문화적 요소로 포장되어 나타나는 것이 대부분이다. 따라서 경제사의 연구는 일반적으로 경제현상이라고 생각되는 것만을 대상으로 하는 것에 그치지 않고 모든 문화와 사회현상의 경제적 측면에 대한 연구를 필요로 한다.

2. 경제사 연구의 배경

1) 경제사 연구의 의의

명칭에서 직감할 수 있듯이 경제사학은 경제학과 역사학이란 두 학문의 중간 영역에 서 있기 때문에 역사학의 한 영역이다. 그러므로 경제사학이 존재하는 이유는 역사를 연구하는 이유와 하등 다르지 않다.

왜 역사를 연구하는가? 과거를 통해 현재를 이해하고자 하기 때문이다. 영국의 유명한 경제사학자인 R.H. Tawney(1880~1962)가 역사란 현대사라고 한 것[3]은 역사연구의 의의는 현재에 대한 관심에 있으며 현재야말로 역사연구의 출발점이라는 것을 의미한다.

왜 역사연구가 현대사의 의미를 지니고 있을까? 첫째, 이것은 현재적 관점에서 지나온 과거를 되돌아보기 때문이다. 현재를 살고 있는 우리가 물리적으로 과거로 되돌아가서 역사적 사실들을 살펴보는 것은 불가능하다. E.H. Carr(1892~1982)는 "우리가 '역사란 무엇인가?'라는 질문에 대답하려고 할 때, 우리의 대답은 의식적으로든 무의식적으로든 우리 자신의 시대적 위치를 반영"하게 된다고 한다.[4] 즉, 역사를 쓴다는 것은 역사사실을 현재의 시점에서 해석한다는 것을 의미한다. 둘째, 역사가는 지나온 모든 역사적 사실들을 분석대상으로 삼지 않는다. 그렇게 할 수도 없다. 현재의 관점과 관심에서 의미가 있다고 생각되는 것을 연구대상으로 삼을 뿐이다. 가령, 과거로 돌아가 어떤 사건을 당시에 연루된 여러 사람들의 입장에서 이해한다고 하더라도 최종적 평가는 현재의 입장에서 내리게 된다. 그래서 역사는 현재의 관점에서 서술되며, "새로운 현재의 새로운 연구"에 의해 개정을 거듭하게 된다. 역사란 현재적 관점에서의 해석이며 현재적 요구와 맞닿아 있기 때문이다.

좀 더 구체적인 예를 들어보자. 고대 아시아 사회에 대한 연구 초기에 많은 역사가들은 아시아 사회에서는 중요한 생산수단에 대해 사적 소유가 없고 전제국가가 가혹하게 수탈하여 낭비해 버렸기 때문에 생산자의 근로의욕이 꺾여 생산력이 정체되고 후진성이 초래된 것은 필연적이었다고 주장했다. 이러한 역사적 시각은 아시아 사회의 내적 발전 동력을 부정한 것으로 유럽 제국주의의 식민지 침략이론을 정당화했다. 그러나 오늘날에는 아시아 사회의 내재적 발전과정을 밝히는 연구 성과가 축적되어 제국주의적 지배를 합리화하는 논리는 거의

---

3) R.H. Tawney, *The Study of Economic History*(經濟史の研究, 『經濟史の方法』, 弘文堂, 1969), p.41.
4) *What Is a History?*(김택현 옮김, 『역사란 무엇인가』, 까치, 2014, 39쇄), p.17.

사라졌다. 같은 역사적 사실을 두고 해석이 완전히 바뀐 것이다. 한국경제사에서 전근대사회의 농업기술의 발전이나 상공업의 발전을 논하는 것 또한 이러한 맥락과 일치하는 것으로서 궁극적으로 오늘날 고도성장을 달성한 한국사회의 발전 배경을 이해하기 위한 것이라 할 수 있다.

이러한 예는 이미 밝혀진 역사적 사건일지라도 시대가 변하면 다시 그것에 대한 새로운 역사해석이 개시될 수 있다는 것을 의미하는 것임을 보여준다. 때로는 이전에는 현재와 전혀 관계없이 보였던 사실들이 상황이 반전되어 현재를 결정한 요소로 밝혀지는 수도 있다. 단순히 '과거'에 지나지 않는다고 여기던 것들이 이제는 현재를 설명할 수 있는 역사적 배경이 되어버리는 것이다. 역사학자들이 과거사를 현재의 선상에서 이해하려는 이유는 바로 여기에 있다. 이렇게 볼 때, 현재의 입장에서 역사를 쓴다는 것은 스스로 역사를 만드는 주체로서 문제의식을 가지고 역사사실을 해석한다는 것을 뜻한다.

그러면 지나간 역사적 사건을 해석하는 오늘날(현재)의 지향점은 어디에 맞닿아 있는 것일까? 다시 말하면, 궁극적으로 어떤 가치를 현대 사회가 달성해야 할 과제로 설정하고 과거의 역사를 해석할 것인가? 그것은 바로 자유와 평등 그리고 인권이다. 이 세 가지 지향점은 근대 산업사회가 발전해온 과정에서 형성된 모든 인류의 달성 목표이다. 이 문제의식이 중요한 이유는 그 지향점을 어디에 두느냐에 따라 인간과 사회에 관한 모든 학문의 성격이 결정되기 때문이다. 오늘날 모든 국가 간, 지역 간, 인종 간, 민족 간, 계층 간에 발생하는 정치적, 사회적, 경제적, 종교적인 모든 문제들 중 이 세 가지 슬로건과 전혀 관련 없는 것이 얼마나 되는가? 근대사회 이후에 형성된 이 세 가지 가치는 어쩌면 앞으로도 영원히 달성할 수 없는 목표일지도 모른다. 그래서 이것은 사회과학과 인문과학 등 모든 학문이 항상 지향해야 하며 특히 지나간 과거를 현재의 관점에서 해석하는 학문에서는 항상 염두에 두어야 할 가치인 것이다. 경제사 연구 역시 이 책임에서 당연히 벗어날 수 없다 하겠다.

2) 역사연구의 기준과 다양성

우리가 역사라는 용어를 자주 사용하지만 실제로 역사라는 말에는 두 가지

의미가 포함되어 있다. 하나는 역사적 사실이고 다른 하나는 서술된 역사이다. 역사적 사실은 '존재로서의 역사'로서 과거로부터 현재에 이르는 사건의 경과 혹은 역사과정 그 자체이다. 이것은 '사실(事實)로서의 역사'이다. 반면, 서술된 역사는 사건의 경과에 대한 기술(記述)이다. 전자가 객관적이라면 후자는 주관성을 포함한다. 흔히 우리는 특정한 역사적 사건을 언급하면서 그 사건의 모든 역사적 과정을 알고 있는 것처럼 착각한다. 그러나 완벽한 역사적 사실을 보여주는 자료, 즉 모든 것을 보여주는 서술된 역사는 없다. 실제로 우리가 접하는 역사란 것은 대부분 서술된 역사 중의 일부분에 지나지 않는다.5)

역사연구는 역사적 실체를 복원하는 작업에서부터 시작한다. 역사연구가는 일차적으로 역사적 실체를 복원하기 위해서 유물이나 유적을 탐색하기도 하고 기록을 검토하기도 한다. 그런데 역사가가 접하는 공사(公私)의 문서나 연대기, 역사서, 일기류, 신화, 전설 등의 기록물에는 조금이라도 기록을 남긴 자의 주관이 개입되어 있다. 가령, 철학자 Aristoteles(B.C.384~B.C.322)는 노예지배를 정당화하기 위해 노예란 살아있는 도구이며 가축 정도로밖에 유용하지 않다고 했다. 오늘날 인종차별주의자나 인신매매범이 아니고서는 도저히 할 수 없는 발언을 유명한 고대 철학자가 하고 있는데, 이런 발언은 노예제가 생산기반인 아테네 시민의 입장에서 한 것이다. 이에 비해 건축물, 비석을 비롯한 유적이나 유물, 풍습, 관습 등은 좀 더 객관적인 자료이다. 하지만 유물이나 유적 등도 오랜 세월이 흐르면서 자연적으로 마모되어 없어진 것도 있고, 의도적으로 없애버리거나 파괴한 것도 적지 않기 때문에 역사를 재구성할 때 많은 주의를 요한다. 역사학자가 접하는 사료들은 서술된 역사의 범주에서 벗어나지 못하고 관련된 사건의 일면만을 보여주는 경우가 대부분이기 때문이다.

이렇게 완벽한 사료란 없기 때문에 역사가 자신이 어떤 철학과 관점에 서 있는가에 따라 분석 대상으로 삼을 역사적 사건의 선택과 해석에 차이가 생길 수밖에 없다. 기록을 남기는 인간은 누구나 역사적 존재로서 자신을 둘러싼 경

---

5) G. Barraclough는 '우리가 배우는 역사는, 비록 사실에 기초하고는 있다고 해도, 엄격히 말하면 결코 사실 그것이 아니라 널리 승인된 일련의 판단들이다'라고 말하고 있다고 한다. E.H. Carr, 앞의 책, p.14.

제·정치·사회·문화적 환경으로부터 자유롭거나 독립적일 수 없으며, 이는 역
사적 진실을 추구하는 역사가도 마찬가지이기 때문이다. 이와 관련하여 E.H.
Carr는 다음과 같이 말한다.

> "역사가도 필연적으로 선택을 하게 된다. … 사실을 연구하기 전에 역
> 사가를 연구하라. … 역사가는 역사의 일부이다. … 교육자 자신이 반드시
> 교육을 받는다는 것을 잊어서는 안된다. … 역사가는 역사책을 쓰기 이전에
> 이미 역사의 산물이다."[6]

 이와 같이 서술된 역사의 불완전성과 역사가의 입장에 따라 역사해석이 다
양할 수밖에 없고, 역사해석의 변화 또한 불가피한 일이다. 그리고 이것은 역사
서술의 개편 그 자체에 역사연구의 생명이 있다는 것을 의미한다. 단일한 역사
해석은 있을 수 없으며 역사해석의 단순화는 역사연구의 원칙을 어기는 일인
것이다.
 한편, 역사자료의 선별이나 해석을 위해서는 이론적 기준이 필요하다. 역사
를 구성하기 위해서는 다양한 역사적 사실로부터 실체를 복원해야 한다. 그렇
다고 역사가는 모든 역사적 사실들을 분석하지 않는다. 역사가는 알아야 할 가
치가 있다고 생각되는 사실들에 대해서만 사료를 수집하고 분석하려 한다. 이
때 어떤 기준에 의해 어떤 사료를 수집하고 분석하여 객관적이고도 종합적인
경제사상(經濟史象)을 구성하는가 하는 문제에 부닥치게 된다. 특정한 사회관계
속에서 일어난 특정한 역사적 사건을 이해하기 위해서는 이와 관련된 모든 사
람과 이해집단의 입장을 보여주는 사료가 있어야 하지만, 실제로 그러한 사료
는 존재하지 않는다. 역사사실을 기록했던 역사가조차도 어떤 입장을 대변하기
마련이다. 예를 들면, 유럽의 중세사회에 대한 기록은 종교적 성격을 띠고 있으
며, 문자로 남겨진 우리나라의 많은 사료들은 유교적 색채로 포장되어 있다. 더
욱이 전근대에서 경제는 자본주의경제와 달라서 경제적 분석 대상이 될 만한
자료들이 독립적으로 존재하지 않는 경우가 적지 않다.

---

6) E.H. Carr, 앞의 책, p.22, p.40, p.58, p.64.

"구슬이 서말이라도 꿰어야 보배"라는 속담이 있다. 이론의 도움 없이 사료만을 긁어모은다고 역사가 서술되는 것이 아니다. 어떤 측면의 역사이든 해당 분야의 이론적 도움 없이 역사적 분석은 불가능하다. 이는 법률이론에 대한 지식이나 군사이론을 알지 못하면 법제사와 전쟁사를 기술할 수 없는 것과 마찬가지라고 할 수 있겠다. 경제이론은 다양한 측면의 역사사실을 보여주는 수많은 사료 중에서 경제사적 가치가 있는 사료를 선별하고, 그 사료들이 함축하고 있는 경제사적 의미를 평가할 수 있게 한다. 예를 들면, 자본주의적 지대와 봉건지대의 차이점을 정확하게 알고 있다면 봉건사회의 기본원리를 보다 쉽게 이해할 수 있다. 즉 경제이론은 경제의 역사적 분석에 유용한 여러 가지 개념적 도구는 물론 사료의 선택과 해석 기준을 제공해 주는 것이다.

경제사가 서술된다 하더라도 경제사학자들이 복원한 내용이 모두 일치하는 것은 아니다. 이는 학자의 입장에 따라 사료선택과 해석에서 차이가 날 뿐만 아니라 역사서술에 주관이 개입되기 때문이다. 그리고 다양한 서술내용은 상호 간의 논쟁과 비판을 통해 역사적 실체의 파악에 기여하게 된다. 경제학에서 역사서술의 다양성은 역사인식을 제고하고 경제사학을 발전시키는 결정적 요인이라고 하겠다.

제 2 절 경제사학의 학문적 위치

사회과학은 당연히 사회현상을 대상으로 사회의 각 분야의 운동원리를 연구하는 것을 목적으로 한다. 사회과학에는 경제학 이 외에도 정치학, 법학, 사회학, 행정학, 경영학 등의 여러 분야가 있다. 사회과학은 왜 존재하는 것일까? 그것은 자연과학이 존재하는 이유와 비슷하다. 자연법칙에 대한 과학적 지식이 없다면 자연현상을 보더라도 자연현상을 이해할 수 없다. 자연현상 그 자체 스스로가 자연법칙을 그대로 드러내 보이지 않기 때문이다. 사회현상 역시 그 근저에 깔려있는 본질을 있는 그대로 표출하지 않고 은폐하는 경우가 대부분이다. 만약 사회적 현상을 보는 것만으로 그 원인과 성격을 꿰뚫어 볼 수 있다면

사회과학이 필요하지 않을 것이다. 사회문제에 대한 원인과 성격을 나름대로 파악한 것을 전제로 사회과학은 제기되는 문제에 대해 비로소 바람직한 대책과 전망을 제시하게 된다.

사회과학 속의 경제학은 어떤 위치에 있는 것일까? 인류가 살아온 사회는 단순히 개인의 집합체가 아니다. 거기에는 정치, 경제, 사회, 문화 등의 여러 측면에서 이해관계를 달리하는 집단들이 항상적으로 대립하거나 경쟁해 왔다. 이 중에서 경제는 특정 개인의 영향력이 상대적으로 적고 개인적 의지를 벗어난 사회집단의 힘이 상대적으로 크게 작용한다. 이런 측면에서 경제학은 사회과학 중에서 사회현상을 가장 법칙적으로 설명한다. 경제학은 사회과학 중에서도 가장 중요한 기초학문으로서의 위치를 차지하고 있는 것이다.

경제학을 구분하는 방법에는 여러 가지 기준이 있지만 연구방법과 목적에 따라 경제이론과 경제사, 경제정책의 세 가지로 분류할 수 있다. 경제이론은 여러 경제현상 사이에 작용하고 있는 변수들의 인과관계를 구명하며, 주로 현단계의 자본주의경제의 운동법칙을 밝혀내는 것을 과제로 한다. 경제사학은 경제의 역사적 전개 과정에 관심을 두고 각 시대와 지역의 경제구조가 어떻게 변화했는가를 이해하고자 한다. 경제정책은 밝혀진 경제원리를 토대로 바람직한 경제상태를 창출하고자 하는 데 이용되는 분야이다. 경제사학과 경제이론은 실증경제학, 경제정책은 규범경제학의 범주에 속한다.[7]

경제사학은 경제이론과 어떤 관계에 있는 것일까? 결론부터 말하자면, 이 두 분야는 상호 간에 보완적 관계를 형성하고 있다. 일반적인 경제이론의 분석 방법은 경제사학과 달리 무시간적이고 초역사적이지만 경제이론에서 개발된 개념들을 경제의 역사적 연구에 제공하는 경우가 적지 않다. 경제사학 역시 역사적 분석을 통해서 추상적인 경제이론의 타당성을 검증하고, 검증 결과 새로이 확인된 지식을 이론에 제공한다. 이러한 과정을 통해서 경제학이 현실과 유리되거나 경험과학에서 벗어나는 것을 방지할 수 있다는 면에서 경제사학과 경제

---

7) 경제사와 경제이론은 실증경제학(實證經濟學, positive economics)으로서 존재하고 있거나 존재한 사실을 그대로 파악하려고 하는 존재(存在, Sein)에 관한 학문이며, 경제정책은 바람직하게 존재해야 할 목표를 다루는 당위(當爲, Sollen)에 관한 규범경제학(規範經濟學, normative economics)에 속한다.

이론 양자는 상호보완적이다.

　　마지막으로 경제사학은 역사학 및 경제학에서 어떤 영역을 차지하고 있을
까? 경제사학은 경제학의 한 분야이면서도 역사학에 속하기 때문에 양자의 중
간영역에 위치한다. 그러나 이 말은 경제사학이 경제학과 역사학에서 필요한
부분을 병렬적으로 엮어놓았다는 뜻이 아니다. 경제사학은 그 분석방법이 다양
한 경제이론에 근거하고 있다는 점에서 역사학 일반과는 다르며, 경제의 역사
적 분석에 필요한 고유의 개념적 도구를 갖추고 있다. 이를 바탕으로 경제사학
은 단순히 경제이론이나 경제정책에 봉사하는 것이 아니라 독자적 연구영역을
확립해 왔다. 경제학이 사회과학에게 가장 중요한 기초 지식을 제공하는 것처
럼 경제사학 역시 정치 및 문화 등 여러 부면의 역사적 현상을 연구하는 데 필
수적인 기본 정보를 제공한다. 그러나 경제 이외 분야의 역사를 이해하는 것 또
한 인간의 역사를 객관적으로 이해하는 중요한 전제이다. 만약 이 점을 간과하
면 경제사학은 인과론적 기계론(因果論的 機械論)에 빠지게 될 것이다.

제3절　경제사학의 여러 학파

　　경제사에 대한 연구가 정치사, 문화사나 경제학 일반으로부터 벗어나 사회
과학의 중요한 분야로서 성립한 것은 겨우 지난 100여 년간의 일이다. 경제학
을 처음으로 발전시킨 고전파 경제학자들은 대학에서 경제학을 강의하지 않았
다. 국부론의 A. Smith(1723~1790)는 Glasgow대학에서 도덕철학을 가르쳤으며,
비교우위론을 만든 D. Ricardo(1772~1823)의 직업은 주식중매인, J.S. Mill(1806~
1873)은 동인도회사의 서기였다. 경제학이 가장 먼저 발전한 영국에서 경제학이
대학의 교과목으로서 자리잡은 것은 19세기 후반이었다. W.S. Jevons(1835~
1882)는 Manchester의 Owens College 및 University College London에서 경제
학을 강의할 수 있었고, A. Marshall(1842~1923)은 모교인 University of Cambridge
에서 경제학 교수직을 맡았다.[8] 경제사는 20세기 초에 영국에서 강의하기 시작

---

8) J.H. Clapham, *The Study of Economic History*(小松芳喬 監修, 『經濟史の方法』, 弘文堂,

했다. 그리고 제2차 세계대전 이후에는 대학의 증가와 더불어 연구자가 세계적
으로 증가하였는데 영국뿐만 아니라 미국, 이탈리아, 일본 등 세계 각국에서 저
명한 경제사학자들이 나타났다.[9]

경제사는 A. Smith의 국부론을 계기로 고전학파가 등장하면서 본격적으로
연구되기 시작하여 독일의 역사학파를 거쳐 통계적 기법을 이용하는 계량경제
사로 발전되어 왔다. 여기서는 각 학파의 경제사 연구의 특징을 중심으로 경제
사학의 발달과정을 살펴보기로 한다.

1. 계몽주의 및 고전학파

전근대의 유럽에서 경제에 관한 연구는 대부분 정치윤리학이나 신학 등의
부문에서 다루어졌다. 예를 들면, 유럽의 중세에는 경제행위의 규범을 정치 및
도덕이나 종교에서 구하고 있었기 때문에 '가격이 어떻게 성립하는가'가 아니라
'어떤 가격이 공정한가'를 밝히는 문제에 집중되었다. 이후 중상주의시기에 다
수의 경제사적 연구서가 간행되었지만 역시 단편적인 성격을 크게 벗어나지 못
했다.[10]

東京, 1969), pp.4-5.

9) 1910년에 영국 Manchester대학에서 G. Unwin이 비로소 경제사 강좌를 담당하였으며,
University of Cambridge의 J.H. Clapham 교수(1873~1946)는 1928년에 취임강의를 하였다.
이후 영국 경제사학계에서는 거장 R.H. Tawney(1880~1962), E. Power(1889~1940), M.M.
Postan(1899~1981), T.S. Ashton(1889~1968), J. Habakkuk(1915~2002), F.J. Fisher, W.
K. Hancock(1898~1988), J.D. Chambers(1898~1971), S. Pollard(1925~1998) 등이 뒤를
이었다.

10) 초기의 선구적 업적으로서는 영국의 서 윌리엄 템플이 1672년에 쓴『네덜란드에 관한 제고
찰』(Observations upon the United Provinces), 1674년 존 이블린의『항해 및 통상, 그 기
원과 발전』(Navigation and Commerce, their original and Progress), 1716년 피에르 다니
엘 유에의『고대상업사』(History of the Commerce of the Ancients)와 1717년『네덜란드의
상업에 대한 각서』(Memoir on the Commerce of the Dutch), 1711년 토머스 머독스의『국
고의 역사』(History of the Exchequer), 1742년 흄의『고대제국가의 인구조밀에 대하여』(Of
the Populousness of Ancient Nations), 1747년 존 스미스의『농촌상업의 연대기, 즉 양모
에 관한 각서』(Chronicon Rusticum Cpmmerciale, or Memoir of Wool), 1763년 아담 앤더
슨『상업의 기원에 관한 역사적 및 연대기적 추론』(Historical and Chronological
Deduction of the Origins of Commerce), 1767년 제임스 스튜어트의『정치경제학의 제원
리에 관한 일연구』(An Inquiry into the Principles of Political Economy) 등이 있었다.

17, 18세기의 단편적 경제사연구들이 보다 객관적 시각으로 전개된 것은 계몽주의시대이다. 그 이전의 역사는 왕조나 교회의 역사이거나 영웅이나 위대한 정치가 혹은 성인의 위업을 찬양함으로써 교훈을 주려는 정치도구로 이용되었다. 계몽주의시대의 역사는 주로 일반시민의 생활 속에 존재하는 보편적 원리를 나름대로 합목적적, 법칙적으로 발견하고자 했다. 이를 위해 계몽주의자들은 일반시민들의 생활, 생산력의 발달과 이로 인한 사회변천, 그리고 통상교역·풍속·도덕·법률 등 인간생활과 관련되는 모든 문화현상을 취급하였다. 가령, Montesquieu(1689~1755)는 『법의 정신』에서 "기후의 힘은 어떤 권력보다도 강하다"라고 하여 기후 조건이 제민족의 생활과 그 사회체제의 성격을 규정한다고 강조한다. 그의 주장은 인간생활이 신의 섭리에 의존한다는 중세의 봉건적, 교회적 관념을 부정한 것으로 신의 뜻에 따라 경제생활이 결정된다는 신학적 관념론을 극복하는 데 크게 보탬이 되었다. 그러나 이러한 유형의 주장은 인간이 스스로의 노력에 의해 새로운 경제적 단계로 나아갈 수 있는 능력을 간과함으로써 자칫 숙명론(宿命論)으로 귀착될 수 있는 소지 또한 품고 있다.

계몽주의적 역사관의 특징을 다음과 같이 요약할 수 있다. 첫째, 경제생활의 형성을 나름대로 인과법칙적으로 해명하려 했다. 인과관계를 이용했다는 것은 역사를 보다 객관적이고 합리적으로 파악하고자 한 것이며, 진보의 관념을 도입한 것이다. 이런 점에서 근대역사학 및 경제사연구의 발전에 선구적 역할을 했다. 둘째, 자연과학적 방법에 영향을 받아 경제현상을 인간에게 공통되는 이성의 발현으로 보았고 경제발전도 모든 인류에게 보편적인 것으로 파악하였다.

계몽주의적 경제사관은 영국의 고전학파에 계승되어 경제사학의 위상을 더욱 공고히 했다. 경제사연구를 경제문제의 해명에 더욱 중요하게 다룬 저작은 A. Smith의 『국부론』(An Inquiry into the Nature and Causes of Wealth of Nations, 1776)이다. 국부론은 경제이론과 경제사학, 경제정책을 포괄하는 불후의 명저이다. D. Hume(1711~1176) 등의 계몽주의적 진보사상을 계승한 A. Smith는 국부론에서 생산적 활동과 분업의 진전이 교역을 발달시키고 자본(stock)을 증대할

위의 책, pp.5-10.

것이므로 원시사회가 자연성장적으로 문명사회 즉 시민사회로 이행할 것을 기대한다.

국부론의 제3편과 제4편은 경제사에 해당한다. A. Smith는 여기서 도시와 도시상업의 흥망사를 연구하고 중상주의 및 중농주의를 비판한다. A. Smith의 중상주의 비판에 대해서 살펴보자. 그는 중상주의가 특권적 무역상에게 독점적 지위를 부여함으로써 자유거래를 방해한다고 주장하고 중상주의적 국가개입에 반대하고 자유방임주의의 필요성을 역설한다. A. Smith가 살았던 시기는 이미 1640년에 청교도혁명에 의하여 절대왕정이 무너지고 국내적으로 길드체제가 해체되는 등 봉건적 독점이 사라진 뒤였다. 그렇지만 대외적으로는 점차 통제권을 상실하고 있었지만 동인도회사의 무역특권은 여전히 살아있었다. 사실 그의 중상주의에 비판은 여전히 중상주의가 횡행하던 경쟁국들을 다분히 의식한 것이라 할 수 있다. 사회구성원 각자의 이익추구활동을 통한 생산성 향상이 국부 증가로 연결되기 위해서는 생산물이 자유롭게 교환될 수 있도록 외국이 시장을 개방해야 하기 때문이다. A. Smith는 중상주의 비판을 통해서 자유무역이 교역국 모두에게 이익이 된다는 자유무역론을 확인하고 있는 것이다. 이와 같이 그는 자유방임주의의 필요성을 강조하고 특권적이고 독점적인 지위를 부정하고 있다.

A. Smith가 국부론에서 경제사에 대한 연구를 한층 진전시켰지만, 자신의 이론적 정확성을 검증하는 수단으로서 사용했기 때문에 경제사가 독자적 분야로서 확립되기에는 아직 미흡했다. A. Smith는 인류의 경제발전 그 자체에 관심을 둔 것이 아니었다.

2. 역사학파

1) 배경 및 특징

역사학파는 1840년대부터 20세기 초에 걸쳐 독일에서 형성되었던 경제학파이다. 역사학파는 독일의 사회경제가 처한 상황에서 파생되는 문제를 심각하게 인식하고 그 이전과는 다른 경제사 연구의 방법을 제시하였다.

19세기 전반에 영국은 이미 산업혁명을 완수한 최초의 공업국가이자 세계의 공장으로서의 위용을 드러내고 있었다. 반면에, 독일은 봉건적이고 권위주의적 전통이 뿌리 깊게 남아있어서 정치적, 경제적으로 영국이나 프랑스보다 매우 후진적이었다. 역사학파는 이 같은 문제점을 극복하기 위하여 다양한 형태의 경제를 연구하여 경제의 발전과정을 설명하고 대책을 제시하고자 했다. 즉, 여러 경제를 비교하여 유형별로 정리한 후 발전단계를 설정하고, 각 발전단계의 특징을 설명하고 나서 대책으로서 경제이론과 정책을 제시하였다. 그러므로 역사학파 특유의 경제사관은 경제발전단계론에 집적되어 있다고 해도 과언이 아니다. 이렇게 역사학파의 여러 학자들이 인류의 모든 발전과정을 단계론으로 파악한 궁극적 목적은 당시 독일의 후진성을 극복하는 데 있었던 것이다. 역사학파도 고전파처럼 경제사연구 그 자체가 목적은 아니었지만, 경제발전단계론의 정식화를 위해 처음으로 인류 경제의 모든 발전과정을 구명하려 했다는 점에서 경제사학의 독자적 지위 확립에 크게 공헌했다 하겠다.

역사학파의 연구에 나타난 특징은 다음과 같다. 첫째, 경제발달의 전과정을 몇 단계로 나누어 경제 발달의 대요를 간명하게 파악할 수 있는 기준을 제시한다. 발전단계론을 제시했다는 것은 고전학파와 마찬가지로 진보의 관념을 도입한 것이다.

둘째, 인간의 역사에서 존재한 다양한 경제형태를 유형화하는 귀납적 방법을 사용하고 있다. 이에 비해 영국의 고전학파는 보편적 법칙을 상정하고 이를 연역적으로 증명하는 방법론을 사용한다.

셋째, 역사학파의 방법론은 경제생활을 대체로 국민이라는 입장에서 파악하고자 하였다. 역사학파의 발전단계론의 궁극적 목적은 독일의 경제적 후진성을 설명하고 그것을 극복하는 데 있었다. 따라서 국민 혹은 민족이 처한 입장에서 경제를 바라보게 되어 국가의 강력한 지도력을 강조하게 된다. 가령, 역사학파의 시조인 Friedrich List(1789~1846)는 생산력이 최고로 발휘되는 것은 한 나라의 국민경제가 농공상상태에 도달했을 때이므로 독일과 같이 공업이 미발달된 나라에서는 경제에 대한 인위적 정책의 개입이 필요하다고 한다.

역사학파가 경제의 변천사를 연구했다는 점에서 경제사학의 발전에 기여한 바가 적지 않지만, 다음과 같은 몇 가지 문제점이 있다. 첫째, 역사학파는 한 단계에서 다른 단계로 이어지는 계기(繼起)를 중요시하고 있으나, 특정 단계가 어떻게 성장해서 소멸하고 다음 단계로 이행하는가 하는 인과관계에 대한 설명이 부족하다. 이것은 여러 형태의 유형화를 바탕으로 발전단계를 연결해 놓은 데서 나타난 현상이다. 뿐만 아니라 역사학파는 모든 사실을 단계론의 도식에 집어 넣었기 때문에 구체적 사실이 사상(捨象)되어 버려, 어느 특정 단계의 모든 경제사상(經濟事象)이 그들이 내리는 정의와 완전히 동일하지 않은 경우가 적지 않다.

둘째, 경제를 국민의 입장에서 파악하려 했기 때문에 발전의 동인을 민족 혹은 민족정신으로 설명하려 했다. 그 결과 역사학파적 방법론은 실증적인 면에서 끊임없는 비판을 받게 되었다.

이런 문제점이 있지만, 역사학파는 근대자본주의의 기원 및 도시경제, 국민국가의 형성, 중상주의 등에 관한 연구 등을 통해서 초기 경제사연구의 발전에 크게 공헌했다. 또한 고전학파의 보편주의적 경제이론에 대항하여 각 국민경제를 경제분석의 단위로 삼고 고유의 경제정책의 과제를 해명하기 위하여 발전단계론을 최초로 도입한 점, 경제발전법칙을 해명하기 위해 역사사실의 연구를 중요시 했다는 점 등도 현대 경제사학의 발흥에 크게 기여한 부분이라 하겠다.

2) 리스트의 발전단계론

여기서는 역사학파의 선구자인 Friedrich List의 주장을 살펴보기로 하자. 먼저 영국 고전파의 시조인 A. Smith는 절대우위론(絕對優位論)에 기초하여 자유무역론을 주장하였는데, 이는 영국 산업자본가의 경제적 이해를 대변한 것이다. 당시의 상황에서 최강의 공업국인 영국은 독일의 산업에 매우 위협적인 존재였다. 이에 대해서 List는 그의 주저 『정치경제학의 국민적 체계』에서 국민경제의 발전과정을 야만상태 – 유목상태 – 농업상태 – 농공상태 – 농공상상태로 나누고 보호무역을 실시할 것을 주장했다.[11] List는 그가 설정한 다섯 단계 중에서 영국은 농공상상태에 있으므로 영국의 자유무역은 당연하지만, 독일은 농공

---

11) Friedrich List, *Das nationale System der politshen Ökonomie*, 1841.

상태에 있으므로 보호관세를 실시하여 상공업을 육성할 것과 국민적 분업과 국
민적 생산제력을 통합하기 위한 유치산업보호정책이 필요하다고 역설하였다.[12]
List의 연구는 일국의 경제조직 및 국제경제관계가 산업발전 단계에 따라 다른
상태로 나타난다는 사실을 지적했다고 하는 점에서, 그리고 경제상황에 따라
정책수단이나 정책적 함의를 달리할 것을 제시했다고 하는 점에서 경제이론과
경제사학의 발전에 중요한 공헌을 했다.

　　List의 국민경제에 대한 연구는 구역사학파에 계승되었는데, 대표자인
Hilderbrand(1812~1878)는『현재 및 장래의 국민경제학』[13]에서 경제발전을 교
환의 측면에서 관찰하여 자연경제 – 화폐경제 – 신용경제의 3단계로 정의하였
다.[14] 역사학파는 19세기 말부터 제1차 세계대전에 걸쳐 신역사학파의 시대를
맞이하였다.[15] Gustav Schmoller(1838~1917)는『역사적 의의에서의 중상주의』와
『국민경제학요강』에서 정치조직을 모든 단계의 경제발달을 좌우하는 요인으로
보고, 촌락경제 – 도시경제 – 영역경제 – 국민경제의 4단계를 설정하고 후에 여기
에다 세계경제를 더하였다. K. Bücher(1847~1930)는『국민경제의 성립』에서 봉쇄
적 가내경제 – 도시경제 – 국민경제로 나누었다. 이 신역사학파는 경제학의 과제
를 개개인이 통일된 하나의 유기체를 이루고 있는 국민경제의 생성과 발전의 법
칙을 밝히는 데 두었다. 독일의 신역사학파에 의해서 경제사는 더욱 활력을 띠게
되었는데, Schmoller 문하에서 공부한 Inama – Sternegg(1843~1908)은 세계 최
초의 경제사개설서인『독일경제사』(1889~1901)를 저술하였다.

---

12) List는 농업상태 이후 외국무역과의 관계되는 산업발달의 상태를 ① 공업품을 수입하고 식료
　　품 및 원료품을 수출하는 농업발달의 시대, ② 공업품의 수입에 따라 국내에 공업이 발달하
　　는 시대, ③ 국내공업품을 가지고 거의 국내수요를 충족할 수 있는 시대, ④ 공업품의 대부
　　분을 수출하고 식료 및 원료를 수입하게 되는 시대로 나누었다.
13) Bruno Hildebrand, *Die Nationalökonomie der Gegenwart und Zukunft*, 1848.
14) 구역사학파 중에서 W. Roscher(1817~1894)와 K. Knies(1821~1898)는 발전단계론에 그다
　　지 관심을 기울이지 않았다.
15) Gustav Schmoller, K. Bücher, L. Brentano(1844~1931) 등이 대표적 학자이다.

3. 마르크스학파

경제학은 Marx학파의 출현에 의해서 새로운 발전을 경험하였다. Marx경제학은 18세기 후반부터 시작되는 영국의 산업혁명과 19세기에 본격적으로 전개되는 유럽의 공업화를 배경으로 하여 등장하였다. Marx학파는 역사발전의 근본적 추진력이 물질적 생산력이라고 하는 유물사관을 바탕으로 자본주의의 운동원리를 분석하고자 한다. Marx(1818~1883)는 『자본론』에서 영국의 자본주의를 집중적으로 분석하여 자본주의에 고유한 운동법칙을 밝히고, 이를 다른 생산양식과 대비함으로써 각 사회체제의 성격을 명확히 이해하는 데 커다란 도움을 주었다.

Marx는 『독일이데올로기』(1846), 『철학의 빈곤』(1847), 『공산당선언』(1848), 『경제학비판』(1848) 등에서 사적 유물론에 근거하여 원시공산제사회-고대노예제사회-중세봉건제사회-자본주의-사회주의로 인류역사가 발전한다고 하는 발전단계론을 제시하였다. 그는 사회적 생산력과 이에 대응하는 생산관계의 통일적 표현이 생산양식이며, 사회의 토대를 이루는 생산양식의 총체 위에 법률, 정치, 사상 등의 상부구조가 확립되는데, 생산력이 높아짐에 따라 인간사회는 점차 높은 발전단계로 나아간다고 생각하였다. 이와 같이 Marx학파는 물질적 생산력이 변화함에 따라 하나의 사회조직 내지 경제형태도 생성·발전·소멸된다고 하는 관점에서 경제의 발전과정을 설명한다. 따라서 정신 혹은 국가라고 하는 이념이 역사를 지배한다고 하는 역사학파의 견해에는 비판적이다.

Marx학파도 세계사적 관점에서 역사학파처럼 경제발전단계론을 제시했다. 그러나 물질적 생산력과 같은 개념을 사용하여 발전의 동인을 파악하려고 했다는 점에서 민족 혹은 민족정신을 강조한 역사학파와는 근본적으로 다르고, 관념론에 근거하여 역사발전을 설명하려는 방법론을 극복하는 데 결정적으로 기여했다 할 수 있다. Marx학파에 대한 비판에도 불구하고 유물사관적 방법론이 계기가 되어 구체적 역사사실의 탐구와 함께 특수적·개별적 연구가 촉진되었다는 점은 경제사학의 연구에 남긴 커다란 공적이다.

한편, 영국의 M. Dobb(1900~1976)이 발간한 『자본주의 발전연구』(*Studies*

in the Development of Capitalism, 1945)를 계기로 미국의 P.M. Sweezy(1910~ 2004) 사이에 벌어진 자본주의이행논쟁은 국제적인 논쟁으로 확대되어 경제사연구에 많은 업적을 남겼다. 또한 제3세계 빈곤의 원인을 밝히려 했던 종속이론(從屬理論)계열의 논의와 그 외 다양한 학파의 활동은 서유럽에 편중되어 있던 경제사를 세계적인 시야로 넓힘으로써 세계경제사를 위한 기초를 닦는 데 크게 공헌한 것으로 평가할 수 있다.

4. 경제성장사학

제2차 세계대전이 끝난 후 경제성장이론을 경제사연구에 적용한 학자들이 등장하여 자기들의 연구결과를 식민지를 경험한 국가들의 경제발전정책에 원용하는 등 경제사학은 실용적인 면에서 새로운 국면을 맞이하였다. 근대경제학의 창시자인 Alfred Marshall(1842~1924) 이후 신고전파계열의 경제학은 역사학파나 Marx학파의 방법론과는 완전히 달리 비경제적 요인을 제외한 경제적 요인만으로서 치밀한 이론을 전개하였다. 이러한 방법론 때문에 근대경제학은 사회 전체에 대한 구조적 이해를 가능케 하거나 그 경제이론으로써 경제사를 구성하는 일은 거의 없었다. 그러나 제2차 세계대전이 끝나자 후진국의 경제발전을 어떻게 달성할 것인가 하는 문제가 과제로 등장하였다. 경제발전론이 대두한 것은 제2차 세계대전 이후 독립을 쟁취한 후진국들이 적극적으로 경제개발을 추진하기 시작하였고, 냉전체제 속에서 양 진영이 제3세계에 대한 영향력을 확대하기 위하여 치열하게 경쟁했기 때문이다. 선진국 경제학자들의 발전론은 대체로 1950년대 중반 이후 본격적으로 전개되는데, 이는 서방의 선진국들이 이 시기에 이르러서 전후의 경제복구를 달성하여 자본에 여력을 가질 수 있었던 것과도 관계가 깊다.

후진국의 빈곤문제를 해결하기 위해서 먼저 공업화를 달성한 선진국의 성장 경험을 이론화한 발전론이 활발히 전개되었다. R. Nurkse(1907~1959)의 균형성장론(Theory of balanced growth), A.O. Hirschman(1915~2012)의 불균형성장이론(Theory of unbalanced growth), A. Lewis(1915~1991)의 이중구조적 발전이론

(Dualistic model of development) 등이 그것이다. 그런데 이러한 경제발전이론들은 선진공업국의 경험을 바탕으로 전근대적 부문이 근대화되는 과정을 집중적으로 분석하기 때문에 분석틀을 근대경제학의 단기적·정태적 분석으로부터 장기적·동태적 방법으로 전환시키는 것을 필요로 하였다. 이리하여 경제성장사학은 경제이론과 수량적 방법을 동원하여 경제사학의 새로운 분야로서 발전하였다.

경제성장사학은 서방의 선진제국이 근대적 공업화를 시작하기 직전인 18세기 내지 19세기의 경제통계에 대한 자료를 정리하여 그 추세를 분석하였다. 이러한 연구에는 러시아 태생의 미국 경제학자 S. Kuznets(1901~1985), 영국의 Phillis Deane(1918~2012)과 Cole, 독일의 W.G. Hoffmann(1903~1971) 등이 중심적 역할을 담당하였다.[16) 그리고 W.W. Rostow(1916~2003)와 C.P. Kindleberger (1910~2003) 등은 국가별·국제적 비교를 통하여 경제성장 요인을 분석하였다. 또한 Colin Clark(1905~1989)와 Hoffman은 제1차산업, 제2차산업, 제3차산업으로 나누거나 소비재생산부문 및 자본재생산부문으로 구분지어 산업구조의 고도화를 설명하였다.

경제성장이론을 이용하여 경제사를 연구한 미국의 대표적 경제학자 Rostow에 대해 살펴보자. Rostow는 그의 유명한 저서 『경제성장의 제단계』[17)에서 성장단계를 전통사회 – 도약(이륙)준비단계 – 도약(이륙)단계 – 성숙단계 – 고도대중소비단계로 구분하였다. 그는 서구의 역사학계에서는 이미 고려의 대상에서 멀어졌던 발전단계설을 새로이 성장이론에 포함시키고, Marx의 발전단계론을 부정한다는 뜻에서 '반공산당선언'이라고 부제(副題)를 붙였다. 그가 경제성장의 마지막 단계를 고도대중소비단계로 규정한 것 또한 경제성장의 마지막 단계가 대중소비가 이루어지는 자본주의사회임을 강조한 것이다.

Rostow의 발전단계론은 후진국의 발전 문제와 관련되어 크게 주목을 받았으나, 기능적 분석에 치우쳤다는 점에서 단점을 안고 있다. 즉 선진국의 경험에서 추출하여 하나의 단계에서 다음 단계로 이행하는 과정을 기능적으로 공식화했기 때문에 구체적으로 어떻게 구조변화가 달성되는지를 이해하기 어렵다. 예

---

16) 쿠즈네츠는 이들의 협력을 얻어 1966년에 『근대경제성장의 분석』을 출간하였다.

17) W.W. Rostow, *The Stages of Economic Growth – A Non – Communist Manifesto*, 1960.

를 들면, 도약단계에서는 투자가 국민소득의 5% 미만에서 10% 정도로 되며(출발점으로부터 60년), 도약 완료 후 40년이 지나면 성숙단계가 되는데 이 단계에서 국민소득의 10~20%가 투자되면 내구소비재와 서비스에 기초한 고도대중소비단계로 진입한다고 보았다. 그러나 경제를 이끌어가는 선도부문(先導部門)에 의한 전·후방연관효과(前·後方聯關效果)의 개념이나 도약을 촉진하는 전제조건으로서 해외시장의 발전, 과학기술의 진보, 사회적 간접자본의 충실, 농업생산력의 증대, 기업가정신 등이 기능적으로 강조되고 있을 뿐 이행과정에 대한 충분한 설명이 부족하다. 더구나 식민지를 경험한 후진국의 전통사회를 유럽과 동일시하고 있고 제국주의적 지배로 인해 왜곡된 사회적, 제도적, 국제경제적 장애요인에 대해서는 거의 언급하지 않고 있다. 그렇지만 도약단계 혹은 산업혁명과 그 전제조건인 농업생산력의 향상 등에 관한 연구를 새로이 이끌었다는 점, 특히 국민소득 등 정량분석(定量分析)이 가능하도록 각종의 자료와 지표를 제공함으로써 경제사의 비교연구에 새로운 시각을 제공한 것은 현대 경제사학에 발전에 기여한 점이라 할 수 있다.

5. 계량경제사학

계량경제사학(econometric history) 혹은 신경제사(new economic history)는 1960년대 이후 주로 미국에서 크게 발전해 왔다. 계량경제사는 임금·국민소득·물가 등 각종의 통계자료를 단순히 이용하는 것으로만 만족하지 않고, 컴퓨터를 이용하여 수집된 자료를 계량경제학적 방법으로 가공·정리하고, 주로 근대경제학의 이론을 응용하여 경제사를 재구성하고자 한다.

경제사학에 통계적, 계량적 방법이 이용된 것은 이미 제2차 세계대전 이전부터였다. 경제이론과 경제사학을 연구하여 계량경제사학의 성립에 커다란 공헌을 한 것은 Hoffmann이다. 즉 Hoffmann은 경제통계를 역사적 과정의 분석에 이용하여 경제사를 저술하였다.[18]

---

18) 대표적 저서로 『산업화의 단계와 유형』(*Stadien und Typen der Industrialisierung, Jena, 1931*) 및 『1700년부터 현재에 이르는 영국공업경제의 성장과 성장형태』(*Wachstum und*

그러나 전후에 근대경제이론과 계량경제학을 도입한 새로운 경제사가 본격적으로 성립한 것은 미국에서였다. 기존의 경제사학은 인류의 경제발전에 관해 많은 업적을 이루었지만 역사적 사실들을 통계적으로 실증하는 작업은 그다지 활발하지 못했다. 미국의 경제학자들은 기존의 경제사에서 언급된 이론이나 가설을 계량경제학을 이용하여 검증하는 연구를 활발히 진행하였다. 계량경제사학을 신경제사라고 부르는 것도 이렇게 기본의 역사학적 방법에서 탈피한 연구방법이라는 뜻을 담고 있다. 계량경제사학은 현대경제이론이 설명하는 서구세계의 경제성장과 발전에 대해서 계량경제학적 방법을 사용하여 여러 이론을 검증하고 경제사를 새로이 재구성하는 것을 목표로 하고 있다.

계량경제사학의 대표적 연구자로서는 미국의 D.C. North(1920~2015)와 Robert W. Fogel(1926~2013)을 들 수 있다.[19] 먼저 North가 제기한 유럽의 가격혁명(價格革命) 연구사에 대한 비판을 살펴보자. 그는 유럽경제사의 연구는 경제성장의 개념에 대해서 ① 자원을 보다 충분히 이용한 결과로서의 생산량의 성장, ② 투입량의 증가에 의한 산출량의 증가, ③ 투입단위당의 산출량 및 생산성의 증가라는 세 가지를 구분하고 있지 않으며, 인플레이션과 성장, 디플레이션과 불황의 상관관계에 대한 통계적·이론적 근거를 결하고 있다고 한다. 그는 16세기 유럽에서 인구증가 및 농업생산물의 증가에 필요한 실질비용이 현저하게 상승함으로써 식료품가격 및 지대의 상승, 실질임금의 하락이 이루어졌다고 주장한다. 이런 식으로 그는 경제이론으로부터 획득할 수 있는 결과를 통계자료를 통해서 검증하고 있는 것이다.

Fogel은 『철도와 미국의 경제성장』(1964)에서 철도가 부설되지 않은 경우라는 '사실에 반하는 가정'하에서 공업부문의 수요감소, 운송비용의 상승 등의 움직임을 추계하여 국민소득이 5% 정도만 감소한다는 결론을 내림으로써 철도

---

*Wachstumsformen der englischen Industriewirtschaft von 1700 bis zur Gegenwart, 1940)*를 출간하여 주목을 받았다. 『공업의 부문별 임금구조』(*Die branchenmässige Lohnstrukur der Industrie*)에서 경제발전 및 노동시장에 관한 경제사연구에 커다란 이정표를 세웠으며, 『19세기 중엽이후 독일의 경제성장』(*Das Wachstum der deutschen Wirtschaft seit der Mitte des 19. Jahrhunderts*)을 발간하여 공업국의 장기적 경제성장에 관한 자료편찬 뿐만 아니라 독일경제사의 계량적 분석에 대한 획기적 업적을 남겼다.

19) 두 사람은 1993년 노벨경제학상을 공동수상했다.

건설이 경제발전을 주도했다고 하는 통설을 비판하였다. 또한 그는 S. Angerman
과 함께 작성한 『고난의 시대』(1975)에서 미국 남부지역의 노예제가 북부의 임
금노동보다 생산성이 높았으며, 때문에 남부지역의 경제성장에 크게 기여했다
고 통설을 뒤집었다.

이 연구 방법의 특징으로서는 첫째, 경제이론에 의거하여 1차 자료를 가공
하고 계량적 기법을 동원하여 빠진 자료를 재구성하며, 둘째, 경제이론 특히 신
고전파의 가격이론을 주로 이용하며, 셋째, 경제사학에서 통설로 인정되고 있는
사실에 반대되는 가설을 세워서 이를 계량적 기법으로 검토·비교한다는 점을
들 수 있다. 계량경제사학은 계량경제학이라는 새로운 방법을 동원하여 종래의
통설을 계량적 수법을 동원하여 비판적으로 재검토했기 때문에 경제사학계에
커다란 충격과 거부반응을 불러 일으켰다.

계량경제사학의 문제점으로는 다음과 같은 사항이 지적되고 있다. 신경제
사에서 사용하는 통계자료는 다양한 제약조건하에서 나타난 역사적, 문화적 소
산이다. 현존 자료란 것도 매우 우연하게 남겨진 경우도 있고 조작된 것도 있기
때문에 엄밀하게 사료를 비판해야 한다. 누락된 통계를 추정하여 적용할 때에
도 추정방법에 따라서 전혀 다른 결론이 나올 수도 있다. 뿐만 아니라 자본주의
사회에 적용되는 근대경제이론 모형을 계량적으로 설정하여 무리하게 적용할
경우, 실제의 역사와는 완전히 동떨어진 결론을 이끌어 낼 수도 있다. 특히 계
량경제사학은 계량기법에 매몰되어 여러 가지 제도적 요소를 분석 대상에서 제
외하기 때문에 역사를 왜곡한 '준역사(準歷史)'(quasi-history)에 지나지 않는다는
혹평을 받기도 한다.

제 4 절 기본 개념들

경제사학은 생산을 중심으로 경제를 분석한다. 생산이 모든 형태의 경제에
서 가장 중요한 기초이기 때문이다. 비록 분배나 교환이 생산에 영향을 주더라
도 그 힘은 대단히 한정적이다. 가령, 현대 자본주의에서 금융이나 시장변동이

경기변동을 매개로 기업의 생산이나 고용에 영향을 주기도 한다. 그렇다고 생산의 성격이나 형태가 변하지는 않는다. 앞에서 원시사회, 고대시대 등에 관해서 들었던 예를 조금만 생각해 본다면, 장구한 역사에서 생산의 성격이 분배나 교환의 형태 및 전체의 경제구조를 정하는 데 결정적이었음을 쉽게 짐작할 수 있다. 여기서는 생산을 중심으로 경제사를 공부하는 데 필요한 최소한의 기초 개념에 대해서 설명해 두고자 한다.

1. 생산력

생산을 분석하기 위해서는 생산의 두 가지 측면을 이해해야 한다. 그 첫째가 인간이 인간의 노동대상이 되는 자연과 맺는 관계로서 생산력이다. 생산이란 자연을 인간의 용도에 맞게 개조하는 것인데, 개조하기 위하여 자연적 대상물에 힘을 가할 때 여러 가지 주어진 조건에 맞추어 생산수준이 결정되는 것이다.

인간이 생존하기 위하여 자연적 대상물에 힘을 가하는 노동과정은 노동, 노동수단, 노동대상의 세 가지를 계기로 성립한다. 뒤의 두 가지를 합하여 생산수단이라고 부른다. 노동은 자연에 힘을 가해서 생활 자료를 획득하기 위해 노동력을 사용 혹은 소비하는 것을 가리킨다. 인간의 노동은 본능적으로 움직이는 다른 동물들과 달리 의식적이고 합목적적이다. 여기서 합목적적이라는 말은 목적에 맞게 합리적으로 인간이 노동한다는 것을 의미한다. 노동이 의식적이고 합목적적이므로 인간은 도구를 개선하거나 생산을 효율적으로 향상시킬 수 있다. 그러므로 인간의 경제생활을 유지시키는 가장 중요한 조건이 노동이며, 자연에 힘을 가해서 재화를 생산하는 노동과정이야말로 인간사회를 유지·발전시키는 원동력이다.

인간은 생산활동을 할 때 반드시 도구나 기구나 기계 등의 노동수단을 사용하여 노동대상에게 노동력을 투하한다. 인간은 자연의 법칙을 이해하기 때문에 노동수단을 부단히 개량하는데, 이는 인간사회의 물질적 생산력을 끊임없이 증대시키게 된다. 인간이 생산을 위해 노동수단을 만드는 것은 노동과정상의 중요한 특징의 하나이다. "인간은 도구를 사용하는 동물이다"라는 말은 이러한 의미에서 중요한 지적이다. 생산력을 구성하는 요소 중에서 노동수단은 생산력의 발달수준을 보여주는 지표이다. 각 시대에 사용되던 대표적 생산도구의 종류, 재질 및 정밀도 등을 보면 그 시대의 기술수준이나 경제생활의 발달수준을 어느 정도 파악할 수 있기 때문이다. 가령, 석기나 골각기가 쇠붙이보다 생산성이 높을 리 없기 때문에 원시시대의 생활이 고대보다 훨씬 불안정했음을 쉽게 알 수 있다. 이와 같이 생산력이란 자연과 자연력에 대해 인간이 맺는 관계 즉 인간이 자연적 대상물을 극복하는 정도라고 할 수 있겠다.

2. 생산관계

생산분석에서 두 번째로 고려해야 할 것은 생산에서 인간과 인간이 맺는 관계 즉 생산관계이다. 인간 노동은 개별적으로 고립된 것이 아니라 사회적으로 결합된 노동인데, 사회적으로 결합되는 형태는 경제발전단계마다 달랐다. 즉 인간노동의 사회적 결합 형태는 그 시대에 주어진 생산력 수준에 의해서 결정된다. 이 말은 생산력 수준에 따라서 노동의 결합형태 및 인간이 인간과 맺는 관계 즉 생산관계가 결정된다는 의미이다. 예를 들면, 원시사회에서는 석기나 동물의 뼈를 생산도구로 사용하는 정도였기 때문에 노동의 사회적 결합형태가 공동노동으로 나타날 수밖에 없었고, 경제력에 차이가 없으므로 인간의 관계도 평등했다. 철기를 사용하는 유럽의 고대사회에서는 생산력이 비약적으로 증대하였기 때문에 잉여가 생겨서 계급이 분화하여 노예와 노예소유주라는 노예제적 생산관계가 지배적인 위치를 차지하였다. 이와 같이 주어진 생산력 조건하에서 그에 맞게 특정한 생산관계가 나타나며, 생산력 조건이 변화하면 생산관계도 변화한다.

생산관계에는 분배관계·교환관계·소비관계도 포함되는데, 기본적으로 생산관계를 규정하는 것은 생산수단의 소유관계이다. 즉 생산수단을 누가 소유하고 있느냐에 따라 노동의 성과를 누가 장악하는가가 결정되며, 경제적 이해관계를 보여주는 대립적 계급관계도 규정된다. 그러므로 생산수단의 소유관계야말로 생산수단 총체에 대해서 가장 중요한 의미를 지니게 되는 것이다. 경제생활의 형태는 생산수단의 소유관계에 의하여 크게 결정되며, 그러한 의미에서 생산관계는 모든 사회관계를 결정하는 기초이다. 근대 이전의 사회에서는 토지가 가장 중요한 생산수단이었으므로 토지의 소유관계를 생산수단의 소유관계의 핵심으로 보고 생산의 성격을 파악한다. 반면 자본주의사회에서는 지배적인 생산관계를 자본－임노동관계를 중심으로 하여 파악한다. 따라서 자본주의 이전의 여러 단계와 자본주의 사이에는 경제 분석 대상에서 근본적인 차이가 있다고 할 수 있다.

한편 일정한 생산력에 조응하고 있는 일정한 생산관계, 즉 생산력과 생산관계의 통일체를 생산양식(生産樣式)이라고 하는데, 이 개념을 잘 익혀두면 각 시대의 경제구조를 쉽게 이해할 수 있다.

3. 경제적 사회구성체

생산력과 그에 조응하는 생산관계가 형성되어 특정한 생산양식이 나타나면, 생산양식이란 경제적 하부구조에 상응하는 정치형태·법률·사상 등의 사회관계가 형성된다. 예를 들면, 유럽의 고대 노예제사회에서는 노예－노예소유주란 생산관계를 바탕으로 노예를 당연시하는 사상이나 철학이 등장하였다. 중세 시기에는 농노－영주의 봉건적 토지소유관계 위에서 영지 내의 사법권을 비롯한 모든 권리를 독점하는 영주권이 성립했다. 이렇게 경제적 토대(생산양식) 위에 형성된 상부구조를 합하여 경제적 사회구성체(經濟的 社會構成體)라고 부른다. 우리가 흔히 자본주의사회라고 할 때 그것은 자본주의적 사회구성체를 가리킨다. 여기서 경제적이란 말은 기본적으로 사회성격이 그 토대가 되는 경제에 의하여 결정된다는 의미를 내포하고 있다.

어떤 하나의 사회에는 단 하나의 생산양식이 있는 경우는 드물다. 그렇지만 그 사회에 포함된 여러 생산양식 중에서 지배적인 생산관계를 골라서 그 사회의 성격을 대표하는 이름으로 부른다. 가령, 자본주의사회에서는 많은 경우에 자본－임노동관계뿐만 아니라 지주－소작이라는 봉건적 토지소유관계도 부차적으로 존재했지만, 배타적 소유권을 절대시하는 법률 등과 함께 질적으로 자본 – 임노동관계가 지배적이므로 자본주의 생산양식 혹은 자본주의사회(구성체)라고 부르는 것이다.

이때의 생산양식은 주어진 생산력과 그에 조응하는 생산관계의 순수한 통일체만을 가리키는 협의의 뜻이 아니고, 특정 생산양식뿐만 아니라 부차적인 다른 생산양식과 함께 혼재하고 있는 상부구조까지 포함하는 개념이다. 즉 여러 생산양식이 존재하는 가운데 지배적인 생산관계가 그 사회의 성격을 규정하는 것을 의미하는 경제적 사회구성체의 의미로 사용되고 있는 것이다. 어느 개념을 사용하고 있는지는 연구자의 논지를 읽어서 파악하면 된다.

경제사학에서는 일반적으로 원시 공산제사회, 고대 노예제사회 및 아시아적 생산양식, 중세 봉건사회, 근대 자본주의사회로 발전단계를 구분하는데, 이러한 시대구분은 생산력과 생산관계의 변화 및 발전, 즉 생산양식의 발전으로 파악하는 방식이다. 경제적 사회구성체의 변화, 즉 생산양식의 교체는 어떤 생산양식이 지배하는 기존의 경제적 사회구성 내부에서 새로운 생산양식이 태동하는 것에서부터 시작한다. 새로운 생산양식의 태동은 대개 생산도구의 개선이나 새로운 생산방법 등에 의한 생산력 향상으로 이루어진다. 생산수준이 올라가면 이에 따라 새로운 생산관계가 나타나게 되고 새로운 생산관계가 지배적인 위치에 서게 되면 생산양식이 변화한 것이다. 어떤 특정한 형태의 경제체제(생산양식)가 지배적 위치를 차지하게 되면, 이를 원활하게 작동시켜 줄 새로운 형태의 정치·법률·사상 등도 바뀌게 된다. 이와 같이 경제구조의 변화와 더불어 여타 부문의 변화가 동반되면 경제적 사회구성체가 바뀌는데, 우리는 이 때를 시대구분의 기점으로 파악하게 된다.

제2장

원시사회의 경제

원시사회의 경제

인류 최초의 단계는 원시시대이다. 이 시대에는 생산도구와 생산방법이 유치했기 때문에 생산력이 매우 낮아서 잉여는 거의 생각할 수 없었고 생존조차 위협받는 경우가 많았다. 생산은 전반적으로 채취나 사냥에 의존했고 식물이 바닥나거나 사냥감이 없어지면 굶거나 다른 지역으로 이동해야 했다. 생산이 불안했으므로 공동체 구성원은 모두 노동에 참여하고 균등하게 분배받았다. 이른바 원시공산사회(原始共産社會)이다. 원시공산사회는 인류사회에서 가장 오래되고 길게 지속된 체제이다. 즉 인간이 이 지구상에 태어난 이래 고대사회로 들어가기 전까지 적어도 수백만 년 동안 지속되었다. 이 사회의 말기에는 원시농업의 발명을 계기로 생산성이 제고되고 잉여가 축적되면서 고대문명이 꽃필 수 있는 토대가 갖추어졌다. 사람이 한 곳에 붙박이생활을 하게 된 것도 이때부터이다. 금속기가 도입되어 농업생산성이 향상되고 성능이 탁월한 무기로 사용되자 노동력을 지배하고 물자를 빼앗는 정복전쟁이 나타나 고대국가가 등장하기 시작하였다.

원시경제에서 구석기는 수백만 년이 되는 것으로 추정되고 신석기시대는 가장 선진지역이라고 하더라도 지금으로부터 1만 년이다. 18세기 말에야 영국에서 최초로 산업혁명이 일어나 자본주의가 확립되었기 때문에 산업자본주의의 역사는 길게 보아도 겨우 300여 년에 지나지 않는다. 수백만 년 동안 석기시대를 거치면서 불안정하게 생존을 겨우 유지한 시간에 비한다면, 우리가 살고 있는 자본주의 사회는 인류 전체의 역사에서 순간에 지나지 않는다. 우리는 그야말로 우리 인류의 조상들이 경험하지 못한 독특한 사회에 살고 있는 셈이다.

제 1 절   원시경제의 생산

원시경제는 크게 구석기시대와 신석기시대로 구분된다. 구석기시대에는 대표적인 생산도구로서 타제석기(打製石器, 뗀석기: chipped stone implement)가 사용되었고, 신석기시대에는 마제석기(磨製石器, 간석기: ground stone tools)가 사용되었다. 이러한 구분은 생산도구의 종류에 따른 것이지만 도구의 제작이 한층 정교해지고 경제생활이 진보해 갔음을 의미한다. 여기에서 보다 중요한 차이는 인류가 식물이나 동물같은 생활자원을 스스로 재배 혹은 사육했느냐의 여부이다. 즉 신석기시대에는 원시농업과 목축업이 등장하였는데, 농업이 시작됨에 따라 석기도 농업생산에 필요한 형태로 발전되었고, 경제생활도 이전보다 훨씬 개선되고 안정되었던 것이다.

1. 구석기시대

공룡이 지배하던 중생대(Mesozoic Era: 약 2억 2,500만 년 전~약 6,500만 년 전)가 끝나고 신생대(Cenozoic Era)가 시작되고도 한참 지나서 인류가 지구상에 나타났지만, 언제 탄생했는지는 아직도 명확하게 밝혀지지 않고 있다. 예를 들면, 1958년 이탈리아의 터스카니탄광에서 발견된 오레오피테쿠스(Oreopithecus)란 영장류는 약 1,200만 년에 존재했던 것으로 생각되며, 오스트랄로피테쿠스(Australopithecus) 원인(猿人)은 300만 년 전 혹은 그 이전부터 생존했던 것으로 보인다. 그 외에도 아프리카, 유럽 및 중국을 비롯한 세계 여러 지역에서 수백만 년 전에 인류의 조상이었던 것으로 믿어지는 화석들이 계속적으로 발굴되고 있다.[1] 신생대는 제3기와 제4기로 나누어지고 제4기는 2백만 년 전부터이다. 제4기는 다시 홍적세(洪積世)와 충적세(沖積世)로 나누어지는데 충적세는 1만 년 전부터 현재까지이다. 그러므로 신생대 제3기에 인류의 조상이 출현하고 제4기의 홍적세기에 현생인류가 나타나는 획기적 진전이 이루어졌다.[2] 현생인류인 호모 사피엔스 사피엔스(Homo sapiens sapiens)는 약 4만 년 전에 나타났는데 오늘날 여러 인종의 조상인 것으로 생각되고 있다.

인류의 이 시기 생활의 특징을 살펴본다면,[3] 첫째, 무리생활(군서생활, 群棲生活)을 했다는 점이다. 현생인류는 물론이고 그 이전에 존재했던 원인(猿人)도 이미 무리생활을 하였다. 무리지어 생활한다는 것은 인류 경제의 진화에서 매우 중요한 의미를 지닌다. 무리생활은 나약한 존재로서 다른 종족이나 동물들의 위협에 공동으로 대처하거나 식량자원의 획득에 효과적이었다. 생산력은 지극히 낮았지만 인류는 이 과정에서 사냥기술이나 도구의 제작 등에 관한 지식과 경험을 획득하여 자손에게 전수하였고 그 자손 또한 새로운 지식을 부가함으로써 자연법칙에 대한 이해를 보다 높여갈 수 있었다. 집단생활은 유치한 수준이나마 집적한 지식과 자연에 대한 이해를 향상시키는 중요한 기반이었다. 다만, 식량을 얻는 방법이 유치하고 저장수준이 극히 낮았을 것이라는 점, 그 외 지리적 조건과 계절의 영향 등을 감안할 때 초기의 인류는 대개 20~30명 정도, 많아도 수십 명을 넘지 않는 소집단을 형성했을 것으로 생각된다.

둘째, 주로 돌을 이용하여 일상생활에 필요한 생산도구를 이용하거나 만들었다. 구석기시대에 도구의 사용은 인류 경제의 진화라는 관점에서 볼 때 가장 중요한 발명이자 특징이라 할 수 있다. 물론 다른 동물들도 먹이활동을 위해서

---

1) 아프리카에서는 1967년 케냐(kenya)에서 약 5백만 년 전의 인류화석이, 1964년에는 아프리카의 빅토리아호(Lake Victoria) 부근에서 약 2백만 년 전의 원인(原人)이 발견되었으며, 중국에서는 1965년 운남성(雲南省) 상나치(上那峙)에서 170만 년 전의 원모인(元謀人), 1964년 협서성(陝西省) 남전현(藍田縣)에서 60만 년 전의 남전원인(藍田猿人), 1927년에서 1939년 사이에 주구점(周口店)에서 북경원인(北京猿人)의 유골이 발견되었다.

2) 제4기 홍적세에는 자바의 직립원인(피테칸트로푸스에렉투스), 북경원인(시난트로푸스페키넨시스) 등의 원인(原人)뿐만 아니라, 하이델베르크인, 네안데르탈인과 같은 원시인류, 백인조상인 크로마뇽(Cro-Magnon)인, 흑인조상인 그리말디인과 같은 현생인류도 출현하였다.

3) 선사시대(先史時代) 때의 인류의 생활상에 대해서는 기록이 있을 수 없으므로 고생물학·지질학·고고학·인류학 및 고인류(古人類)가 남긴 예술품, 생활도구 등을 통해서 파악한다.

돌이나 나무막대기를 사용한다. 심지어 지능이 뛰어난 침팬지나 오랫동안 체계적으로 교육받은 원숭이가 도구를 제작한다는 연구보고서도 있다. 그러나 이들은 자연에 존재하는 자료를 단순히 이용하거나 간단히 고쳐서 사용하는 정도에 지나지 않는다. 인간이 생산활동을 위해 점차 복잡한 도구를 만들고, 도구를 만들기 위한 도구를 만드는 것과는 아예 비교할 수 없다. 이런 의미에서 도구 제작은 인간으로 하여금 지구상의 어떤 동물과도 구별되는 경제생활을 할 수 있게 만든 결정적인 계기인 것이다.

인류는 선행인류 때 이미 구석기를 이용하였다. 신생대 제3기의 오스트랄로피테쿠스는 조잡하나마 규암(硅岩)·석영(石英) 등 자갈의 한쪽 모서리를 두들겨 깨뜨려 날을 세운 역석기(礫石器)를 사용하였는데, 이는 300만 년 전에 이미 도구 사용과 더불어 문화가 있었다는 것을 의미한다. 최근에는 에티오피아(Ethiopia)에서 340만 년 전에 고기를 자를 때 사용했던 뼈로 만든 칼이 발견되기도 했다.

도구를 만드는 데 가장 중요한 재료는 땅에서 쉽게 얻을 수 있는 돌이었다. 원시인들은 돌을 던지거나 부딪쳐서 용도에 맞는 도구를 만들었다. 처음에 도구를 제작할 때는 주로 부싯돌(수석, 燧石)이나 그에 가까운 성질의 광물 특히 석영석(石英石)을 주로 이용하였다. 수석은 견고하고 판상(板狀)으로 갈라지며 날카롭고 뾰족한 끝을 만들 수 있기 때문이다. 인간은 돌을 사용하여 방위와 사냥을 하였고, 돌로써 돌을 깨어 석기(石器)를 만들기 시작하였다.

석기는 돌덩이를 테두리나 가장자리를 깎아내고 알맹이를 사용하는 석핵석기(石核石器)와 깨뜨린 돌덩이가 떨어져 나온 조각을 가공한 박편석기(剝片石器)로 나누어진다. 석핵석기는 자갈의 한 끝을 깎아낸 역석기(礫石器)와 한 쪽 면만 쪼갠 타할석기(打割石器), 두 면을 다 쪼아낸 주먹도끼(악부, 握斧) 등이 있고, 박편석기로는 칼처럼 예리한 날을 사용하는 도구인 돌날(석인, 石刃)을 만들었다. 물론 이 시기에는 돌 이외에도 나무막대기나 동물들의 뼈가 생산도구로 사용되었다.

도구의 제작은 체계적인 생산 활동을 가속화하는 연쇄작용을 가져왔다. 먼저, 도구가 제작되면서 인간의 체계적인 노동이 시작되었다. 도구를 사용하는 노동은 인간 그 자체를 새로이 창조하였다. 도구를 이용·제작하는 노동은 손의 노동, 사지의 분화, 두뇌의 발달을 촉진하였다. 이러한 노동은 또한 집단 내 구성원들을 서로 접근시키는 데 이바지하였다. 점차 의사소통의 필요성이 커지게 되어 언어가 발달하였다. 언어는 획득된 지식을 공간적·시간적으로 보다 용이하게 유지하고 전달하였고, 이는 다시 도구를 발전시켰다. 언어는 인간을 동물계에서 완전히 분리시켰으며, 사고를 발전시키고 사회적 생산을 효율적으로 조직화하는 데 결정적인 도움을 주었다.

셋째, 구석기 시대의 위대한 발명으로 불의 사용을 지적해야 한다. 불은 170만 년 전의 원모인(元謀人)에게서 알 수 있듯이 이미 구석기시대 초기부터 사용되고 있었다.[4] 불은 인간의 생활조건을 개선하고 자연에 대한 지배력을 개선하는 데 크게 공헌하였다. 첫째로 불은 요리하는 데 도움을 줌으로써 음식물의 이용범위와 저장능력을 확대하였다. 둘째로 생산용구의 제작에 중요한 역할을 하였으며, 셋째로 추위를 막고 야수로부터 인간을 지켜주는 구실을 했다. 넷째, 보다 정교한 생산도구 내지는 무기가 발명되었다. 바로 활이다. 원시인은 활을 대단히 강력한 무기로 삼았다.[5] 그것은 수렵(狩獵)에 결정적인 영향을 주었으며, 수렵이 지속적인 노동부문의 하나가 될 수 있는 가능성을 마련해 주었다.

수렵이 발달하자 원시적인 목축(牧畜)도 등장했다. 최초에는 동물의 순화(馴化)가 이루어지고 이어서 가축화(家畜化)가 진행되었다.[6] 여러 가지 동물 중에서 특히 순화에 적합한 것이 가축화되었는데, 최초로 가축화된 동물은 개로서 이미 중석기시대(中石器時代)에 집에서 개를 기른 흔적이 있다.[7] 다음으로 가축

---

4) 중국에서 발견된 전기 구석기시대의 원모인은 170만 년 전에 이미 불과 석기를 사용하고 있었다.

5) 화살은 그 종류 및 형대가 다양하지만, 기본적으로는 전체가 한 개의 나무로 된 간단한 것과 3개의 나무 혹은 뼈를 합친 것의 두 가지 형으로 구별된다. 활의 줄(弓弦)은 식물(植物)의 섬유·껍질·힘줄 등으로 만들어졌고, 화살은 나무 끝에 돌 혹은 뼈를 붙여 만들어졌다. 활의 도달거리는 80~100m 이상인데, 인디언의 강한 활은 450m까지 날아간다고 한다. 북미의 아파치족은 300백보의 거리에서 활로써 사람을 관통시킬 수 있다고 한다.

6) 동물의 순화란 야생종 그대로를 길들이는 것을 의미한다. 가축화는 순화된 동물이 새로운 종류로 바뀌는 것을 말한다.

7) 구석기 중에서 마제석기가 보일 때를 중석기시대(中石器時代)라 하는데 이는 신석기시대로

화된 것은 돼지·산양 등이며, 이어서 소도 가축화되었다. 그러나 목축이 일반화된 것은 신석기시대에 들어온 후의 일이다. 어로(漁撈)도 이 시기에 시작되었다. 어로는 조건이 좋은 곳에서는 생산의 기본 분야가 되기도 했다. 어로의 도구와 방법은 처음에는 매우 유치했지만, 후에는 녹각제구(鹿角製鉤)를 이용하여 큰 고기나 해수(海獸) 등을 잡았을 정도로 발전되었다.

2. 신석기시대

구석기시대의 생활은 약 1만 년 전 신석기시대로 접어들면서 혁명적 변화를 맞이하였다. 이 변화의 핵심은 농업의 발명이다. 농업이 시작되자 인간 사회는 자연 상태에 있는 식량자원을 단순히 채집하는 단계에서 벗어나 계획적으로 생산할 수 있게 되었고, 생산성 향상으로 잉여가 축적되면서 점차 문명을 향한 발걸음을 내딛게 되었다. 인류 탄생 이후 수백만 년이 지나고 겨우 1만 년 전에야 원시농업이 발명되었다는 것은 역사시대를 향한 한 단계의 진전이 얼마나 험난했던가를 보여준다. 이와 같이 농업의 발명은 구석기시대에서 신석기시대로의 전환기와 거의 일치한다. 신석기시대에 발명된 농업은 고대시대 이후 가장 중요한 생산 분야가 되어 경제와 역사 발전을 주도하는 핵심부문으로서의 역할을 담당했다.

농업 발명의 공적은 아마도 여성에게 돌아가야 할 것이다. 자연적 분업이 지배적인 원시시대에 장구한 세월 동안 되풀이 되는 야생식물의 성장과 성숙을 보면서 자연법칙을 이해하고 이것들을 재배하기 시작한 것은 여성이었을 것이다. 최초의 농업은 대단히 제한된 규모로 주거지에 가까운 작은 토지에서 한두 종류의 식물을 재배하는 데 지나지 않았다. 비록 생산량은 얼마 되지 않았지만 생산물이 적었다고 그 의의는 적지 않았다. 즉 채집·수렵·어로는 자연적 산물로 존재하는 것을 점유하는 데 지나지 않고 획득하는 양도 대단히 불안정했지만, 농업은 파종에서 수확에 이르기까지 노동력을 계획적으로 투하함으로써 생

넘어가는 과도기로 이해되고 있다. 중석기시대는 약 1만 년 전 오리엔트에서 맨 먼저 나타났으며, 유럽에서는 기원전 7천 년에서 3천 년 사이에 존재했다고 한다.

산수준을 전반적으로 향상시켰고 생산량을 예측할 수도 있었다. 농업의 시작으로 경제의 재생산이 의식적, 계획적으로 이루어지게 되었으며 경제생활도 크게 개선되어 나갔다.

  농업의 등장은 필연적으로 여러 가지 변화를 가져왔다. 첫째, 인간은 비로소 대지(大地)에 정주(定住)하는 단계로 진입하였다. 이것은 주거형태에 근본적 변화가 생긴 것을 의미한다. 채집이나 사냥과 같은 단계에서는 이동생활을 피할 수 없었다. 반면, 농사를 짓게 되자 물자의 생산이 보다 용이해지고 한 장소에서 안정된 생활을 꾸릴 수 있어서 굳이 옮겨 다니지 않아도 되었다. 붙박이 생활이 가능해진 것이다. 또한 농업생산성이 올라가 잉여를 축적하게 되자, 인구가 대량으로 정주한 곳에서는 문명이 등장할 수 있는 조건이 갖추어지게 되었다. 즉, 문명의 등장은 정주를 기반으로 한 것이었다.

  둘째, 집단의 규모가 커지고 집단 내 구성원 및 가족형태에 변화가 발생했다. 원시시대에 경작에 알맞은 토지는 하천이나 연못, 늪 등에 둘러싸인 소택지(沼澤地)이거나 들판, 삼림이었다. 농작물 재배에 가장 적합한 소택지가 농경지로서 먼저 사용되었고 점차 삼림이 개발되고 화전농업(火田農業)도 등장하였다. 농업의 발전으로 인구 부양력이 증대하자 수십 인에 지나지 않았던 집단은 수백 명 규모의 씨족집단으로 확대되었다. 그리고 이 집단 내에 여성의 역할이 증대함으로써 점차 모계씨족사회(母系氏族社會)가 형성되었다.

  원래 원시인 집단은 혈연관계로 맺어지고 있었지만, 농업이 발달하면서 혈연집단에 변화가 나타나고 원시종교도 등장하였다. 원시종교는 씨족집단 내부에 같은 조상의 자손이라는 공동체적 집단의식을 한층 강화시키는 역할을 하였다. 구석기시대에 이미 매장 관습이 발견되고 종교의 싹도 있었지만, 신석기시대에는 각 공동체가 특정한 토템을 숭배하는 토테미즘(totemism) 및 애니미즘(animism)이나 샤머니즘(shamanism) 등 종교가 보다 진일보하였다. 신석기인들은 어느 정도 깨닫게 된 자연법칙을 신이나 하늘의 섭리로 이해하고자 했던 것이다. 경제적 측면에서 본다면, 주술적 행위는 농업 발달에 따라 규모가 커진 집단의 안녕과 다수확을 기원하기 위한 것이다. 특히 씨족 고유의 토템은 같은 씨족원이라는 혈연의식을 강화시켰다. 이러한 집단은 대체로 모계씨족의 형태를 띠었던 것으로 보인다. 남성이 담당한 수렵·어로의 성과가 우연적이고 불안정했던 것에 비해, 농업은 거의 일정한 수확을 통해 공동체의 생활을 안정시켰다. 여성은 가족 중에서 가장 중요한 존재로서 노동부문을 지휘하고 자녀와 남자에 대해서 영향력을 가졌고 공동체 생활에서도 지도적 역할을 담당했다. 자식의 혼인도 어머니에 의하여 결정되었으며 혈연관계도 어머니의 핏줄에 의하여 승계되었다. 다만, 지역에 따라 환경이 크게 달랐기 때문에 씨족단계의 공동체가 모두 모계사회였다고 할 수 없다. 농업이 발달한 지역에서는 모계제가 현저했으며, 중앙아시아·초원지대 및 열대지방의 큰 강 연안같이 수렵과 어로가 중심이 된 원시사회에서는 남성의 역할이 커서 부계제(父系制)가 현저했다. 그러나 전체적으로 보면, 이 시기에 모계제가 가장 현저하게 나타났던 것만은 사실이다. 한편, 혈연관계도 혈연가족(血緣家族)으로부터 푸날루아혼가족(Punalua 婚家族), 대우혼가족(對偶婚家族)으로 변화되어 갔다.

셋째, 마제석기와 토기 등 생활용구가 한층 정교하게 발전하였다. 아직도 수렵이나 채집은 중요한 경제생활이었다. 구석기시대부터 전해오던 활촉과 낚시바늘은 한층 정교하게 만들어졌고, 돌그물추는 물고기를 한꺼번에 잡을 수 있도록 고안되었다. 특히 갈아서 만든 농기구의 등장은 생산용구 발전의 역사에서 매우 중요한 위치를 차지한다. 땅을 파고 갈거나 뒤엎는 데에는 돌보습, 돌괭이 등이, 곡물을 수확하는 데는 돌낫이 사용되었다. 채집한 도토리 등의 나무열매와 곡식을 갈거나 요리하기 위해서는 일종의 주방용품으로서 갈돌과 갈판이 필요했다. 식물의 섬유질로 옷감을 짜는 데는 가운데 구멍에 막대를 끼우고 실을 꼬는 데 사용하는 가락바퀴가 발견되고 있다. 농기구의 발전과 함께 특히 주목되는 것은 그릇의 발명이다. 농사의 시작으로 음식물의 종류가 한층 다양해지고 이전보다 생산량이 많아졌기 때문에 동물성 식품과 함께 곡식을 보관할 저장용기가 필요했던 것이다. 그릇은 주로 진흙을 구워서 만든 토기였는데, 저장할 때뿐만 아니라 조리할 때도 이용되었던 것으로 보인다. 그런데 이 같은 농기구나 토기의 등장은 전업직인의 등장과 수공업 발생을 시사하는 것이기도 했다.

한편 농업이 시작되자 목축도 농업과 밀접한 관련을 맺으면서 일반화되어

갔다. 목축은 인간에게 식량뿐만 아니라 농업생산성을 획기적으로 올리는 수단
을 제공해 주었다. 즉 고기 · 젖 · 버터 · 치즈 · 모피 등 생활자료뿐만 아니라, 농사
짓는데 필요한 견인력으로서 농업 발달에 획기적으로 기여했던 것이다.

　농업과 목축 발명 다음의 혁명적 변화는 대체로 기원전 3천 5백 년경에 시
작된 문명의 발생이라고 할 수 있다. 도구에 의한 시대구분상 이 무렵은 청동기
시대인데, 경제생활의 측면에서는 문명의 중심지역이 도시라는 점이 더 중요하
다. 인류는 이 때부터 문자를 사용함으로써 차츰 역사시대로 접어들었다. 그리
고 문명이 발생한 이후로는 점차 경제생활에 급격한 변화가 일어나면서 그 이
전과는 비교할 수 없을 정도로 변화속도가 빨라지기 시작하였다.[8]

　문명이 최초로 발생한 것은 메소포타미아와 이집트에서였다. 이 지방들은
다같이 큰 강의 범람이 인간생활에 여러 가지로 작용을 하게 되었다. 즉 범람을
방지하기 위하여 관개(灌漑) 및 치수(治水) 작업이 이루어지고 공동의 작업과 강
력한 지휘가 필요하게 되었다. 대규모 토목공사와 이를 위한 노동력을 지휘하
고 총괄하기 위한 강력한 지배자가 등장함으로써 고대 아시아적 전제국가가 출
현하였던 것이다. 이리하여 전제국가의 지휘체제하에서 전문적 능력을 갖춘 사
람에 대한 필요가 증대하면서 계급의 분화가 나타났으며, 한편에서는 도시와
상공업의 발달이 이루어지는 등 고대문화가 개화하게 되었던 것이다.

제 2 절　원시경제의 기본 성격

　첫 번째로 들어야 할 원시경제의 가장 중요한 특징은 공동노동과 공동소
유, 그리고 균등분배이다. 인간은 힘이나 빠르기에서 다른 동물보다 그다지 나
을 것이 없다. 심지어 옷이 없다면 스스로 추위에도 견디지 못한다. 원시시대의
생활은 더 말할 나위없었다. 고립된 개인의 취약성(脆弱性)은 언제나 공동체라

---

8) 1만 년 전에 시작된 신석기시대는 7천 년 전까지 지속되었으며, 동기(銅器)시대는 7천 년 전
　에서 6천 년 사이에 존재했으며, 청동기시대는 6천 년 전부터 4천 년 전에 이르기까지, 철기
　시대는 기원전 1천 년 전까지 소급된다.

는 집단을 통해서만 보완될 수 있었다. 인간은 자연의 위력 앞에서는 무력했고 혼자서는 맹수를 상대할 수 없었다. 무엇보다 노동용구가 매우 유치했으므로 생산이 매우 불안정했다. 그러므로 공동체 구성원 전체가 노동에 참여하고 식량을 균등하게 나누어 먹는 것은 생존의 필수조건이었다. 생산의 성과가 낮아서 잉여가 거의 없으므로 힘센 사람이 너무 많이 욕심을 부리면 다른 사람이 굶어죽을 수밖에 없다. 더욱이 보다 유리한 자연환경을 차지하기 위해 공동체 간의 싸움이 잦았기 때문에 공동체의 안녕을 위해서라도 공정한 분배를 유지하지 않으면 안되었다.

집단의 공동노동이 일반적이기 때문에 토지 및 기타의 생산수단과 노동생산물도 공동소유가 기본원칙이었다. 물론 원시시대라고 해서 모든 것이 공유였던 것은 아니다. 어장이나 사냥터, 농경지, 그리고 석기 등 중요한 생산수단은 공유이고 사냥이나 어로작업도 공동작업장에서 집단으로 이루어졌다. 대신에, 활과 같이 개인의 손이나 팔로서 간주될 수 있는 것이나 도끼·창·낚시도구와 같이 손에 익숙해진 근소한 생산용구는 개인소유였다. 다만 활촉(矢鏃)에 사용되는 돌은 공동으로 입수되고 공동으로 소유되었던 것 같다. 이렇게 원칙적으로 공동생산 및 공동소유와 균등분배가 작용하는 원시시대의 경제를 우리는 원시공산경제(原始共産經濟)라 부른다. 원시사회에서는 빈부격차가 없기 때문에 구성원들은 평등한 관계를 유지했다. 원시공산사회는 자기목적으로서 의식적으로 사회화된 것이 아니라 생산력이 지극히 낮았기 때문에 나타날 수밖에 없었던 인간 생존의 전제조건이었다.

둘째, 생산과정이 오늘날과는 비교할 수 없을 정도로 단순하여 단순협업과 자연적 분업이 지배적이었다. 원시경제에서는 같은 종류의 일을 하기 위해 공동체의 노동을 집단적으로 투입하는 단순협업이 일반적이었다. 성별·연령별 혹은 단체적 조건에 따라 분담작업에 약간의 차이는 있었지만 특별히 분업이 있는 것은 아니었다. 분업은 성별이나 연령에 따른 자연적 분업에 그쳤다. 즉 남성은 주로 힘든 수렵과 어로에 종사하였고, 여자는 식물성 식료의 채취를 비롯한 의식주에 관계된 여러 가지 잡업을 담당하였으며, 연장자는 풍부한 경험과 숙련된 기능으로서 도구와 무기의 제작에 힘을 쓰는 정도에 지나지 않았다.

셋째, 원시 말기인 신석기시대에 원시농업과 목축이 발생하면서 사회적 분업이 나타나게 되었다. 농업이 시작됨으로써 농경에 필요한 도구들이 등장하였는데 갈아서 매우 정교하게 다듬은 석기와 농기구, 수렵을 위한 돌화살촉, 어로를 위한 돌그물추(石錘), 채집을 위한 목공기술, 골각가공기술 등이 발달하였다. 특히 이 시기의 발명으로서 큰 의의를 지니는 것이 토기이다. 토기는 물과 음식물의 저장·조리를 가능케 하였으며, 음식물의 범위를 크게 확대시켰다. 음식물 획득을 위한 일손을 덜게 됨으로써 원시인은 시간적 여유를 갖게 되었다. 이와 같이 농업과 목축의 발생, 생산용구·용기의 발달은 생산력을 향상하여 사회적 분업을 발생시키게 되었다. 여러 가지 도구의 제작기술의 발달은 이미 이 시기에 전문직인이 발생하고 있었음을 말해 준다.

생산도구 개선에 따른 생산력의 향상과 사회적 분업의 진전은 서로 상승작용을 일으켰다. 노동생산성이 상승하자 인간은 다소의 잉여생산물을 갖게 되어 사회적 예비를 증대할 수 있었고, 시간적 여유는 다시 생산용구의 제작과 생산확대에 여분의 노동력을 투입할 수 있게 되었다. 사회적 분업의 발전은 다시 노동생산성을 높이고 잉여생산물을 증대시켰다. 원시시대의 사회적 분업은 물물교환의 형태로 공동체 사이에서도 이루어졌다. 예를 들면, 석기 및 토기의 재료가 되는 돌이나 흙은 아무 곳에나 있는 것도 아닐 뿐더러 제작기술에 차이도 있었기 때문에 공동체 사이의 교환을 확산시켰다. 이와 같이 원시시대 말기에는 농업이 시작되고 사회적 분업이 부분적으로 나타났으며, 원료·재료의 지역적 편재와 기술적 차이때문에 공동체 간에도 분업이 전개되었다.

그러나 원시경제는 기본적으로 최소한의 수준에서 단순재생산이 되풀이되었다. 총생산물은 생산수단의 공유에 의하여 평등하게 분배되었기 때문에 계급이나 권력이 발생하지 않았고 공동체의 구성원은 모두 평등한 권리를 갖고 있었다. 이 사회에서는 사적 소유는 원칙적으로 있을 수 없었으며, 집단적 소유와 공동체에 매몰되어 독립된 개인의 존재는 인정될 수 없었다.9) 이렇게 계급이

---

9) 씨족단계의 사회는 강한 혈연의식과 유대관계로 맺어져 있었다. 이러한 사회에서는 씨족이라는 공동체 자체가 개체이자 전체이기 때문에 개인이란 있을 수 없었다. 따라서 씨족원이 피해를 입었을 경우 그에 대한 복수는 씨족 전체의 권리이며 의무였다. '이에는 이, 눈에는 눈'이라는 고대 아시아제국의 동태복수법(同態復讐法) 혹은 동해법(同害法)은 생산력이 지극

없는 인류사회의 이 첫 단계를 원시공산사회라고 부른다.

원시경제의 붕괴

신석기시대에 시작된 농업에 금속기가 도입되고 농업생산력이 크게 향상되면서 원시사회는 고대사회로 진입하였다. 사회적 생산력의 발전으로 잉여가 집적되자 사적 소유가 확대되고, 공동소유를 원칙으로 하는 공동체 경제는 해체되었다. 신석기시대 말기에 농업을 토대로 형성되었던 촌락공동체는 지역적 조건에 따라 여러 형태로 분화되면서 각자 고유의 고대문명으로 발전하였다. 아시아사회에서는 청동기시대에 이미 전제국가가 출현하여 오랜 기간 지속되었고, 지중해지역에서는 철기문화를 바탕으로 노예제국가가 등장하였다.

1. 금속기의 도입

원시농업의 단계에서 금속기가 도입되기 시작하면서 농업생산력이 획기적으로 향상되었다. 생산도구의 발달은 석기 → 청동기 → 철기의 순서로 이루어진다. 신석기시대 말기에 먼저 구리를 원료로 하는 동기(銅器)가 등장하였으나 단단하지 못했기 때문에 도구로서 그다지 큰 역할을 하지 못하였다. 이윽고 경도를 더하기 위하여 주석(朱錫)을 섞은 청동(靑銅)의 제조법이 발명되었다. 청동은 구리보다 훨씬 낮은 온도에서 용해되어 제련 및 용구제작이 한층 용이하고 굳기도 비교가 되지 않을 정도로 단단하기 때문에 석기에 대신하여 도구·무기·용기 및 장신구를 만드는 재료로서 널리 보급되었다.[10] 청동기 제작은 사회적 분업을 촉진했다. 청동의 재료인 구리와 주석의 생산지가 편재되어 있다는 점은 공동체 간의 교환을 촉진했고, 제작에 전문지식과 기술이 필요하였으므로 전문직인이 등장하여 사회적 분업이 한층 발전하였다.

히 낮고 생존이 불안정했던 시절의 관행이 남겨진 것이라고 볼 수 있다.
10) 구리의 용융점은 섭씨 1,085이고, 청동은 875~994(평균 950), 철은 1,538이다.

청동기시대 초기에 청동은 주로 무기나 장식용구로 사용되었고, 농사도구로는 여전히 목재나 석기가 사용되었다. 그러나 청동 공급이 풍부해지면서 청동 보습이나 쟁기가 보급되어 농업생산성이 크게 높아지기 시작하였다. 청동기가 농업생산성을 높인 것은 공동체 간의 싸움의 성격을 결정적으로 바꾸었다. 즉 이전의 전쟁은 단순히 생산물이 풍부한 지역을 빼앗기 위한 것에 지나지 않았지만, 이제는 청동기로 무장한 우수 집단이 다른 공동체에게서 잉여생산물이나 노동력을 지속적으로 수탈하는 정복전쟁이 나타난 것이다. 이리하여 아시아 지역의 4대강 유역에서는 강력한 공동체가 나머지 약한 집단을 지배하는 전제국가가 탄생하였다. 메소포타미아(Mesopotamia)의 티그리스(Tigris)·유프라테스강(Euphrates River) 유역, 이집트의 나일강(Nile River) 유역, 인더스강(Indus River) 유역의 도시국가인 모헨조다로(Mohenjo Daro)와 하라파(Harappa) 지역, 황하(黃河)의 문명들은 모두 청동기문명이었다. 이 최초의 계급사회에서 지배공동체는 여러 공동체로부터 잉여생산물을 공납(貢納)의 형태로 수취하였다. 아시아 문명에서는 일찍이 청동기 시대에 원시경제에서 고대사회로 진행했던 것이다.

생산성과 사회적 분업을 보다 결정적으로 진전시킨 것은 철기시대(鐵器時代)였다. 철기는 기원전 14세기경 소아시아(Asia Minor)반도의 힛타이트(Hittite)왕국에서 최초로 사용된 이후 오리엔트(Orient) 전체로 보급되어 갔다. 철로 만든 도구 및 무기는 청동보다 훨씬 우수한 성능을 지녔다. 철기는 이전에 사용된 어떤 재질의 도구와도 비교되지 않을 정도로 광활한 면적의 토지경작과 삼림지대의 개간을 보장하여, 농업을 사회의 기본적 생산부문으로 정착시켰다. 특히 철제보습은 농경지를 보다 효율적으로 이용하는 윤작(輪作)을 발전시키고 경지, 방목지, 목초지의 분화를 촉진했다. 철기는 각종 노동용구와 무기, 집기(什器), 신발 등을 전문적으로 생산하는 수공업도 발전시켰다. 이같이 철제도구는 농경지를 확대하고 생산성을 급속하게 제고함으로써 문명권의 비약적 확대를 가져오는 데 결정적으로 공헌하였다.

철이 가지는 두 번째 의의는 훌륭한 무기로서 사용되었다는 점이다. 철기가 보급되자 훨씬 격렬하게 정복전쟁이 전개되었다. 가령, 황하문명의 은(殷), 주(周)시대는 청동기시대였지만, 주나라 말기에 철기가 보급되자 중국 남부가 개척되고 각지에 새로운 국가가 수립되어 군웅이 할거하는 춘추전국시대(春秋戰國時代)를 맞이하였는데, 이것은 사실상 중국문명권을 확대하는 진보적 현상이었다. 이 외에 오리엔트의 앗시리아(Assyria), 그리스(Greece), 인도(India) 등의 여러 지역에서도 정복전쟁이 계속되어 고대문명이 명멸하였다. 서양의 지중해에 위치한 그리스와 로마에서는 아시아의 4대 문명보다 훨씬 늦은 시기에 철기를 바탕으로 노예제국가가 등장했다. 이와 같이 금속기는 원시경제를 종식시키고 고대국가의 성립을 통해 계급사회를 성립시키는 데에 결정적인 기여를 하였다.

2. 사적 소유의 발생

금속기의 보급으로 농업이 발전하면서 가족 형태에 변화가 나타나고 이를 기반으로 사적 소유가 발생하여 공동체 내에서 계급이 분화되기 시작하였다. 원시적 습지농업(濕地農業)에서 화전농업(火田農業)과 누경(耨耕)이 시작되자 원시사회는 모계씨족사회에서 부계씨족사회로 이행되어 갔다. 농업이 기본 생산부문으로 정착되어 남성의 체력이 중요한 기능을 담당하게 되었기 때문이다. 그 결과 성인 남성이 씨족공동체의 우두머리가 되고 부계의 명문 벌족을 중심으로 잉여가 축적되었다.

부계씨족사회에서 공동체의 수장(首長)은 전 구성원이 참여하는 집회에서 선출되었다. 그는 물품의 교환, 출납 및 기타 업무의 규칙적 진행에 대하여 공동체를 대표하여 책임을 졌지만, 공동체의 최고권은 여전히 남녀를 합한 전성원의 집회가 갖고 있었기 때문에 단순히 권위적 존재에 지나지 않았다. 그러나 점차적으로 수장의 자리가 세습되면서 상당한 공적 권력을 가질 정도로 강화되었으며 이의 확대발전으로서 가부장제(家父長制)가 나타났다.

가부장제가 확립된 이후에도 생산수단의 공동소유, 공동노동, 평등분배라고 하는 원시공동체의 기본질서는 원칙적으로 유지되었다. 그러나 공동체 내 모든 구성원의 노동 없이도 생산물을 충분히 확보할 수 있게 되자, 수장 가족을 중심으로 사유 재산이 집적되기 시작했다. 농업생산에서 가장 먼저 공동체적 원리가 깨어진 것은 균등분배의 원칙으로서 노동의 성과는 개별 가족에게 귀속되었다. 균등분배의 원칙이 약화되면서 가장 중요한 생산수단인 토지를 제외한 생산수단도 점차 사유화되기에 이르렀다.

　수장계급은 농업에 필수적인 가축의 교환과 관리를 하는 과정에서 가축을 사유화하였다. 가축은 기본적으로 공유되고 그 이용권도 각 구성원에게 균등하게 할당되었지만, 수장·장로 등의 권력이 커짐에 따라 그들은 가축을 처분할 권리까지도 위임받았고 증식된 가축의 이용이나 처분권도 장악하였다. 가축 다음으로 금속제 농구도 사유화되었다. 재료의 확보가 쉽지 않고 제작에 특별한 기술이 필요했으므로 금속제 농기구도 처음에는 공동소유였지만 교환이 증가되고 가축이 사유화되자 금속제도 사유화되었다. 이리하여 공동체 내에서는 수장계급을 중심으로 부가 집적되었고 사적 소유 및 사유(私有)의 관념도 확산되어 나갔다. 이와 같이 원시시대 말기에는 균등분배의 원칙이 약화되고, 토지를 제외한 가축·금속제 용구 등이 수장계급을 중심으로 사유화되었다.

3. 계급의 발생

　사적 소유의 불균등한 진행은 공동체의 평등성을 파괴하고 계급의 분화를 가져왔다. 계급의 발생은 농업을 중심으로 성립된 촌락공동체 내에서 이루어졌다. 그리고 촌락공동체는 붕괴되면서 지역적 여건에 따라 형성된 고유의 토지소유형태를 기반으로 세 가지 형태의 계급사회로 분화되어 갔다.

　원시경제 말기에는 씨족공동체가 크게 변화하여 촌락공동체로 변모되었다. 즉 종래의 씨족이란 생산 단위는 보다 적은 규모의 가부장제적 대가족으로 대체되었으며, 가부장제적 대가족을 기본 단위로 농업을 경영하는 촌락공동체가 형성되었던 것이다. 이렇게 생산의 기본 단위가 씨족에서 가부장제적 대가족이 된 것은 물론 그 이전보다 작은 생산단위로도 공동체를 먹여살릴 수 있을 정도로 생산력이 상승하였기 때문이다. 그리고 촌락공동체 내에서 이런 대가족을 단위로 사적 소유가 발생하게 되자 가장(家長)은 가족의 실질적인 지배자로 등장하였다. 이와 같이 가부장제적 대가족을 단위로 성립한 촌락공동체는 씨족적 혈연관계가 약화되고 점차 지연적(地緣的) 집단으로서의 성격을 띠게 되었다. 농업으로 토지와의 관계가 밀접해지고 동일한 촌락에서 생활한다는 사실이 공동의 이해를 가진 집단을 낳게 했던 것이다.

촌락공동체의 농업상의 특징을 요약하면 다음과 같다. 첫째, 농업에서 가장 중요한 경지(耕地)와 삼림·방목지 등의 공동지(共同地)는 공동소유였다. 경지는 구성원들에게 분할·배분된 후 일정 기간이 지나면 교환(할체, 割替)되었고, 공동지에 대해서는 공동이용권(共同利用權)이 인정되었다. 둘째, 집터와 채소밭 등의 헤레디움(heredium), 즉 세습지와 가축·생산용구는 개별 가족의 소유였고, 경작성과도 각 가족에게 귀속되었다. 이처럼 촌락공동체에서는 ① 공동분배의 관행이 사라지고 각 가족에게 생산물이 귀속되며, ② 집터 등 세습지도 개별 가족소유이며, ③ 농업생산에서 가장 중요한 경지와 공동지는 공동소유의 원칙이 관철되고 있었다. 그러나 아직도 씨족집단으로서의 성격을 완전히 벗어버리지 못하였기 때문에 공동조직 및 공동의식이 지배하고 있었다. 따라서 파종에서부터 수확에 이르는 농업생산에는 공동경작과 경작강제와 같은 공동체규제가 작용하고 있었다.

이러한 촌락공동체도 생산력이 더욱 발전하면서 완전히 해체되었다. 첫째, 가부장제적 대가족 내에서 양친과 자식만으로 구성되는 개인주의적 가족, 즉 단혼소가족(單婚小家族)이 점차로 분화해 갔다. 둘째, 소가족을 중심으로 생산용구와 가축이 사유화되어 갔다. 그런데 앞에서 지적한 바와 같이 수장권력이 세습화되었기 때문에, 이를 중심으로 한 장로(長老)·연장지도자(年長指導者)·사제(司祭) 등의 명문벌족을 중심으로 사유재산이 불평등하게 집적되었다. 이리하여 촌락공동체의 말기에는 공동소유의 범위가 크게 축소되고 균등할체(均等割替)도 중지되었다. 공동체의 평등관계가 약해질수록 다른 이해관계가 형성되었으므로 공동체를 유지하기 위해서는 보다 강력한 강제력이 필요하게 되었다. 다시 말해서 공적 성격을 지닌 강제력이 요구되었던 것이다. 빈부의 격차야말로 권력의 발생과 계급을 발생시킨 결정적 요인이었다 하겠다.

촌락공동체에서 사적 소유의 불평등한 진전은 노예(奴隸)를 발생시켰다. 물론 노예가 발생한 초기에는 그 수도 적었고 농업생산에 투입된 것이 아니라 가사를 돌보고 심부름을 하는 정도에 지나지 않았다. 그러다가 일단 노예가 생산에 이용되기 시작하자 그 수요가 점차 증가하여 채무노예(債務奴隷)·범죄노예(犯罪奴隷) 등이 등장하였으며, 심지어 노예를 대량으로 획득하기 위한 정복전쟁까지 성행하게 되었다. 이와 같이 대립되는 이해관계의 형성은 필연적으로 강력한 공권력을 갖춘 고대국가의 출현을 불가피하게 하였다.

　　그러나 모든 공동체가 내부에서의 사적 소유의 진전을 계기로 고대국가로 이행한 것은 아니다. 앞에서 설명한 바와 같이 촌락공동체 내에서 사적 소유가 완전히 진전되어 노예제가 일반화된 지역은 고대 지중해의 그리스, 로마지역이다. 아시아사회에서는 촌락공동체의 공동체적 소유가 완전히 분해되지 않은 채 공동체를 결합한 전제국가가 출현하였고, 고(古)게르만사회는 자영농이 분화하면서 영주적 봉건제로 이행하였다. 이는 촌락공동체가 분해하면서 세 가지 토지소유 형태가 지역에 따라 달리 나타난 것과 깊은 관련이 있는데, 이러한 다양한 경제구조로의 이행에 대해서는 다음 장에서 공부하게 될 것이다.

고대사회의 경제

고대사회의 경제

고대에는 아시아에서 전제국가가 출현하였고, 그리스의 도시국가와 로마에서는 아시아와 성격이 전혀 다른 노예제국가가 등장했다. 이것은 원시 말기의 촌락공동체가 변질되고 붕괴하는 과정에서 각각 다른 형태의 토지소유가 나타난 것과 밀접한 관련이 있다. 즉 촌락공동체가 해체하는 과정에서 아시아적, 고전고대적, 게르만적 형태라는 세 가지 본원적(本源的) 소유형태가 나타난 것이다.[1) 각 형태의 토지소유를 기반으로 노예·공동체 예속농민·농노 등의 직접생산자가 나타났으며, 아시아적 전제국가·노예제국가·봉건사회라고 하는 국가 및 사회가 형성되었다.

제1절   노예와 예속농민

전근대사회에서 생산을 담당한 계층에는 자가생산을 유지하는 자영농민과

---

1) 이같이 여러 형태의 공동체가 나타난 것은 자연발생적 씨족공동체 즉 본원적 공동체(本源的 共同體)가 대지에 정착하는 단계에서 인간의 특수한 자질, 즉 인간의 씨족적 성격에 의해서 뿐만 아니라 여러 가지 외적·기후적·지리적·물리적 등등의 여러 가지 조건에 의해 좌우되었기 때문이다. K. Marx, *Formen, die der Kapitalistischen Produktion vorhergehen*(성낙선 옮김, 자본주의적 생산에 선행하는 제형태), 지평, 1988, p.12.

예속적 생산자가 있다. 예속적 생산자에는 여러 가지가 있는데, 이들의 성격을 비교하면 각 경제구조의 특징과 그 차이점을 이해하기 쉽다.

전근대사회의 예속적 생산자에는 노예와 예속농민이 있다. 노예는 지중해 지역의 그리스와 로마 지역에서 사역되었다. 예속농민에는 고대 아시아사회의 공동체에 예속된 농민과 봉건시대의 소작농이 있다. 따라서 예속적 생산자에는 노예(奴隷)·공동체의 예속농민(隷屬農民)·봉건적 소작농(小作農)이 있는데, 앞의 두 가지가 고대사회에서 존재한 직접생산자 형태라고 하겠다.

먼저, 노예에 대해서 살펴보기로 하자. 노예는 대체로 그리스와 로마를 중심으로 한 지중해 서부지역에서 자영농민이나 대토지소유자의 지배 아래 주로 농업노동에 사역되었다. 흔히 노예를 자유가 없는 존재로서 생각하기 쉬운데 이것은 경제사적 의미에서 노예를 정의하는 정확한 개념이 아니다. 왜냐하면, 노예 중에는 주인 곁에서 상업에 종사하거나 가벼운 심부름을 하는 자가 있는가 하면 전쟁포로로 잡혀와 귀족 밑에서 교육자나 회계관으로서 자유를 어느 정도 누린 자도 있기 때문이다.

노예는 결혼을 할 수 없었기 때문에 태생적으로 노예인 경우는 드물고 대체로 채무노예(債務奴隷)이거나 범죄노예(犯罪奴隷)가 초기의 형태였다. 그러다가 사회적 생산력이 발전하여 노예를 부양하는 데 들어가는 것 이상으로 생산할 수 있게 되자 적대적 집단 내지 부족공동체 간의 전쟁에서 대량으로 잡아온 전쟁포로를 살려서 노예로 사용하였다. 그러므로 발생기원이 어디에 있든 노예는 소속되어 있던 공동체의 정식 구성원의 자격을 상실하거나 공동체가 없는 자로서 생산수단으로부터 유리되어 사적 소유의 대상물로 전락한 존재들이다.[2] 노예의 인격이 전혀 인정되지 않은 것은 이러한 이유 때문이다. Aristoteles (B.C.384~B.C.322)가 노예를 "일종의 살아있는 재산", "살아있는 도구"라고 한 것은 이러한 노예의 성격을 잘 나타낸다.[3] 노예는 살아있는 재산으로서 생산수

---

2) 교환경제의 발전에 수반하여 발전하는 노예매매도 근원을 밝힌다면 노예사냥을 위한 전쟁이나 인신약탈에 의한 대량의 인간획득에 있었다. 太田秀通, 『奴隷と隷屬農民』－古代社會の歷史理論－, 靑木書店, 1979(이해주·최성일 옮김, 『고대사회의 역사이론』, 까치, 1991), pp. 25－26.

3) 이에 비해 가축은 "반쯤 말하는 도구"이고, 본래의 도구는 "생명이 없는 노예" 혹은 "말 못

단이나 다를 바 없었기 때문에 노예 주인은 노예를 마음대로 팔 수 있음은 물론 생살여탈권(生殺與奪權)까지도 쥐고 있었다. 노예를 단순히 자유가 없는 존재로 본 것은 소유의 대상물이란 지위에서 파생된 부자유를 노예 신분을 결정하는 요인으로 오해했기 때문이다. 이같이 노예란 단순히 정신적 상태나 법제적인 의미에서의 존재가 아니라, 생존의 기반인 공동체로부터의 이탈되어 타인의 전인격적 지배하에서 사적 소유의 객체가 된 역사적 인간 유형의 하나를 가리킨다.

둘째, 고대 아시아사회에 존재했던 공동체의 예속농민에 대해서 살펴보자. 이들은 고대 아시아 전제국가의 지배하에 공동체를 단위로 국가에 공물을 납부하거나 국가적 사업에 노역을 징발당하는 등 집단적 지배를 받았다. 이들은 가족을 거느리고 생산용구와 같은 약간의 생산수단을 가지고 있을 뿐만 아니라 공동체의 성원으로서 토지에 대한 점유권(占有權)도 가지고 있었다. 그러므로 예속농민이 아무리 가혹한 지배와 수탈의 대상이 되었더라도 노예라고 할 수 없다.

고대 전제국가의 공동체 농민이 집단적으로 잉여생산물을 납부한 것은 공동체 내에서 사적 소유가 지배적인 현상이 아니었기 때문이다. 그리스나 로마에서는 패전한 종족의 공동체를 파괴하고 인신을 약탈하여 개별 소유자의 노예로 만들었지만 아시아에서는 정복전쟁에 패해 복속되어도 그 구성원은 여전히 자기 공동체에 소속된 농민으로서 존재했다. 즉, 고대 아시아의 예속농민들은 전제군주(despot)가 영유하는 토지를 공동체의 농민으로서 세습적으로 보유했으며, 공납(貢納)과 강제노동을 공동체 단위로 납부했던 것이다.

셋째, 유럽의 농노(農奴) 혹은 봉건적 소작농이다. 소작농들은 유럽의 영주나 지주의 토지를 분여(分與)받아서 경작하고 그 대가로 봉건지대를 납부하였다. 이들이 여전히 촌락에 소속된 예속농민으로서 보유권의 일종인 경작권(혹은 소작권)을 가지고 잉여생산물을 납부했다는 점에서 고대 아시아의 예속농민과 비슷하게 보일 수도 있다. 그러나 이 단계의 농민들은 잉여생산물을 사적 지주에게 개별적으로 납부하는 소농민경영의 주체라는 점에서 전제국가의 예속농민

하는 도구"로 취급되었다.

과는 기본적으로 성격이 다르다. 그들은 또한 토지임대차에 관한 계약을 자유로이 맺고 임차료를 지불하는 자본가적 임차농과도 판이하게 다르다.

이상에서 살펴본 바와 같이 전근대사회에서는 예속적 생산자로서 노예, 아시아적 공동체의 예속농민, 농노가 있었다 하겠다.

제2절 고대 동양제국의 경제

1. 지리적 조건

메소포타미아(Mesopotamia)와 나일강(Nile River), 황하(黃河), 인더스강(Indus River) 유역에서는 이미 청동기시대에 고대문명과 전제국가가 출현하였다.[4] 이들 지역에서 일찍부터 국가가 탄생한 이유는 토지가 비옥하여 습지농업(濕地農業)이 시작되고 농경민족이 정착했기 때문이다. 농업의 발전으로 여유노동이 생기게 되자 수공업도 발달하여 사회적 분업이 진전되었고, 정착한 소공동체 사이에 교환경제가 발달하면서 교통의 요지에 도시가 등장하여 문화가 발달하였다.[5]

---

4) 고대 아시아적 전제국가는 기원전 3천 년 내지 2천 7백 년경 메소포타미아 남부지역 여러 곳에 인류 최고(最古)의 도시문명을 일으킨 수메르(Sumer)인으로부터 시작하였다. 이후 기원전 24세기경에는 도시국가 악카드(Akkad)의 왕 Sargon(B.C.2333~B.C.2279)이 수메르를 정복하고 메소포타미아의 패권을 장악하였다. 기원전 18세기 말 악카드인인 Hammurabi왕 (B.C.1810?~B.C.1750?)은 Sargon에 뒤이어 메소포타미아를 재통일하고 바빌론(Babylon)에 개선하였다. 이 외에도 페르시아(Persia)의 오리엔트 통일국가에서도 아시아적 전제국가가 등장하였으며, 은(殷), 주(周), 진(秦) 등 중국의 통일국가도 기본적으로 동일한 사회구성을 가진 사회였다.

5) 큰 강이 있다고 해서 반드시 그 곳에 고(古)문명이 발생한 것은 아니었고, 고(古)문명이 발생한 대하유역이라고 하더라도 그 조건이 동일한 것도 아니었다. 나일강 유역과 황하 유역은 문명이 발생한 곳이지만 그 사정은 매우 다르다. 나일강에서는 물이 불어나는 시기에 실려온 뻘이 갈수기(渴水期)의 농작물 생육에 좋은 조건이 되었으나, 황하의 경우에는 증수기(增水期)인 여름에는 홍수의 위험이 따랐고 갈수기는 겨울이므로 농작물을 재배할 수가 없었다. 그래서 황하문명은 그 연안에서 떨어진 산록(山麓)에서 발달했다. 반면에 양자강 유역에서는 고문명이 전개되지 않았다. 이곳은 황하 유역에 비해 고온다습했기 때문에 초목이 무성하여 철기시대 이전에는 이를 개간하기가 매우 어려웠을 것이기 때문이다. 西嶋定生編,

이와 같이 최초의 문명이 탄생한 대하(大河)는 독특한 사회경제구조를 형성하는 데 결정적인 영향을 미쳤다. 대하는 풍부한 자원을 제공했지만 우기(雨期)의 홍수와 건기(乾期)의 물 부족은 유역에서 생활하는 사람과 공동체에 커다란 위협이었다.[6] 치수(治水) 및 관개사업(灌漑事業)을 통해 여하히 물을 잘 다스리는가 하는 것이 대하 유역에 정착한 공동체들이 생존을 위해 해결해야 할 공통되는 관건이었다. 소규모 촌락공동체로는 이러한 자연조건을 극복하는 것이 불가능했으므로 소공동체들의 노동력을 조직적으로 결합하고 동원하는 협력체제가 필요했다. 이를 위해서는 다음 두 가지 조건이 충족되어야 했다. 그 하나는 다수 공동체의 노동력을 대규모로 동원하고 지휘·감독할 수 있는 권위적 존재가 있어야 한다는 점이고, 둘째는 대규모 토목공사에 투입될 다수의 노동력이 있어야 한다는 것이다. 치수·관개사업을 위해 이 두 가지 조건이 갖추어진 곳에서는 소공동체를 결합한 결합공동체, 즉 전제국가가 등장하였다. 여기서 결합공동체의 전제군주는 권위적 존재로 신격화되어 모든 공동체의 노동력을 지휘하고 감독할 수 있는 막강한 권력을 손에 넣게 되었다. 이같이 고대 아시아적 사회에서 전제국가의 등장은 대규모 노동력의 조직을 요하는 치수·관개사업과 밀접한 관계를 맺고 있었다.

2. 경제구조

1) 아시아적 토지소유와 전제국가

고대 아시아적 전제국가는 다수의 가부장제적 촌락공동체(소공동체)를 통일하여 성립되었다. 여기서 모든 토지는 결합공동체가 소유하고, 소공동체의 농민은 토지를 보유하였다. 즉 이 형태에서는 공동체적 소유가 지배적이고, 공동체 구성원의 사적 소유는 집터, 채소밭, 가축 등에 한정되었다. 아시아적 토지소유는 원시 말기의 촌락공동체의 기본틀이 크게 변하지 않은 채 고대국가 형성의

『東洋史入門』, 有斐閣雙書, 1975, p.15.
6) 이집트의 모든 생활기초는 나일강의 정기적인 범람에 달려 있었기 때문에 서기(書記)는 증수기의 물의 높이를 기록했다. 즉 "높은 나일"은 홍수를 의미하고 "낮은 나일"은 기근을 의미했다.

기반이 되었다.

전제국가의 모든 토지는 결합공동체의 유일한 최고지배자인 전제군주의 이름으로 의인격화되어 왕의 토지로서 표현되었다. 예를 들면, 시경(詩經)에 나오는 普天之下莫非王土 率土之濱莫非王臣(온 천하에 왕토가 아닌 것이 없으며, 온 세상에 왕의 신하가 아닌 자가 없다)라는 구절은 결합공동체의 모든 재산을 전제군주의 명의로 표현하는 왕토사상(王土思想)을 잘 보여준다. 실제로는 국가의 모든 땅과 인민이 전제군주 일인의 재산이 아니라 국가의 것이지만, 국가의 최고지배자인 왕의 것인 것처럼 표현하고 있는 것이다. 즉, 위에 표현된 왕토사상은 경지에 대한 집단적 소유권을 국가를 대표하는 수장의 소유권으로 관념적으로 받아들인 것이라 할 수 있다.

전제국가는 공동체를 통일하는 과정에서 잘 정비된 관료체제를 갖추었고, 전제군주는 관료제를 바탕으로 치수·관개 등의 공동노동에 대한 지휘권은 물론 공유재산의 관리 및 처분권·군사권·재판권뿐만 아니라 교환도 지배하는 등 국가의 모든 기능을 장악했다. 여기서 지배공동체의 명문과 피지배공동체의 유력한 수장급은 중앙귀족화되고 소공동체 수장의 대부분은 지방관료로서 편입되었다. 관료체제에 편입된 지방관료는 중앙행정의 전달자임과 동시에 공납징수인(貢納徵收人)의 역할을 수행했다.

예를 들어보자. 이집트에서는 메소포타미아보다 약간 늦은 기원전 6천 년경 농경과 목축경제가 시작되었다. 나일강에서는 상부 이집트에 22개, 하류 델타의 하부 이집트에 20개의 노모스(Nomos)[7]라고 불리는 공동체가 형성되었는데 농경을 위한 치수의 필요성 때문에 공동체의 통합이 요청되었다. 통일 과정에서 각 노모스는 행정구역으로 편성되었고, 노모스의 왕은 지방장관에 임명되어 중앙의 지시에 따라 국가적 사업에 노동력을 동원하였다. 또 고대 인도의 제후국(諸侯國)에서 촌락의 장로는 처음에는 촌락구성원의 이해를 대변하는 지도자적 성격을 띠고 있었지만, 국왕이 모든 수조권(收租權)을 장악하게 되자 촌락민을 다스리는 지방관료로 변질하였을 뿐만 아니라 조세의 징수업무까지도 위임받아서 농민을 가혹하게 수탈하였다. 이러한 현상은 무갈제국(Mughal Empire,

---

7) 원래 노모스란 강의 배후에 형성된 늪이나 못 사이의 지역을 가리켰다.

1526~1857)이 전인도를 통일했던 16세기 이후에도 여전히 지속되었다.

　이와 같이 전제군주는 모든 공동체의 성원을 직접적으로 통치하지 않고 귀족화한 피지배공동체의 수장을 통해서 지배하였다. 그 결과 농민은 공동체 단위로 노동력과 잉여생산물을 징발당했는데, 이것을 아시아적 공납제(貢納制)라고 한다.

　고대 아시아적 사회에서 생산의 대부분은 예속농민이 담당하였다. 혹시 새로운 정복 왕조가 들어서더라도 지배공동체가 피지배공동체의 농민을 공동체로부터 떼어내 개별적인 소유의 대상물인 노예로 삼지는 않았다. 이것은 지배공동체에서 사적 소유가 발달하기 전에 일찍이 국가가 들어섰기 때문이다. 보다 중요한 원인은 농민을 노예로 끌고 가면, 노동력이 재생산되지 않아 공납을 받지 못하고 치수·관개사업도 중단되어 국가의 존립이 불가능하게 된다는 데에 있었다. 그래서 아시아사회에서는 되도록 대량의 노예가 발생하는 것을 막고자 했다. 예를 들면, 바빌론의 '함무라비법전'은 채무자가 그 빚으로 인하여 노예로 전락하지 않도록 채무자를 보호하고 있다.[8] 이집트에서는 남북왕조시대를 거쳐 파라오에 의한 전국통일기와 신왕국에 이르기까지 왕조가 교체되었는데, 권력의 재편성기에는 국가의 통제력이 약화되어 치수·관개기구가 황폐화되고, 새로운 정복 왕조가 들어서면 재정비되었지만, 공동체의 조직은 파괴되지 않고 그대로 유지되었다. 이집트는 로마제국의 지배하에 들어간 후에도 이 기본적인 구조는 변하지 않았다.

　한편, 전제국가의 지배계층은 권력과 특권을 독점하고 막대한 부를 집적하였다. 기원전 12세기경 나일강 하류에 있던 사원(寺院)은 전경지의 약 15%, 인구의 약 2%를 차지하였으며, 50만 두에 가까운 가축, 5백 개 이상의 채원 및

---

8) 아시아적 사회에서는 그리스나 로마의 노예와 같이 시민계급과 대립된 노예계급이 형성되지 않았다. 함무라비법전에서 소유하는 노예의 숫자는 한 가정에 보통 두 사람에서 다섯 명까지였으며, 특별히 많은 경우에도 수십 명 정도가 그 한도였다. 전체적으로 노예는 그리스·로마와 같이 많지도 않았을 뿐만 아니라 노예반란도 없었다. 또한 노예는 고전고대에서처럼 무제한적으로 가혹한 착취와 학대를 받지 않았던 것으로 보인다. 여기에서 노예들은 주인과 어깨를 나란히 하여 일을 하거나 자유인과 결혼하는 예도 많았다. 함무라비법전에 따르면 노예해방을 통해 자유인으로의 복귀가 비교적 용이하였고 채무노예는 종신노예가 되지 않았다. 이 같은 점들은 계급으로서의 노예가 형성되는 것을 방해하였다.

과수원, 50여 개의 작업장, 80척의 배, 많은 금·은·동 광산을 소유하고 있었다. 그리고 직접 조세를 받는 촌락만도 150곳 이상이나 되었다고 한다. 이같이 특권층은 막대한 재산을 사유했지만, 피지배공동체는 기존의 촌락공동체적 구조를 그대로 유지했다.9) 메소포타미아나 중국, 인도 등에서도 본질적인 면에서 크게 다를 바가 없었다.

아시아 제국에서는 상업이 크게 발달하고 금속화폐도 등장하였다. 그러나 상업은 오히려 지배층의 수탈을 부추겼을 뿐 사회적 생산성을 향상시키는 데 그다지 기여하지 못했다.10) 상업은 왕도(王都)를 중심으로 여러 도시에서 발달했지만 거래된 상품의 대부분은 공동체에서 수탈한 것으로 지배계층의 수요를 충족하고 난 나머지가 교역 상품으로 방출되었을 뿐이다. 유력한 상인의 대부분은 귀족의 대리인이거나 특권어용상인(特權御用商人)이었고 해외무역도 이들이 장악했으며,11) 전업적 수공업자도 신분이 자유롭지 않았다. 따라서 상공업으로 획득한 이익은 농민에게 돌아가지 못하고 생산을 자극하지 못하였다.

이와 같이 아시아의 고대사회에서는 사적 자영민이 발생하지 못하고 공동체적 소유가 지배적이었으며, 왕조가 교체되거나 상품경제가 아무리 발달해도 공동체 구조는 변화하지 않은 채 자급자족경제가 견고하게 유지되었다.

2) 아시아적 정체성론 비판

이상에서 살펴본 토지소유관계 및 경제체제를 Marx는 총체적 노예제(總體的 奴隸制) 혹은 아시아적 생산양식이라 부르고, Max Weber는 동양의 관료제(官僚制)라고 하여 유럽의 고대와는 기본적으로 성격이 다른 것으로 파악하고 있다.

---

9) 고대 아시아경제에서 사적 소유가 미발달했다는 것은 이같이 지배계급의 사유재산이 없었다는 것이 아니라 공동체의 생산수단인 토지의 영유를 둘러싸고 사유화가 진행되지 않았다는 의미이다.

10) 지배층은 수탈한 생산물을 농민에게 고리대로 대부하기도 하였다. 그 결과 농민들은 빚을 지고 채무노예로 전락하는 경우도 발생하였다.

11) 왕은 최대의 토지소유자인 동시에 사실상 국가의 대상(隊商)을 가진 최대의 상인이기도 했으므로 그 세입은 막대했다. 한편, 당시의 무역이 지배자 상호 간에 오고 간 조공무역(朝貢貿易)의 범위를 크게 벗어난 것은 아니었으나, 이러한 무역관계의 성립에 의하여 국가 간의 문화교류가 이루어짐으로써 그 발전이 촉진되었다.

이러한 사회구조는 아시아 이외의 지역에서도 발견되는데, '아시아적'이라는 표현을 앞에 붙인 것은 아시아제국의 대하문명에서만큼 두드러진 곳이 없었기 때문이다.

문제는 이것을 어떻게 이해하는가 하는 것인데, 중요한 것은 노예를 생산수단으로 사용하는 그리스나 로마의 노예제와는 명백히 다르다는 점이다. 즉 고전고대의 노예와는 달리 예속농민은 왕의 전인격적 소유물이거나 소유의 대상물이 아니었다. 그럼에도 Marx가 '총체적'이란 표현을 붙인 것은 예속농민이 누구의 개인적 노예는 아니지만 국왕에게 집단적으로 예속된 공동체의 노동력이었음을 나타내기 위했던 것으로 볼 수 있다. 그러므로 이러한 생산관계를 노예제 혹은 노예제의 변종이라고 하는 것은 무리가 있다고 하겠다.

그런데 이러한 논의는 아시아사회의 특질을 밝히는 데 그치지 않고, 아시아사회의 정체성을 주장함으로써 제국주의 침략을 정당화하는 논리로 이용되었다. 즉 전제군주와 귀족 등 소수의 특권층이 전제권력을 장악하여 집단적으로 수납되는 잉여생산물을 사치하거나 비생산적인 데 낭비해 버렸기 때문에 사회적 생산력이 정체되고 농민의 예속적 지위도 전혀 나아지지 않았다는 것이다. 이집트의 피라미드, 스핑크스, 오벨리스크 등의 대규모 토목사업과 Tutankhamen (B.C.1361~B.C.1352)의 금관 등은 당시의 집중된 부와 권력이 어떻게 비생산적으로 사용되었는가를 잘 보여주는 대표적인 예라고 한다.[12] 이와 같이 건축 기술이나 사치품, 무기 등의 생산기술은 나아졌지만 일반적인 생산기술은 거의 개선되지 못하고, 억압적인 전제정치로 인하여 내재적인 발전의 동력을 상실하고 사회가 정체했다는 것이다.

그러나 아시아에서 생산력 발전 및 사회변화가 전혀 없었던 것은 아니다. 제2차 세계대전 이후 진행된 역사연구는 점진적이나마 농법과 도구의 개선으로 생산력이 상승하고 새로운 계층이 등장하는 등 사회경제적으로 진보하였음을

---

12) 이집트의 피라미드는 노동력을 대규모로 동원하여 낭비했던 단순협업의 결정(結晶)이다. 이집트의 가장 큰 피라미드인 쿠푸(Khufu)왕의 것은 정사각형의 뿔 모양으로서 밑면의 한 변의 길이 233m, 높이 147m이며, 하나의 무게가 2.5톤인 석회암 250만여 개를 쌓는 데 10만 명의 노동력을 20년 동안 투입하였다고 한다. 피라미드는 밑면의 각 변이 동서남북을 가리키고 있으며, 그 방위각은 0.1도의 오차가 나지 않을 정도로 정확하게 건설되었다.

밝히고 있다. 예를 들면, 중국에서는 농업생산성이 상승하여 당(唐) 말기에 균전제(均田制)가 붕괴하고 지주(地主)가 성장하는 등 사회관계가 변화하였다. 한국에서도 통일신라 이후 농법이 휴경단계에서 휴한, 연작, 윤작으로 개선되고 장기에 걸쳐 농업생산성이 올라간 것이 확인된다. 일본에서는 9세기 이후 율령제(律令制)가 해체되는 과정에서 반전수수제(班田收受制)가 사라지는 등 고대 아시아적 사회구성이 쇠퇴하고 봉건사회로 점차 옮겨갔는데, 농업생산성 향상이 그 배경이었다. 그러나 이러한 변화와 발전이 대단히 점진적이어서 근대사회로의 진입이 늦었던 것은 부정할 수 없는 사실이라 하겠다.

제 3 절　고대 서양제국의 경제

1. 지리적 조건

인류 최초의 문명이 아시아의 대하유역에서 탄생한 지 약 2, 3천 년 지나서 지중해(地中海)에서는 해양문명이 등장했다. 지중해에서는 기원전 2천 5백년경부터 크레타(Crete)문화가 발칸반도(Balkan Penansula) 남부와 에게해(Aegean Sea)제도 및 소아시아(Asia Minor) 서안지역에 걸쳐서 융성하였다. 기원전 2천년부터 1천 8백 년경에는 아카이아(Achaia)와 이오니아(Ionia)부족이 발칸반도로 이주하였다. 이들은 선주문화인 크레타문명과 융합하여 기원전 1천 2백 년부터 1천 년에 걸쳐 미케네(Mycanae)문명을 형성하였다. 미케네는 크레타와 마찬가지로 청동기문화로서 오리엔트적 요소가 강한 공납제국가에 가까운 형태를 띠고 있었지만 완전한 전제국가로까지는 가지 못했다.[13] 미케네문명은 기원전 1천 2백 년부터 1천 년경까지 철기로 무장하고 발칸반도로 이주한 도리스(Doris)인의 침략을 받아서 기원전 1,100년경 멸망하였고, 그리스(Greece)는 이후 암흑기를 지나 독자적인 문명권으로 재탄생하였다. 한편, 기원전 2천 년부터 1천 년

---

13) 토지의 점취와 방위 이외에는 치수 · 관개를 위한 강력한 공동체를 결성할 필요가 없었기 때문에 공동체의 결합은 느슨할 수밖에 없었다.

에 걸쳐서 페니키아(Phoenicia)[14]가 해상무역의 주역을 담당하였다. 그리스는 기원전 1천 년이 지나서야 지중해 동반부에서 철기문화를 바탕으로 고대문명을 꽃피웠다. 이 비슷한 시기에 지중해 서반부에서는 카르타고(Carthage)[15]가 해상무역으로 세력을 떨쳤다. 그리스의 여러 도시국가(city–state, polis)와 카르타고는 기원전에 모두 로마(Rome)에 병합되었다.

그리스에서는 아테네(Athens), 테베(Thebes), 스파르타(Sparta), 코린트(Corinth) 등의 수많은 도시국가가 수립되었으며, 노예제를 생산기반으로 하여 상업이 크게 발달하였다. 세계제국으로 발돋움한 로마(B.C.356~B.C.323)도 처음에는 도시국가로 시작하였는데, 그리스, 카르타고, Alexander대왕(B.C.356~B.C.323)의 마케도니아(Macedonia) 등의 경쟁자를 물리치고 지중해 상업을 장악하고 서양고대의 패자로 등장하였다. 이와 같이 그리스와 로마의 고전고대(古典古代)[16]에는 도시국가가 융성하고 상업이 발달하였다. 그러므로 도시국가와 상업이 발전할 수 있었던 지리적 조건을 살펴보자.

지중해연안 지역에는 이탈리아반도 북부에 있는 포(Po)강과 그 유역을 제외하면 큰 계곡이나 평원이 거의 없다. 스페인의 대부분은 산과 고원으로 뒤덮여 있으며, 이탈이아반도에서 발칸반도에 이르는 지중해연안은 알프스산맥의 경사면이 바다와 바로 연결되어 있어 역시 평야가 적다. 이러한 지형 때문에 산이나 바다로 구분되는 조그만 영역에 인구가 집중되어 수많은 도시국가들이 생겨났는데, 그리스의 도시들은 서로 분립한 채 강력한 통일국가로까지는 나아가지 못했다.[17]

한편, 지리적 조건과 더불어 기후 조건은 상업적 농작물을 재배하기에 적당한 조건을 제공했다. 이 지역은 겨울에는 비가 많고 한랭하지만 빙점까지 내려가는 날은 드물고 여름에는 뇌우(雷雨)가 쏟아지긴 하나 사하라사막에서 열풍

---

14) 지리적으로는 오늘날의 시리아와 레바논 해안지대로 구성된 지중해 동안에 해당한다.
15) 고대 페니키아(Phoenicia)인이 기원전 9세기경 북아프리카의 튀니스(tunis)만 북쪽 연안에 건설한 식민도시이다.
16) 서양의 고전문화를 꽃피운 고대라는 의미로서 그리스 및 로마시대를 총칭한다.
17) 페르시아전쟁(B.C.300~B.C.449) 때 도시국가들의 연합체인 델로스동맹(Delian League)을 결성하는 정도에 그쳤다.

이 불어오고 햇빛이 매우 강렬하다. 건조하고 경사면이 많기 때문에 초목이 잘 자라지 않아 비료와 사료가 부족하고 농사짓는 데 필수적인 소나 말 같은 가축도 사육할 수 없어서 고원이나 삼림에 양을 놓아기르는 정도이다. 여름에는 적은 빗물을 가두어 이용하는 천연강수농법이나 적은 강수량을 효율적으로 이용하는 건조농법(乾燥農法, dry-farming)[18]을 이용하여 개간된 산지의 경사면에 딸기, 포도, 올리브 등을 심었다.[19]

이렇게 지중해 연안은 식량 생산이 충분하지 않았기 때문에 일찍부터 지중해나 흑해연안의 미개지에 식민지를 건설하거나 오리엔트와 교역을 통해 곡물을 도입하고, 포도주나 올리브유 등의 상업적 과수작물을 수출했다. 해외무역이 발전하여 과수작물의 재배가 상업적 농업으로 그 성격이 변화되자 금속제품, 직물, 도자기, 조각품 등의 수공업도 자가 수요를 위한 가내부업에서 벗어나 시장에 내다팔기 위한 생산으로 발전하였다. 예를 들면, 그리스에서 직물, 도자기, 청동기의 세 가지 생산물은 모든 도시국가가 공통적으로 생산한 중요한 공산물인데, 가내공업 혹은 공장형태의 노예작업장에서 생산되었다. 특히 도자기는 메소포타미아와 갈리아(Gallia), 스페인(Spain)까지 수출되었다. 지중해에서 노예제를 기반으로 상업적 농업이 발달하고 상업의 발달이 다시 노예제를 확대해 간 것은 이러한 지리환경적 요인과 깊은 관련이 있다.

상업 발달에 따른 교역 상품에는 이 외에도 광물자원이 중요한 위치를 차지했는데, 키프러스의 동, 에르봐의 철, 스페인의 금·은·동, 그리스의 은과 납, 에게해제도의 대리석 등이 거래되었다. 그리스 및 로마, 발칸반도, 소아시아반도 뿐만 아니라 이미 기원전 약 2천 년부터 동방제국(東方諸國)과의 사이에도 교역이 이루어지고 있었기 때문에 지중해는 이른 시기부터 해상무역의 중심지였다고 하겠다.

한편, 지중해의 해상조건도 원거리교역에 유리하게 작용하였다. 지중해는 유럽, 아시아, 아프리카의 세 대륙 사이에 위치하여 이베리아반도(Iberia Peninsula),

---

18) 1년에 세 번 내지 네 번까지 보습을 넣어서 수분의 증발을 막았다.

19) 고대 오리엔트에서 넘치는 물을 어떻게 관리하느냐가 중대한 문제였다면, 지중해연안에서는 부족한 수량을 어떻게 적절히 이용하는가가 관건이었다. 그리스와 로마에서 일찍부터 수도 사업이 발달한 것도 이러한 이유 때문이다.

이탈리아반도, 발칸반도, 흑해(Black Sea), 소아시아반도에 이르기까지 장대한 해안선을 이루고 있으면서도 소아시아의 키프러스섬(Cypro)에서 스페인의 바레아르섬까지 크고 작은 섬들이 무수히 흩어져 해상기지의 역할을 했다. 또한 겨울철을 제외하면 해류가 완만한 것도 해상에서 교역활동이 용이하게 전개될 수 있는 조건을 제공했다.[20)]

2. 경제구조

1) 고전고대적 토지소유와 노예제

지중해 연안에서는 촌락공동체가 붕괴하면서 그리스·로마적 또는 고전고대적 토지소유형태가 나타났다. 이것은 공동체적 소유와 촌락성원의 자유로운 소토지소유의 이중관계로 이루어진다. 즉 공동체적 소유와 사적 소유가 병립한 것이다. 가령, 그리스의 도시국가에서는 국가 재정을 충당하기 위해 데메노스라는 공유지(共有地)를 두고 있었다. 데메노스란 '떼어낸 토지', 즉 신을 위해 준비해 둔 신의 땅임을 의미한다. 이 공유지는 신전을 위한 신전령(神殿領)과 시민의 공공식사(公共食事)를 위한 재원 등 국가 재정의 원천으로서 원칙적으로 시민에게 분할하지 못하도록 금지되었다. 로마에서도 정복지의 약 3분의 1을 공유지로서 따로 준비해 두었다.

그리스에서 시민들은 클레로스(kleros)라는 소규모의 분할지를 분배받고 사유하였다. 클레로스는 원래 '추첨'을 의미하는 나무조각인데, 나중에 추첨으로 분배된 경지를 뜻했다. 이러한 의미의 변천은 할체제도(割替制度)에 의해서 분배되던 공동체적 토지가 어느 시점에 할체가 중단되고 사유지로 전환된 것임을 보여준다. 시민들은 클레로스를 소유한 자영농민으로서 상호 간에 자유롭고도 평등한 관계를 형성하였다.

시민들에게 분배된 토지는 처음에는 완전한 처분권이 인정되지 않았지만 나중에 매매, 상속, 인도 등의 처분권이 인정되자 시민들 간에 자연히 소유상의

---

20) 기원전 3천 년 이후에는 선체와 돛의 개량에 의하여 강한 북풍 때문에 항해가 불가능했던 겨울에도 교역이 가능하게 되었다.

격차가 발생했다. 경지를 상실한 가족은 공동체의 정식 구성원으로서의 자격을 인정받지 못하고 점차 노예로서 포섭되어 갔다. 노예는 처음에는 가부장제적 촌락공동체 안에서 자립하기 시작한 가족의 보조적 노동력으로 사역되었다. 그러나 사회적 생산력이 향상됨에 따라 이들을 농업노동에 본격적으로 투입하게 되자 가내노예제(家內奴隷制)를 기반으로 하는 전형적인 노예제사회로 이행하게 되었다.

노예는 처음에는 채무노예나 범죄노예였고 유괴된 노예도 있었지만, 농업생산에서 중요성이 커지자 정복전쟁을 통해서 공급된 전쟁포로가 대다수를 차지하였다. 가령, 로마는 전쟁에서 승리할 때마다 패전한 나라나 도시의 주민들을 수만 명씩 끌고 가 노예로 팔아 치웠다. 이렇게 팔려간 노예들은 대부분 농업노동에 사역되었다. 흔히 노예라 하면 검투사(劍鬪士, gladiator)를 연상하지만 노예의 대부분은 농업노예이다. 광산노예와 검투사는 노예 중에서 가장 가혹하게 취급되었다.[21]

노예의 규모는 점점 커져서 기원전 309년 아테네에서는 시민 2만 1천 명, 외국인 1만 명에 노예는 무려 40만 명에 달했으며, 델로스(Delos)섬에서는 하루 평균 1만 명의 노예가 거래되었다고 한다.[22] 그리스의 수공작업장인 에르가스테리온(Ergasterion)에서는 수십 명에서 백여 명의 노예를 사역하는 곳도 있었다. 로마에서는 더욱 발달하여 대규모로 노예를 사역하는 노동노예제(勞動奴隷制)가 등장했는데, 수천 명을 거느린 유력자나 부호가 있는가 하면, 천여 명에 달하는 노예를 수용하면서 광산업자에게 노예를 임대하는 노예대여업자(奴隷貸與業者)도 있었다. 그러나 보통은 자영농민이 소유하는 가내노예제 규모 정도가 일반

---

21) 노예 중에는 재판소 기타 관청에 사역된 자도 있었고, 중세의 농노와 같이 반자주적(半自主的)으로 농업을 영위한 자도 적지 않았으며, 기술자로서 임금을 받고 자유민과 같은 대우를 받았던 자도 있었다. 이것은 상업이나 금융업, 기타 공공(公共)의 일에 사역된 노예에 대해서도 마찬가지였다. 노예 가운데는 비록 시민권을 부여받지는 못했지만 자유민과 같이 생활하거나, 몸값을 지불하든가 근면성을 인정받아서 해방되는 경우도 있었다. 해방노예 중에는 저명한 은행가로 변신한 자도 있었다. 그러나 대부분은 극도로 혹사당했고, 약간의 자유를 누린다고 해도 생산수단으로 완전히 분리된 존재라는 의미에서는 여전히 노예의 신분을 벗어난 것이 아니었다.

22) J.K. Ingram, *A History of Slavery and Serfdom*, London, 1895, p.15.

적이었다.

고전고대사회에서는 이 같이 소토지소유와 약간의 노예를 가진 자영농민을 주축으로 전사공동체를 형성했다. 즉 자영농민은 시민의 자격을 가진 자로서 중장보병(重裝步兵) 밀집형 부대의 중핵이었다.23) 이들은 평상시에는 보통 두세 명의 노예를 거느리고 농업에 종사했지만 전시에는 개인비용으로 무장하고 전쟁에 참여했다. 이들이 전쟁에 적극적으로 참여한 것은 각종 전리품과 노예를 얻기 위한 것이었다.

그리스·로마에서는 소토지소유자이자 자영농민인 평민 세력이 성장하면서 나름대로의 정치적 변화를 겪었다. 그리스의 아테네에서는 처음에 왕정이 무너진 후 귀족정이 들어섰다. 기원전 7~6세기경에는 귀족정이 무너졌는데, 상업 발전으로 철이 값싸게 공급되자 스스로 무장하고 출정하게 되고 상업적으로도 성공한 자가 출현한 것이 배경이었다. 귀족정에 이어 참주정(僭主政)이 나타났는데, 참주(tyrant)는 평민의 이익을 대변하였다.24) 뒤이어 기원전 508년에는 Cleisthenes(B.C.570?~B.C.508)가 민주정을 실현했고 Perikles(B.C.495~B.C.429)시대에 아테네는 최전성기를 맞이하였다. 이 때 아테네에서는 상업과 식민활동이 활발하게 전개되었고, 시민들은 두세 명의 노예와 예속적 가족을 소유하는 등 노예제가 번창하였다. 아테네가 전성기에 들어갈 즈음인 기원전 510년에 도시국가로 건국된 로마에서도 자영농민의 평민 계급이 성장하면서 정치적 변화를 겪었다. 즉 로마는 에트루리아(Etruria)인의 왕정을 무너뜨린 후 공화정(B.C.510~B.C.27)이 장기간 지속되었지만, 공화기구 내에 평민을 보호하는 호민관제도가 도입(B.C.494)되었고, 기원전 172년에는 국가행정의 최고집행자라 할 수 있는

---

23) B.C.8세기 후반에 그리스에서 출현하였는데, 길이 2~2.5m의 철창과 단검으로 무장하고 밀집대를 조직하여 전투했다. 처음에는 말을 탄 귀족이 중심이었지만, 기원전 7세기 후반에는 부유한 평민이 참가하면서 중소시민도 장갑보병이 되어 전투의 중핵이 되었다. 로마에는 기원전 6세기 중반 무렵 도입되어 기원전 4세기 초까지 사용한 것으로 보인다.

24) 기원전 594년 Solon(B.C.640~B.C.540 추정)은 일반시민의 몰락을 방지하기 위한 경제정책을 실시하고 시민의 참정권을 확대하였으며 귀족의 과두정치를 폐지하였다. 참주 Peisistratos(B.C.600?~B.C.527)는 무토지농민에 대한 토지분배, 수출용 농작물 재배 장려, 은광개발, 화폐발행 등의 개혁정책을 추진하였다. 이들의 개혁에 힘입어 아테네는 유력한 도시국가로 성장하였다.

집정관(Consul) 2명을 모두 평민에서 선출했다. 로마는 평민이 성장하면서 티베르(Tiber)강 하안의 조그만 국가에서 이탈리아반도를 통일하고 세계제국으로 성장해갔다.

한편, 토지소유상의 분해는 노예제를 가져왔지만, 대토지소유자와 소토지소유자 간의 부차적 대립관계도 야기했다. 더욱이 유력자에 의한 공유지의 점탈과 노예획득을 위한 정복전쟁, 그리고 상업발달은 노예제를 더욱 발전시키고 계급 분열을 심화시켰다. 그리스에서 공유지는 나중에 시민에게 임대되어 유력한 대토지소유자가 나타나는 계기로 작용하였다. 로마에서도 귀족이나 평민 상층의 유력자가 정복지역의 공유지를 겸병했다. 특히 공화정 말기에 속주에 파견된 로마의 총독들은 정복지의 공유지를 비롯한 토지를 사유화하였다. 그리스와 로마에서는 만성적인 종군으로 인해 늘어난 사망자의 토지도 유력자의 겸병 대상이 되었고, 기타 금융업이나 고리대도 농민을 몰락시켰다. 로마에서 공화정이 제정으로 넘어가기 직전의 기원전 1세기경에 지배계급 간에 벌어진 정치적 대립도 사실은 대토지와 많은 노예를 소유했던 경제적 유력자들 간의 권력투쟁이란 성격이 짙었다.

이리하여 고전고대 사회에서는 노예소유자 대 노예라는 기본적 계급관계를 축으로 하여 대토지소유자(귀족) 대 소토지소유자(자영소농민)라는 대립관계도 부차적으로 작용하면서 경제구조와 사회구조가 변화되어 가게 되었다 .

2) 노예제 생산체제의 한계

노예제를 바탕으로 발전했던 고전고대 사회는 그 노예제적 생산체제에 내재된 한계가 노정되면서 점차 쇠퇴하여 갔다. 먼저 노예들은 직접생산자임에도 불구하고 소유의 대상물에 지나지 않아 가혹하게 노동력만 수탈당했으므로 노동생산성은 정체되거나 점차 떨어질 수밖에 없었다. 시민들은 육체노동과 상공업을 천시하고 정치와 전쟁·금융업·농업경영만이 자기들 신분에 어울리는 것으로 여겼으며, 심지어 로마에서는 교사도 천하게 여겼다. 자유민들은 소비계급으로서 사치와 낭비를 일삼고 도덕적으로도 타락해 갔다. 따라서 많은 경우 노예나 외국인이 상공업을 담당하였고, 이것은 생산기술 개선이나 생산성 향상에 아무런 자극제가 될 수 없었다.

노예제를 기반으로 발달한 상업은 오히려 자영농민을 몰락을 재촉하고 대토지소유자와 소토지소유자 간의 신분격차를 확대하여 새로운 긴장을 조성했다. 대토지소유자와 경쟁해야 했던 자영농민이 토지를 상실한 것은 물론 소규모 수공업자들도 고객을 잃고 농민과 마찬가지 입장에 처했다. 유력자들이 경영한 금융업에서 자금을 차입한 자영 소농들은 토지를 잃거나 노예로 전락하였다. 화폐경제가 더욱 발달함에 따라 심지어 토지소유자들도 점차 상인 내지 고리대자본가의 성격을 띠었다.

이와 같은 계층분해 혹은 평민세력의 몰락은 사회적 불만을 가중시켰기 때문에 개혁정책이 실시되기도 하였다. 아테네의 Solon은 기원전 594년에 토지소유규모를 제한하고 저당된 토지를 회복시키며 빚을 탕감하고 채무노예를 해방시켜 주었다. 참주 Peisistratos도 무토지농민에 대한 토지분배를 시도하였다. 그러나 시민들의 몰락을 막고자 했던 정책들은 사태의 진행을 막지 못하였다. 오히려 금권정치(金權政治)가 횡행하여 민주정의 기초가 몰락하고 중우정치(衆愚政治)로 타락했다. 로마에서도 이미 공화정기에 빈부격차가 확대되어 무산시민들이 시민의 대다수를 차지할 정도가 되었다. 기원전 2세기에 Gracchus형제가 아테네의 개혁정책을 본받아 토지규모를 제한하고 무토지시민에게 토지를 분배하고자 했지만 기득권층인 원로원의 공격을 받아 많은 추종자들과 함께 잔인하게 살해당했다. 고전고대에서 평등화를 지향한 모든 개혁정책은 성공하지 못했다.

이상에서 살펴본 바와 같이 그리스 및 로마에서는 고전고대적 토지소유가 해체되면서 노예제가 기본적인 생산관계로 정착하였고, 노예제를 바탕으로 상공업이 크게 발전하였으며, 상공업은 다시 노예제를 확대한 주요 요인으로 작용했다.[25] 이와 같이 노예제 확대와 정복전쟁, 상업발전의 삼자 간에는 밀접한 순환고리를 이루고 있었다. 그리스·로마는 노예제적 생산기반 위에서 고대문화

---

25) 그리스·로마에서 상공업이 상당한 수준까지 발달하였던 것은 사실이지만, 교환되는 부분은 전체 생산에서 얼마 되지 않아 경제는 기본적으로는 자급적 생산단계를 크게 벗어나지 못하였다.

를 꽃피우고 독특한 정치체제를 구축하였지만, 삼자 간의 순환고리가 끊어지자 노예제 생산방식의 한계가 드러나기 시작했다. 고도로 발달했던 고대의 지중해 문명은 역설적으로 자기를 발전시켰던 생산체제의 한계로 말미암아 스스로 쇠퇴의 위기를 맞게 되었다고 하겠다.

3. 로마의 경제

그리스와 로마는 다 같이 노예제를 생산기반으로 한 사회이지만, 그리스는 도시국가 체제를 극복하지 못하고 분립하다가 최종적으로 로마의 지배를 받게 되었다.[26] 고대 지중해 세계의 최후의 승리자인 로마는 한층 확대된 노예제를 생산기반으로 세계제국을 건설하였다. 여기서는 노예제적 생산의 발달 및 쇠퇴 과정을 로마의 흥망성쇠를 통해서 이해해보기로 하자.

1) 노예제도의 발달

로마는 전설에 따르면 늑대의 젖을 먹고 자란 Romulus와 Remus에 의해 기원전 753년에 세워졌다고 한다. 로마는 실제로는 기원전 1천 년경에서 기원전 8백 년경 사이에 소아시아에서 이동해 온 에트루리아(Etruria)인에 의하여 건설된 것이 확실하다. 에트루리아왕의 지배하에서 로마는 시벽(市壁)을 갖추고 도시국가로 출발하였다. 도시국가로 출발한 로마는 라티움(Latium: 지금의 라치오 남반부)에 정착한 라틴(Latin)족이 기원전 6세기 말에 에트루리아계의 왕을 추방하고 기원전 510년에 공화정을 수립한 이후부터 본격적으로 발전하였다.[27] 이

---

26) 그리스의 도시국가들은 해상무역을 통해 크게 발전하였지만, 도시국가의 난립은 상업상의 패권을 확보하기 위한 대립을 불러일으켰다. 특히 아테네를 중심으로 한 델로스동맹(Delian League)과 스파르타가 주도한 펠로폰네소스동맹(Peloponnesian League) 간에 벌어진 펠로폰네소스전쟁(B.C.431~B.C.404)은 그리스세계를 분열, 쇠퇴시키는 계기로 작용했다. 펠로폰네소스전쟁에서 스파르타가 승리하였지만, 스파르타의 패권은 곧 다른 도시들로 넘어갔다. 도시국가 간의 패권경쟁으로 도시 간에 분열이 일어난 틈을 타 다시 영향력을 확대한 페르시아에게 그리스는 소아시아의 식민지를 잃었다. 이렇게 세력이 축소되었을 때 그리스의 도시국가들은 마케도니아(Macedonia)의 Alexander대왕에게 정복되어 헬레니즘세계에 편입되었다가 로마의 지배를 받았다.

27) 기원전 1천 년경 인도유럽어족의 일파가 북쪽에서 남하하여 이탈리아 각지에 정착하는데,

시기에 자영소농민의 평민계급이 성장하고 상공업이 발달하면서 노예제도도 크게 확대되었다. 공화정은 Antonius(B.C.83~B.C.30)와 Cleopatra(B.C.69~B.C.30)를 패배시키고 권력투쟁에서 최종적으로 승리한 Octavianus(B.C.64~A.D.14)에 의하여 기원전 27년에 제정(帝政)으로 대체되었다. 로마는 395년 Theodosius1세(재위: 379~395) 황제가 죽자 동서로 분열되었는데, 서로마제국은 노예제도를 기반으로 번영하다가 말기의 혼란을 이기지 못하고 황제 Augustulus(재위: 475~476)를 마지막으로 476년에 게르만족에게 멸망했다. 그러나 콘스탄티노플(Constantinople)을 수도로 삼은 동로마제국(비잔틴제국, Byzantium Empire)은 1453년에 오스만터키(Ottoman Turks)에 망할 때까지 경제적, 문화적으로 활력을 유지하였는데, 서로마제국과 달리 노예제도가 그다지 발달하지 않았다. 여기서는 노예제가 발달했던 서로마제국을 중심으로 경제구조의 변화를 살펴본다.

로마의 계급관계 및 토지소유제도도 역시 고전고대적 토지소유가 변질되는 과정에서 확립되었다. 라티움으로 이주해올 당시의 라틴족은 씨족(Curia)단위의 사회조직을 갖추고 있었는데, 다수의 씨족이 3개의 부족(Tribus)으로 뭉쳐 국가를 결성하였다. 기본적인 경제 단위는 씨족을 구성한 가부장제적 대가족으로서 대가족의 가장(Pater-familia)은 가족을 노예로 팔거나 가족구성원의 생명을 좌우할 정도로 절대적 권위를 갖고 있었지만 토지를 비롯한 재산은 개인자격으로 마음대로 처분할 수 없었다. 이렇게 처음에는 가장 중요한 생산수단인 토지를 대가족 단위로 분배받았는데 토지소유를 기반으로 한 신분계층이 점차 분해되어 노예제적 생산관계를 명확하게 형성하였다. 도시국가 성립 초기에 신분은 자유민(自由民)과 비자유민(非自由民)으로 구분되고, 비자유민은 다시 노예와 예속민(clientes)으로 나누어진다.[28] 자유민은 나중에 귀족(patricii)이 되고 비자유민 중 예속민은 평민(plebeii)이 되었다. 귀족은 소작인 또는 노예에 의해 경작되는 대토지를 소유하였고, 평민은 참정권이 없는 자로서 대부분은 소규모의 토지를 소유한 자영농민이거나 목축업·상공업 등의 다양한 직업에 종사하였다.

라틴인은 이탈리아반도 중부의 서부 연안 라티움에 정착하였다. 라틴족은 기원전 750년경에 유목생활을 청산하고 농업과 목축을 영위하였다.

28) 노예는 물론 인격적으로 예속되어 생산도구로 취급되었고, 예속민은 인격은 인정되었으나 자유민과는 달리 직접 법행위의 주체가 될 수 없었다.

소작인도 평민에 포함되었는데, 귀족에게 지대와 부역을 제공하고 귀족에 종속되어 전쟁에 참가하였다. 이와 같이 로마에서도 자영농민의 사적 소유가 분해되는 과정에서 대토지소유자인 귀족, 소토지소유자인 평민, 그리고 노예계급이 성립했다.

로마의 정치기구를 간단히 요약하면 다음과 같다. 로마의 공화기구에는 행정 및 군사의 최고권을 장악한 2명의 귀족이 집정관(執政官: Consul), 입법기관으로서 원로원(元老院: Senatus), 기타 씨족회(氏族會: Comitia Curiata), 병원회(兵員會: Comitia Centuriata) 등이 있었지만, 국가의 실권은 앞의 두 기관이 장악하였다. 유력귀족이 집정관과 원로원을 차지했기 때문에 로마의 공화정은 대단히 귀족적이었다.

일찍부터 상업도시로 발달한 로마는 끊임없이 정복전쟁을 일으켰다. 전쟁은 노예를 대량으로 공급하여 노예제적 생산방식을 확대하였고, 노예제는 상공업 발달의 주요 생산기반이었으며, 상공업의 발달은 다시 전쟁을 부추겼다. 로마는 정복전쟁을 통해 군사적으로 팽창하는 가운데 점차 지중해의 중심 국가로 부상하고 세계제국으로 성장해 갔다.

도시국가 로마가 이탈리아반도를 영토적으로 통일하고 세계제국으로 발전하는 과정은 평민계급의 권리가 성장하는 과정과 일치한다. 즉 정복전쟁이 성행하고 상업이 발달하면서 평민의 군사적 중요성이 증대하였을 뿐만 아니라 상업적으로 성공한 평민도 적지 않게 나타나 사회경제적 지위가 크게 향상되었기 때문이다.

로마는 티베르(Tiber) 강 상류에 위치하여 토질이 비옥하지 못하고 지리적·자연적으로도 농업환경이 불리했지만, 경제적·군사적 측면에서 유리한 입지조건을 갖추고 있었다. 즉, 이탈리아반도 서해안에는 항구가 적었지만 티베르강의 하류는 선박의 좋은 기항지(寄港地) 및 해상침략에 대한 천연적 방어요새로서 좋은 조건을 고루 갖추고 있었고, 수로로 연결될 수 있어서 상업적으로도 유리했다. 로마는 기원전 5백 년경부터 호시(互市: Emporium)로서 발달하기 시작하였는데, 평민이 경영한 상공업은 대부분 소규모였지만 상업 발전으로 이들의 숫자가 증가하자 귀족에 비견될 정도로 경제력을 지닌 부호가 생겨나기도 하였다. 군사적인 면에서는 중장보병으로 평민들이 복무했기 때문에 그 영향력을 확대하는 요인이 되었다. 그 결과 평민의 지위가 법적으로 개선되었다. 기원전 494년에는 평민 중에서 2명의 호민관(護民官: Tribunus Plebis)을 선출하여 평민을 보호할 수 있게 되었고, 십이표법(十二表法, Law of 12 Tables, B.C.449)은 로마 최초의 성문법으로서 평민의 권리를 법률로 보호했으며, 리키니우스섹스티우스법 (Licinian–Sextain Law, B.C.367)은 2명의 집정관 중 1명을 평민에서 선출하도록 했다. 호르텐시우스법(Lex Hortensia, B.C.287)은 마침내 평민과 귀족의 법적 평등으로 보장했다.[29)]

로마는 이같이 평민세력의 성장과 더불어 세계제국으로 성장하였는데, 기원전 4세기 초에 북쪽의 에트루리아세력을 타파한 데 이어 라티움의 여러 도시, 중부 이탈리아의 여러 민족, 남부 이탈리아의 그리스 식민지를 정복함으로써 기원전 3세기 전반에는 갈리아(Gallia)를 제외하고 이탈리아반도를 통일하였다. 로마는 특히 기원전 246년부터 기원전 146년까지 백 년에 걸친 포에니전쟁 (Punic Wars)에서 서지중해의 상업을 독점하고 있던 카르타고(Carthago)를 멸망시킴으로써 이 지역에 대한 지배권을 확립하였다.[30)] 이 포에니전쟁은 지중해의

---

29) 로마는 그리스와는 달리 평민계급의 성장에도 불구하고 귀족적 색채가 매우 강하였다. 로마는 초기 2세기 동안 소수의 혈통귀족이 원로원을 통제하였다. 이후 격렬한 사회투쟁을 거쳐서 민주적 방향으로 수정되기는 했지만 공화정을 지배한 것은 여전히 원로원이었고, 그리스의 도시국가들처럼 귀족지배 체제를 완전히 전복시키고 안정된 중소농민에 의한 민주화의 길로 들어서지 못했다. 국가 최고의 행정관직인 집정관은 리키니우스법이 실시되기 전까지는 폐쇄적인 혈통귀족신분이 제도적으로 독점했으며, 2명의 집정관이 모두 평민으로부터 나온 것은 그로부터 거의 2백 년이 흐른 기원전 172년이 되어서였다. 그 결과 '혈통귀족'과 '평민'가문을 포함한 확대된 귀족층이 형성되었다. Perry Anderson, *Passages from Antiquity to Feudalism*, NLB, 1974(유재건·한정숙 공역, 『고대에서 봉건제로의 이행』, 창작과 비평사, 1990.), pp.54–56.

30) 포에니전쟁은 B.C.264~241, B.C.218~201, B.C.149~146년의 3차에 걸쳐서 일어났다. 카르타고는 기원전 포에니(Poeni)인, 즉 페니키아(Phoenicia)인이 북아프리카의 튀니스(Tunis)에 건설한 식민도시였다. 유명한 Hannibal(B.C.247~B.C.183)이 등장한 것은 제2차 포에니전쟁 때의 일인데, 이 제2차의 포에니전쟁은 고전고대에서 벌어진 최대규모의 전쟁이었다. 이 전쟁을 승리로 이끈 로마의 장군은 Scipio(B.C.236~B.C.184)였다. Hannibal은 장기전에서 패하자 기원전 183년 망명지에서 자결로 삶을 마감하였다. 한니발을 패배시켰던 Scipio 역시 권력투쟁에서 패배하여 기원전 184년에 사망하였다. 제3차 포에니전쟁은 로마의 가혹한 조건제시에 카르타고가 반발하면서 터졌는데, 4년간 계속된 싸움의 결과 카르타고시는 철저하게 파괴되고 최후까지 항전한 5만 명은 노예시장으로 팔려갔다. 이로써 카르타고 5백 년의 역사는 처참한 종말을 고하고 말았다. 기원전 146년에는 또 하나의 도시 코린트가 철저히

판도를 바꾸어 놓는 결정적인 계기였는데, 로마는 제2차 포에니전쟁이 끝난 뒤인 기원전 2세기에 오자 드디어 헬레니즘세계에 본격적으로 등장하기 시작하였다. 이어서 로마는 동으로는 마케도니아와 이집트, 서쪽으로는 갈리아를 정복하여 기원전 1세기에는 전유럽의 3분의 1을 세력권에 넣었다.

전쟁은 로마에게 막대한 전리품을 가져다주었다. 로마는 금·은 등 귀금속을 약탈하고 공물(貢物)을 거두어들였으며, 십일조(十一租)·인두세(人頭稅)·매상세(賣上稅) 등 각종 세금을 가혹하게 징수했다.[31] 그러나 가장 중요한 전리품은 토지와 인신의 약탈이었다. 이 두 가지는 로마 번영의 기본적인 물적 토대였다.

먼저, 로마는 정복지의 광산, 선박 등의 재산 및 공유지(公有地)에 대해서 전유권을 확보했다. 약탈물은 로마의 국고에 들어가는 것이 원칙이었지만 귀족의 재산을 불리는 데 이용되었다. 그리스 도시국가는 식민도시를 주로 빈민의 배출구나 상업상의 기지로 이용함으로써 영토적 확장으로까지는 나아가지 않았다. 그러나 로마는 여기서 그치지 않았다.[32] 제1차 포에니전쟁으로 시칠리아(Sicilia)를 식민지로 얻게 된 이후 총독(governor) 및 지사(Proconsul)를 파견하고 병력을 상주시키는 등 속주화(屬州化: 속주＝Provins)를 통해 적극적으로 영토확장을 꾀했다. 파견된 총독 및 지사, 기타 유력자 등은 정복지의 공유지를 겸병해서 대토지소유자가 되는 경우가 허다했다.

둘째, 전쟁의 원래 목적인 인신약탈은 로마를 이전의 어떤 사회보다도 노예제가 발달한 생산체제로 이끌었다. 로마군은 정복지의 인민들을 무자비하게 노예화하였다. 제2차의 카르타고전쟁에서는 Hannibal을 편들었던 남이탈리아

로마군에게 유린당했다. 이 전쟁은 그리스의 아카이아동맹(Achaean League)에서 스파르타(Sparta)가 탈퇴할 것을 로마가 승인한 것이 화근이 되었는데, 동서교통로의 요지로서 그리스 여러 도시가 쇠퇴하는 가운데 거의 유일하게 상업적 번영을 누리던 '헬라스의 별' 코린트는 파괴되고 주민은 노예로 팔려갔으며, 아카이아동맹은 완전히 몰락하였다.

31) 로마는 공물을 처음에는 비교적 관대하게 부과했으나, 포에니전쟁 이후에는 이와 함께 십일조, 인두세(人頭稅), 매상세(賣上稅) 등 각종 세금을 가혹하게 수탈했다. 포에니전쟁은 로마의 대외정책을 바꾸는 중요한 계기가 되었다.

32) 이탈리아반도를 정복할 때의 로마는 식민도시에 무산시민을 이주시켜 사회문제를 해결하고 정복지의 반란에 대비하는 정도에 그치고 있었다. 로마는 기원전 171년부터 벌어진 제3차 마케도니아전쟁에서 접전을 벌이다가 기원전 168년 집정관인 명장 Lucius(?~B.C.160)의 지휘로 승리하였다. 로마는 마케도니아 및 이를 편들던 그리스의 여러 도시들에게 조세를 부과하다가 기원전 146년에는 마케도니아를 완전히 속주화하였다.

타렌툼(Tarentum)의 주민 3만 명, 제3차 포에니전쟁에서 패배한 카르타고의 주민 5만 명이 노예가 되었다. 기원전 171년 제3차 마케도니아전쟁에서 승리하자 로마는 마케도니아와 동맹을 맺고 있던 고대 그리스의 서부지방 에피루스(Epirus)의 주민 1만 5천 명을 노예로 팔아치웠고, 코린트의 시민들도 기원전 146년에 전쟁에서 패배하여 노예화되었다. Caesar는 정복지의 이민족에게 마음대로 과세하고 한꺼번에 5만 3천 명을 노예로 팔기도 하였다.[33] 한 추정에 따른 로마의 인구변화를 보면, 기원전 225년 이탈리아에는 약 440만 명의 자유민과 60만 명의 노예가 있었지만, 기원전 43년에는 자유민 450만 명에 노예는 무려 5배가 늘어난 3백만 명이었다고 한다. 그리하여 고전고대에서 기원전 2세기에서 1세기는 로마의 공화정에서 노예제도가 가장 발달한 시기였다. 전쟁은 막대한 공납과 토지 및 노예를 가져다주고, 노예제생산을 확대함으로써 후방경제를 지탱하고 전쟁물자를 대주었다.[34]

그러나 노예제의 확대는 노예반란을 일으켜 사회불안을 초래하는 요소가 되기도 하였다. 기원전 135년 시칠리아의 엔나(Enna)에서 시작된 노예반란은 시리아 출신 Eunus를 왕으로 추대하여 로마군을 격파함으로써 이후 1백년간에 걸친 로마의 내란을 재촉하는 구실을 하였다. 그리고 기원전 73년 트라키아(Thracia) 출신의 검노(劍奴) Spartacus(?~B.C.71)가 일으킨 반란은 한때 빈민까지 가세하여 12만 명이 넘었으며, 로마군은 수차례 전멸당하기까지 하였다.[35] 노예반란은 대량의 인신약탈과 가혹한 착취와 악랄한 처우가 낳은 결과였다.

2) 라티푼디움

전쟁과 노예제와 상업의 발달은 사회경제적 구조를 크게 변화시켰다. 로마군의 무장은 원칙적으로 자기 부담이었기 때문에 귀족은 토지를 소유한 자영농

---

33) 해적 떼에 의한 노예화도 비일비재하여 델로스(Delos)에서 해적과 줄이 닿기만 하면 일확천금을 벌 수 있었다 한다.

34) Perry Anderson, 앞의 책, p.64.

35) Spartacus의 주력반란군은 기원전 72년 아푸리아에서 전멸당하였고, 포로 6천 명은 아피아가도(街道)에서 십자가의 책형(磔刑)에 처해졌다. 나머지 5천 명의 패잔병은 Pompeius에게 전멸당했다.

민들의 협조를 얻기 위하여 평민을 보호하거나 평민 사이에 빈부격차가 확대되지 않도록 어느 정도 양보하지 않을 수 없었다. 그러나 이러한 보호조치는 궁극적으로 평민의 몰락을 막지 못하고 토지소유상의 격차도 줄이지 못했다. 약탈행위를 통해서 획득한 전리품은 국고에 귀속하게 되어 있었지만, 실제로는 많은 장병들이 제각기 횡령했다. 정복지가 로마의 속주로 변하면서 토지는 로마인의 소유로 변했는데, 특히 속주의 총독으로 활약한 노빌레스(nobiles)들은 공유지(ager publicus)를 비롯한 토지를 점탈하였다. 반면, 대토지소유자와 경쟁에서 불리한 위치에 선 소농민들은 점차 토지를 상실하였다. 거기에 터무니없는 법규에 의한 수탈과 강제부담이 가중되어 농민들은 고리대를 차입하였다. 이러한 현상은 정복지의 소농민에게도 마찬가지였다. 한편, 로마의 일반시민은 그칠 새 없는 전쟁으로 해마다 전쟁에 동원되었기 때문에 시민군의 중핵을 이루었던 '아씨두이'(adsidui, assidui)36)라 불리는 자영농민들이 수천 명씩 사망하였다. 평민은 기원전 2세기 이후에는 주로 해외에서 전투에 참가하였는데 특히 이 시기에 장기간의 종군으로 가장 큰 타격을 입었다. 기원전 200~167년간에는 로마의 자유민 성년남자 전체의 10% 이상이 항상 징집상태에 있을 정도였다고 한다.

자영농민이 몰락하면서 무산시민인 '프롤레타리이'(proletarii)가 급속하게 증대하고 대토지소유가 확대되었다. 로마는 기원전 3세기 중반의 제1차 포에니전쟁에서 겨우 승리하였지만 많은 농민이 전사하여 토지는 방기되고 하층 평민은 증대해 있었다. 기원전 3세기 말에는 이미 프롤레타리이가 로마 시민의 절대다수를 차지하게 되었는데, 한니발전쟁(제2차 포에니전쟁) 때에는 이들도 소집대상이 되지 않을 수 없을 정도로 계급분화가 빠르게 진행되고 있었다. 토지를 상실한 농민은 소작인이 되거나 채무노예로 전락하여 가는 경우조차 있었고, 도시 로마는 토지에서 방출된 유민(流民)으로 흘러넘쳤다. 반면 귀족은 농민의 토지는 물론 공유지와 한니발전쟁, 동맹시전쟁37)과 권력투쟁에서 제거한 정적의

---

36) '아씨두이'는 '토지에 정착한 자'라는 뜻으로서 무장에 필요한 재산을 갖춘 자였기 때문에 병력의 대부분을 차지하고 있었다.

37) 로마의 외정으로 동맹시의 지배계급들도 이득을 보고 있었는데, 로마시민권의 요구가 거부되자 기원전 91년 동맹시전쟁을 일으켰다. 동맹시는 반란 당시에조차 일원적인 로마 질서를 본 따 수도와 원로원이 있는 국가를 세우고자 하였다. 로마는 일단 무력으로 진압하였지만,

토지를 겸병하는 데 혈안이었다.

그렇지만 유력자의 탐욕 때문에 공유지의 점탈이나 중소농민의 몰락을 방지하는 정책은 거의 취해질 수 없었다. 다만 명문 출신인 Tiberius Gracchus (B.C.163~B.C.133)가 개혁을 실시하려고 하였다. 기원전 133년 호민관에 당선된 그는 리키니우스법을 약간 수정하여, 1인당 공지(公地)의 최고소유상한을 500유게라(jugera)(약 125헥타)로 한정하되 남자 아이 2인에 대하여 250유게라씩 추가로 보유하게 하고, 나머지 토지는 모두 국가에 환수시켜 무토지 시민에게 분배하고자 하였다. 그러나 그의 개혁은 기득권 세력인 원로원의 공격으로 많은 희생자를 남기고 실패하고 말았다.[38]

로마에서는 공화정 후기인 기원전 3세기에 라티푼디움(Latifundium)이라는 대농장경영제도가 등장하였다.[39] 라티푼디움은 크게 직할지(villa)와 대여지로 나누어졌는데, 직할지는 토지소유자 또는 대관(代官)이 있는 저택(villa urbana)과 직영지(villa rustica)로 구성되었다. 직영지는 노예감독관인 빌리쿠스(vilicus)의 채찍 아래 대량의 노예가 투입되어 경작되었다. 농장노예는 군대식 편제에 의하여 집단적으로 수용되어 감독노예의 엄한 감시 아래 노역했으며, 저항하는 자에게는 손과 발에 사슬이 채워졌다. 여기에는 노예숙사(奴隷宿舍), 가축우리, 포도주양조장 등의 농산물가공장이 포함되어 있었다. 대여지는 농한기의 노예수요 감소에 대처하기 위한 것으로서 소작인들에게 대여되었다.

로마의 귀족들은 포에니, 마케도니아, 유구루타(Jugurtha), 미트리다테스 (Mithridates), 갈리아 등의 전쟁에서 획득한 수많은 전쟁포로를 자기들이 소유하는 방대한 토지에 투입하였다. 라티푼디움은 최하가 1천 에이커에 달했다고 한

군사적으로 열세였기 때문에 이탈리아인 전체에 시민권을 부여하였다. 이렇게 이탈리아인을 시민으로 통합한 것은 로마제국의 확장에 커다란 도움을 주었다.

38) Tiberius Gracchus는 시민계급의 몰락에 대해 다음과 같이 말하였다. "이탈리아에 떠돌아 다니는 야수들도 자기의 굴을 가지고 제각기 쉬고 몸을 의지할 곳을 가지고 있다. 그러나 이탈리아를 위해 싸우고 죽은 사람들이 가진 것이란 공기와 햇빛뿐이며, 집도, 가정도 없이 처자와 헤맨다." 그의 개혁이 추진되자 유력자와 빈민 간에 대립이 가속화되었다. 그는 결국 원로원의 미움을 사 추종자 3백 명과 함께 타살되었다. 그 후 동생 Gaius Gracchus (B.C.154~B.C.121)가 기원전 123년에 호민관에 당선되어 개혁을 추진하고자 하였지만 그 역시 원로원의 무장공격으로 그 추종자 3천 명이 학살당하고 자신은 자살하였다.

39) 라티푼디움(Latifundium)의 Latus란 광대하다는 의미로서 대사유지(大私有地)를 말한다.

다. 로마에는 카르타고를 비롯한 정복지에서 곡물을 수입하고 라티푼디움에 생산된 낙농품, 포도주, 올리브유 등을 수출하였다. 라티푼디움은 후에 이탈리아 본토뿐만 아니라 시칠리아, 아프리카, 스페인, 갈리아 등에서도 농업경영양식으로 정착하였다. 특히 서부 지중해권의 광대한 내륙의 토지에서는 대토지소유제도로서 발달하였는데, 이탈리아, 스페인, 갈리아에서는 제국의 최후까지 남아 있었다.[40]

3) 노예제와 로마의 쇠퇴

로마 경제는 노예제와 상업, 전쟁이라는 삼자 간의 순환고리를 매개로 발전하였다. 그러나 이것은 세 가지 중 하나가 한계를 보이면 붕괴할 가능성을 지닌 것이기도 했다. 공화정 후기에 라티푼디움이 등장하면서 정점에 달했던 노예제적 생산방식은 제정(帝政)이 들어서고 2세기가 지나자 한계를 드러내기 시작하였다. 그리고 생산성이 떨어진 노예제 생산방식이 축소되자 로마경제도 서서히 쇠퇴기에 접어들었다.

로마는 기원전 27년부터 공화정에서 제정으로 전환되었다. 제정의 성립은 제정이 성립되기 거의 1세기 전부터 백 년간에 걸쳐 일어난 계급대립 및 지배계급의 내분(B.C.133~B.C.31)의 산물이었다. 즉, 이 시기에는 엔나(Enna)에서의 노예반란, Spartacus의 반란 등 계급대립이 심화되고 있었고, 정치적으로는 Gracchus형제의 개혁을 둘러싼 대립으로부터 Marius와 Sulla의 대결(B.C.80년대), Caesar · Pompeius · Crassus의 제1회 삼두정치(B.C.60년대), Caesar의 Pompeius 제거(B.C.48), Caesar의 암살(B.C.44), Octavianus · Antonius · Repidus의 제2회 삼두정치에 이르기까지 유력자들 간에 대립항쟁이 계속되었다. 이러한 혼란을 최종적으로 수습한 인물은 기원전 31년에 악티움해전(Battle of Actium)에서 Antonius와 Cleopatra의 연합함대를 궤멸시킨 Octavianus였다.[41] 로마에 개선한 그는 기원전 27년 원로원으로부터 아우구스투스(Augustus: 존엄한 자)의 존칭

---

40) Perry Anderson, 앞의 책, pp.65－66.

41) Marius(B.C.156~B.C.86), Sulla(B.C.138?~B.C.78), Caesar(B.C.100~B.C.44), Pompeius(B.C.106~B.C.48), Crassus(B.C.115~B.C.53), Repidus(B.C.?~B.C.13), Antonius(B.C.83~B.C.30), Cleopatra (B.C.69~B.C.30), Octavianus(B.C.64~A.D.14).

을 받고 실질적인 국가의 원수(元首)의 지위에 올랐다.[42] 이로써 로마는 공화정
말기의 혼란과 위기를 수습하고 제정이 시작되어 발전의 새로운 기틀을 마련하
게 되었다.

로마가 공화정으로부터 제정으로 전환된 기본 배경은 대토지를 가진 유력
자들 간의 권력투쟁이 사회혼란을 초래한 데 있었다. 특히 원로원의 귀족들은
속주 통치를 통해서 모은 막대한 부를 바탕으로 권력쟁탈전을 벌였다. 더욱이
수많은 평민이 몰락하여 시민군 구성이 불가능하여지는 바람에 빈민출신의 직
업군인들이 대거 유력자의 사병(私兵)으로 변한 것도 권력쟁탈전을 부추긴 원인
으로 작용했다. 이것은 도시국가 시절의 공화정이 더 이상 세계제국의 경영에
적합하지 않다는 사실을 드러낸 것이나 다름없었다. 로마시민과 속주의 인민들
이 강력한 황제(皇帝)의 등장과 제정에 열렬한 찬사를 보낸 것도 공화정의 혼란
을 수습하고 평화가 정착되기를 바랐기 때문이다.

로마는 Octavianus로부터 2세기 동안 팍스 로마나(Pax Romana)의 번영을
누렸다. 그러나 그 속에는 이미 생산기반의 한계가 내재되어 있었다. 즉 로마제
국은 외정이 끝나고 제국의 판도가 수세에 몰린 제정 체제의 후반기가 되자 심
각한 사회경제상의 구조변화와 함께 점차 쇠퇴기에 접어들었다.

로마가 제정 후반기에 변화를 겪게 된 가장 큰 이유는 로마의 영토적 확장
과 번영을 가져왔던 노예제적 생산방식의 한계가 드러났기 때문이었다. 그리스
와 로마는 다 같이 노예제적 생산이 발전한 국가이지만, 로마에서는 공화정 말
기부터 대규모로 노예를 투입하는 대농장의 경영이 그리스와 전혀 비교가 되지
않을 정도로 발달하였다. 노예제생산의 한계는 로마가 더 이상 외정을 수행하
기 힘들어진 기원 후 2세기부터 뚜렷하게 나타나기 시작했다. 즉 로마제국은
게르마니아(Germania), 다키아(Dacia: 다뉴브 북안), 메소포타미아로 진군한 이후
더 이상의 팽창을 중단하였고, Trajanus황제(제위기간: A.D.98~A.D.117) 이후에는
제국의 국경선이 최종적으로 확정되었다. 노예는 주로 전쟁포로였기 때문에 외

---

42) 이를 '원수정'(元首政: Principate)이라고 부르는데, 이 원수정은 본질적으로 군주정 혹은 제
   정(帝政)이었다. 원수정 대신에 '전제정'(Dominate)이 등장한 것은 Aurelius황제(121~180)
   이후였다.

정이 중단되자 노예의 대량공급이 불가능해졌다. 더욱이 노예는 결혼이 금지되어 있었다. 노예의 원활한 공급이 벽에 부딪치자 노예가격이 폭등하기 시작하였는데, 1~2세기의 노예 가격은 기원전 2~1세기 때의 무려 8내지 10배까지 뛰어올랐다. 이것은 노예제적 생산방식의 생산성이 그만큼 상승하지 않는 한 노예경영의 경제성이 있을 수 없다는 것을 의미한다.

　노예제 생산이 수지타산에 맞지 않자 농장주들은 라티푼디움 경영에서 일부분에 지나지 않던 대여지의 소작제도(小作制度)를 직영지에까지 확장하는 한편 노예를 해방하여 소작을 주었다. 노예의 신분에서 해방된 이 소작인(小作人)을 콜로누스(colonus)라고 하며, 이 제도를 콜로나트(colonat)라고 한다. 농장주는 직영을 위한 농지를 약간 남겨 두었지만, 이것도 콜로누스가 제공하는 부역노동에 의하여 경작되었다. 즉 콜로누스는 지대 외에도 직영지에서 부역을 제공했던 것이다. 한편, 자유농민도 몰락하여 콜로누스가 되거나 신변 보호를 위해 권문세가에 토지를 기진(寄進)하여 스스로 콜로누스가 되기도 하였다. 이리하여 콜로나트는 4세기경에는 지배적인 농업생산 조직이 되었다.

　로마 제정은 콜로누스에 대하여 토지를 마음대로 떠날 수 없다는 칙령(勅令)을 내렸다. 이것은 농장주들이 농업경영에 필요한 노동력을 확보하기 위하여 콜로누스를 토지에 긴박(緊迫)시키는 조치였다. 여기에서 중세 유럽에서 농민의 다수를 점한 농노(農奴)의 탄생이 이루어졌으며 농업제도는 장원(莊園)적 구조로 이행하여 갔다.[43] 즉 기존의 생산방식이 한계에 처하자 새로운 생산양식이 생겨나기 시작한 것이다.

　라티푼디움의 변화는 그 자체로 끝난 것이 아니라 다른 부면에도 심각한 영향을 끼쳤다. 먼저, 콜로나트의 확대는 로마제국의 재원(財源)인 자영농민을 감소시켜 국가의 재정위기를 초래하였고, 자영농민의 감소로 인해 어려움을 겪던 상공업자의 몰락도 재촉했다. 또한 제국 후반기에는 대토지소유자가 지방호족화하는 현상이 현저하게 진행되어 중앙권력을 약화시켰는데, 중간 관리층들

---

43) 노예가격의 상승과 노예노동의 저생산성이 콜로누스제도를 초래하였는데, 콜로누스가 일반화될 무렵에는 노예노동에 대신하여 소가 끄는 쟁기를 이용한 농업이 전반적으로 확대되었다. 즉 농업기술의 향상도 노예제농업의 소멸을 촉진하였다고 하겠다.

은 국가의 통제력이 약화된 틈을 타 시민에 대해 수탈과 횡포를 자행했다. 이러한 착취는 다시 남아있던 자영농민과 상공업자들의 유망(流亡)과 탁신(託身)을 초래하였다.44) 자연히 로마제국 말기에는 상공업이 쇠퇴하고 자연경제적인 경향이 강화되었다.

한편, 로마의 전성기에는 '고대상업자본주의'라고 불릴 정도로 상공업이 발달했지만, 이것 역시 노예제적 생산방식의 한계와 연관되어 쇠퇴했다. 상공업의 발달은 노예 생산을 기반으로 한 것이기 때문에 기본적으로 그 내용이 불건전했다. 노예제의 발전으로 번영을 누리게 된 로마시민은 육체노동을 천하게 여겼으며 상공업에 종사하는 것을 회피하였다. 특히 귀족들은 정치와 전쟁·고리대금업·농업만이 그들 신분에 어울린다고 생각하였으며, 공업은 물론 의사나 교사까지도 천직(賤職)으로 여겼다. 예를 들면, 이미 공화정 말기에 상공업에서도 노예노동이 압도적이 될 정도였는데, 로마 시내만 해도 장인(匠人)의 90% 정도가 노예출신이었다 한다. 로마의 상공업은 결국 외국인이 상당 부분을 담당하게 되었다.45) 따라서 로마에서는 토목건축 기술이 크게 발달한 것을 제외하고는 기타 기술발달은 보잘 것 없었다.

로마는 235년 트라키아(Tracia)의 농민 출신 Maximinus(?~313)가 황제가 된 이후 284년 Diocletianus(재위: 284~305)가 평정하기까지 50년간 군인황제시대를 맞이하여 26명의 황제가 교체되는 극심한 혼란을 겪었다. 로마는 Diocletianus 이후 3세기 말에서 4세기 초에 걸쳐 몇몇 황제가 실시한 정책으로 일시적이나마 중흥기를 맞이하였다. 그러나 중흥기의 황제들이 실시한 개혁정책은 오히려 국가기구를 크게 팽창시키고 농민과 상공업자의 부담을 가중함으로써 사회를

---

44) 대토지소유자인 귀족은 조세부담이 면제되고 부호는 조세면제의 특전을 가진 고위의 승려나 원로원의원이 되어 과세대상에서 벗어났다.

45) 상공업, 금융업 등에 진출한 해방노예들은 일반시민보다 더 적극적으로 재산을 모았다. 성공한 자 가운데는 이탈리아의 토지를 소유하거나 기사신분으로 승격되는 사람도 있었다. 극단적으로는 제4대 황제 Claudius(재위기간: 41~54년)의 시대에 황제 자신의 노예가 보좌역에 기용되어 회계와 법률심사까지 맡았다. 이와는 반대로 로마 상류사회의 사치와 방종은 이미 기원전 1세기경에는 극치를 이루고 소비도시로 완전히 탈바꿈하였다. 이는 기원전 3세기까지 유지된 소박하고 건실한 로마의 풍속이 공화정 말기의 라티푼디움의 확대, 국정혼란 등과 더불어 유행된 것이었다.

안정시키려는 목적과 모순되었다. 국세는 완전히 회복되지 않고 시간이 흐를수록 자연경제는 더욱 심화되었다. 정치적으로는 속주의 분할통치가 등장하여 지방호족의 세력이 강화되면서 로마제국은 점점 더 영주국가 형태로 변질되어 갔다. 이렇게 노예제 생산의 한계와 자연경제로의 이행, 그리고 중앙권력의 약화가 심각하게 진행되고 있을 때 로마는 476년 게르만의 용병대장 Odoacer(435~493)에게 멸망당했다.[46]

---

46) 그동안 Constantinus대제(재위: 306~337)는 지배체제를 강화하는 한편 325년 소아시아의 니케아종교회의에서 기독교를 공인하였으며, 330년에는 콘스탄티노플로 수도를 옮겼다. Diocletianus의 재건 이후 어느 정도 안정되었던 로마제국은 363년 Julianus(재위: 361~363)가 사망한 후 급작스럽게 쇠퇴하기 시작하였다. 380년에는 Theodosius(재위: 379~395)에 의해서 기독교가 국교로 지정되었으며, 395년에는 제국이 동서로 분할되었다. 노예제의 서로마가 활력을 잃고 476년 멸망한 것과는 대조적으로 노예제적 생산이 그다지 발달하지 않았던 동로마제국은 번영을 누리다가 1453년에 망하였다.

제4장

봉건사회의 경제

4 봉건사회의 경제

5세기 말에 서로마제국이 멸망한 이후 유럽은 혼란기를 거쳐 봉건사회로 진입하였다. 유럽의 중세는 정치 및 군사적인 면에서는 봉건가신단을 기반으로 분권적 봉건제가 형성되었다. 경제적인 측면에서는 영주(領主)와 농노(農奴)라는 기본적인 생산관계 위에서 장원의 농업경제가 유지되었고, 상공업의 중심지로서 도시가 발전하였다. 여기서는 유럽 봉건사회의 기본적인 경제구조를 장원과 도시를 중심으로 이해하기로 하자.

제 1 절   봉건경제의 기본구조

1. 봉건제의 개념

유럽의 봉건제 또는 봉건사회라고 하면, Walter Scott가 쓴 아이반호 (Ivanhoe)에 나오는 흑기사 사자왕 Richard나 Cervantes의 Don Quixote와 같이 긴 창과 투구, 쇠로 된 갑옷, 방패에 이르기까지 수십 킬로그램의 장비로 중무장한 기사(騎士, knight)를 연상하기 쉽다. 그러나 경제사 연구에서는 이렇게 기사단의 존재만으로 봉건사회였는지를 판단하지 않는다. 경제구조가 어떠했는가에 따라 그 사회의 성격 파악이 달라지기 때문이다. 봉건제의 개념은 대체로 다음과 같이 두 가지 측면에서 이해되는 것이 일반적이다.

첫째, 법제적 측면의 개념이다. 이 개념은 주군(主君)과 가신(家臣) 간에 봉토(封土: fief, feudum, Lehn)의 수수관계(授受關係)가 동반되는 렌제(Lehnswesen)를 봉건제로 이해한다. 이러한 관계는 로마에 기원을 둔 은대제(恩貸制: Benefizialwesen)와 고(古)게르만사회의 종사제(從士制: Comitatus)가 결합하여 생긴 것이라고 생각되고 있다.

은대제는 은대지(恩貸地: Benefizium)의 수수를 통해서 토지 수여자가 피수여자(被授與者)와 맺는 일종의 사적 보호제도이다. 은대제는 로마시대에는 프레카리움(precarium)이었는데, 프레카리움이란 토지소유자가 지대를 비롯한 일정한 의무 수행을 조건으로 피수여자에게 토지의 점유사용권만을 주는 제도로서 소유자는 언제든지 토지를 회수할 수 있는 사적 보호제도였다. 한편, 고(古)게르만사회의 종사제는 국왕·귀족 등의 유력자와 종사 간에 맺어진 일종의 계약관계로서 종사(從士)는 충성과 봉사, 주군은 보호의 의무가 있는 제도인데 토지의 수수관계는 아직 동반하지 않고 있었다. 따라서 렌제는 로마제국 말기의 혼란기에 기진(寄進)과 탁신(託身)이 성행하면서 일반화된 프레카리움과 종사제가 결합하여 충성서약의 봉토를 지급하는 사회조직의 하나로 정착한 것이다. 은대지는 나중에 봉토(封土, feudum)로 불렸는데, 봉건제(feudalism)는 이 단어에서 유래되었다.

그런데 가신에게 분여된 토지에 대해서는 소유권뿐만 아니라 국왕의 과세권(課稅權)과 사법권(司法權)까지도 양여되었다. 이렇게 주군으로부터 받은 토지에 대해서 완전한 권리를 배타적으로 행사하는 권리를 불수불입권(不輸不入權: Immunity, Immunität, Immunitas)이라 한다. 여기서 불수(不輸)란 국왕이 영주의 영지(領地)에 대해서 직접 조세를 징수할 수 없음을 의미하고, 불입(不入)은 국왕의 행정권이 영지에 미칠 수 없는 것을 가리킨다. 불수불입권을 가진 자는 사실상 자기 토지의 완전한 지배자로서 사적 권력을 가진 영주계급이 되었다. 그리고 불수불입권이 점차 하향적으로 분화하여 지배계급 간에는 '왕의 가신의 가신은 왕의 가신이 아니다'라는 피라미드형의 계층서열(hierarchy)이 성립하게 되었다. 즉 유럽의 중세에서는 사적 권력의 성장으로 공권력의 분할이 불가피하게 되어 가신단이란 사병을 거느린 분권적 봉건제(分權的 封建制)가 나타나게 된 것이다. 이렇게 렌제는 원래 프랑크왕국에서 나타난 군사적, 정치적 봉건제도(political feudalism)였다.

렌제는 지배계층 상호 간에 맺고 있는 관계이기 때문에 경제사의 입장에서 볼 때는 봉건적 상부구조라고 할 수 있다. 그렇다고 이것을 두고 봉건제라고 한다면, 봉건제를 경제발전의 보편타당한 단계로서 설정할 수 없게 된다. 예를 들면, 중국의 주(周)의 봉건제에서는 최고지배자가 직할지를 제외한 토지를 봉토로서 분할하여 주고 제후로 임명하였고, 이집트에서도 봉토를 매개로 주종관계가 있었던 적이 있다. Caesar가 남긴 『갈리아전기』에도 켈트족에게 게르만의 종사제도와 유사한 것이 있었다는 사실을 전하고 있지만 이것만으로 켈트사회를 봉건사회라고 볼 수 없다. 영국의 Henry Ⅶ세(1457~1509) 때에는 가신단이 해체되어 주종관계가 사라진 절대왕제(絕對王制)가 성립되었지만 봉건사회의 범주에 속한다.

둘째, 사회의 기초적 구조, 특히 생산관계를 포함하여 봉건제를 경제체제의 관점에서 이해하려는 태도이다. 이것은 각국 봉건제의 정치적, 법제적 편차를 초월하여 봉건사회를 경제 및 사회발전과정에서 나타나는 일반적 한 단계로서 이해하려는 견해이다. 이 견해는 봉건적 생산관계를 토지를 영유하는 영주계급과 이들에 예속되어 봉건지대(封建地代)로 대표되는 잉여생산물(잉여노동)을 경제외적 강제력(經濟外的 强制力: 정치·사법상의 권력)에 의하여 납부해야 하는 예속적 농민계층과의 관계로서 보는 것이다. 즉, 봉건적 토지소유관계를 바탕으로 성립된 영주-농노관계 혹은 농노제(農奴制: Serfdom)를 봉건제로 이해한다. 이 관점에 따르면, 가신단의 존재 및 봉토의 수수 여부, 왕권의 강도에 따른 집권성과 분권성, 불수불입권, 지배계층의 피라미드형 서열구조 등은 봉건제의 정의와는 직접적 연관이 없게 되고 개별 봉건국가의 특징을 나타내는 부차적 요인이 될 뿐이다. 가령, 유럽에서는 영주-농노관계로 나타나지만, 아시아사회에서도 중세에는 상급소유권을 가진 지주계급과 경작권을 가진 소작농이 나타난다. 이렇게 생산관계의 관점에서 봉건제를 정의한다면, 유럽의 영주-농노의 생산관계(농노제)를 지주(地主)-소작(小作)이라는 보다 광의의 개념으로 일반화할 수 있게 되고, 가신단이 존재하지 않았던 다른 사회에도 보편적으로 적용될 수 있게 된다.

2. 게르만적 토지소유와 농노제

1) 게르만적 토지소유

원시공동체가 붕괴되면서 나타난 집단적 토지소유의 제3형태는 게르만적 토지소유이다. 중세 유럽의 봉건사회는 원시사회가 해체되면서 나타난 고(古)게르만사회의 토지소유를 바탕으로 농노제사회를 형성하였다. 따라서 고게르만사회에서는 아시아적 토지소유 및 고전고대적 토지소유보다 가장 완전한 형태의 자영농이 출현하였다.

게르만적 토지소유에서는 원시 말기의 촌락공동체가 완전히 해체되고 촌락성원들은 보다 자유롭게 토지를 분할하여 소유하였다. 그러므로 여기서는 사적소유가 지배적이고 공동체적 소유는 보조적 위치에 지나지 않는다. 즉, 가부장제적 가족의 집터·채소밭·가축·농구 등은 거의 완전히 사유화되었으며, 경지는 각 가족에게 평등하게 할당되어 일정기간마다 분할·교체되다가 개별적 소유로 전환되었다.

게르만적 토지소유형태에서 경지는 비옥도나 위치에 따라 여러 가지 형상의 할지(割地, Gewann)로 분할되었고, 각 할지는 다시 구획된 좁고 긴 지조(地條, Streifen)로 구분되었다. 각 가족은 평등소유의 원칙에 따라 여러 군데 흩어져있는 할지의 지조를 다른 가족과 섞어서 분할하여 소유하였다. 이와 같이 산포적(散圃的)으로 섞어서 경지를 소유하는 방식을 산포제 혹은 혼재경지제 내지 교착경지제(交錯耕地制, Gemengelage)라고 한다. 지조에 따른 구획은 쟁기를 끌고 난 흔적에 의하여 구분된 것에 지나지 않으며 휴경 때에는 공동의 방목지로서 성원에게 개방되었기 때문에 개방경지제(open field system)라고도 부른다. 그 외

촌락의 삼림, 초원 등의 공동지(commons)는 촌락의 공유지로서 남겨두었는데 여기에는 공동용익권(共同用益權)이 엄격히 지켜졌다. 경작은 촌락공동체 성원들의 공동작업에 의하여 이루어짐으로써 항상 엄격한 경작강제(耕作强制, Flurzwang)를 수반하였으며 그 수확분에 대해서는 개별적 소유가 인정되었다. 이와 같이 게르만적 토지소유에서는 공동체적 원리가 촌락의 공동지나 공동경작 속에 강하게 남아 있었다.[1]

고게르만사회에서는 다른 공동체에 비하여 자영농민이 가장 명확하게 발생하여 각 가족의 독립성이 비교적 강하였기 때문에 아시아나 그리스·로마와 달리 계급관계의 성립이 극히 미약하였다. 그러나 시간이 흐르면서 장로, 군사(軍師), 사제(司祭) 등의 상부구조가 서서히 형성되어 영주적 토지소유와 농민적 보유라고 하는 농노제적 지배관계가 형성되었다. 유럽의 중세 봉건제사회는 이 새로운 농노제적 사회관계 위에서 구축되었다.

2) 영주와 농노

(1) 영주의 종류

유럽의 중세는 신이 지배하는 사회라고 할 만큼 기독교의 영향력이 절대적이었다. 이 신의 집이 기도하고, 싸우고, 일하는 자의 세 가지 직분에 의하여 구성된다고 하는 관념은 유럽 봉건사회를 오랫동안 지배한 사고이다. 신의 집은 물론 기독교가 지배하는 사회를 가리키고, 세 가지 직분은 기독교의 신학적 입장에서 기도하는 자를 중심으로 본 대표적인 신분계층을 의미한다. 여기서 기도하는 자는 '문교(文敎)에 따른 신분'으로서 성직자계급(clergy, Oratores)을 가리킨다. 둘째로, 싸우는 자는 '군사에 종사하는 신분'으로서 귀족 혹은 무사계급(nobles, Bellatores)이다. 마지막으로 일하는 자는 앞의 양자의 생활유지를 위해 '부양(扶養)에 종사하는 신분', 즉 노동계급(people to labour, Laboratores) — 주로 농민계급 — 이다.[2] 무사와 노동계급은 신에게 기도하는 승려를 위해서 싸우고

---

1) 이러한 고대 게르만인의 촌락공동체를 마르크공동체(Markgenossenschaft)라고 한다.

2) 이 세 가지 신분에 대하여 "농민은 승려와 기사를 위해 경작하지 않으면 안 되고, 승려는 기사와 농민을 지옥(地獄)에서 구제하지 않으면 안되며, 기사는 승려와 농민에게 나쁜 일을 하려고 하는 자를 물리치지 않으면 안 된다"라고 한다.

생산할 때만 의미가 있었다고 하겠다.

그런데 이 세 신분을 생산수단의 소유관계를 기준으로 보면, 첫 번째의 기도하는 자와 두 번째의 싸우는 자는 영주계급이고 마지막의 일하는 자는 직접생산자이다. 중세 유럽은 농업생산이 지배적이기 때문에 직접생산자의 대부분은 농노이다. 그러므로 중세 유럽의 기본적 생산관계는 영주-농노관계이다.

첫 번째의 기도하는 자를 영주라고 하면 이상하게 들릴는지 모른다. 그러나 이들은 종교적 지배계급으로서 교회(敎會) 및 수도원(修道院) 등에 소속되어 봉건적 예속농민이 경작하는 소령(所領)을 지배하는 종교영주(宗敎領主)였다. 종교영주는 특히 프랑크왕국 때에는 왕국 전체 토지의 3분의 1을 차지할 정도로 막대한 부를 가지고 세속 세계에 막강한 영향력을 행사했다. 종교영주는 농민 해방에 대해 가장 부정적이었던 보수 세력이었기 때문에 14세기 말 잉글랜드에서 일어난 Watt Tylor난과 같은 농민반란에서 농민군의 공격을 받기도 했다. 지리상의 대발견 이후 식민화된 라틴 아메리카에서 교회와 수도원은 농민 해방을 끝까지 반대했고, 300여 년간 스페인 식민지였던 카톨릭국가 필리핀에서도 마찬가지였다. 두 번째의 싸움하는 자는 국왕과 주군에게서 토지를 하사받은 무사귀족층으로 이루어진 세속영주(世俗領主)이다. 국왕도 왕령지(王領地)를 소유하고 있었다는 점에서 영주계급인데, 왕권이 약하여 국가권력이 분산되어 있을 때에는 하나의 대영주에 지나지 않았다.

영주계급은 영지(estate)에 소속되어 있는 봉건적 예속농민(＝농노)들로부터 지대를 비롯하여 각종의 세금과 이용료 등을 징수하였을 뿐만 아니라 이들을 신체적으로 구속하는 권한을 가지고 있었다. 이렇게 영지 내 모든 것에 대해 지배를 가능하게 하는 영주의 권리를 영주권(領主權)이라고 한다. 영주권은 ① 토지소유권(土地所有權: Bodenbesitz), ② 인간의 소유(Menschenbesitz), 즉 인신지배권(人身支配權), ③ 사법권(司法權)의 전유(專有)를 포함한 정치상의 모든 권리를 가리킨다. 이 중에서 영주 경제를 유지하는 데 가장 중요한 것은 토지소유권이다. 토지는 법률적·형식적으로는 사유(私有)가 아니었지만 영주는 사실상의 소유자나 다름이 없었고 영주가 누린 일체의 권리도 이것에 바탕을 두고 있었다. 두 번째의 인신지배권은 영주가 농노의 신체를 자유로이 처분할 수 있는 권리를 가리킨다. 영주는 농업노동에 필요한 노동력을 확보하기 위하여 농노를 토지에 긴박(緊縛)하여 자유로운 이동을 금지하였다. 만약 농노가 도망갔다가 잡히면 이마에 낙인(烙印)을 찍기도 하였다. 세 번째의 사법권(재판권)은 원래 국왕 직할이었으나 장원 성립과 함께 영주에게 위양되어 장원 내의 모든 재판을 영주가 장악하였다. 즉 영주는 자기의 영지에 장원재판소(莊園裁判所)를 설치하여 재판관 및 배심관을 스스로 임명하였다. 영주는 부역 및 기타 납부를 태만히 한 자를 비롯하여 일체의 민형사사건을 장원재판소에서 심판할 수 있었다.

이와 같이 영주는 기본적인 생산수단인 토지에 대한 소유권을 기초로 하여 농민을 토지에 긴박(緊迫)시켜서 노동력을 확보하고,3) 또한 사법권을 비롯한 정치상의 모든 권리를 독점함으로써 경제외적 강제력을 행사하여 농민들로부터 봉건지대(封建地代: feudal rent) 등 잉여생산물을 수취했다. 그러나 영주권은 농민계급이 성장하면서 점차 약화되었는데, 인신지배권은 농노가 부역노동을 하던 단계에서 현물지대나 화폐지대를 지불하는 단계(고전장원→순수장원)로 넘어가면서 가장 먼저 없어졌다. 사법권은 봉건제 말기의 절대주의 시대에 국왕의 사법, 행정, 입법, 군사 등에 대한 일원적 지배가 달성되면서 국왕에게 집중되었다. 영주의 토지소유권은 기본적으로 시민혁명기에 해체되었다.

(2) 직접생산자의 종류

중세의 직접생산자에는 농민과 수공업자가 있다. 수공업자는 주로 도시에 집주하였는데, 전체 인구에서 차지하는 비중은 얼마 되지 못하였다. 그러므로 도시 수공업자의 생산물은 전체 생산물의 일부에 지나지 않고 농업생산물이 대부분을 차지했다.

인구의 대부분을 차지한 봉건시대의 농민에는 여러 가지가 있다. 먼저, 영주에게 예속되지 않은 각종 신분의 자유민이 상당수 존재하고 있었다. 그 예로서 영국과 프랑스에서는 영주 없는 촌락인 비장원적 영지(non-manorial estate)

---

3) 인신지배권에 기초하여 영주는 농민이 장원을 허가없이 떠날 경우에 체포할 수 있는 권리가 있었다. 그러나 농노를 노예처럼 판매하는 것은 불가능하였다. 다만 농노와 그 가족의 인신 및 재산은 영주의 것으로 인식되었으므로 영주가 영지를 다른 사람에게 양도할 경우 농노도 함께 양도되었다.

가 적지 않았는데, 이 촌락의 농민들은 부역(賦役, services)을 하지 않아도 되었다. 영주가 있는 장원에서도 영국의 socman, 프랑스의 vilain franc, 독일의 freie Hintersasse 등과 같이 자유민의 성격을 가진 농민이 있는 경우도 있었다. 또한 완전한 부자유민인 노예(slave)와 체복(體僕: Eigenleute, Leibeigene)도 적지만 존재하고 있었다.

농민의 대부분을 차지한 것은 봉건적 예속농민이다. 봉건적 예속농민의 특징은 토지에 긴박되어 영주의 토지를 분급받아서 경작하고 그 대가로 봉건지대 및 기타 잉여생산물을 지불한다는 데 있다. 봉건적 예속농민에는 날품팔이소농 혹은 오막살이농민(cottager)과 농노(serf)가 있다. 날품팔이소농은 가족의 자급이 불가능할 정도로 작은 규모의 토지를 경작했기 때문에 주변 농민들에게 노동력을 제공하고 대가를 받아야만 했던 빈농이었다.

예속농민 중에서 다수를 차지한 것은 농노이다. 이들은 가족의 자급경영이 겨우 가능할 만큼의 토지를 보유하고 영주에게 봉건지대를 수납했다. 일반적으로 봉건시대의 예속농민을 농노라고 지칭하지만 영주에 대한 부담의 양 및 강도에 따라 다시 농노와 예농(隷農: villain)으로 구분된다.[4] 농노와 예농은 학자에 따라 구분하지 않고 사용하는 경우도 있으므로 읽어서 그 의미를 파악하면 된다.

먼저 농노는 뒤에서 살펴 볼 고전장원(古典莊園)의 직영지(直營地)에서 부역노동, 즉 노동지대(勞動地代)를 부담했던 농민이다. 이 단계에서는 영주의 지배력이 매우 강하여 '영주의 자의(恣意)(will of the lord)'대로 부과되었기 때문에 농노들은 가장 중요한 의무인 부역(predial service) 외에도 여러 가지 신분상의 부담(banalité)을 져야 했다. 농민들은 토지에 긴박되어 그 몸과 노동력은 물론 농노의 생산물도 영주의 것으로 생각되었기 때문이다. 이러한 농노에 해당하는 농민에는 villain serf, servile 등이 있었다.

예농의 봉건적 부담은 영주의 자의에 의해 부과되지 않고 관습(慣習)에 따라 규정되었다. 따라서 예농의 토지보유는 어느 정도 계약적 성격을 띠고 있다.

---

4) 1086년 영국의 토지조사결과라 할 수 있는 Domesday Book에 의하면 농민의 신분종별 및 그 비율은 다음과 같았다. freeman(자유민) ‒ 12%, villains(예농) ‒ 38%, cottars and borders(날품팔이소농) ‒ 32%, slave(노예) ‒ 9%, 기타 ‒ 9%.

영주의 직영지는 사라지고 예농들은 관습에 의해 현물지대(生產物地代, rent in kind) 내지 화폐지대(貨幣地代, money)를 지불하였다. 봉건지대 외의 나머지는 부담에서 없어지거나 흔적만 남겼기 때문에 농민의 경제생활이 농노 때보다 훨씬 나아졌는데, 이 단계의 장원을 순수장원이라고 부른다. 예농에는 vilain franc, free vilain 등이 있는데 영주의 인신지배권이 사라졌기 때문에 자유민으로서의 성격도 어느 정도 띠고 있었다고 할 수 있다. 앞의 신분적 예속성에 기초한 농노제는 1천 3백 년까지는 거의 해체되거나 소멸되어 예농제(villainage)로 전화했다.

제 2 절 봉건사회의 성립과정

유럽의 봉건제(feudalism, Feudalwesen, régime féodale)는 대체로 7세기(프랑크왕국의 메로빙거왕조)에서 9세기 사이에 현재 독일의 라인강(Rhine River)과 프랑스 루아르강(Loire River) 사이의 프랑크왕국(Frankenreich, 481~843)에서 성립하였다. 프랑크왕국은 고게르만인 중에서 프랑크족의 Clovis(466?~511)가 건설하여 메로빙거왕조(Merovingian dynasty, 481~751)를 거쳐 카롤링거왕조(Carolingian dynasty, 751~843)까지 존속하였다. 유럽의 봉건제는 프랑크왕국 시대로부터 시민혁명이 일어나기 전까지 존재했다고 하는 것이 일반적 견해이다.

게르만민족은 원래 소민족으로 나누어져서 각각 독자적인 왕을 받드는 소군사단체의 성격을 띠고 있었다. 여기서 왕은 동등자(同等者) 중의 일인으로서 존재했다. 고(古)게르만사회에는 소토지를 소유한 자영농이 주류를 이루었기 때문에 계급관계가 미약하고 자유민 간의 종사제도 아직 토지의 수수관계(授受關係)를 동반하지 않고 있었다. 그러나 민족적 대이동으로 여러 지역을 침략하게 되면서 부족국가를 형성하고, 기존의 백인조(百人組)를 보다 강력한 군사조직으로 강화해야 할 필요성 때문에 주군과 가신 사이에 토지를 주고받는 관계가 나타나기 시작하였다. 특히 로마의 고도한 문명과 접촉하게 되자, 로마의 사적 보호제도인 프레카리움과 종사제가 결합하여 중세 유럽 특유의 렌제가 형성되었다.

　민족 대이동기의 부족국가시대가 끝난 프랑크왕국 시대에도 끊임없는 내란과 전쟁으로 귀족과 무사들은 상호 간 이합집산을 거듭했기 때문에 게르만사회는 전반적으로 불안했다. 안주할 겨를을 찾지 못한 농민들은 외부의 약탈과 위협에 대비하기 위하여 소유지를 유력자에게 기진하거나 탁신계약(commendatio)을 맺고 토지의 이용권을 확보한 대신5) 이에 대한 보상으로서 공물 및 노동력을 제공했다. 한편, 이러한 불안한 상황은 전문무사의 필요성을 더욱 증대시켰다. 특히 8세기 전반 유럽 대륙에 사라센(Saracen)인이 침략하고 8백 년경에는 프랑크 북쪽 해안에서 바이킹(Viking)이 출몰하였으며, 845년에는 노르만(Norman)족이 동서 프랑크를, 데인(Dane)인이 잉글랜드 각지를 약탈하는 등 외적의 침입이 잦아졌다. 이리하여 게르만민족의 대이동기에 방위를 위하여 주종제의 형태로 확대되었던 군사조직은 더욱 강화되었다.

　그런데 전문무사, 즉 기사(騎士)들의 군무(軍務)수행과 충성을 받아내기 위해서는 생활보장을 위한 물적 토대를 마련해 주어야 했으므로 이들에게는 경작농민들이 부속되어 있는 토지가 주어졌다. 이 토지는 프레카리움의 형태로 주어진 것인데 나중에 은대지(恩貸地: Benefizium)라고 불리다가 다시 봉토(feudum)로 바뀌어 11세기경에는 이 명칭이 일반화되었다. 이상과 같이 토지는 국왕에서부터 무사에까지 분할소유되었고 교회와 수도원도 상당한 토지를 할양받았다. 촌락의 수장이나 부농 등 일정 범위의 토지 및 농민을 지배하고 있던 자들도 기사의 대우를 받아 지주의 대열에 참여하였다. 이처럼 프랑크왕국에서는 군사적 동기에 의한 토지의 수수를 매개로 하여 봉건적 사회관계가 형성되었던 것이다.

　이러한 관계는 특히 732년 투르 푸아티에(Tours–Poitier)에서 사라센(Saracen)인을 격파한 Charles Martel(혹은 Karl Martell, 칼 마르텔, 689~741)에 의하여 확대되었으며, 카롤링거왕조에 들어가서도 이러한 인적 결합은 계속적으로 강화되

---

5) 기진은 원래 국가가 부과하는 공과(公課) 또는 고리대의 부담에서 벗어나기 위해 면세권(免稅權)이 인정되는 교회에 토지를 기진한 로마시대의 관습에서 유래된 것이다. 로마시대에 이것은 교회의 토지를 증가시키는 중요한 원인이 되기도 했다.

었다.6) 특히 Charlemagne대제(혹은 칼대제, Karl der Grosse, 742~814)는 이러한 관계를 이용하여 왕국을 효과적으로 통치하였다. 그러나 Charlemagne대제 사후에 왕권이 약화되자 정치적 분란이 발생하여 843년에는 베르덩조약(Traety of Verdun)으로 프랑크왕국은 세 개의 나라로 분열되었으며, 870년에는 메르센조약(Treaty of Mercen)으로 독일·프랑스·이탈리아 3개국의 영역이 확정되었다. 이 사이에 귀족은 국가권력의 약화를 틈타 지방호족으로서 각지에 스스로의 세력권을 형성하고 영주화하였다. 물론 농민들의 탁신도 증가하여 영주와 농민 간의 봉건적 생산관계도 확대되어 갔다.

형식적인 면에서 볼 때 유럽 봉건제에서 토지를 신(神)(그 대리자는 로마교황)으로부터 직접 받은 최고의 수봉자(受封者=封主, Lehnsherr)는 국왕이었다. 국왕은 제후들의 충성을 받아내기 위해 토지를 지급하였으며, 재수봉자도 봉토를 분배하였기 때문에 토지소유자들 간에는 국왕을 정점으로 주종관계에 기초한 일련의 피라미드적 신분관계가 성립하였다. 그러므로 계층의 어느 단계에 있는 봉주(封主)도 엄밀히 말하면 그 봉토에 대하여 완전한 소유권을 가진 것은 아니었다.7) 그러나 봉주의 토지소유에는 일종의 공적 특권이 부수되었기 때문에 실제로는 일반농민의 그것과는 본질적으로 커다란 차이가 있었다. 즉 봉주는 토지를 은대지의 형태로 부여받았기 때문에 국왕의 과세권 및 재판권(광의의 행정권)으로부터 벗어나서 토지와 농민에 대해서 독립된 지배권을 행사할 수 있는 불수불입권을 가졌던 것이다.

이상에서 살펴본 바와 같이 유럽에서는 국가권력이 신분적 계층관계를 통하여 토지와 백성에게까지 침투함으로써 봉건적 사회관계가 제도화되었는데, 유럽대륙에서는 대체로 8~11세기, 영국에서는 노르만의 잉글랜드 정복 후인 11세기에 확립되었다. 다만 대륙에서는 대체로 분권적 봉건제가 일반화된 반면,

---

6) Charles Martel은 메로빙거왕조의 궁재로서 실질적으로 왕국 내 최고 권력을 장악하였다. 그의 아들 Pepin(714~768)이 카롤링거왕조를 열었고, Pepin의 아들이 Charlemagne대제이다.

7) 국왕을 제외한 모든 봉토는 다만 이용권만을 부여받고 그 대가로서 군역(軍役)봉사 및 기타의 의무를 지고 있는 것에 불과했다. 즉 그들도 엄격한 의미에서는 자기 영토 내의 농민과 같이 일종의 차지인(借地人)이었다. 다만 농민이 토지보유의 대가로서 공납과 부역노동이라는 의무를 지고 있었던 반면, 봉주는 군사적·정치적 의무에 대한 대가로서 그 보유를 인정받고 있다는 차이가 있었다.

영국에서는 대륙에 비하여 집권적인 형태가 유지되었다. 이것은 1066년 잉글랜드를 정복(Norman Quenquest)한 노르망디공(公) William I 세(The Conqueror, 1066~1087)의 노르만왕조가 기존의 앵글로색슨의 귀족세력을 억누르는 과정에서 집권적 통치형태가 성립되었기 때문이다.

제 3 절   장원경제

농민의 생활기반인 촌락은 영주들에게 사여(賜與)되어 장원(莊園, manor(영), seigneurie(프), Grundherrschaft(독))에 포섭되었는데, 하급영주에게 재분할되는 과정을 거쳐 불수불입권이 작용하는 행정구역으로 확정되었다. 따라서 농민이 영주로부터 토지를 분급받아 경작하고 그 대가로 봉건지대를 비롯한 각종의 잉여생산물을 지불하는 중세적 경제행위는 장원 내에서 이루어졌다. 동시에 토지의 상급소유자(上級所有者)인 영주도 장원 경영을 통하여 비로소 자기 경제를 유지할 수 있었다. 장원은 영주의 농민에 대한 대인지배(對人支配)가 달성되는 곳이자 봉건국가를 구성하는 지방자치단체로서의 성격을 띤 곳이었다.

장원은 하나 혹은 여러 개의 촌락이 장원에 편성된 경우가 대부분이지만, 하나의 촌락이 여러 명의 영주에게 분할된 비장원형영지(non-manorial estate)도 적지 않았던 것으로 밝혀졌다. 장원의 규모는 일률적이지 않아서 수만 ha에 이르는 것이 있는가 하면 규모가 작은 것은 1백 ha 이하짜리도 있었다. 소영주의 영지(estate)는 한 곳에 있겠지만 대수도원이나 국왕·대영주 등 대지주는 여러 곳에 토지를 소유하였다.

1. 고전장원의 구조

장원은 지대형태에 따라 고전장원(古典莊園)과 순수장원(純粹莊園, 또는 지대장원(地代莊園))으로 나누어진다.[8] 고전장원에서는 농노가 영주 직영지(demesne)

---

8) 장원＝(독)/고전장원＝classical manor, Klassische Villikationsverfassung/순수장원(reine

에서 노동해야 하는 부역의 비중이 크고, 순수장원에서는 직영지가 축소되거나 없어져서 현물지대나 화폐지대의 비중이 압도적이었다. 고전장원은 12·13세기 이전에 지배적 형태였고 그 이후에는 순수장원이 많아졌다. 순수장원은 고전장원이 해체되면서 나타난 형태이기 때문에 여기서는 고전장원의 구조를 알아보기로 한다.

1) 공간적 배치

먼저 장원의 중심에는 그 경영과 행정을 담당하는 장원청(莊園廳: manor house, Fronhof)과 행정관청을 비롯하여 영주의 저택(邸宅)과 장원관리를 맡고 있는 대리인의 숙소가 있었다. 장원청의 양쪽에는 장원청에서 일하는 사람들의 생활용품을 만드는 부자유신분의 직인(職人), 직공(織工), 양조인, 요리사, 말안장공, 무기제조인, 신발공 등의 작업장과 그들의 살림집들이 모여 있었다.

장원의 경지는 영주의 직영지(直營地, demesne)와 농노가 경작하는 보유지(保有地)로 나누어진다. 직영지는 영주가 농노들의 부역노동을 동원하여 직접 경영하는 토지이다. 그러나 직영지에 대한 실질적인 관리는 중간관리층이 맡았다. 장원경영에 가장 중심적 역할을 담당하는 관리자는 장사(莊司, bailiff, Meier Villicus)이다. 장사는 영주의 명을 받아 장원을 경영하는 책임자로서 농노를 동원하여 직영지를 경영하고 생산물을 장원청에 수납(收納)하는 것이 주된 직무였다.9) 따라서 엄격히 말하면 장원경제는 영주-장사-농노라고 하는 계층적 질서 속에서 경영되었다고 할 수 있다. 그밖에 장원에는 장사 아래에 장리(莊吏: reeve)와 같은 분화된 직무를 수행하는 하급행정관리와 부자유 수공업자를 감시하는 감독직도 있었으며, 집사(執事)나 서기(書記)는 재판업무를 담당하기도 했다.

농노보유지는 농노 및 그 가족을 부양하기 위한 기초로서 농노들은 영주 직영지에서 부역을 하고난 이외의 시간에 가족들과 함께 농사지을 수 있었다. 평균적인 농민의 보유지 면적은 영국에서는 대체로 30에이커로서 1버게이트

Grundherrschaft)은 지대장원(Rentengrundherrschaft)이라고도 한다.

9) 장사는 임시부역을 동원하여 다리를 고치거나 도로의 보수를 맡기도 하였다. 장사는 원래 노예 혹은 농노 가운데서 감독자로 선발되었고 처음에는 언제나 교체할 수 있었지만, 업무량이 많아짐에 따라 전문관리로서 자유로운 신분이 되고 세습적인 지위가 되었다.

(virgate)였으며, 독일에서는 약 30모르겐(Morgen)으로서 1후페(Hufe)였다. 1에이커 혹은 1모르겐은 해가 떠서 정오까지 밭을 갈 수 있는 면적을 의미하는데, 좁고 긴 형태로서 도랑으로 구분되었다. 농민의 보유면적을 이렇게 구분한 것은 유럽의 토지가 중토양(重土壤)이어서 여러 마리의 가축을 이용하여 밭을 갈아야 했기 때문이다. 프랑스에서 표준적 농민의 경작면적은 1망스(mance)인데 지역에 따라 차이가 있지만 평균 약 13ha로서 버게이트나 후페의 면적과 거의 비슷한 크기이다.[10]

　　13ha는 한국에서 1950년 토지개혁 이후 자작농 1가구당 평균적 소유면적이 1ha 이하였던 것에 비하면 토지생산성의 격차를 고려하더라도 엄청나게 큰 면적으로서 중세 유럽 농민들이 상당한 부농이었을 것처럼 생각하기 쉽다. 그러나 유럽의 토질은 중토양이고 척박한 편인데다 영주들의 착취로 농민들의 생활수준은 형편없었다. 고대 아시아의 메소포타미아에서 보리의 생산성이 1:80이었던 데 비하여 유럽에서는 13세기에도 1:4였다고 한다. 생산량에서 대충 절반 정도를 지대로 지불하고 그 나머지에서 각종 세금 및 사용료 등으로 지급한다고 가정하면 농노에게 남는 것이 거의 없어서 단순재생산을 유지하기에도 급급했을 것으로 짐작할 수 있다.

2) 농민의 부담

　　고전장원에서는 영주의 자의가 행사되었기 때문에 농노들은 갖가지 부역노동을 무상으로 제공하는 것은 물론 각종의 잉여생산물과 온갖 세금 및 사용료를 납부해야 하는 처지였다. 먼저, 가장 중요한 봉건지대인데 이것은 농민경제를 가장 압박하는 요인이었다. 농노는 영주의 직영지에 가서 부역을 했는데 이것이 봉건적 노동지대(labour rent)이다. 직영지에서의 부역을 주부역(週賦役)이라고 하는데, 일반적으로 일주일에 2~3일, 심할 때는 3~4일 동안 매주 정기적으로 노동력을 제공했다. 물론 이 부역은 무상(無償)노동이었다.

---

10) 영국에서 경작지 1에이커는 22야드(yard)×220야드로서(1야드는 약 0.914m) 약 4,046.8m², 독일의 1모르겐도 대체로 20m×200m이었기 때문에 표준적 보유농의 경작면적은 12ha로서 프랑스와 비슷한 규모이다.

부역에는 정기적인 주부역말고도 임시부역(臨時賦役: boon work)이 있었다. 임시부역은 농번기에 많은 노동력이 필요할 때 영주가 추가적으로 요구한 것으로서 임시부역의 명이 떨어지면 이것은 다른 것보다도 우선했다. 노동 제공에 대한 농민의 의무는 이것 외에도 장원청의 수리, 담장의 건축, 장원 내의 도로나 교량의 건설 및 수리·보전, 영주를 위한 심부름, 물품운반 등이 있고 영주나 그 대리인이 여행할 때 객사(客舍)를 제공하고 접대도 해야 했다. 따라서 이러한 부정기적인 노동수탈은 주부역에 못지않게 농민경영을 대단히 압박하는 요소였다.

농민은 그 외에도 예속의 표시로서 각종의 세금을 부담하였다. 이것은 영주가 강력한 영주권을 무기로 하여 농노를 사형할 수 있는 것 외에는 농노의 신체를 자유로이 처분할 수 있는 권리를 쥐고 있었던 것에 기인한다. 영내의 농노가 결혼할 때는 영주의 허가를 얻어야 할 뿐만 아니라 결혼세를 지불해야 했다. 결혼세는 장원의 노동력 손실을 막는 장치로서 일종의 결혼허가료에 해당하는 것으로 볼 수 있다. 이 외에도 농민은 사망세, 상속세, 인두세, 십일조, 각종 허가료 등을 부담했다. 사망세는 농노의 재산 특히 토지가 기본적으로 영주의 것이라고 하는 사고방식이 지배하고 있었기 때문에 농노의 사망 시에 그 후손이 상속을 위해 지불하는 일종의 상속세였다. 인두세는 1호당 혹은 가족 수에 따라 부과되었다. 십일조는 서유럽에서 기독교가 확립될 무렵부터 수확물의 10분의 1을 신에게 바친다는 명목으로 교회에 기진하는 자발적 행위였는데, 프랑크왕국 때에 전 주민이 의무적으로 이행해야 하는 일종의 조세로 되었다. 경우에 따라서 세속영주가 징수했다. 심지어 하천에서 고기를 잡거나 사냥을 하는 것에도 영주의 허가를 받아야 하고 대가를 지불하지 않으면 안되었다.

영주는 이밖에도 여러 가지 특권을 독점했다. 시설사용강제권(施設使用强制權: Bannrecht, banalités)이 대표적인데 영주는 물레방아, 양조장, 빵솥 등의 시설을 갖추고 농민들이 사용하도록 강요하였다. 예를 들면, 영주는 농민들의 물레방아 설치를 금지하고 반드시 자기 것만 이용하게 한 후 그 대가로 곡물을 받았다. 만약 다른 물레방아를 사용한 사실이 발각되면 밀가루는 물론 그것을 운반한 하차(荷車)나 가축까지도 몰수되었다. 영주는 독점하는 기타의 시설에 대해서도 일정한 사용료를 부과했고 어길 경우 벌칙을 적용했다. 또 가끔 영주는 통행세, 통관세를 받고 시장이 열리면 시장세를 징수했다. 영주는 이와 같이 부역 외에도 온갖 구실을 붙여서 농노를 수탈했기 때문에 농노의 수중에는 겨우 생활을 이어갈 정도의 생산물밖에 남지 않았다.

2. 농업제도

중세 농업 생산과 농민 지배는 장원을 단위로 하여 이루어졌다. 영주는 장원의 토지에 대해 소유권을 갖고 있었고 장원의 재산, 심지어 농노의 인신도 영주의 것으로 인정되었다. 그렇지만 실제로는 모든 것이 영주의 소유는 아니었다. 농노는 경작하는 토지에 대해서 불완전하지만 경작권(보유권의 일종)을 갖고 있었으며 제한된 범위지만 소유도 있었다.

장원의 토지는 크게 택지, 채마밭, 경지, 공동지로 나누어진다. 택지 및 채마밭은 촌락의 중심부에 고정되어 각 농가가 개별적으로 완전히 사유하였다. 공동지는 목초지(牧草地), 방목지(放牧地), 삼림, 미개간지 등으로서 농민 경영을 보충하는 역할을 한다. 표준적인 농민에게는 공동지에서 이익을 취할 수 있는 공동이용권 혹은 공동용익권이 부여되었다. 농민들은 공동지에서 일정 수의 가축을 방목하거나 땔감, 건축자재, 목초를 획득하거나 황무지를 개간할 수 있는 권리를 가지고 있었다. 그러나 중세 후기 혹은 자본주의 성립기에 영주층이나 유력자층이 공동지를 사유화하여 농민경영이 어려움에 빠지거나 농민경영이 아예 해체되는 경우도 적지 않았다. 이것은 공동지가 중세 농업에서 단순히 농민경영을 보완하는 것이 아니라 무시할 수 없을 정도로 중요한 위치를 차지하고 있음을 의미한다.

가장 중요한 경지에 대해서 농노는 대체로 일정하게 정해진 규모의 토지를 보유했다. 농지는 한꺼번에 경작되지 않고 몇 단계로 구분되어 연도별로 돌려가며 경작되었다. 매년 농사짓는 연작이 불가능한 것은 비료를 생산하거나 이용하는 농사기술 수준이 낮았기 때문이다. 경지는 몇 개의 경포(耕圃: field, Feld)로 구분되어 농사짓는 경포 외에는 지력 회복을 위해 일정 기간 놀려두는 휴한

농법(休閑農法)이 사용되었다. 농사짓는 경포는 다시 경구(耕區: cultra, Gewann)로 분할되었으며, 경구는 지조(地條: strips, Striefen)로 구분되었다. 각 농가는 가족 수에 관계없이 이러한 지조 30개 정도 보유하였다. 이리하여 전경지의 경포를 나누어 순차적으로 경작하면서 일부분은 휴한케 하는 삼포농법(三圃農法)이 많은 지방에서 도입되었다. 이 방식은 유럽에서는 적어도 8세기 이후에 채택되었고, 13세기에 이르러 일반적인 농법으로서 보급되었다. 삼포제도가 보급된 곳은 주로 프랑스, 독일, 네덜란드를 포함한 중부 유럽지역과 영국의 미들랜드였다.11) 이포농법은 지중해연안 및 대서양연안의 남부 프랑스와 핀란드, 스웨덴 등지에서 실시되었다고 한다.12)

　삼포제도에 대해서 간단히 살펴보자. 삼포제도는 농포(農圃)를 세 부분으로 나누어 그 중 둘은 각각 다른 곡물을 재배하고 나머지 하나는 휴경한다. 즉 셋으로 나누어진 농포 중에서 첫째에는 동곡(冬穀), 두 번째에는 하곡(夏穀)을 재배하고, 세 번째는 휴경한다. 다음 해에는 첫 번째에는 하곡, 두 번째는 휴한, 세 번째는 동곡을 재배한다. 휴한되는 농포는 초여름에 두 번 밭갈이를 한다. 그러므로 셋으로 분할된 것 중에서 하나의 농포는 첫 해에는 동곡, 다음 해에는 하곡, 그리고 다음 해에는 휴한되는 순서로 순환이 이루어지게 된다.

　한편, 이와 같은 농업에 필수적인 것이 가축이었다. 중세 초기에는 가축은 역축(力畜)과 시비효과를 얻기 위해서 없어서는 안 될 생산수단이었으며, 식육(食肉)의 공급원으로서는 부차적인 의미밖에 갖고 있지 않았다. 토지생산성이 낮아 사료용작물이 부족하였기 때문에 가을이 되면 대량 도살(屠殺)이 불가피하였고, 이는 다시 비료부족과 곡물부족을 초래하는 악순환이 반복되었다. 중세농

---

11) 영국에서는 9세기 이래 이포 혹은 삼포제도가 실시되었다.
12) 이포제도란 것은 촌락공동체의 목초지·공동지·미개간지 등 주로 목축을 위해 사용하는 토지를 제외한 모든 경지, 즉 농포(農圃)를 크게 두 개로 나누어 매년 한쪽에는 곡물을 심고 다른 한쪽은 휴한케 하는 제도를 말한다. 이포제에는 두 가지 방법이 있는데, 첫째는 곡물을 심는 농포에는 주식용의 동곡(冬穀)인 밀을 경작하고 다른 농포는 휴한케 하는 방법이다. 두 번째 방법은 주식을 심고 남은 2분의 1의 경지에 가을에는 동곡물(冬穀物), 봄에는 음료와 가축사료용 하곡물(夏穀物)(보리·귀리)을 심는 방법이다. 그리고 휴한되는 농포는 초여름에 두 번 밭갈이를 한다. 이 두 개의 형으로 된 이포제를 재배와 휴한의 면에서 보면 전자는 2분의 1의 농포가 2년에 1회, 후자는 4분의 1에 해당하는 부분이 2년에 1회씩 휴경되는 셈이다. 이포제와 삼포제 외에도 사포제, 오포제도 일부 지역에서 채용되었다.

업의 이러한 한계가 극복되기 시작한 것은 17~18세기에 사료작물의 윤작(輪作)에 따른 토지생산성의 대폭적인 증가가 이루어진 후부터였다.

중세에는 아직 공동체적 질서가 강하게 남아있어서 농민의 빈부격차나 계층분해를 막기 위한 공동체적 유산이 농사방식이나 농업제도에 적지 않게 작용했다. 경지 보유에서는 토지의 보유조건을 균등화하고 천재(天災)에 대비하기 위하여 각 농가의 경작지와 영주의 직영지는 상호 간에 지조를 혼재하여 경작·보유하였는데, 이것을 혼재경지제 혹은 교착경지제라고 한다. 그리고 휴경할 때에는 공동의 방목지로서 촌락 성원에게 개방되는 개방경지제(開放耕地制, open field system)가 채택되었다. 이것은 영주직영지나 농노보유지가 모두 협소한 지조로 구분되어 종횡으로 섞여 있었기 때문에 지조 사이에 밭두렁을 둘 수 없었던 것과 관계 깊다. 경작에도 공동체적 원리가 강하게 작용하였다. 예를 들면, 여러 마리의 가축을 이용한 여대(犁隊)를 공동으로 편성하였는데, 공동경작에 따르는 문제를 해결하기 위해서 파종으로부터 수확에 이르기까지 경작강제 또는 경지강제(耕地强制: Flurzwang)의 엄중한 규제가 뒤따랐다.[13]

게르만사회에서는 삼포제의 전신으로서 원래 이포제 방식이 채택되고 있었다고 한다. 이포농법(二圃農法)은 필요로 하는 노동량이 많기 때문에 삼포제도보다 집약적인 경작방법이라고 할 수 있다. 그러나 중세에는 같은 시기에도 양자가 모두 채용되고 있었던 것으로 보아 지역적·자연적 조건에 따라 농법이 결정되었던 것으로 생각된다. 이렇게 볼 때 중세 유럽의 농업제도는 고게르만사회 즉 마르크공동체의 그것과 유사한 형태를 띠고 있었다. 그러나 휴한지(休閑地)의 토질을 회복하기 위해서 공동방목을 하고 연 2~3회에 걸쳐 휴한경(休閑耕)

---

13) 이와 같이 원래 공동체에는 그 재생산을 계속하기 위해서 구성원 스스로가 마련한 공동체규제(共同體規制)가 있었다. 그 가장 단적인 예가 경지강제이다. 이에 의해서 공동체는 공동체 성원 간의 평등을 유지할 수 있었다. 그런데 그 후 공동체를 기반으로 장원제가 성립하였는데, 공동체의 생산방법은 종전과 다를 바가 없었지만 농민의 자유로운 소유와 신분은 박탈되어 영주의 수중에 귀속되었다. 동시에 공동체규제는 영주의 권리로 넘어가 농민으로부터 전잉여생산물을 수탈하기 위한 강제로 전화하였다. 이로써 영주는 직접생산자인 농노를 자기 마음대로 지배할 수 있게 되었다. 중세의 직접생산자의 대부분을 차지한 농노는 노예와 달리 소규모이나마 토지를 보유하고 생산수단을 소유하고 있다는 의미에서 자립적 소생산자였지만, 이같이 공동체규제를 이용하여 경제외적 강제력을 파악해 간 영주층에 의하여 그 자립성은 크게 제약되지 않을 수 없었다.

을 했다는 점에서 중세에는 고게르만사회보다 농법이 훨씬 발전하였다. 이에 따라 농업경영의 기본 단위도 가부장권(家父長權)이 약화된 단혼소가족으로 변모하였다.

제 4 절 도시 경제

중세의 도시는 농업중심의 장원과는 전혀 다른 성격의 세계이다. 도시는 상품화폐경제의 중심지로서 유럽 봉건제의 발전과 구조변동에 커다란 영향을 끼쳤다. 이제 나머지 장에서 중세도시의 경제와 상공업에 대해서 살펴보기로 하자.

1. 도시 경제의 의의

유럽의 중세도시는 정치경제적으로 고대나 근대도시는 물론 동양의 도시와도 다른 특징을 가지고 있다. 중세도시는 정치적으로 영주 지배로부터 독립된 시민공동체(市民共同體)로서 자치권(自治權)을 행사하는 특권지역이었다. 근대도시에서 도시와 시민들은 특별한 권력을 가지지 않지만, 중세도시는 국가 내의 국가라고 할 수 있는 정도로 독립적인 자치권을 갖는다는 점에서 결정적으로 다르다.

경제적인 면에서 도시는 상공업이 발달했기 때문에 자급자족의 자연경제(自然經濟)가 지배적인 장원과는 그 성격이 반대였다. 상공업을 중심으로 영위하기 때문에 주변 농촌과 거래관계에 있을 수밖에 없지만 도시가 독자적으로 영위되었다는 점에서 어느 정도 봉쇄적인 경제권이기도 하였다. 중세도시는 성벽(城壁)으로 둘러싸여 있다는 점에서 형태적으로는 고전고대의 도시와 비슷했다. 그러나 전형적인 중세도시는 순수하게 상인과 수공업자가 집주한 반면, 고전고대의 도시는 노예를 거느린 농민이 시민의 대다수를 차지하였다. 즉 고전고대의 도시는 상인과 수공업자로 구성된 독자적 상품화폐경제권을 형성하지 못했다. 동양의 도시는 정치 및 행정상의 중심지로서 상인과 수공업자의 조합이 있었지만 어용상인이 지배적 위치를 차지했기 때문에 중세 유럽과 같은 독자적인 공동체를 형성하지 못하였다. 이렇게 볼 때 중세도시는 중산적(中産的)인 상공업자들이 모여서 자치권을 행사한 특권지역이라고 하겠다.

이러한 유럽의 도시들의 규모는 얼마나 되었을까? 대다수의 도시는 인구 5천 명 이하에 지나지 않았다. 독일의 뉘른베르크(Nürnberg)나 스트라스부르(Strasbourg)처럼 인구 3만에 달하는 도시는 매우 드물었고, 안트베르펜(Antwerpen: 벨기에의 도시)·뤼벡(Lübeck)·프랑크푸르트(Frankfurt)·루앙(Rouen) 등은 2만 정도였으며, 런던(London)은 5만 명 이상, 10만 이상인 베니스·파리와 같은 도시는 대단히 예외적인 존재였다. 유럽의 대도시에 비해 동양의 도시들은 비교할 수 없을 정도로 큰 것이 많았다. 동양의 도시들 중 알렉산드리아(Alexandria), 콘스탄티노플(Constantinople), 다마스커스(Damascuc), 바그다드(Bagdad), 원의 대도(大都), 명의 남경(南京)과 북경(北京) 등은 인구가 1백 만에 가까운 도시였다.14) 유럽 도시가 소규모였음에도 도시라고 하는 것은 상공업자가 집주한 화폐경제의 중심지였기 때문이다.

중세에는 인구의 90%가 농촌에서 살았기 때문에 도시와 상공업이 봉건경제 전체에서 차지하는 비중은 대단히 제한적이었다. 그러나 중세도시의 화폐경제는 봉건경제를 변질시키는 요인의 하나로 작용하였다. 다음 장에서 살펴보겠지만, 봉건경제가 해체된 주된 계기는 지대형태의 변천으로 자영농민이 출현하여 봉건적 예속관계가 붕괴하기 시작한 데서 찾을 수 있다. 그러나 도시의 성장은 비농업적인 상공업자를 양성함으로써 영주적 지배질서에 적지 않은 타격을 입혔다. 즉 영주의 지배에 대한 자치권 투쟁, 비예속적 중산층(中産層)의 발흥, 농촌에서는 볼 수 없는 계약 관념의 발생, 그리고 화폐 지불 등은 농업적 봉건경제를 무너뜨리는 데 일조했던 것이다.

그러나 서유럽에서 이러한 도시의 발전이 근대자본주의 경제의 성립으로

---

14) 일본에서는 토쿠가와막부(德川幕府)시대의 에도(江戶)는 1백만, 오사카(대판) 50만, 교토(京都) 30만이었고, 1만 명 이상의 도시가 50여 곳이나 되었다고 한다. 조선의 한양(漢陽)은 17세기 말에 인구 20만 명 정도였다.

바로 연결된 것은 아니다. 예를 들면, 봉건 말기에 도시민들은 왕권과 결탁하여 절대주의를 떠받들고 독점체제를 구축하여 새로운 산업입지로 부상하던 농촌공업의 발전을 막으려 했다. 이렇게 볼 때 도시경제의 발달 및 상공업세력의 성장 그 자체가 곧 자본주의의 탄생을 의미하는 것이 아니며, 오히려 서유럽의 영국과 프랑스에서는 시민혁명기에 의회파인 신흥상공업세력에 의해 제거 대상이 되기도 했다. 그렇지만 도시 상공업의 발전이 봉건지대의 금납화(金納化)를 촉진하여 봉건적 농업체제를 변화시키는 계기를 제공했다는 점에서 근대사회로의 이행에 어느 정도는 기여했다고 보지 않을 수 없다.

　이 외에도 도시는 정치적, 문화적인 면에서도 근대사회의 형성에 기여했다. 도시는 자유로운 시민적 결합을 바탕으로 영주 지배하의 농촌과는 전혀 다른 정신적·사상적 분위기를 형성하였다. 즉 도시가 획득한 정치적 자유는 그 후 유럽 시민들의 정치의식을 제고하는 데 커다란 영향을 끼쳤다. 또한 고딕미술, 스콜라철학 등 중세문화의 정수(精髓)는 농촌이 아니라 도시에서 생장했으며, 근대사상의 출발점이 된 르네상스(Renaissance, 문예부흥)도 역시 상공업이 발달한 도시에서 탄생하였다. 이처럼 도시가 가진 자유·진취·활동 등의 정신적 분위기가 유럽문화의 전개에 미친 영향은 실로 큰 것이라 하지 않을 수 없다. 요컨대, 중세도시는 유럽을 농촌중심의 봉건사회로부터 상공업중심의 근대 자본주의로 전화시키는 데에 적지 않은 역할을 수행했다 하겠다.

2. 자치권투쟁

　도시는 게르만민족의 대이동이 일단락되고 프랑크왕국이 성립된 후 성장하기 시작했지만 10세기 이후 상업의 부활을 계기로 본격적으로 발전하기 시작했다.[15] 도시 중에는 고대 로마제국 시절에 있었던 도시들이 소멸되지 않고 중세에 번영하게 된 것도 있었다. 로마(Rome), 나폴리(Napoli), 밀라노(Milano), 피사

---

[15] Pirenne는 "유럽의 도시는 상업과 공업의 아들이었다."고 말하고 있으며, F. Lütge는 "상인(원거리상인)은 제일급의 도시건설자이며, 그 다음의 건설자는 수공업자이다."라고 말하고 있다.

(Pisa), 제노바(Jenova, Jenoa), 피렌체(Firenze, Florence) 등 이탈리아의 도시들이 그것이다. 그러나 남유럽의 도시들을 제외하면 나머지 지역의 도시들은 로마와 관련 없이 대체로 10세기 이후에 발전한 것들이다.

상업이 발달하기 위해서는 전쟁과 약탈 같은 정치적, 사회적 불안정으로부터 해방될 필요가 있다. 즉 교환거래의 안정성을 보장해 주는 평화유지가 필수적인 것이다. 그래서 수도원 및 성시(城市: Castra, Burg)의 외곽에 모여들었던 상인들은 상거래 안정을 위해 성벽을 쌓아서 도시의 모습을 갖추었다. 국왕과 교회는 '왕의 평화(King's Peace)' 혹은 '교회의 평화(the Peace of Church)'의 이름으로 도시를 보호하여 시장개설이 쉽도록 평화를 보증했고, 지역에 따라서는 도시법 내지 시경계법에 의하여 왕의 특별보호에 들어가기도 했다. 물론 왕이나 교회가 상인들을 보호했던 것은 관세나 기타 이익을 얻을 수 있었기 때문이다.

이렇게 도시가 창립될 초기에는 수도원 및 교회와 같은 종교영주는 물론 국왕을 비롯한 세속영주도 시장개설과 도시설립에 호의적이었다. 영주는 상공업자를 유치하여 시장을 개설함으로써 시장세, 거래세, 통행세 등을 징수하거나 지가 및 지대상승의 효과를 올릴 수 있었다. 영주의 이해관계는 상공업자의 그것과 일치했으므로 영주는 세금을 받는 대가로 그들을 보호하였고 상공업자들도 이를 당연하게 여겼다. 그러나 그러한 공생관계는 얼마가지 않았다. 상공업자들은 부를 축적하여 성장하게 되자 자유를 요구하였다. 상인 중심이 되어 벌인 자치권투쟁의 결과 도시는 명실상부하게 독립된 경제권으로서의 영역을 확립하게 된다.

초기에 많은 도시들은 영주계급의 적극적 유치에 의해 건설되었기 때문에 대체로 영주의 지배를 받았다. 도시지역은 봉건영지(封建領地)의 일부로 간주되었으며, 상공업자의 재산상의 소유가 제한되기도 했다. 영주는 상공업자를 보호해 준다는 명분으로 도시 주민에게 과세권뿐만 아니라 재판권·시설사용강제권 등의 영주권을 행사했고, 시민적 자유나 거래의 자유도 제한당하거나 일신상의 자유마저 제약을 당하여 영주에게 부역을 제공하는 경우도 많았다. 영국의 헤어포드(Hereford)의 시민들은 수확기에 3일의 부역을, 건초를 만들 때에는 정기적인 부역을 제공해야만 했고, 베리(Bury)와 세인트에드먼드(SaintEdmund)의 도시민도 수확기에 영주의 직영지에서 노동을 해야만 했으며, 영주에게 차지상속세(借地相續稅)와 비슷한 세금을 부담하는 예도 많았다.16) 그러나 상인의 힘이 커져 스스로 도시를 방어할 수 있게 되자 상인계층을 중심으로 영주적 지배에서 벗어나기 위한 투쟁이 시작되었다. 도시 내부적으로도 상관습과 상법이 확립되어 스스로 상거래에 대한 규제가 가능해지게 되었다. 도시민은 신분적 자유는 물론 봉건적 토지법이 아닌 도시법·상법을 적용하는 도시재판소의 설치, 세금을 비롯한 각종 부담과 규제의 철폐를 요구하였다.

이렇게 상공업자가 영주에게서 독립하기 위해 벌인 투쟁을 자치권투쟁(自治權鬪爭)이라고 하는데, 13세기까지는 대부분의 도시가 자치권을 획득하고 영주 권력으로부터의 독립을 실현하였다. 물론 모든 도시가 독립을 쟁취한 것은 아니었고, 실패할 경우에는 플랑드르(Flandre)지방의 도시인 강(Gand)과 같이 철저하게 파괴당하기도 하였다.

중세도시가 영주 권력에서 벗어나는 과정은 국가마다 약간씩 차이가 있다. 이것은 자치권을 확립하기 이전의 봉건권력의 존재형태와 깊은 관련이 있다. 영국의 경우, 왕령지에 있었던 토지는 비교적 많은 자유가 허용된 반면 교회와 수도원의 지배하에 있었던 도시에서는 오래도록 지배에서 벗어나지 못하였다. 이 점은 대륙에서도 마찬가지여서 대사교(大司敎) 혹은 사교의 지배하에 있던 남독일이나 남유럽의 사교도시(Bischofsstadt)에는 오래도록 봉건적 잔재가 강하게 남아 있었다. 이에 비해 세속영주에 의해서 건설된 건설도시(建設都市: Gründungsstadt)는 처음부터 자치적 색채가 강했다. 영국에서는 다른 나라에 비해 국왕이나 영주에게 화폐를 지불하고 자치권을 확보하는 경우가 많았다.17) 물론 영국에서 폭력적으로 진행된 곳도 있는데, 13세기 및 14세기에 던스테이블(Dunstable), 베리(Bury), 아빙던(Abingdon), 세인트알반스(St. Albans), 노르위치(Norwich) 등에서는 수도원의 전횡에 반대하여 수도원장을 감금하거나 교회를 불태웠다. 이탈리아와 독일에서는 장기간에 걸친 유혈투쟁을 통하여 자유를 확

---

16) Dobb, 앞의 책, pp.95-96.

17) 특히 영국의 귀족계급은 십자군(十字軍)의 출전비용을 조달하기 위해서 도시민에게 각종의 봉건적 권한을 판매하였다.

립하였는데, 왕권이 약한 독일이나 교회, 수도원의 종교영주 지배하의 도시에서
는 대체로 무력충돌이 수반되었다.[18] 독립한 도시들은 재차 영주권력의 지배하
에 들어가는 것을 방지하기 위하여 주로 황제 혹은 국왕 등 상급영주(上級領主)
에 직속한다는 형식을 취했다.

　　상인이 주도한 자치권투쟁을 통해 독립을 쟁취한 도시 중에서 특히 이탈
리아, 독일, 남유럽 여러 나라의 도시들의 자치권이 가장 강하여 자유도시
(Freistadt) 혹은 도시국가(city republic)로서의 지위, 국가 내의 국가로서의 지위
를 획득하였다. 이 도시들은 군사, 사법, 재정 등 독자적 통치체제를 구축함으
로써 마치 하나의 독립국인 것처럼 기능하였다. 그러나 도시의 독자성이 매우
강한 지역에서는 국민국가의 통일이 늦어지게 된 측면도 있다.

　　자치권을 획득한 도시의 시민들은 모두 자유 신분을 가질 수 있었고, 외래
자(外來者)를 받아들일 수 있는 허용권(許容權)을 가졌다. 또한 도시공동체의 이
해관계와 명백히 상반되거나 융합될 수 없는 봉건귀족이나 성직자 등에 대해서
는 시민적 권리를 엄격히 거부하였다. "도시의 공기는 사람을 자유롭게 한다."
는 말이 있듯이 토지에 긴박된 농노라도 장원을 벗어나 도시 내에서 1년 이상
을 체제하면 자유의 몸이 될 수 있었다.

　　영국에서는 대륙에 비하여 왕권이 강했기 때문에 도시의 독자성이 비교적
약했다. 그렇지만 영국의 자치도시, 즉 버로우(borough)조차도 독자적으로 도시
재판소를 거느리고 있었고, 도시 자체의 입법권·행정권, 재산소유상의 특권, 도
시납입금(firma burgi)의 특전,[19] 상업상의 특권 등을 소유하는 강력한 권한을
행사하였다. 이와 같이 도시는 봉건영주의 지배체제와는 전혀 다른 자치권을

---

18) 북부 독일의 소도시 가운데에도 평화적으로 자치권을 확립한 경우가 있었다. 영주로부터 독
　　립을 원하는 도시는 신성로마제국의 황제에게 상납금을 내고 황제 직속의 도시라는 특허장
　　을 받음으로써 영주에게서 독립할 수 있었다. 이러한 도시로는 프랑크푸르트, 함부르크, 뤼
　　벡, 브레멘 등이 유명하다. 또한 영주 간의 끊임없는 싸움이나 대국끼리의 대립으로 정치권
　　력의 완충지대가 형성될 경우에는 자연스럽게 독립을 획득하였다. 이러한 도시에는 이탈리
　　아의 베니스가 있다.
19) 종래 국왕으로부터 수시로 부과되고 있던 여러 가지 공조를 일괄해서 고정적인 연금(年金)
　　으로 납부할 수 있는 권리이다. 이것에 의하여 도시는 왕의 대리인인 셰리프(sheriff)의 지배
　　에서 벗어나게 되었다.

가진 시민공동체로서 기능하였다.

한편 자치도시의 정치는 공화정치의 형식을 취했는데, 총독, 집정관, 통령, 시의회 등의 기관은 길드조직을 통하여 선출되었고 이를 지배한 것은 도시의 귀족이었다. 시민은 민병(民兵)으로서 유사시에는 전원이 전투에 참가하였다. 따라서 중세도시의 시민들 사이에는 굳은 공동체의식이 자리잡고 있었다. 이러한 도시자치체를 코뮨(commune)이라고 한다.

3. 도시의 경제조직

1) 길드의 기능

도시 당국은 도시경제의 원활한 운영과 시민의 복지를 실현하기 위해 대내외적으로 생산과 교환을 통제했다. 먼저 도시가 해결해야 할 가장 중요한 문제는 대외적으로 도시민의 생활과 생산을 유지하기 위해 식량 및 원료를 확보하는 일이었다. 도시가 필요로 하는 물자의 일차적 공급원은 자연히 주변에 있는 농촌이 되지 않을 수 없었다. 이에 따라 도시와 주변의 농촌 간에 원료와 공업제품의 생산·교환이라는 사회적 분업관계가 형성되었는데, 도시는 대외적으로 상공업상 이익을 독점하기 위하여 금제구역권(禁制區域圈: Bannmeile)을 설정했다. 금제구역권은 주변 지역의 농민들이 도시의 상공업자들과 동일한 물품을 취급하지 못하도록 하는 특권이다.

도시는 대내적으로는 직종별로 단체를 조직토록 하였으며, 각종의 생산 및 거래관계를 통제하고 공정가격(公定價格: just price)을 지키도록 요구하였다. 이러한 도시의 경제정책은 기본적으로 길드를 통해서 추진되었는데, 각 길드(guild)에서 선출된 대표는 시의회(市議會)에 참석하여 자기가 소속되어 있는 직종의 이익을 대변하였다. 길드는 동종 업종에 종사하는 상공업자의 상호부조(相互扶助) 조직으로서 정식 가입자들의 경제적 이익을 공동으로 추구하는 이익단체이다. 상공업자들은 자기가 종사하는 직종의 길드에 정식 구성원이 되어야만 자기의 독립된 점포를 가지고 영업을 할 수 있었다.

그런데 중세에 왜 도시경제의 통제 및 동종 직종의 공동이익을 추구하는 길드가 등장한 것일까? 그것은 상품경제와 화폐경제가 자본주의와 같이 일반화되지 않아서 시장수요가 한정되어 있었기 때문이다. 도시의 구매력은 도시 내의 분업관계에서 생긴 것이 아니라 어떤 형태로든 자급자족적인 농촌과의 관계에서 획득한 봉건적 잉여생산물이었다. 따라서 상공업자들은 상호 간의 경쟁을 지양하는 협력 체제를 구축하지 않을 수 없었던 것이다. 자연경제가 일반적인 전근대사회에서는 이같이 길드적 통제를 가하는 상공업조직이 나타나는 것이 일반적이다.[20]

길드는 8세기 말부터 11세기에 걸쳐서 초기적인 형태가 나타나기 시작하였으며, 11세기 이후에 상공업자의 조직으로서 모습을 완전히 갖추었다. 영국에서는 처음에 상인을 중심으로 모든 종류의 수공업자를 포함한 하나의 종합(綜合)길드로서 출발하여 수공업자의 수와 종류가 증대함에 따라 개별길드로 분화되었다. 반면 유럽 대륙에서는 비교적 처음부터 개별적으로 동일 직종의 길드가 따로 성립했다. 그러나 길드가 성립하는 초기에는 어느 곳에서든 상인길드 및 상인의 세력이 도시 내에서 지배적 위치에 있었던 것으로 보인다.

2) 상인길드

시민들이 자치권투쟁에 함께 참여했지만 그들이 모두 평등했던 것은 아니다. 시민들 사이에는 처음부터 차별이 있었고, 특히 상인과 수공업자 간의 차별은 도시가 확립된 후에 더욱 심화되었다. 도시의 독립을 위한 투쟁에서 지도적 역할을 수행한 세력은 광의의 상인계층으로서 주로 대상인, 대수공업자, 운수업자, 선주, 금융업자, 지주 등이었다. 초기의 시민단체를 조직한 자들도 대부분 이들이었다.

도시의 지배자로서 등장한 도시귀족들은 자기들의 이익을 보호하고 영향력을 확대하기 위해 특권적 조합인 상인길드(Guilda Mercatoria, guild merchant,

---

20) 이러한 길드적 통제조직은 유럽뿐만 아니라 동양사회에서도 나타난다. 예를 들면, 중국의 각종 행회(行會), 일본 토꾸가와막부시대의 카부나까마(株仲間), 우리나라에서 금난전권(禁亂廛權)의 독점을 행사한 시전(市廛)이 그것이다. 다만, 유럽의 길드 도시의 독립적인 자치권을 바탕으로 강제력을 행사한 반면, 동양의 그것은 국가 혹은 영주계급의 지배하에서 존재하였다는 차이점이 있다.

Kaufmannsguild)를 조직하였다. 초기단계의 도시에서는 정치적 지배력과 상공업의 통제권이 모두 상인길드에 의하여 장악되고 있었다. 이렇게 상인귀족이 지배하는 도시를 귀족도시(貴族都市) 혹은 문벌도시(門閥都市)라고 부른다.

상인길드의 일반적 특색을 요약하면 다음과 같다. 첫째, 상인길드의 구성원은 도시 내에서 시장세를 지불하지 않고 자유로이 상품을 매매할 수 있는 독립적 특권을 갖고 있었다. 길드에 가입하지 않은 시민들은 공공연하게 점포를 열 수 없었다. 둘째, 길드 회원에게는 구매참가권(right of lot)이 있었다. 즉 길드의 일원이 어떤 상품을 구입했을 때 다른 길드회원은 그 상품의 일부를 원가로 양도하도록 요구할 수 있었다. 이 제도는 길드 구성원들에게 기회균등 원칙을 지키게 하려는 것이다. 셋째, 길드당국이 상품을 도매가격으로 구입하여 각 길드회원에게 나누어 판매하는 공동거래이다. 이 제도는 기회균등의 원칙에 따르는 동시에 외래상인을 배제하려는 배타주의에 기초를 둔 것이다. 넷째, 여러 가지 상호부조적 관행이다. 이것은 모든 길드제도에 공통되는 우애정신(fraternity)에 바탕을 둔 것이다. 이와 같이 상인길드는 내부적으로는 상호부조적인 공동체적 원칙에 입각하고 있었으나 대외적으로는 독점적·배타적 성격을 띠고 있었다.

3) 수공업길드

(1) 춘프트투쟁

12세기에는 도시가 성장하면서 수공업의 업종이 분화하고 수공업자의 숫자가 증대하자 수공업길드(craft guild, Zunft)가 종합길드로부터 분화되거나 새로이 발생하였다.[21] 그런데 상인길드가 수공업자의 성장에 대하여 독점적인 정책을 강화하였기 때문에 양자 간에는 대립이 초래되었다. 도시 내부의 분열과 대립은 특히 수공업자의 장인(匠人)들이 상인길드에 대항하기 위하여 동직자끼리 일정한 장소에 집단적으로 거주하여 길드를 결성하게 되면서 심화되었다.

수공업길드가 상인길드로부터 독립하는 과정은 지역에 따라 달랐다. 영국에서는 상인길드의 배타성이 비교적 약하고 또 수공업자계층의 상층부를 항상

---

21) 수공업길드가 영국에서 처음 결성되었을 때는 company라고 하였으나 나중에 craft guild라 불렀다.

상인길드 속에 흡수하고 있었기 때문에 양자의 대립이 그렇게 격렬하게 일어나지 않았다. 그러나 대륙의 독일이나 이탈리아 같은 지역에서는 일찍부터 상업이 발달하여 자본이 축적되어 있었기 때문에 수공업길드의 독립이 용이하게 달성될 수 없었다. 독일에서는 수공업길드의 독립운동을 춘프트투쟁(Zunftkampf, Zunftrevolution)이라고 하는데 유혈투쟁으로까지 번지는 경우가 많았다. 특히 외국무역이 발달한 이탈리아의 여러 도시나 수출공업이 발달했던 플랑드르(Flandre) 지방에서는 수공업길드가 상인의 지배를 극복하지 못했다. 그러나 대부분의 지역에서는 13~14세기에 수공업길드가 상인의 지배로부터 독립하였다. 수공업자의 조직은 상인길드가 귀족적이었던 것에 비해 서민적 성격을 띠고 있고, 그 조직 속에 직인(職人)과 도제(徒弟)를 거느리고 있었다. 이러한 점에서 Max Weber 는 상인길드 지배하의 도시를 귀족도시, 수공업자가 경제적 통제력을 장악한 도시를 평민도시라고 칭하였다. 이와 같이 도시는 상인길드에서 수공업길드로의 대체과정을 밟으면서 발전하였다.

한편, 상인길드가 기득권세력으로서 배타적 성격을 강화시켰던 것처럼 수공업길드도 더욱 많은 부를 쌓게 되자 점차 보수적으로 변질하여 갔다. 즉 그 구성원의 상층부인 장인계층은 생산적 기능보다도 상업적 기능에 전념하여 각종 규제조치를 남발하여 새로운 생산계층의 등장을 방해하고 이익을 독점하려 했다. 장인계층이 길드를 폐쇄적이고 특권적으로 운영하려 했기 때문에 직인들은 이에 반발하여 직인조합을 조직하거나 농촌으로 탈출했고, 이 과정에서 길드조직은 분열되고 쇠퇴하여 갔다. 이에 대해서는 뒷 장에서 보다 자세히 살펴보기로 한다.

(2) 수공업길드의 조직

수공업길드의 조직은 도시의 크기와 직종의 분화정도에 따라서 달랐다. 여기서는 길드의 기본적인 구조에 대해서 살펴보기로 한다.

먼저, 길드의 정규구성원은 장인(master, Meister, Maitre)이다. 그들은 어떤 특정한 직(職: craft)의 독립경영자이며, 사회적으로나 기술적으로 충분한 경험과 기능을 가졌다고 인정되는 계층이다. 장인은 길드의 정책에 의하여 여러 가지 특권을 누린 반면, 여러 가지 책임과 의무도 지고 있었다. 장인의 첫째 의무는 기술상 일어나는 모든 일에 대한 것이고, 그 다음으로 도제(apprentice, Lehrling, apprenti)의 양성에 관한 책임이었다. 장인은 필요에 따라서는 한두 명의 견습직인(見習職人)을 고용하는 경우도 있었다.

둘째, 직인(journeyman, Gesselle, compagnon)은 대개의 경우 일정한 기간 동안 도제의 수습기간을 마친 자이거나, 아직 장인으로서 독립된 경영을 영위할 만한 경험과 자금이 부족하여 장인이 되기 위한 준비단계에 있던 사람을 가리킨다. 이들은 출퇴근했으며 일정한 기간 동안 다시 기술을 습득한 후 장인으로서의 자격을 인정받으면 일정한 가입금을 지불하고 길드의 정규조합원이 될 수 있었다. 이들은 특히 독일에서는 수년간 도시에서 도시로 여행하면서 기술과 교양을 쌓았다.

셋째, 도제는 장인이 되기 위해 기술을 습득하는 첫 단계에 있는 사람으로서, 장인과 수업계약을 맺고 수업료를 지불하고 입문했다. 대개 8~10세 때에 장인의 집에 입주하여 더부살이를 하면서 무상으로 노동하고 기술을 습득하는 동시에 그 밖에 집안 잡일도 했다. 장인은 도제에 대하여 옷과 음식물 및 소액의 용돈을 주며 단순히 기술지도만 아니라 사회인으로서 필요한 여러 가지 기본적 교양도 습득시켰다. 이것은 도제제도(system of apprenticeship)의 주요 목적이 인격(人格)과 결부된 수공업기술의 습득에 있었기 때문이다. 한 사람의 장인에 허용된 도제 수는 보통 1~2명으로 제한되었다. 그러나 15세기에 와서 직인이 장인으로 진출할 수 있는 길이 막힌 이후에는 후계자양성이라는 이 제도는 본래의 의의를 상실하게 된다. 도제는 최저 수련 기간이 제도적으로 규정된 후에 영국에서는 7년, 프랑스에서는 6~8년, 독일에서는 4년이었다.

수공업길드는 장인만이 정규조합원이고, 직인과 도제는 장인이 되는 과정에 있었기 때문에 장안에게 예속된 존재인 것처럼 보인다. 그러나 길드는 직인과 도제를 통해서도 널리 도시의 수공업을 통제하였으며, 이들 간의 관계가 그 사이에 승진이 인정되는 하나의 사회적 계제(階梯: social ladder)였다는 점에서 단순한 예속관계나 임노동에 기초한 고용관계가 아니라 동질적 계층이었다고 볼 수 있겠다.

(3) 수공업길드의 정책

　수공업길드도 대외적으로 한정된 시장수요를 안정적으로 확보하고 내부적으로는 구성원 간의 경쟁이 심화되는 것을 막고 평등을 유지하는 데 힘을 기울였다. 길드는 대외적으로 극단적인 독점적인 정책을 취했다. 첫째, 수공업길드가 생산통제를 목적으로 설정한 가장 중요한 대외정책은 길드구성원 이외의 사람에 대한 엄격한 배제이다. 그 중 가장 눈에 띄는 것이 이른바 조합강제(組合強制: Zunftzwang)이다. 이것은 도시 내의 어떤 특정의 직은 길드에 가입한 사람에 한해서만 허용한다는 길드에의 '가입강제(加入強制)'[22]를 의미하는 것이었다. 둘째, 길드는 길드가 지배하는 도시 및 그 주변의 일정 지역 내에서는 가입원이 아니면 시장을 개설하지 못하도록 하는 판매독점정책을 채택하였다. 이른바 금제구역권이 그것이다. 이러한 길드의 대외적 독점정책은 장인의 독립경영을 유지한다는 내부적 요구를 뒷받침하기 위한 것이었다.

　수공업길드의 대내정책은 조합원 간의 공정한 활동과 평등한 입장에 선 경쟁을 준칙으로 삼았다. 일종의 연대주의(連帶主義)에 바탕을 두고 공동이익을 추구한 길드의 정책은 궁극적으로는 자유경쟁을 제한한 것이었고, 신분 면에서는 장인의 이익을 유지하는 데 그 근본목적이 있었다. 길드규제 혹은 길드강제는 이러한 목적을 구체적으로 잘 표현하고 있다. 길드는 생산면에서 ① 직종의 한정, ② 원료독점의 금지, ③ 생산량의 제한, ④ 도제, 직인 등의 고용제한, ⑤ 야간작업의 금지와 같은 생산시간의 제한 등을 목표로 삼았다. 판매면의 규제로는 ① 제품의 엄밀한 검사, ② 공정가격의 강제, ③ 염가판매(廉價販賣)의 금지, ④ 고객쟁탈의 금지 등이 있었다.

　이러한 길드의 정책은 마침내 상인화한 장인만의 이익을 독점적으로 유지하는 성격으로 변질되었다. 더구나 길드통제는 자유경쟁에 의한 생산력의 증대

---

22) 첫째는 출생에 의한 제한으로서 수공업길드에 가입하려고 하는 자는 시민 이외의 외래인, 부자유민, 사생아 등 이른바 천직(賤職)에 종사하는 자는 가입할 수 없었다. 둘째는 기술적 제한으로서 장인이 되기 위해서는 일정 기간 도제로서 견습과 직인으로서의 편력(遍歷)을 마친 뒤 장인작품(匠人作品)을 제출하여 그 심사에 합격해야만 했다. 셋째, 물질적 제한으로서 새로이 장인이 된 자는 가입금을 지불하고 대표자나 동료를 초청하여 피로연을 열어야 하고, 장인후보에게 재산증명을 제출시키는 경우도 있었다.

보다도 도시 수공업 내부의 질서와 안정에 목적을 두고 있었기 때문에 생산기
술의 향상 및 생산력의 증대가 달성되기 어려웠다. 시장의 확대와 상품화폐경
제가 일반화되기 시작하면 길드는 변화하는 상황에 적응하지 못하고 점차 쇠퇴
하지 않을 수 없게 된다.

제 5 절　상업의 발달

중세의 상업은 내부적으로는 농업생산력의 향상과 수공업의 발달을 기반으
로 잉여가 증대하고, 대외적으로 유럽에 침입한 이교도세력을 제압하여 사회가
안정되는 과정에서 부활하였다. 상업은 도시를 거점으로 발달하였는데, 크게 지
방적 상업(地方的 商業: local trade)과 원격지무역(遠隔地貿易: long distance or in-
terlocal trade)의 두 가지로 구분된다.

지방적 상업은 도시와 그 주변의 농촌을 연결하는 일정한 지역 내에서 이
루어지는 시장으로서 11세기경부터 크게 발달하였다. 이것은 도시 주변에 있는
농촌의 경제발전과 도시가 지방적 유통의 거점으로 성장하는 과정에서 발달하
였다. 도시민은 농촌으로부터 식료품과 공업원료를 공급받았고 농촌은 도시로
부터 공업제품 및 영주에게 지불하기 위한 화폐를 취득하였다. 지방적 상업은
주시(週市)를 중심으로 발전하였는데, 보통 1주일에 1일 정도 열렸다.

이와 같이 상업은 각지에 산재한 지방시장에서 크게 발달하였다. 그러나
거대한 부를 축적하여 중세 상업을 수놓은 것은 원격지무역(혹은 원거리무역)
이었다. 원격지무역은 10세기 후반, 특히 11세기부터 나타난 상업의 부활을
계기로 본격적으로 발달하였다. 이 원격지무역은 상업도시로 발전한 이탈리아
중심의 남유럽상업권과 독일 상인을 중심으로 하는 북유럽 상업권으로 나누
어진다.

1. 상업의 부활

유럽의 경제는 로마제정 말기에 이르러 상공업이 쇠퇴하고 자연경제로 되돌아갔다. 로마가 멸망한 후에도 지중해를 중심으로 어느 정도 교환이 이루어진 것과 유럽에서 부분적으로 통상이 있었던 것을 제외하면 자연경제가 유럽사회를 지배했다. 프랑크왕국의 메로빙거왕조기에 도시가 다시 발생하기 시작하였지만 외래상인(外來商人)이 거래를 지배하였다. 특히 카롤링거왕조 때에는 지중해를 봉쇄해버렸기 때문에 유럽의 상업은 더욱 쇠퇴하였다. 따라서 10세기경까지 유럽 상업은 미미한 것으로서 상인은 주로 시리아인, 유태인, 아랍인, 비잔틴 상인 등 동방인(東方人)이었으며, 그 상품도 대부분 동방에서 난 산물이었다.[23] 그리고 당시의 통상의 중심지도 역시 콘스탄티노플 등 동방의 도시였다. 그러나 유럽의 상업은 11~12세기부터 다시 활기를 되찾기 시작하여 13~14세기에는 크게 번창하였다. 이를 이른바 '상업의 부활'이라고 하는데, 이에 따라 중세 유럽의 도시들도 크게 성장하였다.

상업부활의 원인은 두 가지 면에서 찾아볼 수 있다. 첫째, 농업생산성의 향상을 기반으로 달성된 유럽사회 내부의 안정과 발전이다. 장원제도가 비록 폐쇄적 경제체제이긴 하나 시간이 경과함에 따라 점차 교환경제로의 이행을 촉진하는 요소가 움트게 되었다. 10세기경에 이르면 삼포농법의 보급, 비료의 이용 등에 의하여 농법이 개선되는 한편 새로운 토지가 개간되었다.[24] 이 같은 농업생산력의 향상은 농민의 수중에 얼마간의 잉여물자를 축적시켰으며, 특히 영주에게는 상대적으로 풍부한 잉여를 집적케 함으로써 교환경제의 발달을 촉진하였다. 특히 지대경제(地代經濟)의 발달과 장원의 인구증가, 생산증대에 의한 생활수준의 향상은 시장구매력을 신장시켰으며, 인구증가에 따라 늘어난 무직의 부랑자(浮浪者) 역시 상인의 수적 증가를 가져왔다.

상업발달을 가져온 두 번째 배경은 이교도(異敎徒) 세력의 축출이다. 당시

---

23) 시리아인은 동로마제국의 크리스트교계 상인의 총칭으로 시리아사람만을 의미하는 것이 아니었다. 시리아인은 향료, 포도주, 고급직물, 올리브유 등을 프랑크인이 포로로 잡은 슬라브인 노예와 교환하였다. 유태인은 사치품과 노예교역, 금융 및 환전업에 종사하였다.

24) 특히 13세기 이후에는 인구증가에 따라 개간·개척사업과 식민사업이 활발하게 전개되었다.

유럽대륙을 침입한 세력은 바이킹과 이슬람세력이다. 바이킹(Viking)은 8세기
이래 유럽 대륙 각지를 침입하였다. 북방 게르만족에 속하는 이들 노르만(Norman)
족은 원래 스웨덴(Sweden), 덴마크(Denmark), 노르웨이(Norway)에 사는 민족으
로 미개한 상태에서 급속하게 해외로 진출하기 시작하였다.[25] 노르만은 유럽대
륙의 북부 및 서부의 여러 지역을 침입하고 프랑스 북부를 근거지로 노르망디
공국(公國)을 세웠으며, 지중해에 진출하여 양(兩)시칠리아왕국(Kindom of Sicilia)
을 건설하였다. 그리고 러시아 깊숙히 침입하여 노브고로드(Novgorod)를 건설하
였다. 이같이 노르만인은 약탈 행위만을 한 것이 아니라 도시와 국가를 건설하
거나 무역로를 개척하는 등 교역을 촉진하기도 하였다. 그러나 이들의 이동 경
로에는 약탈과 파괴가 동반되는 것이 다반사였기 때문에 유럽사회의 안정을 방
해하는 요소였다. 따라서 지방귀족과 수도원 등의 소재지에는 요새와 성벽이
구축되었는데, 노르만의 침임이 종식되면서 이들 지역은 상업의 중심지로 발전
하게 되었다.[26]

한편 732년 Charles Martel이 사라센군을 투르 푸아티에전투에서 격파하였
지만, 아랍인은 오히려 프랑크의 카롤링거왕조기에 아프리카를 정복하고 이베
리아반도에 상륙하여 스페인 전역을 장악하였으며 프랑스에 침략하여 프랑크군
대와 싸움을 벌였다. 이같이 중근동과 이베리아반도, 아프리카북부가 사라센제
국의 영토가 되었기 때문에 지중해는 아랍인의 수중에 장악되었고 프랑크왕국
의 외국무역은 점차 쇠퇴했다. 그러나 10세기 중엽 이후에 회교도세력을 축출
하고 지중해를 장악하게 되자 옛 통상로가 재개되어 지중해 중심의 원격지무업
이 부활되고, 이에 따라 도시도 크게 발달하게 되었다.

---

25) 바이킹의 어원은 '육지 깊숙히 들어간 바다 연안에 사는 사람'이라는 뜻으로서 스칸디나비아
반도의 침강해안을 근거지로 하였다. 이들은 용(龍)모습을 한 배를 타고 유럽대륙의 연안은
물론 지중해 연안까지 진출하여 상업과 약탈행위를 병행하였다.

26) 9세기에는 노르만의 침입 때문에 각지에 요새가 구축되었는데 이를 burg라고 하였다. 그리
고 여기에서 상공업에 종사하는 사람들을 burgers라고 불렀는데, 이 말이 후에 bourgeois로
바뀌었다.

2. 원격지무역

1) 남유럽상업

중세도시는 성(城)으로 에워싸여 장원과 같이 봉쇄적 경제생활을 영위하는 일면도 있으나, 다른 한편에서는 유럽 전역에 걸친 통상망에 의하여 서로 연결되어 있었다. 이 중 하나는 남유럽의 이탈리아를 중심으로 번성했던 동방무역(東方貿易)이며, 다른 하나는 북유럽의 북해(北海)와 발트해에서부터 러시아를 경유하여 비잔틴제국에 이르는 상업이다.

이탈리아에서는 베니스(Venice)가 십자군원정(十字軍遠征) 이전부터 콘스탄티노플, 이집트 등과의 무역으로 번영하고 있었는데, 그 후 제노바, 피사 등의 도시들도 여기에 참가하게 되었다. 이 남유럽권의 원거리상업에서는 이탈리아 여러 도시들의 공업제품과 지중해연안의 특산품이 교환되었고, 동방지역과의 교역에서는 귀족과 부유층이 선호하는 향미료(spicery)·염료·열대산식물·견직물·면직물·약품 등이 유럽의 공업제품과 교환되었다.

남유럽의 원거리상업 특히 이탈리아 도시들의 무역은 십자군원정(1096~1270)을 계기로 크게 발전하였다. 지중해세계에 침략했던 이슬람세력은 10세기 이래로 더 이상 확대되지 못하고 11세기에는 오히려 유럽의 반격을 받아서 수세에 몰렸다. 그러나 동방에서 새로이 강력한 세력으로 등장한 셀주크 터키(Seljuq Turk)의 확장으로 유럽인들은 성지 예루살렘(Jerusalum)에 갈 길을 봉쇄당했다. 이에 동로마제국의 황제 Alexius Ⅰ세(1048~1118)가 교황 Urbanus Ⅱ세(1042?~1099)에게 구원을 요청하자, 교황은 성지회복(聖地回復)과 동로마제국에 대한 세력과시를 위하여 각국에 호소하여 십자군을 일으켰다. 그러나 성지회복의 종교적 명분하에 이루어진 이 전쟁은 제1차 원정에서 성공하여 예루살렘국왕을 창설한 것 말고는 사실상 실패하였다. 8차에 걸쳐서 진행된 이 원정은 이미 제2차와 제3차에서 종교적 열정이 사라지고 시간이 갈수록 종교적 목적보다는 상업상의 이익획득이 보다 중요한 목적으로 등장하였다.[27]

---

27) 십자군파병의 주역은 노르만과 프랑스의 기사 및 이탈리아의 도시들이었다. 제1차 원정 이

상인의 힘이 이 전쟁의 성격을 규정했다는 것을 잘 보여준 예는 제4차 십
자군이다. 이 때 십자군은 병력 및 군수물자 수송과 식량대금을 베니스(Venice)
상인에게 갚지 못하게 되자 베니스상인의 제의로 경쟁상대인 아드리아해안의
그리스도교 도시 자라(Zara)를 공격해 헝가리로부터 빼앗았다. 십자군의 탈선은
여기서 그치지 않고 이번에는 십자군이 베니스상인에게 콘스탄티노플행을 제의
하여 약탈품을 분배하고 1204년에는 라틴제국을 세웠다. 이를 통해서 베니스상
인은 제노바(Jenova)상인을 콘스탄티노플에서 추방하였으며, 비잔틴상인도 물리
쳤다. 1212년 결성된 소년십자군은 마르세이유의 악덕 선주들에게 걸려서 알렉
산드리아의 사라센인들에게 노예로 넘겨졌다. 제5회(1218년), 제7회(1248년)의
십자군은 이집트를 공격했으며, 제8회 십자군(1267년 출병)은 튀니스(Tunis)로 향
했다. 1261년 콘스탄티노플에서는 다시 비잔틴제국이 부활되고, 시리아에서는
13세기 말 그리스도교 최후의 보루 아크레(Acre)가 다시 사라센인의 손에 넘어
감으로써 십자군운동은 아무 성과 없이 종말을 고하고 말았다.

　　이와 같이 십자군원정은 주로 동방지역에서의 약탈전쟁에 지나지 않았다.
이 전쟁은 비록 실패하였지만, 그러나 동방지역과의 교역 및 유럽 내부의 상업
을 활성화하는 데는 크게 기여하였다. 즉 십자군은 경쟁자인 동방의 대도시를
점령·파괴·약탈을 함으로써 아랍권 도시의 쇠퇴를 초래한 반면, 서유럽은 금·
은 등의 재보(財寶)를 획득함으로써 커다란 부를 집적하였으며, 특히 이탈리아
의 상인들은 전리품을 수송하거나 점령지역에 상업상의 거점을 확보하여 유럽
상업의 발달에 크게 기여하였다. 둘째로는 국왕·제후의 원정비용 조달에 편승
한 도시의 자치권 확립이 이루어졌다. 셋째, 원정비용 및 동방무역발전에 따른
지불수단으로서의 화폐와 귀금속의 수요증대가 화폐유통의 촉진과 화폐경제의

후 계속된 십자군의 이교도에 대한 약탈과 학살은 매우 극심한 것이었다. 그러나 십자군의
공격을 받았던 이슬람측은 1147년 제2차 십자군에게 강력하게 대항하였다. 더욱이 이 때는
제1차 십자군으로 출정하여 토착화한 시리아인, 프랑크인 등의 유럽인들이 사라센의 유혹으
로 사라센을 도왔다. 결국 예루살렘왕국은 1187년 망했다. 이러한 십자군원정의 실패의 배
경에는 유럽 국가들 간의 대립도 커다란 요인으로 작용하였다. 1189년 제3차 십자군으로 출
정한 독일 황제 적염왕(赤髥王) Friedrich I세(1122~1190)는 원정 중에 작은 강물에서 익사
하였고, 프랑스 국왕 Philip II세(1165~1223)는 노르망디를 탈취하려고 귀국하였으며, 영국의
사자심왕(獅子心王) Richard I세(1157~1199)는 귀국 도중 오스트리아에서 독일왕 Heinrich VI
세(1165~1197)에게 붙잡혀 막대한 몸값을 지불하였다.

발달을 가져왔다. 끝으로 동방무역의 융성과 그에 따른 동방재화(東方財貨)의 보급 및 수요증대와 아울러 새로운 동방의 풍속, 관습, 지식의 수입 등을 들 수 있을 것이다.[28] 이리하여 특히 베니스는 지중해상권을 장악했을 뿐만 아니라 당시에는 유럽 최대의 상업도시로서의 지위를 차지하였다.

이렇게 이탈리아 제도시가 동방지역과 벌인 교역을 '레반트무역(Levanthandel)'[29]이라고 한다. 그런데 이탈리아상인들의 교역은 지중해연안에만 한정되지 않고 북유럽의 상업권과 연결되어 북유럽의 상업에 커다란 영향을 끼쳤다. 즉 레반트무역의 상품은 주로 알렉산드리아를 거쳐 베니스로 운송된 후 육로와 하천을 통해 북유럽으로 전달되었던 것이다.

이탈리아상인들은 지중해는 물론, 동으로는 흑해(黑海)연안부터 서로는 유럽의 대서양연안을 북상하여 네덜란드와 영국까지 진출하였다. 진귀한 동방물자를 거의 독점하다시피 했던 이탈리아상인들은 유럽 어디에서나 환영을 받았다. 그리고 이들은 단순히 물자의 매매뿐만 아니라 금융업도 영위했다. 예를 들면, 피렌체에서는 상업이 발전함에 따라 상인이 수공업을 지배하였으며 유럽 각지에 지점을 개설하여 원격지무역을 주도하고 군주와 영주를 상대로 돈을 빌려주었다. 특히 피렌체의 대상인이자 도시귀족인 Medici가(Medici family, 메디치가)는 금융업자로서 두각을 나타낸 대표적인 경우이다. Medici가는 로마교황을 배출하고 딸들을 프랑스왕가에 시집보낼 정도로 유럽의 정치에 대해서도 커다란 영향력을 행사하였다. 그러나 이탈리아 도시 중에서 가장 번성했던 곳은 베니스와 제노바였는데, 이 두 도시의 경쟁에서 궁극적으로 승리한 것은 베니스였다.

---

28) 십자군원정으로 동양에서 수입된 것으로 특기할만한 것으로는 화약, 종이, 나침반 등을 들 수 있다. 화약은 유럽에서의 절대주의적 왕권의 등장을 촉진하였을 뿐만 아니라 나침반의 개량, 항해술의 발달과 함께 지리상의 대발견 이후 식민지약탈을 통하여 유럽의 팽창과 부르조아지의 수중에 막대한 부를 집적시키는 요인으로 작용하였다. 종이는 인쇄술의 발달과 결부되어 르네상스 이후 유럽에 지식의 대중적 확산을 가져오게 된 하나의 요인으로 작용하였다. 그러나 주의해야 할 점은 이것이 유럽문명 발달의 충분조건이 아니었다는 점이다. 즉 유럽 내부의 개혁과 이에 따른 사회구조의 변화가 수반되어야 비로소 이러한 기술과 지식이 널리 확산되고 채용되었던 것이다.

29) 10세기 상업의 부활에서 16세기 지리상의 발견에 이르는 이탈리아 제도시와 동방과의 무역을 말한다. 레반트(Levant)는 이탈리아어의 태양이 뜨는 지방, 즉 동방을 뜻하는데, 구체적으로는 사이프러스·시리아·레바논 등의 동부 지중해지역을 가리킨다. 이 때의 동방무역은 동인도와의 거래까지도 포함하고 있었다.

2) 북유럽상업

먼저 북방에서는 노르만인이 처음 해적으로서 연안을 약탈했으나, 이윽고 그들은 상인으로 변신하여 동방에까지 진출하였다. 동방으로 진출한 노르만인은 남·북유럽과 동서의 양 세계가 경제적으로 연결되는 역할을 하였다. 그리고 서방으로 진출한 노르만인은 북해를 동서로 항행하면서 통상을 전개하였는데, 플랑드르는 이에 힘입어 중세의 전성기에 유럽의 중요한 경제중심지로 성장하였다. 이러한 북방 상업권과 지중해 상업권을 연결한 것은 샹빠뉴(Champagne)지방30)으로서 이 지방의 대시(大市: fair)에는 유럽 각지로부터 대상이 몰려와 12~13세기에 크게 번영을 이룩하였다. 그러나 14세기 들어 샹빠뉴는 쇠퇴하고, 13~14세기에 한자(Hansa)의 여러 도시들이 북방상업권을 지배하기 시작했다.

한자동맹(Hanseatic League)은 해외로 발전했던 여러 도시의 독일 상인이 결합하여 성립한 도시동맹이다. 13세기경 독일 여러 도시의 상인들이 정치경제적 지위를 확보하기 위해 상호동맹을 맺었는데 이러한 움직임이 해외무역(특히 북해와 발트해)의 독점욕과 결부되어 한자동맹을 출현시켰다. 한자(Hansa)란 '상인조합'을 의미하는 말로서, 동맹의 주요 임무는 동맹도시들이 해외무역에서 누리고 있었던 여러 가지 특권과 거래를 보호하는 데 있었다.

한자동맹의 효시는 13세기 중엽 뤼벡(Lübeck)과 함부르그(Hamburg) 사이에 맺어졌던 동맹이라는 것이 일반적인 견해이다. 한자동맹은 북해 및 발트해연안과 북부독일의 거의 대부분을 흡수하여 14세기 후반에는 그 가맹 도시수가 70개 이상에 달했다. 동맹에 소속된 도시는 한자동맹의 중심 기관인 한자회의31)에 대표를 보낼 수 있었다. 동맹은 런던(London), 부루쥬(Bruges), 베르겐(Bergen), 노브고로드(Novgorod) 등에 해외상관(海外商館)을 설치하여 통상의 근

---

30) 이 지방이 당시의 유럽의 국제거래상 가장 중요한 대시가 된 이유는 샹빠뉴가 양모생산지인 영국과, 그 가공지인 플랑드르, 그리고 동방무역의 중심지였던 이탈리아의 3국 사이에 위치하고 있었던 지리적 조건 때문이었다고 한다.

31) 한자회의는 도시의 질서를 유지하고 귀족적 도시지배를 지지하는 것을 목적으로 했다. 한자동맹은 발흥하는 직인계급에 대하여 단호한 적의를 보였다. 그리고 전적으로 도시귀족적 과두정치를 옹호했다. 따라서 한자회의의 가장 중요한 자리는 항상 부유한 도시귀족에 의하여 독점되었다.

거지로 활용하고, 유럽의 주요 도시에 거류지(居留地)를 형성하였다. 런던의 스틸야드(Steelyard)는 독일 상인의 거류지로서 가장 유명한 곳이었다. 독일 상인은 영국 왕실에 재정·금융적 지원을 한 대가로 영국산 양모(羊毛)와 모직물(毛織物)수출의 대부분을 담당하였다. 또한 한자동맹은 해외시장을 장악하기 위해 독자적으로 해군력을 보유하였다. 한자동맹은 한자전쟁(1360~1369)에서 덴마크해군을 격파하고 발트해의 해상권을 장악함으로써 14~15세기에 가장 번창하였다.

이와 같이 중세 유럽의 상업은 이탈리아상인과 한자상인에 의하여 거의 독점되었다. 예를 들면, 영국의 상업은 최초에는 이탈리아상인, 다음은 한자상인의 세력하에 있었으며, 영국상인은 16세기 이후에 해외에서 활동하기 시작했다. 프랑스도 이탈리아상인의 활동무대였으며, 네덜란드 등의 번영도 결국 한자나 이탈리아상인 등의 힘에 의한 것이었다.

그러나 유럽전역의 상업을 독점하고 있던 이탈리아상인과 한자상인들의 지배력은 국민국가(國民國家)가 성립하면서 쇠퇴했다. 이탈리아와 독일의 해외무역이 쇠락한 것은 기본적으로 중개상업(仲介商業)으로서 자체적 생산 기반을 가지지 못했기 때문이다. 네덜란드, 영국, 프랑스에서 모직물산업이 발전하고 국민적 상인(國民的 商人)이 국가권력의 적극적 지원하에 해외에서 활동을 전개하자 양국의 상인들은 각종 특권을 상실했다. 이 외에도 이탈리아상인들은 지리상의 발견으로 무역로가 지중해로부터 대서양으로 전환되는 바람에 큰 타격을 입었다. 독일에게는 종교개혁(宗敎改革)에 따른 프로테스탄트와 구교도 간의 대립이 해상패권을 상실케 하는 중요한 원인이기도 하였다.

제 5 장

봉건경제의 해체

5 봉건경제의 해체

유럽의 봉건경제는 크게 농업생산의 중심인 고전장원과 상품화폐경제가 발달한 도시경제의 두 가지 권역으로 구성된다. 근대 자본주의는 이러한 봉건경제가 붕괴한 서유럽에서 최초로 성립되었다. 도시를 거점으로 한 상공업의 발달은 봉건경제의 해체에 적지 않은 영향을 미쳤다. 그러나 봉건경제에서 생산의 압도적인 부분은 인구의 대부분이 거주한 장원경제가 차지했다. 따라서 봉건경제 해체를 이해하기 위해서는 장원의 농업생산이 변화하게 되는 원인과 그 과정을 파악하는 것이 중요하다. 여기서는 장원의 생산체제와 도시경제가 어떻게 변화해 갔는지를 알아보기로 한다.

제1절 고전장원의 해체

1. 지대금납화

1) 지대금납화

봉건경제의 해체는 봉건지대의 형태가 고전장원의 부역노동(노동지대)에서 현물지대(rent in kind) 혹은 화폐지대(money rent)로 변화하는 것으로부터 시작한다. 고전장원의 경지는 영주의 직영지와 농민보유지로 구성되는데, 직영지 경영은 농노의 부역노동으로 충당되었다. 그런데 서유럽에서는 12세기에 접어들면서부터 직영지 경작에 변화가 나타나기 시작했다. 즉 영주는 직영지를 농민에게 분급하고, 농민은 그 대가로 현물이나 화폐를 지불하였다. 이렇게 농민들이 현물지대 또는 화폐지대를 납부하는 장원을 순수장원(純粹莊園) 혹은 지대장원(地代莊園)이라고 한다. 봉건지대를 화폐형태로 납부하는 금납화(金納化, commutation)는 농민경제의 성장을 가져오는 데 크게 기여하였다.

지대형태가 현물지대나 화폐지대로 바뀐 것은 부역노동에 대해 영주는 물론이고 농민도 불만이었기 때문이다. 영주를 비롯한 지주계급은 직접 노동을 하지 않기 때문에 농사기술의 개선에 기본적으로 무관심하고, 자신들의 직분에 맞는 전쟁이나 호화로운 생활을 위해 농민들에게서 보다 많은 잉여생산물을 수탈하는 데만 관심을 두었다. 그러나 부역노동으로 지탱되는 장원의 생산 수준으로는 영주계급의 끝없는 욕구를 채우는 데 한계가 있을 수밖에 없다.

지대형태가 변화하게 된 보다 근원적인 배경은 부역노동에 대한 농민의 불만에 있다고 할 수 있다. 고전장원에서 농노들은 직영지의 부역노동은 물론 각종 수탈로 인해 부를 축적할 여유가 거의 없었다. 특히 경지가 직영지와 농노보유지로 공간적으로 구별되기 때문에 농노들은 직영지의 부역노동을 소홀히 할 수밖에 없었다. 영주는 농노의 태만을 저지하려고 여러 가지 방법을 동원했지만 그렇게 큰 성공을 거두지 못했다. 이리하여 부역 능률의 저하를 저지하려는 영주와 유리한 지대 지불조건을 추구하는 농민 간의 대립이 상호작용하면서 부역노동은 점차 소멸되어 갔다.

순수장원에서는 직영지가 거의 없어지고 영주의 자의도 사라지게 되어 농민의 부담은 대체로 관습법(慣習法)이나 성문법(成文法)으로 규정되기에 이르렀다. 농민의 주된 부담은 현물 및 화폐형태의 지대에 한정되고, 나머지 예속의 표시였던 여러 가지 부담도 소멸되거나 명목상으로만 남게 되었다. 따라서 영주의 인신지배권도 사라져 농노해방도 어느 정도 달성되었다. 유럽의 봉건적 농업 경제는 금납화를 계기로 해체되는 근본적 변화를 맞이하게 되었던 것이다.

그런데 이러한 지대의 금납화가 진행된 근본적인 배경이 무엇일까? M. Dobb(1900~1976)은 영주의 수입욕구의 증대가 낳은 농노의 장원 이탈과 장원 경영의 비효율성이 원인이라고 한다.[1] 이에 대해 P.M. Sweezy(1910~2004)는 도시의 화폐경제가 금납화를 추진한 배경이라고 하고 있으며, M.M. Postan (1899~1981)은 14세기에 유럽을 강타한 페스트로 인한 인구감소라고 한다. R. Brenner(1943~)는 농민의 조직력이 강화되어 영주에 대한 교섭력이 증대했기 때문이라고 한다. 어떤 경우이든지, 영주가 농민에게 양보하지 않을 수 없는 상황에서 달성된 금납화가 고전장원을 해체시키는 배경이 되었다고 할 수 있을 것이다. 예를 들면, 영국에서 12세기경에 나타난 화폐지대는 영주의 자의에 의한 것으로서 오히려 농민의 부담을 가중했다. 심지어 봉건제후의 지배력이 강했던 동유럽에서는 상업발달로 오히려 농민의 부담이 무거워지는 재판농노제가 나타나기도 했다.

2) 농민경제의 성장

순수장원의 현물지대와 화폐지대는 노동지대가 형태상 변화한 것으로 봉건지대의 본질에서 벗어난 것이 아니다. 자본주의적 지대가 되기 위해서는 농업임노동자(農業賃勞動者)와 이들을 고용하는 차지농업가(借地農業家) 혹은 농업자본가(農業資本家)가 있어야 하기 때문이다. 그렇지만 순수장원의 지대형태가 농민경제의 발전에 아무런 의의가 없었던 것은 아니다. 첫째, 농민 자신들의 계산과 계획 아래에서 생산과정이 조절될 수 있는 자유 노동의 영역이 확대되어 생산의욕을 자극했다. 둘째, 지대수준이 관습에 의하여 정률지대 혹은 정액지대로 고정되었는데, 생산이 증대하면 농민들도 그만큼 이익을 볼 수 있었다.

현물 및 화폐지대는 농업생산성을 향상시켜 농민의 수중에 보다 많은 잉여를 남김으로써 농민들의 사적 영역을 확대하였다. 이 사적 영역의 확대는 농민들 간의 거래영역인 농민적 상품화폐경제(農民的 商品貨幣經濟)를 발달시켰다. 중세도시의 원격지무역이 동방에서 나는 향미료와 같은 사치재 교역의 성격이 짙

---

1) M. Dobb, *Studies on the Development of Capitalism*(이선근 역, 자본주의발전연구, 광민사), pp.48-62.

었던 반면, 이 농민적 국내시장은 모직물(毛織物)을 비롯한 생활필수품을 거래
한다는 점에서 시장의 성격이 도시와 전혀 달랐다.

　　농민들은 집적된 잉여생산물을 상호 간에 매매하는 과정에서 점차 상품생
산자로서의 성격을 띠게 되었다. 여기에 정액으로 고정된 화폐지대의 확산은
농민들의 부담을 더욱 경감시켰고, 곡물가격의 등귀와 화폐가치의 하락은 농민
적 부를 집적시킴으로써 사실상의 소토지소유자인 독립자영농민(獨立自營農民)
을 출현시키는 요인이 되었다. 이렇게 서유럽에서 지대가 금납화하고 농민의
부담이 경감되어 농민경제가 크게 성장하기 시작한 것은 14후반에서 15세기 초
이후였다.

　　다만 현물지대는 노동지대보다 부담이 가볍다는 점에서 시장 발달의 가능
성이 컸지만 자본주의적 시장으로 나아가기에는 한계가 적지 않았다. 현물지대
단계에서는 여전히 영주의 자의가 개입할 여지가 여전히 많아서 직접생산자의
생활수준을 끌어내릴 수 있기 때문이다. 순수장원시대의 현물 및 화폐지대 형
태의 차이와 지대부담 수준이 가져온 결과는 영국과 프랑스를 비교하면 알 수
있다. 즉 프랑스에서도 영국과 비슷하게 15세기에는 화폐지대가 등장하였지만,
프랑스에서는 16세기 이후 현물지대로 다시 되돌아갔기 때문에 영국보다 자본
주의적 농업체제로의 전환이 늦어졌던 것이다. 그 결과 프랑스는 근대적 산업
생산체로의 전환이 영국보다 뒤쳐지게 되었다.

2. 농민적 국내시장의 발달

1) 농민적 국내시장

　　서유럽에서 농민적 국내시장의 형성이 가장 빠르게 진행된 곳은 영국이다.
그러므로 영국을 중심으로 농민적 국내시장의 성격을 살펴보기로 하자.

　　노르만정복(1066) 이후 12세기까지 영국에서는 농민경제의 일부가 도시의
시장(週市 및 歲市)을 매개로 하여 국지적으로 교환경제를 형성해 가고 있었고
일부 지역에서는 화폐지대도 나타나고 있었다. 그러나 이 당시의 화폐지대는
영주가 강력한 통제력을 행사하고 있었기 때문에 봉건경제의 해체현상이라고

보기 어렵다. 따라서 농민적 국내시장은 14세기 후반 이후 지대금납화가 일반화되고 나서 본격적으로 형성되기 시작했다.

　농민경제가 성장하던 것과는 반대로 영주측은 재정적으로 어려움에 빠졌는데, 재정위기에 처한 영주측이 할 수 있었던 대응책은 다음과 같았다. 첫째, 직영지 경영에 임금노동자를 고용하는 방법이다. 그러나 영주 스스로 영주적 경영을 폐기하고 농업자본가로 나아가는 길은 적어도 이 시기의 서유럽사회에서는 불가능하였다. 아직 이 시기에는 농업자본가가 나타나지도 않았을 뿐더러 지주가 자본가로 전환한다는 것은 현대의 사회에서도 쉽지 않은 일이기 때문이다. 더욱이 14세기 중엽 이후에는 페스트(pest)가 여러 차례 유럽에 유행하였기 때문에 인구가 크게 감소하였으며, 이 때문에 14세기 후반과 15세기 중반에 걸쳐 임금이 상승경향을 보이고 있었다. 특히 영국에서는 자영농민 혹은 부농층들이 점차 임금노동에 의한 농업경영을 확대하였기 때문에 경제사 역사상 15세기를 영국 임금노동자의 황금기라고 할 정도로 임금이 상승하고 있었다. 따라서 영주의 직영지경영이 농민 자신을 비롯해 가족 노동력을 투입하는 독립자영농민의 경영보다 유리할 수 없었다.

　둘째, 영주에게 남은 방도는 잃었던 영주권을 되찾거나, 아니면 농민에게 양보하는 것이었다. 영주권을 회복한다는 것은 재정적 위기, 즉 봉건위기(feudal crisis)에 처한 영주가 농민을 다시 농노의 지위로 격하시키는 봉건반동(feudal reaction)을 의미한다. 그러나 봉건반동은 농민의 장원이탈을 가속화하거나 농민반란에 직면했기 때문에 서유럽에서는 전반적으로 영주권을 재확립시키지 못하였다. 농민반란은 모두 실패하였지만 농민들의 끈질긴 저항 때문에 농노제로 되돌아갈 수 없었던 것이다. 영주계급은 장원 경영을 위한 노동력을 확보하기 위해서 농민에게 보다 유리한 토지보유 조건을 제시하지 않을 수 없었다.

　이리하여 서유럽에서는 농민적 토지소유(農民的土地所有)가 확립되고 부농(kuluk)층이 형성되었다. 이러한 농민에는 프랑스에서는 세습보유농민, 영국에서는 독립자영농민이 해당한다. 특히 영국에서는 절대주의(絕對主義: absolutism) 국가권력이 성립한 16세기에 이미 독립자영농민(부농)의 주류를 이루는 요오맨층(Yeomanry)이 농민의 대부분을 차지하게 되어 농민적 상품화폐경제가 상당히 발달했다.

농촌지역에서 시장이 발달하자 농민들 사이에 교환관계가 확대되고 직업상
의 분화와 생산수단의 소유관계를 둘러싼 계급적 분해가 진전되었다. 즉 시장
에서는 농업뿐만 아니라 생활필수품과 관련되는 각종의 가내수공업이 발달하였
고, 가내수공업도 분해되어 점차 자본주의적 생산방식인 매뉴팩처를 형성했다.
이같이 농촌시장에서 발달한 상공업은 중세도시의 길드적 생산과는 완전히 성
격이 완전히 다를 뿐만 아니라 수공업단계이긴 하지만 원칙적으로 자유경쟁의
원리가 작용하고 있었다. 영국에서 가장 먼저 봉건경제가 해체되고 자본주의적
경제구조로 이행한 것은 이러한 변화가 가장 먼저 일어났기 때문이다.

2) 농민층 분해

부농층이 성장하고 농민적 시장이 출현하자 농민들 간에 빈부 격차가 벌어
지는 농민층분해 현상이 광범하게 나타나기 시작했다.[2] 먼저 농민 사이에 교환
관계가 확산되자 토지 거래가 활성화되면서 보유지 규모에 차등화가 발생했다.
그리고 보유지 크기의 차이는 농민경영의 질적 차이를 초래하였다. 즉 토지보
유 규모에 차이가 나타남에 따라 차지농업가(借地農業家)와 농업노동자(農業勞動
者)라는 새로운 계급관계가 본격적으로 형성되기 시작한 것이다. 차지농업가는
토지를 임차하여 날품팔이소농이나 보유지를 잃은 몰락 농민을 고용하였다.[3]
이들은 생산물의 총판매액에서 지주와 농업노동자에게 지대와 임금을 지불하고
각종의 비용을 제외한 나머지를 농업이윤으로 가져갔다. 반면 토지소유자는 차
지농업가와 화폐상의 계약관계를 맺는 것 외에는 그 경작이나 경영에 일체 관
여하지 않았다. 농업노동자는 보유지를 상실하였기 때문에 차지농업가에게 고
용되어 노동력을 제공하는 일종의 임금노동자였다. 따라서 지주에게 지불되는

---

2) 13세기에도 차지(借地)와 토지이전에 의해서 농민보유지 규모의 분화가 없었던 것은 아니지
만 이 시기에는 아직도 버게이트 단위의 토지보유가 일반적이었다. R.H. Tawney, *The
Agrarian Problems in the Sixteenth Century*, London & Edinbrugh: Ballantyne, Hanson
& Co, p.61.

3) 차지농은 기본적으로 농민층분해 속에서 나타났지만 일부는 도시의 상인으로부터 전화한 경
우도 있었다.

지대는 이윤을 넘어서는 초과분으로서 자본주의적 지대이며, 차지농업가는 농업노동자를 고용한다는 점에서 농업자본가이다.

한편, 농민적 국내시장에서는 부농층의 구매력이 밀집해 있었기 때문에 주로 생활필수품 특히 모직물을 생산하는 가내수공업이 발달했다. 이것은 종래 농업에 포섭되어 있던 수공업이 농촌시장의 발달을 계기로 독립된 부문으로 성장하기 시작한 것을 의미한다. 가내수공업은 소생산자들 간의 경쟁에 의해 경영규모의 차이를 보이기 시작했다. 생산규모를 확장하여 상승하는 자는 매뉴팩처공장주가 되어 주변의 빈민이나 몰락한 동료들을 임금노동자로 고용했다. 이 같은 소생산자층의 분해 및 사회적 분업의 진전은 농촌 시장이 단순소상품생산으로부터 자본주의적 상품생산으로 점차 이행해가고 있었음을 뜻한다.

영국에서는 지대금납화가 나타난 14세기 후반부터 농민층분해와 사회적 분업이 상당히 진행되었다. 특히 1381년 Watt Tylor 농민봉기의 중심지로서 농촌공업 집락이 많이 형성되었던 동부의 여러 주에서는 사회적 분업이 현저히 진전되고 있음을 볼 수 있다. 예를 들면, 서포크(Suffolk)의 모직물 공업집락인 하들레이(Hadleigh)에서는 13세기 초에 농촌시장이 성립하였는데, 14세기 말경에는 모직물공업에 종사하는 자가 성년남자 3인 중에 한 사람의 비율로 나타날 정도로 경이적인 분업의 발전을 이룩하고 있었다. 그리고 1381년의 인두세징수보고서(Poll Tax Return)에 나타난 인두세의 부담액(1세대 1실링 표준의 할당)의 격차는 사회적 빈부의 격차분포가 상당히 널리 확산되고 있었음을 나타내 주고 있다. 즉 이 기록은 최하층에 다수의 농노가 존재하고 있고 그 위에 농민이나 각종 직인에 의하여 구성되는 표준적 중산층(中産層)이 있으며, 또 그 위에는 상인이나 상층농민과 모직물공업에 종사하고 있는 자가 많았던 사실을 말해주고 있다. 그리고 15세기가 되면 이러한 공업집락에는 광범한 자본가적 모직물상인인 직물업자(clothier)의 출현과 더불어 선대제(先貸制: putting-out system)도 등장한다. 이러한 예들은 농민적 시장권이 점차로 발전하면서 봉건경제의 생산관계가 점차 붕괴되고 있던 것을 보여준다. 농업 지역에서의 이러한 구조적 변화는 절대주의가 성립하는 16세기에는 더욱 급속하게 진전되어 갔다. 농촌 경제의 성장에 대해 중세도시의 상공업자들은 절대왕정과 결탁하여 억압하려 했다.

이에 대해서는 뒷 절에서 상세히 살펴보게 될 것이다.

그러면 농촌 경제 변화의 기점이 된 농민층의 분해가 경제사에서 가지는 의미는 무엇일까? 그것은 한마디로 자본주의 성립의 전사(前史)이다. 농민적 토지소유는 봉건적 토지소유의 해체를 의미하는 것이지만, 그 자체가 자본주의적이라고 할 수 없다. 독립자영농민의 농업경영은 단순소상품생산(單純小商品生産)의 일종으로서 자본주의적 상품생산(資本主義的 商品生産)과는 다르기 때문이다. 이것이 자본주의적 상품생산으로 전환되기 위해서는 자본가적 차지농 혹은 농업자본가 및 농업임금노동자가 나타나야 한다. 그러한 의미에서 농민층의 분해는 자본주의 성립의 전제조건으로서 자본주의적 생산관계를 만들어내는 과정이라고 하겠다.

이같이 직접생산자가 자기 생산과 결합되어 있던 생산수단과 분리되는 과정을 '본원적 축적(本源的 蓄積: primtive accmululation)'이라고 한다. 즉 본원적 축적은 한쪽에는 자본가로 전신(轉身)할 소수의 수중에 생산수단으로 전환할 수 있는 화폐자산이 집적되고, 다른 한편에는 토지를 비롯한 생산수단으로부터 유리(遊離)된 빈민이 창출되는 과정을 가리키는 것이라고 할 수 있다. 자본주의는 이와 같은 자본관계(資本關係)를 창출하는 최초의 과정을 필요로 한다. 즉 자본주의가 성립한 지역에서는 직접생산자가 생산수단으로부터의 분리되는 과정을 어떤 방식이든지 거쳐야 했다. 그런 의미에서 서유럽에서 봉건시대의 농민층 성장을 바탕으로 이루어진 농민층분해는 본원적 축적의 한 국면이었다고 하겠다. 영국에서 세계 최초로 자본주의가 성립된 것은 이러한 의미에서 농업의 자본주의적 분해―지주, 차지농업가 혹은 농업자본가, 농업노동자라는 농업에서의 3분할제의 성립―가 가장 빨리 진행되었기 때문이다.

3. 농민반란

1) 반란의 배경

부농들이 사실상의 토지소유자가 되고 농촌 경제가 성장한 반면, 영주 경제는 재정적인 면에서 크게 위축되었다. 이렇게 영주지배의 경제적 기반이 동요한 것을 봉건위기(feudal crisis)라고 한다.

봉건위기를 초래한 원인은 첫째, 지대금납화에 따른 영주수입의 감소이다. 14세기 중엽까지 지속적으로 물가가 상승하여 고정된 화폐지대의 가치가 더욱 감소되었다. 둘째, 인구가 감소하였기 때문이다. 인구를 감소시킨 직접적 원인은 두 가지이다. 하나는 14세기 중엽 유럽대륙을 휩쓴 흑사병(黑死病: Black Death: 1348~1349)을 계기로 인구가 크게 감소한 것이다.[4] 추정에 따르면 흑사병의 창궐로 전 유럽에서는 인구의 5분의 1 내지 3분의 1 정도가 사망하였다고 한다.[5] 그 후의 14세기 후반에도 유럽 각처에서는 전염병이 간헐적으로 발생하였다. 인구를 감소시킨 또 다른 원인은 영국과 프랑스 간에 벌어진 백년전쟁(百年戰爭: 1337~1453)이다. 특히 전쟁의 주요 무대가 된 프랑스 북부지방은 막대한 인명과 재산상의 피해를 입었다. 한편 14세기 중엽에서 15세기 중엽에 이르는 기간에는 물가가 하락하고 있었으므로 중세 유럽을 휩쓴 이 두 가지의 시련으로 노동자의 실질임금은 더욱 상승하였다. 영주의 지배를 피하고 고임금을 얻기 위해서 농노의 장원이탈이 빈번해졌기 때문에 영주의 직영지경영은 사실상 불가능에 가까웠다.

봉건위기에 처한 영주들이 취한 가장 손쉬운 방법은 농민에 대한 지배를

---

4) 페스트(pest)는 1346년(혹은 1347년) 크림반도의 남부 연안에서 흑해, 콘스탄티노플, 에게해, 이오니아해 등지를 거쳐 시칠리아의 메시나(Messina)에 도달한 다음, 이탈리아반도의 서쪽 해안을 북상하여 피사, 제노바 등을 덮쳤다. 그러므로 페스트란 사신(死神)은 남유럽의 상업을 발달시킨 지중해항로를 따라 전염된 것이다. 이탈리아에서는 다시 두 갈래로 나뉘어 하나는 알프스 너머 유럽 내륙을 혼란의 소용돌이로 몰아넣었으며, 다른 하나의 경로는 계속 해안을 따라 프랑스 남부의 마르세유(Marseille)를 강타하였다. 1348년에는 이탈리아, 프랑스, 스페인, 독일, 영국, 스칸디나비아까지 맹위를 떨쳤다. 사람들은 마을을 통째로 버리고 달아났고 일반인은 물론 성직자들도 도망가기에 바빴다고 한다. 상업적 재능이 뛰어난 이교도인 유대인들은 기독교도의 미움을 사서 유대인들이 전염병을 고의로 퍼뜨린다는 유언비어 때문에 남부 프랑스의 도시 특히 나르본(Narbonne), 카르카손(Carcasonne), 독일의 라인강에 있는 여러 도시에서는 대량으로 학살당하기도 하였다.
5) 남부 프랑스의 마르세유에서는 프란체스코파 수도사, 베지에르(Beziers)에서는 도시의 모든 행정관들이 사망하였다. 몽펠리에(Montpellier)에서는 도미니크파 수도사 140명 중 133명이 희생되었고, 이탈리아의 토스카나(Toscana)지방에서는 도시 인구의 4분의 3 내지 5분의 4가 희생되었다고 한다. 이 때문에 사회혼란이 극에 달하여 마을이나 도시가 일시에 텅 비어버리는 사태가 발생한 것은 물론, 악마를 내쫓기 위해 특수한 향료를 사용하거나 나체로 피투성이가 되도록 가죽끈으로 채찍질하며 돌아다니는 것이 유행하기도 하였다.

다시 강화하는 것이었다. 12세기 이래 직영지의 감소와 금납화의 진행으로 농노의 자유화가 계속적으로 추진되고 있었으나 법률적으로는 영주의 농민에 대한 봉건적 제권리는 여전히 존속하고 있었다. 따라서 영주들은 자기들의 본래적 권한을 되살리는 길이 보다 용이한 것으로 생각했던 것이다. 이같이 영주가 잃었던 봉건적 특권을 억지로 되찾으려고 한 것을 봉건반동(feudal reaction)이라고 한다.

영주계급은 첫째, 화폐지대를 현물지대 혹은 노동지대로 반전(反轉)시키려 하였다. 둘째, 영주는 임금을 흑사병 이전으로 억제하고 노동력을 확보하기 위해 농민의 장원이탈을 금지하며 생산물가격을 통제하고자 하였다. 예를 들면, 1349년 6월에 발포한 영국의 노동자조례(Statute of Labourers, 1349~1351)[6]는 ① 건강한 남녀는 자유·부자유신분을 불문하고 Edward 3세(1312~1377) 치세 20년의 임금으로서 반드시 취로(就勞)시킬 것, 즉 최고임금제의 적용, ② 농업노동자의 일용계약금지 및 도망금지와 지주의 도망 노동자 고용금지, ③ 임금과 마찬가지로 물가도 치세 20년을 기준으로 엄수할 것, ④ 고용주·피고용인을 불문하고 위반자에 대한 엄벌 등을 규정하고 있었다. 이 외에도 공동지 사용료 징수, 영주시설사용료 인상 등의 방법을 획책했다. 그러나 위기를 타개하려 했던 이러한 움직임은 오히려 농민반란을 야기했다.

농민반란은 11세기경부터 이미 발생하고 있고 13세기에는 네덜란드의 농민들이 영주계급에 집단적으로 저항하였으며, 1323년에는 플랑드르지방의 브뤼지(Brugge)에서 대규모 반란이 일어나 군대에 의해 진압되었다. 대규모의 농민반란이 발생하기 시작한 것은 14세기 이후의 일이다. 봉건사회 초기의 농민반란은 개별 장원 내에서 영주의 학정을 규탄하거나 폭정에 저항하는 소극적 측면을 가지고 있었다. 투쟁의 기본적인 쟁점은 봉건지대와 그 외 제부담의 경감을 둘러싼 문제였다. 그래서 반란이 일어나도 주변 지역으로 널리 확산되지 않는 것이 일반적이었고 결말도 영주와 그 영지 내의 농민 간에 처리되었다. 불수불입권 때문에 국왕이나 옆의 영주도 간여하지 않았다. 그러나 14세기에 일어난 반란은 초기의 반란과는 크게 다른 측면을 띠고 있었다. 대단히 넓은 지역에서

---

6) 영국에서 국왕과 의회의 협력으로 발포된 최초의 노동입법이다.

일어났을 뿐만 아니라 여러 지역의 농민이 연합하여 대거 반란에 참여하고 조직력도 몰라보게 강화되었던 것이다. 이것은 장원 내의 자급자족경제가 파괴되고 농민들 사이에 개별 장원의 지역적 특수성을 뛰어넘은 공통의 경제적 이해관계가 형성되고 있었음을 반영한다. 즉 상품유통이 활발해지면서 장원의 경계를 벗어난 경제적 이해관계가 형성되고 있었던 것이다.

2) 반란의 성격과 성과

최초의 대규모적이고 조직적 반란은 1358년 프랑스의 파리주면의 농촌에서 Jacquerie(쟈끄리)의 난이다.[7] 이 반란은 농민군 지도자 Guillaume Caillet(기욤 까이에)의 지휘 아래 10만 명의 농민이 발기하여 프랑스의 중심부를 혼란의 소용돌이로 몰아넣었다. 농민들이 반란을 일으킨 직접적 계기는 백년전쟁의 정치·사회적 혼란 속에서 귀족들이 중세(重稅)와 학정으로 농민들을 괴롭혔기 때문이었다.[8] 여기에는 상인 Etienne Marcel의 지도하에 파리 시민들도 참가하였다.[9] 프랑스에서는 그 후에도 16세기 말까지 여러 지방에서 농민반란이 끊임없이 계속되었다.

영국에서 일어난 최대의 농민반란은 1381년의 농민군 지도자 Watt Tylor

---

7) 이 반란을 쟈끄리라고 부르는 것은 당시의 농민을 Jacques Bonhomme라고 불렀기 때문이다. 이것은 정직한 사람 Jacques라는 뜻이다.

8) 백년전쟁은 카페왕조(987~1328년)가 끊어지고 Philip 6세(1293~1320)가 즉위하여 발루아(Valois)왕조가 시작되었는데, 영국왕 Edward 3세가 자신이 프랑스국왕의 계승권을 주장하면서 벌어진 전쟁이다. Edward 3세는 프랑스 서남부의 영국령 기엔(Guyenne, 그 중심지는 포도주의 명산지인 Bordeaux)과 북부 프랑스의 플랑드르지방을 중심으로 프랑스를 침공하였다. 이 전쟁은 왕위계승권을 둘러싼 전쟁이면서도 경제적인 면에서는 당시 양모공업의 최선진지역으로 발전하고 있던 플랑드르지방을 장악하기 위한 싸움이기도 하였다. 전쟁 기간 중 대체로 프랑스가 열세였는데, 기본적으로 귀족들 간의 왕위계승을 둘러싼 전쟁이었기 때문에 농민이나 도시민들은 거의 움직이지 않았다. 그러나 귀족들이 전쟁비용을 대기 위해 농민과 도시민에게 중세를 부과하자 페스트와 용병의 약탈로 이중 삼중의 괴롭힘을 당하던 시민과 농민들이 들고 일어났다. 이 전쟁 기간 중에 도탄에 빠진 영국의 백성을 구하기 위해 등장한 전설적 인물이 Robin Hood이며, 1430년을 전후하여 프랑스를 위기에서 구한 인물이 쟌 다르크(Jeanne D'Arc, 1412~1431)이다. 이 전쟁은 1453년 영국에게 프랑스의 영국령 칼레(Calais)지방만을 남기고 종결되었다.

9) 이 반란으로 영주의 성이나 교회는 각지에서 공격을 받았으나, 시민과 농민군의 연합세력이 워낙 강해서 국왕과 영주층은 제대로 대응하지 못하였다. 그러나 귀족들의 연합세력은 지도자 사이에 분열이 일어난 틈을 타 농민군을 진압하였다.

(1341~1381)의 지휘하에 일어난 것이다. 영국도 페스트와 백년전쟁의 폐해로 농민들이 타격을 입고 있었다. 더욱이 농노와 자유농은 영주에게 높은 지대를 부담해야 했고 임금노동자는 노동자조례에 의해서 임금상승을 억제당했으며, 도시민은 불공평한 인두세와 외국상인에 대한 불만이 누적되고 있었다. 그러나 이 반란은 농민에 대한 봉건적 억압이 주된 요인이었다. 귀족에 대한 반감이 높아지는 가운데 급진적 성직자 John Ball(1338~1381)은 농민의 입장에서 "아담이 밭을 갈고 이브가 길쌈을 할 때 누가 젠트리(지주 – 저자)였던가?"라고 외치며 농민을 격려하였다. 이 농민반란은 영국 동남부의 켄트(Kent)주와 에섹스(Essex), 이스트 앵글리어(East Anglia) 등에서 가장 격렬하게 일어나 동부의 여러 주를 온통 동란으로 몰아 넣었다. 이스트 앵글리어(East Anglia)에서는 농노제의 폐지가 봉기의 주된 요구사항이었고, 켄트에서는 부농층의 이해를 반영한 농민적 상업의 자유가 기본적 요구사항이었다. Watt Tylor의 지휘로 농민군은 전영국의 3분의 2를 석권하고 런던을 점령하였다. 여기에는 약 6만 명의 농민들이 참가하였는데, 농민군은 장원청(莊園廳)을 습격하여 농노의 영주에 대한 관습적 의무가 기록되어 있는 장원문서를 불살랐다.

Watt Tylor는 국왕과의 협상에서 농노제의 폐지(부역철폐), 화폐지대의 고정과 인하, 상품매매의 자유 등을 요구하였다. 이것은 농민 자신의 요구이자 상공업자의 요구이기도 하였다. Watt Tylor 자신이 연와공(煉瓦工)으로서 농촌의 수공업자였다. 이러한 점에서 농민반란은 새로운 성격을 띠고 있었다. 국왕 Richard Ⅱ세(재위기간: 1377~1399)는 농민군의 요구를 일단 수락하였지만, Watt Tylor는 다시 국왕을 만나는 자리에서 런던시장에게 참살당하고 말았다. 이후 농민군은 쉽게 진압되고 반란군이 획득한 성과도 폐기되었다. 이 반란이 직접적으로 달성한 개혁의 성과는 없었지만, 이 반란은 역사발전을 선취한 사건이었다. 이후 영국에서는 농민반란이 계속되었다.

독일에서는 이 보다 늦은 16세기에 대규모적으로 일어났다. 독일에서는 15세기 초부터 농민반란이 빈발하였는데 1524~1525년에는 독일 남부 및 서부에서 급진적 성직자 Thomas Muntzer(토마스 뮌쩌, 1490~1525)의 주도에 의해서 대규모 반란이 일어났다. 이를 독일대농민전쟁(Deutsche Bauernkrieg)이라고 한다. 농민반란에 앞서 Martin Luther(1483~1546)는 로마교황의 면죄부(免罪符) 판매에 항의하여 95개조의 질문장을 발표하고 종교개혁(宗敎改革)을 주도하였다. Luther의 사상적 반항은 로마교황과 교회영주, 신성로마황제, Fugger가에 대한 불만을 자극하여 세속제후, Fugger가의 면죄부 판매대금 관리와 독점적 상권에 불만을 품은 상인, 수공업자, 부농과 빈농까지 Luther의 주위에 몰려들도록 하였다. 로마교황은 Luther를 파문하였지만 그는 후원자 특히 작센후작의 도움으로 성서(聖書)를 독일어로 번역하는 등 종교개혁을 성공으로 이끌었다. 농민지도자들은 여기서 더 나아가 농민들의 요구를 12개조로 정리하여 부역의 폐지, 봉건지대의 인하, 공유지의 자유로운 사용, 상속세철폐 등을 요구하였다. 그러나 로마교황을 반대하던 제후들도 영주였기 때문에 이것만은 수용할 수 없었다. Luther는 중재에 실패하자 농민들에게서 등을 돌렸다. 이렇게 되자 재세례파로서 천년왕국의 사상을 내건 Thomas Muntzer는 Luther를 여우박사라고 비난하면서 반란을 주도하였다. 1524년 서남 독일에서 불붙은 농민반란은 독일 전역을 휩쓸다시피 하였고, 교회, 수도원, 영주의 성은 파괴되었다. 그러나 북독일의 제후들이 연합한 반면, 농민들은 자신의 촌락을 방어하는 데만 열심이었으므로 농민군은 각개 격파되고 Muntzer는 사형되었다. 이리하여 독일에서는 농민이 요구한 개혁안은 전면 부정되고 오히려 봉건반동이 강화되어 일부 지역에서는 '재판농노제(再版農奴制: Second Serfdom)'가 등장하였다. 재판농노제로 인하여 독일에서는 봉건제의 붕괴가 영국이나 프랑스보다도 훨씬 늦어지게 되었다.

　　이와 같이 봉건위기 시대에 발발한 농민전쟁은 예외 없이 모두 진압되었다. 오히려 농민반란이 실패하면서 일시적이나마 봉건반동이 강화되는가 하면 지역에 따라서는 오랜 기간에 걸쳐 영주 지배가 계속되기도 하였다. 이러한 점 때문에 농민반란의 의의를 그다지 중요하게 생각하지 않는 견해도 있다. 또한 농민반란에는 도시의 상공업자들도 다수 가담하였기 때문에 농민반란으로서의 의의를 크게 평가절하하기도 한다. 실제로 반란이 발발한 지역은 일반적으로 도시가 성장하거나 화폐경제가 발전한 선진지대였다. 그러나 농민군 지도자가 상공업자인 경우가 있었다 하더라도 반란군의 대다수는 수많은 농민으로 구성되어 있었다는 점을 부정할 수 없다. 또한 농민군의 주력은 농민 중에서도 부농 혹은 농촌공업을 경영하거나 농촌에서 상업을 영위한 자들이라는 점을 간과할 수 없다. 요컨대 이 시기는 농민경제가 본격적으로 성장하고 봉건적 토지지배자인 영주세력의 지배가 동요하던 시기라는 점을 염두에 두어야 하는 것이다.

서유럽에서는 농민운동이 곧바로 성공하지는 못했지만 농민군은 스스로의 힘을 확인하는 계기를 가질 수 있었다. 그 결과 농민의 조직력 즉 영주계급에 대한 교섭력(交涉力)이 강화됨으로써 그들이 내세운 요구사항은 점차 관철되어 갔다. 부역의 폐지와 농민해방, 보유지에 대한 자유로운 처분권의 확립으로 장원제는 붕괴의 길을 걷게 되었던 것이다.

4. 재판농노제 문제

농민경제의 발전을 가져오게 된 지대 금납화와 관련지어 상업과 중세 도시의 역할을 어떻게 이해하느냐 하는 문제가 남아 있다. 이것은 봉건제 해체의 기본 원인이 무엇인가 하는 질문과 관련되는 문제이다. 농민이 화폐지대를 지불하기 위해서는 생산물의 일부가 먼저 상품으로서 판매되어야 한다. 이런 의미에서 상품화폐경제의 중심지인 도시는 지대금납화의 전제조건이었다고 해도 과언이 아니다. 즉 도시를 거점으로 한 상공업과 화폐유통의 진전은 거래를 통하여 자급자족의 농촌을 화폐경제에 끌어들이는 역할을 한 것이다.

그러나 중세도시를 중심으로 한 상업이 일방적으로 화폐지대를 결과하거나 농민의 부담을 경감하였다고 보기 어려운 면도 있다. 그 대표적인 예를 영국에서 볼 수 있다. 영국에서는 12세기경에 화폐지대가 나타났는데, 여전히 영주의 자의가 강하게 작용하고 있었기 때문에 농민의 부담을 낮추는 것도 아니고 봉건제 해체 현상도 아니었다. 이것은 농노의 요구에 의해서 이루어진 것이 아니라 화폐지대를 수취하는 것이 유리하기 때문에 영주 자신이 직접 나서서 강제적으로 농민을 부역노동에서 해방시킨 것에 지나지 않았다. 그리고 13세기의 상업 및 도시 시장의 성장기에 화폐지불이 부역으로 역전되고 기타 봉건적인 부담도 강화되었다. 14세기경에는 선진지대인 런던을 비롯한 동남부지역에서 화폐경제가 발달함에도 불구하고 부역노동이 영국의 다른 지역에 비하여 가장 큰 비중을 차지하고 있었다. 반면에 도시의 대시장에서 멀리 떨어진 가장 후진적인 북서부지방에서 부역노동이 가장 먼저 소멸하였다.

상업의 발달이 봉건반동을 초래한 보다 전형적인 예는 엘베(Elbe)강 동쪽의 동유럽에서 볼 수 있다. 이 지역은 12세기 이후 독일의 제후들이 식민청부업자인 로카토르(locator)에게 농민들의 이주를 위임하였으며, 이주한 농민에게는 신분적 자유와 보유지의 세습권(世襲權)이 주어지는 등 15, 16세기까지는 현물 혹은 화폐지대가 일반화되어 있었다. 그러나 상업발전에 자극되어 수출용 곡물생산이 확대되자 15세기부터 점차 자유농의 농노화가 진행되기 시작하였으며, 17세기에는 재판농노제 곧 농장영주제(農場領主制: Gutsherrschaft)가 확립되었다.[10] 재판농노제에서는 중세 전기의 고전장원처럼 영주의 직영지가 확대되고 농민의 부역이 부활되었으며 농노의 인신적 자유도 제한되었다. 이러한 관계는 그야말로 "농노의 지옥이자 귀족의 천국"으로서 19세기 말까지 동유럽에서 지속되었다. 서유럽에 비해 동유럽이 현대까지 공업발전과 근대화가 늦고 경제발전이 지연된 것은 이러한 사정과 연관된 것이라고 할 수 있다.

이렇게 볼 때 화폐경제의 성장, 즉 상업의 발달이 봉건제를 쇠퇴시키는 원인이 되었다는 증거만큼이나 농노제를 낳았다는 증거도 많다고 하겠다. 따라서 도시와 상업발전에 따른 지대금납화가 농민경제에 유리하게 적용되는 것은 영주가 양보하지 않을 수 없는 상황에서 봉건적 부담의 강요가 불가능할 때라고 할 수 있을 것이다. 이에 대해서 E.A. Kosminsky는 영주가 화폐경제의 진전에 적극적으로 대응할 경우에는 영주적 상품화폐경제, 즉 직영지의 확대와 부역노동의 강화가 나타나고, 농민이 화폐경제에 적극적으로 대처할 경우에는 농민적 상품화폐경제가 나타난다고 한다. 그리고 이러한 두 세력의 힘을 결정하는 요

---

10) 이 지역에 다시 부역노동이 부활하여 재판농노제가 나타난 것에 대해서는 농민을 유인할 도시가 그다지 발전하고 있지 않았다는 반론도 있다. 이같이 봉건제 붕괴로부터 자본주의로의 이행과정 전반에 걸친 논쟁을 '자본주의 이행논쟁'이라고 한다. 이 논쟁은 M. Dobb이 1946년 *Studies in the Development of Capitalism*(『자본주의 발전연구』)를 발표하고 이에 대해서 1950년 P.M. Sweezy가 비판함으로써 시작되었다. 이에 대해 Dobb이 반비판을 가함으로써 양자 간의 이행논쟁은 Science & Society를 중심으로 진행되었는데, 이후 이 논쟁은 국제적으로 확산되었다. 논쟁의 내용은 주로 봉건제의 개념과 봉건제 해체의 원동력, 절대주의 국가 및 그 지배하의 경제적 성격, 산업자본 형성의 두 가지 길에 관한 것이라고 할 수 있다.

인에 대해서 Dobb은 "상업이 구질서에 미친 '분해작용'은 이 제도(봉건제-인용자)의 성격 즉 '그것의 견고함과 내부의 조직편제(組織編制)'에 의존한다. 특히 어떤 새로운 생산양식이 낡은 생산양식을 대체할 것인가는 상업이 아니라 낡은 생산양식 그 자체의 성격에 의존하는 것이다."라고 한 Marx의 지적을 언급하고 있다.[11] 따라서 봉건제는 농민의 대(對)영주 교섭력이 증대하여 지대수준의 고정과 같은 영주의 양보가 불가피해질 때 해체되기 시작된다고 할 수 있다. Kosminsky는 이런 의미에서 지대금납화가 이루어진 14세기 후반이 바로 농민적 상품화폐경제가 본격적으로 발달하기 시작한 시기이며, 따라서 유럽 봉건제는 14세기 후반에 그 종말을 고하기 시작했다고 한다.[12] 즉 농민해방과 농민적 국내시장의 발전 그리고 봉건제해체는 사회경제적 지위를 개선하기 위한 농민을 비롯한 직접생산자 자신의 노력으로 달성되어 갔던 것이다.

제 2 절   길드의 쇠퇴

1. 길드의 변질

중세도시는 길드 조직을 기반으로 상공업을 주도하였다. 그런데 14세기 중엽 이후가 되자 길드는 내부적으로 분열되고 대외적으로는 시장의 확대에 적절하게 대응하지 못하고 쇠퇴의 길을 걷기 시작했다. 그 기본 원인은 길드적 생산방식의 한계를 벗어나지 못하고 장인의 지위가 점차 독점화되는 것에 있었다. 길드의 독점은 모직물공업과 같이 수출 공업이 발달한 도시 혹은 무역관련 직종에서 현저하게 나타났다.

먼저, 장인(master) 지위의 독점화는 길드 내부를 분열시켰다. 직인과 도제는 원칙적으로 일정한 기간이 지나 장인의 자격을 인정받으면 약간의 가입금을

---

11) M. Dobb, 앞의 책, p.53.

12) E.A. Kosminsky, The Evolution of Feudal Rent in England from the XIth to the XVth centuries, *Past and Present*, Vol.2, No.7, April 1955, p.23.

내고 장인이 될 수 있었다. 길드 성립의 초기에 각 길드는 시의회에 대표를 파견하여 경제정책에 자기 길드의 이익을 반영하고자 했으므로 이 원칙을 제대로 지켰다. 그러나 상공업의 발달과 더불어 직인의 수가 증대하자 과잉경쟁을 막기 위하여 각 길드는 아무나 장인이 되지 못하게 장인의 자격을 제한했다. 장인은 무엇보다 미래의 잠재적 경쟁자인 직인의 상승을 견제하려 했다. 장인들은 장인이 될 수 있는 자를 장인의 자식 및 딸, 장인의 미망인(未亡人)과 결혼하는 자로 한정했다. 또 값비싸고 화려하고 정교한 시제품(試製品)을 만들도록 하여 장인이 될 수 있는 합격 기준을 까다롭게 만들고, 고액의 가입금(加入金)을 내고도 값비싼 잔치를 열도록 하였다. masterpiece(걸작)란 단어는 이러한 상황이 빚어낸 산물이다. 결국, 장인의 지위는 세습화되고 자본을 가진 소수를 제외한 대부분의 직인은 장인이 될 수 있는 길을 봉쇄당했다. 마치 상인이 자치권투쟁으로 영업상의 독립을 쟁취하자 독점화된 것처럼 수공업자도 상인의 지배를 벗어나자 급속히 보수화하여 상인의 전철을 밟았다.

수공업길드의 상층부인 장인층은 사실상 생산적 기능을 떠나서 거의 상업에만 전념했기 때문에 상인이나 다를 바가 없었다. 이들은 자기들만의 독점적 이익을 추구하기 위해 장인만으로 구성된 별개의 조합, 즉 장인조합을 결성하게 되었는데, 이것을 영국에서는 Livery Company라고 한다. 이것은 15세기 말 이후 길드의 합병과 재편성을 통해 등장한 것으로서, 소수 상인의 과두전제적(寡頭專制的) 성격이 매우 강하였다. 캄퍼니는 종래의 길드로써는 농촌 지대에서 성장하는 상공업에 대항하기가 힘들었기 때문에 도시와 주변 농촌지역에 선대제적 생산을 확대해 갔다. 선대제(先貸制, putting-out system)는 수공업자가 상인(선대주)에게서 원료 혹은 대금을 먼저 받고 생산하여 선대주에게 판대하는 방식이다. 따라서 이 조직은 길드규제를 확대재편성한 것에 지나지 않았다.

장인의 지위가 독점화됨에 따라 직인은 장인으로 상승하는 길이 저지되어 만년직인(萬年職人: permanent journeyman)화되었다. 이렇게 되자 직인들은 장인에 대항하는 독자적인 조직, 즉 직인조합(職人組合: journeymen's, yeoman guild, Gesellenverband, compagnonnage)을 결성했다. 직인조합은 경제적 이익, 특히 임금 인상을 위해서 신앙·자선·기술 연마 등의 명분을 앞세웠는데 때로는 장인조합과 충돌을 빚어 금지되었기 때문에 비밀리에 결성되었다. 예컨대 14세기 말 런던의 장인들은 "직인은 경건한 종교의 가면을 쓰고 단체를 만들고는 불법적인 임금인상을 관철하기 위해 공모, 결탁했다"고 비난하고 있다.

길드의 독점적 조직에서 배제된 대상은 직인만이 아니다. 장인 중에서 자금력이 약하거나 세력이 약한 사람도 길드에서 배제되었다. 이들이 '가난한 장인(poor masters)' 혹은 '몰락한 장인(decayed masters)'으로서 이른바 소장인층(小匠人層: small masters)이다. 소장인층은 독립적으로 영업을 하지만 길드에는 가입하지 못한 수공업자로서 실질적으로 만년직인과 동일한 경제적 계층이다. 도시에서 영업행위를 하는 이러한 비특권적 계층을 도시의 요오맨이라고 한다.

장인조합과 직인조합의 출현은 길드가 상업적 기능과 생산적 기능을 담당하는 계층으로 분열되고 변질해 갔다는 것을 의미한다. 장인층이 캄퍼니를 결성하여 선대제를 주변 농촌에 확장한 것은 기존 길드적 생산방식으로는 변화하는 시장 상황에 적응할 수 없었기 때문이다. 길드가 시장의 변화에 적응할 수 없었던 것은 자유경쟁이 아니라 기본적으로 특권적·독점적 조합의 성격을 띠었기 때문이다. 더욱이 길드는 소장인층이 길드규제가 잘 미칠 수 없는 농촌 지역으로 이주하면서 쇠퇴가 가속화되었다.

2. 농촌공업의 발달

길드 독점의 심화로 영업에 방해를 받게 되자 소장인층은 새로운 산업입지를 찾아서 도시 근교와 농촌으로 이주했다. 농촌은 산업입지로서 유리한 조건을 갖추고 있었다. 첫째, 당시의 농촌에는 지대금납화로 인하여 부농층이 형성되면서도 농민층의 분해로 인하여 자급자족체계가 빠르게 붕괴하고 있었다. 또한 농업경영에 포섭되어 있던 가내수공업이 발전하면서 사회적 분업을 진전시켰다. 이것은 농촌 시장에서 시장수요와 구매력이 빠른 속도로 성장하는 것을 의미한다. 둘째, 양모를 비롯한 생산원료의 가격, 지대, 임금 등의 비용이 싸고 특권도시의 산업규제, 즉 길드규제가 미치지 않아서 산업상의 자유도 어느 정도 보장되었다. 이러한 산업의 유출(exodus of industry, urban exodus)은 직업상

의 분화로 발전하고 있던 농촌 가내수공업, 특히 모직물공업의 발달을 더욱 촉
진하는 요인으로 작용하였다. 농촌의 수공업자와 도시의 소장인층은 농촌의 공
업생산자로서 매뉴팩처(manufacture: 공장제수공업)라는 새로운 생산방식을 발전
시켜나갔다.

농촌의 가내수공업과 농촌으로 이주한 소장인층의 경영은 농촌시장에서 상
호 간의 경쟁을 통해서 양극분해되었다. 소경영에서 성공한 자는 매뉴팩처경영
주가 되고 경영에 실패한 자 및 주변의 빈민들은 임금노동자로서 고용되었다.
즉 농민적 국내시장에서 소생산자층의 분해를 기초로 등장한 매뉴팩처는 농촌
의 노동력을 장악해가는 새로운 경영양식 ─사실상의 자본주의적 생산방식─
이었다.

매뉴팩처의 경영상의 이점을 요약하면 다음과 같다. 매뉴팩처는 분업에 기
초한 협업의 생산방식으로서 생산 공정을 여러 개로 나누어 각각의 작업을 다
른 노동자에게 맡기는 것이다. 첫째, 당시에 동일 작업장 내의 분업은 재료의
이동에 걸리는 시간을 단축시켰는데, 이 점이 매뉴팩처의 주요한 기술적 이점
이었다. 둘째, 단일 작업장에서의 생산은 가내공업이나 주문생산을 기본으로 하
는 선대제보다도 노동과정을 훨씬 효과적으로 통제할 수 있었고 노동자들의 숙
련도를 향상시키는 데 시간을 단축했다. 셋째, 작업공정을 세분화했기 때문에
생산도구나 생산방법을 개선하는 데에도 유리했다. 특히 매뉴팩처의 분업은 차
후의 기계발명을 가능하게 한 기반을 구축한 것이라 할 수 있다.

이리하여 15세기 이후에는 길드 생산체제의 도시 공업이 쇠퇴한 반면, 농
민적 국내시장에서는 소생산자들의 계급적 분해가 계속됨으로써 자본주의적 생
산관계가 확대되었다. 매뉴팩처의 높은 생산성에 대응하여 특권도시의 상공업
자는 장인조합을 만들거나 선대제를 도입함으로써 새로이 발흥하는 농촌공업을
억제하려고 했다. 그러나 길드는 장인계급의 이익을 보호하기 위해 경쟁을 배
제하고 폐쇄적으로 운영되었기 때문에 농촌공업에 효과적으로 대항할 수 없었
다. 가내수공업을 주문생산 형태로 편입한 선대제 역시 생산성면에서 매뉴팩처
보다 우위에 설 수 없었다.

한편, 15세기 말 이후 지리상의 발견을 계기로 나타난 유럽 무역권의 확대

도 길드의 쇠퇴와 산업 입지의 전환을 촉진한 배경이었다. 이 시기의 해외시장
의 확장은 중상주의에 힘입어 공업생산력의 증대를 필요로 했지만, 길드적 생
산방식과 독점정책으로는 시장의 확대에 적극적으로 대응할 수 없었다. 반면에
해외시장의 발전은 소장인으로 하여금 '저렴한 비용'과 '자유'라는 새로운 산업
입지를 농촌에서 모색하도록 자극했다.

제 3 절   절대주의의 경제

유럽 봉건제는 분권적 봉건제가 우세했던 시기로부터 절대주의(絕對主義:
absolutism) 및 시민혁명을 거쳐서 초기 자본주의사회로 이행하였다. 따라서 절
대주의는 봉건사회의 마지막 단계로서 봉건적인 이해관계와 근대적인 생산관계
가 첨예하게 대립한 시기이다. 봉건적 경제구조는 시민혁명을 맞이하여 기본적
으로 해체된다. 여기에서는 자본주의로의 이행과 관련하여 절대주의의 경제구
조를 살펴본다.

1. 절대주의의 성립

절대주의는 영주계급이 쇠퇴하는 봉건제의 해체기부터 시민혁명 때까지 존
재한 과도기적 성격의 정치경제체제이다. 국왕은 영주 계급의 힘이 약화된 틈
을 타 관료기구와 국가의 군대인 상비군에 대한 지배권을 확립하고 중앙집권적
으로 통일국가를 지배하였다. 절대주의는 서유럽에서는 대체로 15세기 후반에서
18세기까지 존재하였다. 프랑스에서는 백년전쟁 말기인 CharlesⅦ세(샤를 7세,
1403~1461)와 LouisⅪ세(1423~1483) 때에 절대주의적 경향을 보이는데, 16세기
후반의 위그노전쟁(Huguenots Wars, 1562~1598)13)에서 귀족이 무력해지자 16

---

13) 위그노전쟁은 신구교도 간에 벌어진 전쟁으로서, 이 전쟁기간 중인 1589년 발루아왕조(Valois
    dynasty)의 HenryⅢ세(1551~1589)가 암살당하고, 부르봉의 신교파 HenryⅣ세(앙리 4세)가
    왕위에 올랐다. 그는 혼란을 수습하기 위하여 '낭뜨칙령(Edict of Nantes: 1598)'을 발표하고
    왕권강화에 힘썼다.

세기 말 HenryⅣ세(1553~1610) 때부터 부르봉왕가(House of Boubon: 1589~1792, 1814~1830)의 절대주의가 성립하였다. 프랑스의 절대주의는 Louis ⅩⅢ세(1610~ 1643) 때의 재상 Richelieu(리셜리외, 1585~1642)의 노력으로 확립되었고, Louis ⅩⅣ세(1638~1715) 때에 전성기를 맞이하였다. 영국에서는 장미전쟁(薔薇戰爭, War of the Roses, 1455~1485)으로 귀족이 대거 몰락한 틈을 타 튜더가(Tudor family, 1485~1603)의 HenryⅦ세(1457~1509)가 가신단을 해체함으로써 절대주의의 기초를 확립했다.[14] HenryⅧ세는 자신의 이혼문제를 핑계로 수장령(首長令)을 발포하여 수도원을 해산하고 영국국교회(Anglican Church)를 창설하였다. 영국의 절대주의는 Elizabeth여왕(1533~1603)을 거쳐 시민혁명이 일어나는 Charles Ⅰ (1600~1649)세까지 이어졌다.[15]

절대주의 정권이 등장하게 된 가장 중요한 배경은 왕권과 상공업자 사이의 결탁이다. 도시의 상공업자는 도시 경제를 위협하는 농민경제 및 농촌공업의 성장, 그리고 날로 심화되는 해외시장에서의 경쟁에 우위를 점하기 위해서 무엇보다도 국가 권력의 강력한 지원을 필요로 하고 있었다. 상공업자는 국내시장에서 기득권을 유지하고 해외시장을 장악하기 위해서 국왕에게 재정·금융적 지원을 아끼지 않았고, 절대군주는 이들 후원자에게 각종의 특허권 및 독점권을 부여하였다.

종래의 봉건체제에서는 행정기구와 군사력이 대제후와 지방영주에게 분할되어 있었다. 그러나 국왕은 영주의 힘이 점차 약화되는 기회를 놓치지 않고 상공업자의 지원을 받아서 상비군을 창설하고 관료제도를 장악했다. 당시에는 점차 화약이 보급되고, 대포와 소총이 전투에 사용되었으므로 전술에 변화가 일어나고 있었다. 자존심이 강한 기사 대신에 평소에 잘 훈련시켜서 언제나 출동

---

14) 장미전쟁은 EdwardⅢ세(1312~1377) 이후 플랜태지닛가(Plantagenet family, 1312~1377)가 14세기 말부터 랭카스터가(House of Lancaster)와 요크가(House of York)로 분열, 랭카스터가에서 HenryⅣ·Ⅴ·Ⅵ세의 3대에 걸쳐 왕위를 독점한 데에 주요 원인이 있었다. 이 피비린내 나는 유혈 끝에 귀족은 더 이상 싸울 기력을 잃고 화해할 수밖에 없었다고 한다. 반대로 왕실은 반대파 귀족들의 재산을 몰수하고, 수출입관세를 장악하였으며, 귀족의 소유지에 인가세(認可稅)를 부과하게 되어서 전쟁 전보다 오히려 강대해졌다.

15) 봉건제 해체가 늦었기 때문에 동유럽의 절대주의는 서유럽보다 늦은 18세기 이후에 성립된다. 프로이센에서는 FriedricheⅡ세(1712~1786)가 즉위한 1740년부터 1848년까지 지속되었다.

할 수 있는 상비병력이 군사력의 중심이 되었던 것이다.16) 게다가 화약과 대포, 소총의 제작, 상비군 운영에는 막대한 자금이 소요되었다. 개별 영주들은 이 막대한 자금을 감당할 수 없었다. 따라서 중무장한 기사들의 역할은 축소되었으며 기사단은 해체되고 귀족이나 기사는 장군이나 장교, 하사관으로서 편입되었다. 편입을 거부하거나 반항하는 자는 영토를 빼앗기고 몰락하였다. 국왕은 군사권 장악을 배경으로 해상패권 전쟁에 나서 자국의 상인들, 즉 국민적 상인들을 육성하고 보호했다. 여기에 더하여 장원재판소의 권한은 축소되거나 사라지고 국왕 관할의 재판소가 영향력을 확대하였기 때문에 국왕은 명실상부한 국가의 원수(元首)이자 행정의 수반(首班), 최고의 군통수권자(軍統帥權子)이자 사법부의 사실상의 수장(首長)이 되었다. 국왕은 절대군주(absolute monarch)가 된 것이었다.

절대주의적 관료제가 가장 잘 발달하고 그 경제정책이 강력하게 실시된 나라는 프랑스와 영국이다. 이 두 국가 중에서 절대주의가 먼저 붕괴한 영국을 중심으로 봉건경제의 해체과정을 살펴보기로 하자.

2. 절대주의의 농업

1) 요오맨의 형성

지대금납화를 계기로 16세기에 영국에서는 독립자영농민, 즉 요오맨층이 농민의 대부분을 차지하였다. 요오맨이란 용어는 원래 법률적으로 사용될 경우 연(年) 40실링의 수입을 올리는 자유보유농(自由保有農: freeholder)으로서 주대의사(州代議士)의 선거권과 배심원 자격을 갖춘 자만을 의미했다. 그러나 농민의 경제적 지위가 향상됨에 따라 요오맨은 경제상의 용어로서 자유보유농(自由保有農)을 포함하여 젠틀맨의 하위에 있는 부유한 농민을 가리키게 되었다.

16세기의 농민층을 토지보유의 법적 형식에서 보면 자유보유농과 관습보유농(慣習保有農: customary tenants) 및 정기차지농민(定期借地農民: lease holders)으

---

16) 절대주의가 성립하면서 상비군 내에서는 유럽에서 유행하던 귀족들 간의 결투가 금지되었다. 피는 국왕을 위해서만 흘려야 했기 때문이다.

로 분류할 수 있다. 그러므로 요오맨은 저액의 고정화폐지대를 지불하는 자유
보유농과 예농에서 부유해진 관습보유농, 일부의 정기차지농민을 포함한 농촌
의 중산계급으로 구성되어 있었다.

Tawney가 제시한 자료에 따르면,[17) 첫째, 이들의 구성 비율이 지역에 따
라서 상당한 차이가 있으나 전체적으로 총인구 중에서 자유보유농은 약 20%,
관습보유농은 61%, 정기차지농민은 약 13%를 차지하고 있다. 대부분의 자유보
유농은 16세기 말 이전 지대 납부를 비롯한 여러 가지 봉건적 부담에서 해방되
었으므로 자유토지보유는 거의 근대적이었다.

둘째, 관습보유농은 그 수와 지대지불에서 16세기 말 이전에는 농업부문의
가장 중요한 계급이었다. 관습보유농은 장원재판소의 기록이 증명하는 관습보
유지를 보유하고 있는 농민이다. 관습보유농 중 등본보유농(謄本保有農: copy
holder)은 장원재판소에 토지대장이 있을 뿐만 아니라 등본을 소유하고 있는 토
지보유농민이다. 반면 관습보유농과 임의보유농(任意保有農: tenant at will)은 토
지문서를 소유하지 않고 영주의 의사나 영주 및 재판소의 허가에 의해서 토지
를 보유하며 재판소의 기록 내지 단순한 기억에 호소할 수밖에 없는 농민이
었다.

전체적으로 관습보유농 중에서 등본보유농은 약 78%, 전체농민의 거의 절
반 정도를 점하고 있었다. 대부분의 등본보유농은 농노의 후손들로서 특히 세
습적 등본보유농은 자유보유농과 거의 비슷한 지위를 누리고 있었다. 관습보유
농은 16세기에는 형식적인 부역만을 부담하고 있었다. 따라서 16세기에 전체
농민들의 대부분인 거의 70%(자유보유농 20%, 등본보유농 약 48%)가 독립자영농
민(요오맨)이었을 것으로 짐작할 수 있다.

셋째, 정기차지농은 구래의 토지보유농민인 관습보유농과 자유보유농이 영
주의 직영지를 차지할 때 생겨나는 토지보유농민이다. 정기차지농은 관습이 아
니라 계약에 따라 차지하고 화폐지대를 지불한다는 점에서 근대적 성격의 농민

---

17) Tawney, *The Agrarian Problem in the Sixteenth Century*, pp.40-41. Tawney는 HenryⅧ
   와 EdwardⅠ, ElizabethⅠ 시대의 118장원의 survey(調査簿)와 rentals(土地臺帳)을 조사하
   였다.

(혹은 농업자본가)이라고 할 수 있다.

이상에서 살펴 본 바와 같이 영국에서는 절대왕정기인 16세기에 이미 전체 농민의 대다수가 독립자영농민이고, 농민층 분해과정에서 농업자본가로 발전할 수 있는 정기차지농이 적지 않게 형성되고 있었다.

2) 젠트리의 형성

16세기 영국에서는 요오맨의 형성과 병행해서 신흥지주인 젠트리(Gentry)가 등장하였다. Tawney에 따르면, 젠트리는 '요오맨보다는 높고 귀족보다는 낮은 토지소유자, 과거 직영지의 차지인으로서 소농을 계승한 부유한 차지인과 그들의 친척, 그리고 유능한 법률가, 성직자, 의사와 같은 전문직업인 및 부유한 상인'[18]이라고 한다. 젠트리의 등장은 절대주의 정권의 성립과 관계 깊다.

젠트리라는 신흥 토지귀족의 출신성분은 그 정의에서 보듯이 상인과 부농의 상층부 등으로 구성된다. 상인은 국왕과 결탁함으로써 절대주의의 성립에 결정적으로 공헌했다. 이 상인들은 나아가 귀족과의 통혼, 문장(紋章)의 획득, 토지매입 등에 의해서 젠트리의 신분을 획득하고 관직에 진출하여 유력한 사회층이 되었다. 젠트리는 당시 지방관료기구에서 중요한 치안판사(治安判事, Justice of the Peace) 및 그 직무를 겸하는 자치도시의 시장·참사관(參事官) 등의 고급 관직, 추밀원(樞密院: Privy Council)과 그 외의 중앙정부 관료의 대부분을 차지했다. 따라서 특권상인과 젠트리는 절대왕정을 지탱하는 재정적 후원자이자 인적 기반으로서 경제적 이해를 같이하는 사실상 하나로 융합된 계층이라고 할 수 있다.

상인이 토지를 구입하여 지주가 되고자 한 것은 첫째, 토지를 소유해야 그에 맞는 사회적 지위를 인정받을 수 있었기 때문이다. 전근대사회에서는 토지가 부의 지배적인 형태이기 때문에 귀족이 되거나 귀족처럼 행세를 하려면 누

---

18) R.H. Tawney, The Rise of the Gentry, 1558~1640, *Selected Articles in Economic History*, S.N.U, 1967, p.130. gentleman, gentry는 영국에서 귀족의 작위(爵位)가 없는 자유인으로서 특히 문장(紋章)이 허용된 자를 지칭한다. 그러나 이러한 좁은 의미로 사용되는 경우는 드물고, 역사적 개념으로서는 위에서의 정의와 같이 중산계급 상층부를 포함한 사회층을 가리킨다.

구나 토지를 소유해야만 했다. 특히 이것은 영국에서 해외무역이 발달하면서 일반화된 현상이었다.[19] 성공한 상인은 토지에 투자함으로써 귀족의 지위를 구입했고, 가난한 젠틀맨은 상인과 결혼 혹은 상업적 투기에 의해서 잃어버린 재산을 회복하기도 했다. 둘째, 매입한 토지에서 착출지대를 비롯하여 농업경영에서 이익을 안정적으로 획득할 수 있었기 때문이다. 당시에 상공업이 발달하고 있었지만 아직 투기적이고 모험적이었던 반면, 농업은 해외무역이나 금융업보다는 이익이 낮았지만 상대적으로 안정적인 투자의 장이었던 것이다.

상인들은 어떤 토지를 매입했을까? 첫째, 재정 궁핍에 처한 봉건영주의 토지이다. 특히 장미전쟁 이후 급속히 몰락하는 귀족의 토지를 구입하였다. 둘째, 수도원의 해산[20]을 계기로 몰수된 영지를 구입하였다. 수장령의 발포와 영국국교회의 성립은 종교개혁(宗敎改革)의 일환이었지만, 실은 이것은 왕권 강화에 방해가 되는 로마카톨릭의 종교영주를 무력화(無力化)시키기 위한 조치였다. HenryⅧ세는 수도원에서 몰수한 토지를 일부의 공공사업(公共事業)에 제공한 것을 제외하고는 대부분을 왕의 정신(廷臣)과 상인계급에게 팔아치웠다.

이 새로운 유형의 신흥지주인 젠트리는 토지를 봉건 권력의 기초로서 보다는 단순히 투자의 대상으로서 인식하는 경향이 짙었다. 젠트리는 상인적 기질을 유감없이 발휘하여 목양업자 혹은 광산업자가 되기도 하였으며 산업자본가의 선구로서 노동자를 대규모적으로 고용하기도 한 자도 있었다. 젠트리는 출신성분이야 어떻든 구래의 봉건영주와는 달리 변화하는 상황에 적극적으로 대처해 간 신흥지주였다.

---

19) Tawney는 "상업과 농업 간에 엄격한 구분이 있어 지주가 상업에 종사하지 않고 또 상인이 귀족의 토지를 구입하지 않은 나라(예를 들면 프러시아)도 있었으나 영국에서는 그렇지 않았다."고 지적하였다.
20) 수도원해산은 1536년 법령으로 본격화하였다. 이 수도원해산을 실제로 추진했던 기관은 일반적으로 "Court of Augmentations of the Revenues of the King's Crown"인데, 그 이름이 시사하는 바와 같이 이것은 왕실의 수입을 증대시킬 것을 그 목적으로 했다.

3) 농민층분해의 진전

16세기에 영국에서는 농민층의 분해가 빠른 속도로 진행되고 있었다. 13세기에 농노는 표준적으로 1버게이트(1후페)를 보유했지만, 16세기에 1버게이트는 물론 2분의 1 버게이트조차 경작하는 농민은 얼마 남아있지 않았다.

농민층분해는 토지매매를 통해서 이루어졌다. 영국에서는 14세기의 흑사병 유행 이후에 농민 간의 보유지 이동과 소유권의 집중이 활기를 띠기 시작했다. 농민층분해는 대체로 다음의 몇 가지 경로를 거쳐서 진행되었다. 첫째, 16세기에 농민 사이에 자유로운 소토지시장(small land market)이 형성되어 토지를 집적한 상향형 농민과 하향형 농민이 명확하게 드러나기 시작하였다.

둘째, 15·16세기의 토지시장은 영주 직영지의 매각에 의해서 촉진되었는데, 직영지가 대여되는 과정에서 농민보유지 규모의 차이를 초래하였다. 즉 직영지는 초기에는 소규모로 분할되었으나 16세기에는 소수의 부농에게 일괄적으로 임차되고 토지획득경쟁(land hunger)이 격화되어 지가 및 지대 수준의 상승을 초래하였다. 지가 및 지대 수준의 상승은 토지거래를 활성화하고 소농의 몰락을 촉진하였다.

셋째, 1530년대 HenryⅧ세가 실시한 수도원의 해산 및 그 자산 매각, 왕실재정을 보충하기 위한 왕실령(王室領)의 매각 등이다. 이에 따라 장원의 매매가 대대적으로 이루어졌는데, 토지를 구입한 계층은 상인을 중심으로 하는 젠트리와 도시부르주아지, 농촌의 젠틀맨, 부유한 농민층이었다.

넷째, 촌락 주변의 점유자가 없는 무주지(無主地)의 점유와 황무지(荒蕪地)의 개간이었다. 무주지는 소토지시장에서의 자유매매를 통해서 여유가 있는 농민에게 귀속되었다. 황무지는 16세기 이후 토지획득경쟁이 가열되면서 활기를 띠게 되었는데, 이 역시 대체로 부유한 농민에게 돌아갔다.

이와 같이 16세기에는 농민적 국내시장에서 경쟁관계의 발달을 매개로 하여 농민층의 분해가 진전되었다. 자유로운 소토지시장에서 보유지를 집적한 농민들은 이른바 소인도적 자본가(小人島的 資本家: Lilliputian capitalist)로서 자본가적 대농업경영자(large capitalist farmer), 즉 농업자본가로 발전해 갔다.

4) 목양엔클로저운동

(1) 엔클로저운동의 의의

15세기부터 18세기까지 진행된 엔클로저운동(Enclosure Movement)은 소농(小農)엔클로저, 목양(牧羊)엔클로저, 의회(議會)엔클로저로 크게 3가지로 나누어진다. 이 중에서 소농엔클로저와 목양엔클로저는 15세기부터 17세기에 걸쳐 진행되었고, 의회엔클로저는 18세기에 산업혁명과 함께 추진되었다.

첫 번째의 소농엔클로저는 농민들 간에 토지의 교환과 매매를 통해서 흩어진 경작지를 통합(consolidation)하고 각종의 공동지를 잠식하는 것이다. 이것은 구래의 개방경지제 내부에 곡초식농법(穀草式農法)이 도입되어 개별경영화가 진행됨으로써 촉진되었다. 이 방식에서는 농민층분해가 완만하게 진행되었다. 두 번째의 목양엔클로저는 중세적 농업경영 방식을 바꾸었지만, 많은 농민을 추방함으로써 커다란 사회적 불안을 야기했다.

엔클로저운동이 봉건제해체에서 가지는 의의는 무엇일까? 첫째, 중세적 농법을 폐기하고 합리적인 토지 및 농업경영을 통해 농업이윤을 획득하고자 한 것이다. 엔클로저운동은 나타난 시기에 따라 그 배경과 특징이 다르지만, 공통적으로 봉건적 농업방식인 개방경지제 혹은 공동경지농업을 폐기했다. 즉, 봉건적 농업경영에서는 농민의 보유지가 상호 혼재하고 공동경작 관행으로 인하여 농업생산성 향상이 제약되었다. 그러나 부농층의 성장과 젠트리의 등장으로 농업경영과 토지이용으로부터 이윤(利潤)을 획득하려고 하는 요구가 높아감에 따라 그 비합리성이 지적이 되었고, 봉건적 농업을 변혁하려는 움직임이 구체화되기 시작하였다. 예를 들면, 소농엔클로저에서는 개방경지제를 폐기하고 경작지를 한 곳에 통합하여 소유자의 계산에 의해서 개별 경영이 진행되었다. 목양을 위한 엔클로저에서도 양모 생산을 위해서 농민을 추방했기 때문에 중세적 농법이 폐기되고, 차지농업가에 의한 자본주의적 농업경영이 나타났다.

둘째, 농민층의 분해를 급속하게 진행시켰다는 점이다. 소농엔클로저는 농민 사이의 토지매매를 통해서 토지를 통합했기 때문에 농민층분해가 완만하게 진행될 수밖에 없었다. 그러나 나머지 형태의 엔클로저는 소농들을 대량으로 토지로부터 방출했다. 농민층의 몰락은 직접생산자를 생산수단으로부터 분리시켰다는 점에서 본원적 축적의 한 과정이었다고 하겠다. 엔클로저운동은 18세기에 이르기까지 지속되어 농업 경영을 자본주의적 경영형태로 바꾸어 놓는 데 크게 기여했다.

(2) 목양엔클로저와 농민추방

15세기부터 일어난 목양을 위한 엔클로저는 일부의 영주와 젠트리, 대차지농들이 양을 길러 양모를 생산하기 위해서 농장에 담을 쌓고 농민을 추방한 것이다. 이 엔클로저는 남부의 버크셔(Berkshire)로부터 북동지역의 노포크(Norfolk), 링컨(Lincoln)에 이르기까지 잉글랜드 전역에 걸쳐 17세기까지 진행되었는데, 특히 미들랜드(Midland) 및 동부의 여러 주가 중심이었다.

목양엔클로저가 일어난 근본적인 배경은 상업 발달과 토지소유자의 교체 및 그에 따른 토지이용에 대한 사고의 변화에서 찾을 수 있다. 그러나 직접적인 계기는 모직물공업이 발전하여 양모 수요가 급격하게 증대하고 가격이 올랐기 때문이다. 신흥지주층인 젠트리나 토지를 대규모로 임차한 차지농업가(tenant farmer)들이 이러한 사정에 자극을 받아 저비용, 고이윤의 목양 경영으로 전환해 간 것은 당연한 결과였다. 그들은 소작농들에게 분할되고 있던 경지를 강제적으로 회수하고 공동지까지도 사유화하여 그 토지의 주변을 울타리로 둘러치고 농민을 추방했다. 많은 농민이 경작하던 농지는 단 몇 사람의 목동과 수많은 양떼가 한가로이 풀을 뜯는 목장으로 변했다.

곳곳에서 '농민이촌(rural exodus)'이 일어나 '농촌의 쇠퇴(decay of tillage)' 현상이 나타났다. 경작하던 토지에서 밀려난 농민들은 부랑자가 되어 거리를 배회하거나 다른 촌락의 공동지나 황무지로 쫓겨나 무단거주자(squatters)가 되었다. '건장한 걸인(乞人)(sturdy beggars)' 혹은 '파락호(破落戶: idle rogues)'로 불리는 이러한 실업자군은 여러 가지 사회문제를 야기하고 왕정의 통치를 불안하게 만들었다.

절대왕정은 처음에는 부랑민들이 정해진 교구(敎區)에서 벗어나지 못하게 했지만 토지를 빼앗긴 농민들에게는 소용없었다. 사태가 심각해지자 절대왕정은 구빈법(救貧法: poor law)을 실시하였다. 구빈법의 주요 내용은 다음과 같다. 구빈세(Poor Rate)를 주로 수공업길드에 강제로 부과하여 기금을 조성하고 교정원(矯正院: House of Correction) 등을 세워 부랑자들을 수용하고 도제로 고용하도록 하였다. 구빈법의 실시와 교정원의 운영은 주로 치안판사에게 위임되었다. 또한 건장한 부랑민의 걸식행위를 금지하고 이를 반복해서 어길 때는 사형에 이르는 중벌을 내림으로써 농민이 토지를 포기하지 못하도록 강제하였다. 구빈법은 빈민을 구제하기보다는 잔혹한 처벌을 일삼았기 때문에 '피의 입법(Blutgesetzgebung)'이라고 부른다.

토지를 잃는 농민들을 억지로 농촌에 묶어두려는 구빈법이 근본대책이 될 리가 없었다. 더욱이 무엇보다 정책을 실행해야 할 담당자인 지방의 치안판사들이 무관심했다. 강제적인 구빈세의 부과·징수, 빈민감독관의 임명, 교정원의 설립 등이 제대로 실현되지 못하였을 뿐만 아니라 북부 및 서부 지역에서는 아예 치안판사의 보고서조차 제출되지 않았다. 치안판사의 대부분이 신흥지주인 젠트리였으므로 당연한 결과였다. 특히 추밀원은 치안판사들에게 구빈법을 실시하도록 하고 보고서를 제출하도록 여러 차례 압력을 가했는데, 이 사실은 구빈법이 제대로 실시되지 않았음을 반증한다고 하겠다.

엔클로저는 농민을 기아와 죽음으로 몰아넣었기 때문에 지식인들로부터 많은 비난을 받았다. 당대의 양심적 지식인이었던 Thomas More(1478~1535)는 유명한 저서 『유토피아(Utopia)』에서 "원래 온순하고 얌전한 소식동물(小食動物)이었던 양이 갑자기 대식동물(大食動物)이 되고 난폭하게 되어서 인간까지도 먹어치우고 있다."라고 엔클로저를 비난하고 있다.

엔클로저가 일으킨 가장 큰 사회문제는 농민반란이었다. 농민반란은 지식인들로부터도 비난의 대상이 된 지주와 자본가적 차지농업가를 공격하였다. 1536년 북부지방에서 일어난 '은총의 순례(Pilgrimage of Grace)'는 수도원해산을 계기로 한 것이었으나, 그 저변에는 엔클로저에 대한 반발이 작용하고 있었다.[21] 1549년 노포크를 중심으로 일어난 '케트의 반란(Ket's Rebellion)'의 배경에

---

21) HenryⅧ세의 수도원해산 때 잉글랜드 북부에서 일어난 대표적인 카톨릭 농민반란이다. 1536년 수도원해산법에 의거하여 가정 큰 영향을 받은 요크셔(Yorkshire)를 중심으로 Robert

는 관습적인 토지보유를 주장하는 차지농민층과 상업주의적 지주 간의 이해관계 대립이 짙게 깔려있었다.[22]

정부는 왕명위원회(王命委員會: Royal Commission)를 조직하여 실태를 조사하고 엔클로저금지법을 몇 차례 공포하였지만 거의 효력을 발휘하지 못했다. HenryⅦ세 치하의 1489년부터 튜더, 스튜어트의 양 왕조를 거쳐 시민혁명 후 Cromwell 치하의 1656년까지 7번의 왕명위원회가 구성되고 엔클로저금지법령은 12번이나 발포되었으며, 위반자에 대해서는 벌금이 부과되는 등의 여러 가지 조치가 취해졌다. 그러나 절대주의 관료층을 구성하고 있는 치안판사의 대부분이 젠트리였기 때문에 법령의 실시는 애초부터 한계가 있는 것이었다.

엔클로저로 인해 대량으로 농민이 토지로부터 쫓겨났는데, 엔클로저로 가장 큰 피해를 입은 것은 장원 관습의 보호를 받지 못하는 임의보유농과 정기차지농이었다. 임의보유농은 법적 서류에 의해서 보장되는 장원관습의 보호를 받지 못하였으므로 쉽게 방출되었다. 차지농은 차지기간이 만료되어 지주가 필요하면 토지를 회수하여 보다 많은 지대를 지불하는 소수의 대차지농에게 대여하였다. 농민 중에서 자유보유농이 가장 안전한 위치에 있었고, 세습적 등본보유농을 제외한 많은 관습보유농은 추방되었다.

목양엔클로저가 엄청난 사회소요를 일으켰지만, 실증조사에 따르면, 실시면적이나 추방된 농민의 비율, 목장으로의 전환이 그다지 전면적인 것이 아니라고 한다. 그렇지만 그 당시의 노동 수요에 비해서 빈민을 대량적으로 창출했다는 점에서 이것은 본원적 축적의 역할을 수행한 것이었다.

Aske(1500~1537)를 지도자로 약 5만의 카톨릭 농민이 참가하였다. 농민반란에 일부의 젠트리가 참가한 것은 사실이지만 반란의 주체는 농민과 소시민이었다. 그들은 젠트리, 기사, 영주, 특권도시의 관리를 공격하였다.

22) 지도자 Robert Ket(?~1549)는 여러 개의 장원을 소유한 노포크의 지주였으나, Henry Ⅷ세의 수도원해산 후 토지문제의 분쟁에서 농민의 편에 섰다. 1549년 1만 6천의 농민을 이끌고 노르위치시(Norwich: 노포크주의 수도)를 포위, 여기서 노포크(Norfolk) 및 서포크(Suffolk) 출신의 지도자와 협의하여 청원서를 작성하였는데, 그 청원서에는 엔클로저를 비롯하여 토지문제에 대한 불만이 표명되었고, 다시 농노제의 완전한 폐지를 요구하였다. 그러나 결국 패배하여 12월에 처형되었다.

3. 절대주의의 공업

1) 매뉴팩처의 발달

지대금납화 이후 영국의 농촌공업에서 중심이 된 것은 모직물공업이었다. 모직물은 유럽에서 일찍부터 일반 대중이 가장 널리 사용하는 옷감이었고, 지리상의 대발견 이후에는 국제경제적인 면에서도 가장 중요한 산업이었다. 특히 그것은 영국에서 공업화가 진행된 산업혁명 이전에 국가의 산업발전을 주도하던 중심 산업이었다.

영국의 모직물공업은 절대주의가 성립하는 15세기 말부터 16세기 전반에는 이미 농촌을 중심으로 발전하고 있었다. 예를 들어 잉글랜드 동부지방인 스투어(Stour)강의 연안 일대인 서포크 남부와 에섹스(Essex) 동북부에서는 일찍부터 모직물공업이 전개되고 있었는데, 15세기를 지나면서 이 두 주의 모직물공업의 중심지는 베리세인트에드먼즈(Bury St.Edmunds)나 입스위치(Ipswich)와 같은 특권도시로부터 새로이 래번햄(Lavenham), 하들레이(Hadleigh) 등의 농촌도시를 중심으로 농촌공업지대가 형성되고 있었다. 그 외에도 콜체스터(Colchester), 데드햄(Dedham), 버그포드(Bugford) 등의 지역에서도 신흥 공업중심지로서 농촌공업의 밀집지대가 형성되고 있었다. 그리고 이들 지역에서는 수공업 중에서도 특히 모직물업자의 비중이 높았던 것으로 나타나고 있었다.[23]

농촌공업이 특권도시의 공업을 압도할 정도로 발전할 수 있었던 것은 길드 규제가 없을 뿐만 아니라 도시재정에 필요한 세금부담도 없고 생산비·임금 등에서 유리한 조건을 갖추고 있었기 때문이다. 1511년 노르위치시는 직기 대수 및 고용도제 수에 대한 제한규정을 발포하였는데, 이는 농촌의 직포공과 직물업자(clothier)가 경영규모를 확대하여 도시 길드의 존립을 위협하고 있었기 때문이다. 농촌공업을 주도한 인물들은 농촌에 거주하면서 경영규모를 확대해 가고 있던 소규모의 직물업자이거나 도시의 선대제적 지배로부터 독립한 사람,

---

23) 예를 들면, 나일랜드(Nayland), 박스랜드(Boxland), 롱멜포드(long Melford)에서는 16세 이상의 남자 중에서 모직물업자가 약 20%~60%를 차지하고 있었다. 이러한 상태는 동일지역 내의 래번햄, 하들레이, 서드베리(Sudbury) 등에서도 마찬가지였다.

도시에서 농촌으로 이주한 소장인층 등이었다.

따라서 16세기 모직물공업은 독립자영의 가내수공업, 매뉴팩처, 선대제의 경영형태가 병존했다. 매뉴팩처와 선대제를 경영하는 이들은 14, 15세기 이후 독립소생산자들이 양극분해하는 과정에서 등장했거나 도시를 거점으로 상업자본을 집적한 사람들이었다. 매뉴팩처는 하나의 작업장에 노동자들을 고용하여 분업에 기초한 협업을 했다. 선대제는 자기 작업장을 가진 가내수공업자에게 생산수단을 임대하거나 원료를 선대하는 하청형태였다.

이러한 경영형태 중에서 농촌공업의 생산력을 주도한 것은 주로 중소규모의 매뉴팩처이다.24) 특히 중소규모의 매뉴팩처가 발달된 곳은 소장인층이 무수히 존재하는 요크셔(Yorkshire)의 서부 웨스트 라이딩(West Riding)의 농촌 모직물공업지대 리즈(Leeds) 및 그 주변 농촌이었다. 여기서는 농촌의 가내수공업자와 매뉴팩처 경영자 사이에 무수한 중간 형태가 존재하고, 매뉴팩처는 농촌지역에 존재하는 소직물업자의 양극분해를 통해서 상층부에 도달하고 있었다. 이상에서 알 수 있는 바와 같이 15세기 이래 농촌 지역에서 성장해 간 가내수공업자들의 양극분해를 바탕으로 16세기와 17세기 중반경에는 자본주의적인 매뉴팩처가 발달해가고 있었다.

2) 도시공업의 쇠퇴

종래에 유럽에서 모직물 생산의 중심지는 대륙의 플랑드르였다. 그러나 16세기 초가 되자 영국의 농촌이 모직물공업의 중심지로 부상했다. 2, 3세기 전만하더라도 영국은 값싼 양모를 플랑드르로 수출하여 값비싼 모직물을 수입하고 있었지만, 이제는 네덜란드가 영국으로부터 미가공 모직물을 사들여서 그것을 염색, 가공하는 것으로 전환하지 않을 수 없게 되었다. 모직물산업의 중심지가

---

24) 1511년에 발포된 노르위치시의 조례에 나타나 있는 산업규제 내용을 살펴보면 가족적 협업 규모를 크게 상회하는 매뉴팩처가 도시 주변의 농촌에 광범하게 존재하고 있음이 확인된다. 또한 1534년에 발포된 '우스터셔(Worcestershire) 내 직물업자에 관한 조례'는 훌륭한 분업 체계가 이루어지고 있음을 보여주고 있으며, 1588년의 한 사료는 광폭의 모직물을 생산하는 데에 직포공을 중심으로 거의 20~30인의 노동자를 작업장에 고용하는 전형적인 매뉴팩처가 대두하고 있음을 보여주고 있다.

국제적으로 변동할 정도로 영국 농촌공업의 발전이 현저했던 것이다. 이렇게 모직물의 산업입지가 국제적으로 변화함과 동시에 영국 내에서는 독립적 직물업자와 매뉴팩처의 근거지인 농촌공업과 구래의 도시 지역에서 성장한 선대제 상업자본 간에 치열한 대립관계가 형성되었다.

영국의 모직물공업에서는 15세기 후반 이후 특히 튜더와 스튜어트왕조에서는 중세도시의 계열을 잇는 특권도시를 거점으로 선대인이 등장하였다. 이들은 잉글랜드 서부의 모직물 공업지대 특히 사이렌스터, 테드베리, 길링검, 맘즈베리, 브렛포즈 등을 중심으로 선대제를 확장하고 있었다.[25] 선대주들은 도시의 상인귀족층으로서 캄퍼니를 만들어 주변의 생산자들에 대한 지배를 강화하였다. 이들 중에서 간혹 대규모적인 매뉴팩처를 경영하는 경우도 있었으나 그것은 영속성이 없을 뿐만 아니라 도시 직물업자의 선대제 경영과도 관계를 맺고 있었다.[26] 이러한 상업자본은 국가 권력과 결탁하여 길드적 특권을 재편성한 것으로서, 생산기술 면에서도 어떤 변화나 생산양식의 변혁을 가져온 것이 아니었다.

이리하여 16세기에는 모직물공업을 중심으로 농촌공업이 번영하는 곳에서는 거의 전국적으로 도시공업이 쇠퇴하고 있었다. 도시의 선대주들은 길드의 독점권을 전국적으로 재편성한 캄퍼니, 즉 수출상인조합을 결성함으로써 이에 대응하고자 했다. 수출상인조합으로서는 양모수출상들이 조직한 머천트스테이플즈(Merchant Staples)와 머천트어드벤처러스(Merchant Adventurers)가 대표적이고, 그 외에 스페인, 프랑스, 이스트랜드, 레반트, 세네갈 등의 캄퍼니도 설립되었다. 이 중에서 양모수출상조합을 제외한 나머지는 모두 모직물의 판로개척을 위해서 설립된 것인데, 머천트어드벤처러스가 가장 유력한 상인조합이었다.[27]

---

25) 이런 종류의 직물업자가 잉글랜드 서부 및 동부의 제주에서 현저히 부각되고 있는 데 비해서 요크셔나 랭카셔에서는 매우 미미했다.

26) 이런 예로 뉴베리(Newbury)의 John Winchcomb, Thomas Dolman, 브리스톨(Bristol)의 Thomas Blanket, 맘즈베리(Malmesbury)의 William Stumpe 등이 유명하다. 위의 책, p. 159.

27) 머천트어드벤처러스는 15세기 말 튜더왕조 성립 이후 헨리 7세의 무역정책에 따라서 하나의 조직체로 성립되어 점차 왕실재정(王室財政)의 가장 중요한 후원자로서 외국무역에서 독점적 지위를 차지하게 되었다.

물론 절대왕권과 결탁한 이들 특권적 상업자본이 국내 농촌 자본의 성장을 방해한 것만은 아니다. 예를 들면, Elizabeth여왕 때인 1567년에 런던 스틸야드(Steelyard)의 외국상인인 한자상인이 모직물 거래소인 블랙웰 홀(Blackwell Hall, 주 3회 개최)에서 거래를 금지당했고, 16세기 말에는 스틸야드가 폐쇄되어[28] 국내 산업 발전에 기여했던 것이다.

그러나 16세기 중엽에 모직물공업이 급속히 발전하고 농촌 내부에서 자본력을 가진 기업가들이 등장하자 도시의 선대상인들은 농촌공업을 억제하는 쪽으로 급격하게 선회하였다. 먼저 절대왕정은 특권 상인층(Livery)과 결탁하여 캄퍼니의 설립을 장려했다. 이 Livery Company는 그 하부에 소장인층을 선대제적 지배하에 두고자 한 것인데, 엘리자베스여왕 치하에서 더욱 강화되었다. 그렇지만 이러한 조치는 오히려 도시에 거주하는 소장인층을 더 유출시켰다. 절대왕정의 억제책에도 불구하고 농촌공업이 확장했기 때문에 유통시장에서도 새로운 상인층의 활동이 나타났다. 즉 국내시장에서는 팩터(factor) 혹은 호커(hawker)로 불리는 상인층이, 외국무역에서는 영 머천트(young merchant)[29] 혹은 밀무역상인 인터로퍼(interlopers)의 활약이 두드러지기 시작했다. 그리고 이들의 활동이 증대하여 가자 런던의 블랙웰 홀을 지배하고 있던 머천트어드벤처러스의 국내 기반도 점차 동요했다.

절대왕정 후반기에는 특권 상업자본을 위한 독점체제가 더욱 강화되었다. Elizabeth여왕은 재정 부족을 메우기 위해 왕령지의 5분의 1을 팔았으며, 신흥 산업에 부문별 독점권을 40종이나 설정하였다. 이후 James I세(1566~1625) 치하에서는 소위 스튜어트 코퍼레이션(Stuart Corporation)이 형성되었고, Charles I세(1600~1648) 때에는 독점특허권(Patents of Monopoly)이 남발되었다.[30]

James I세의 정책은 중소상공업자들의 반발을 사서 반독점논쟁을 야기하

[28] Elizabeth여왕 초기에 영국에서 외국상인의 수출액은 전체의 23%, 수입액은 39%를 차지하고 있었다.
[29] 이것은 주로 궁정종사자와 그 외 일반적인 직인층 및 소매상인층으로 구성되고 있었다.
[30] 독점특허는 처음에는 규제조합(regulated company)을 도시상인층의 금융적 지원 아래 각 주에 하나씩 창설하는 것으로부터 시작하여, 조인트스톡캄퍼니(joint-stock company)를 통해서 원료공급 및 제품의 판로에 보다 대규모적이고 강력한 매점적(買占的) 독점을 형성하는 단계로 나아갔다.

였는데, 1624년에 '독점대조례(獨占大條例: Great Statute of Monopoly)'가 발포되어 일반 상공업자의 요구가 받아들여지고 직포공조례가 폐지되는 등 일단 위기를 넘겼다. 그러나 1625년 왕위를 계승한 Charles Ⅰ세는 다시 각종 세금과 벌금을 부과하고 독점권을 남발하였기 때문에 1640년에 최초의 시민혁명인 청교도혁명(淸敎徒革命: Puritan Revolution)이 발발하여 Charles Ⅰ세는 처형되고 절대주의는 종말을 고하고 말았다.

제 4 절 시민혁명 이후의 경제

1. 시민혁명의 성격

영국에서 시민혁명은 1640년의 청교도혁명으로부터 시작되어 1688년의 명예혁명(名譽革命)으로 마무리되었다. 1640년 11월 소집된 장기의회(Long Parliament)[31]로부터 시작된 개혁은 젠트리 출신인 Oliver Cromwell(1599~1658)의 주도하에 1648년 국왕 Charles Ⅰ세를 처형하고 혁명을 성공적으로 이끌었다. 의회파는 대지주의 일부와 대상공업자가 주류인 장로파(Presbyterians), 비특권적 중소상공업자·부농·차지농업가·젠트리의 일부·직인·진보적 지식인이 집결한 독립파(Independents), 빈농·빈민(가난한 수공업자 및 임금노동자) 등의 평등파(Levellers)로 구성되었다.

독립파의 Cromwell은 의회파에 속했던 장로파와 평등파를 제거하고 1653년 호국경(護國卿: Lord Protector)이 되어 공화주의적 독재정치를 1658년까지 지속하였다. Cromwell 사후 스튜어트왕조의 Charles Ⅱ세(1630~1685)가 즉위하여 왕정복고(王政復古)가 실현되었다. Charles Ⅱ세와 James Ⅱ세(1633~1701)는 청교

---

31) 이 의회에는 259개 선거구에서 선출된 493명의 의원이 출석하였다. 그 중 333명이 토지를 소유한 젠트리, 74명이 법률가, 55명이 상공업자, 27명이 관리로서 이들 모두를 중산층으로 간주한다면, 총 493명 중 489명의 절대다수가 중산층으로서 실제로는 젠트리의 의회나 다름없었다.

도를 가혹하게 탄압하고 전제정치를 부활하였기 때문에 국민들의 불만을 사게
되어 1688년의 명예혁명(Glorious Revolution)으로 퇴위하였다.[32] 혁명으로 정치
적으로는 절대주의 정치체제가 무너지고, 사상적으로는 왕권신수설(王權神授設)
이 폐기되었으며, 경제적으로는 봉건적 토지소유와 봉건적 독점 즉 길드체제가
일소되었다.

　　그런데 영국의 시민혁명에서 가장 격렬한 논점이 된 것은 독점문제와 왕권
의 권력기초를 둘러싼 문제로서 토지배분 문제는 논의에서 제외되었다. 원래
변혁의 가장 중요한 문제가 되어야 할 봉건적 토지소유의 폐기와 농민적 토지
소유의 창출문제는 전혀 논의가 되지도 않은 채 빈농과 빈민들에게는 토지가
분배되지 않고 오히려 대토지소유를 인정하는 방향으로 진행되었던 것이다. 이
것은 절대주의체제하에서 이미 봉건적 토지소유가 상당히 폐기되고 농민적 토
지소유의 성립에 의해서 농민층분해가 이미 상당히 진행되었기 때문이다. 시민
혁명에 참여했던 평등파는 혁명의 성과를 공유하기를 요구했지만, Cromwell과
장로파는 이를 거부하고 왕당파 재산의 분배에서 평등파를 배제하였다. 절대주
의하의 엔클로저운동에서 가장 큰 피해를 입고 과중한 세금과 지대 때문에 고
통받던 평등파는 임금인상, 노동일의 축소, 공평한 법률의 적용, 보조금을 제외
한 모든 세금의 폐지, 부동산 소유권의 평준화, 엔클로저운동으로 집중된 토지
의 재개방, 외국의 경쟁으로부터의 보호 등 급진적 개혁을 요구하였다. 평등파는
지도자 John Lilburne(1614?~1657)를 중심으로 1647년 10월 평등파는 '인민협정

---

32) 장로파는 스코틀랜드에서 채택되고 있는 장로교회의 제도를 모든 교회에 적용하고 엄격한
통제를 가하려 하였다. 여기에는 런던의 대상인, 귀족 등 의회와 군대의 실권을 장악하고 있
는 자가 많았다. 수세에 몰린 장로파는 1660년 왕정복고를 지지하여 스튜어트왕조(Stuart
dynasty)의 Charles Ⅱ세를 옹립하였다. 왕정복고가 이루어졌지만, 청교도 이전의 절대왕정체
제가 완전히 부활되지는 못하였다. 특히 과세 및 토지 등에 대한 재산권과 관계있는 사항에
대해서는 국왕이 간섭하지 못하고 전적으로 의회의 결정에 따르도록 되어 있었다. 그러나
Charles Ⅱ세는 약속을 어기고 청교도에 대한 가혹한 탄압과 왕권을 강화하였다. 그리고
1685년 왕위를 계승한 James Ⅱ세는 더욱 휘그(Whig)당을 탄압하고 토리(Tory)당을 감싸고
돌면서 각 자치도시의 특허장을 취소하고 국왕 관할하의 특허장을 발부하는 등 전제정치를
부활하였다. 그러자 이번에는 국교회, 토리당, 휘그당, 런던시민 등 모두가 국왕에게 불만을
품고 저항하여 James Ⅱ세를 몰아내고 네덜란드의 총독 William Ⅲ세(1650~1702)와 그 부인
Mary Ⅱ세(1662~1694)를 공동 국왕으로 하는 입헌군주국(立憲君主國)을 출범시켰다. 이것이
1688년의 명예혁명이다.

(Agreement of the People)'이라는 헌법개혁안을 요구했다. 그 주요 내용은 공화정의 채용, 선거권을 가진 민중의 권리를 의회의 권리보다 우위에 둘 것, 신앙 및 종군의 자유와 법률상의 평등과 같은 절대적인 생득권(生得權: innateness) 등을 인정하는 것이었다. 1649년 Lilburne과 지도자들이 투옥된 후 평등파는 반란을 일으켰지만 간단히 진압되고 세력을 상실하였다.

영국 시민혁명의 이러한 타협적 성격은 프랑스혁명과 비교해 보면 그 특징이 확연히 대비된다. 즉 1640년의 청교도혁명보다 약 150년 늦게 일어난 프랑스대혁명(1789)에서는 빈농 및 빈민에게 토지가 분배되어 농민적 토지소유가 확대되었다. 그러나 영국에서는 평등파의 요구가 수용되지 않았기 때문에 자본가적 대토지소유제 및 매뉴팩처 등 초기자본주의적 생산체제가 순조롭게 정착하게 되었다고 할 수 있다. 이러한 의미에서 시민혁명은 부르조아적 경제혁명이었다고 하겠다.

2. 자본주의적 공업의 발달

1) 기업가의 성장

14세기 중엽 이후 16세기에 걸쳐서 양모수출이 크게 감소한 반면, 모직물 수출의 상한선은 15세기 중엽에 양모수출의 하한선과 거의 교차하면서 비약적으로 상승하였다. 특히 시민혁명 이후 항해조례(航海條例, Navigation Act)의 발포로 영국이 네덜란드를 제압하고 해외시장에서의 패권을 확립하는 과정에서 모직물은 영국의 주요 수출산업으로서 자리를 잡게 되었다.

모직물공업이 해외시장과 밀접한 관련을 맺게 되어 해외시장의 영향을 크게 받게 되자 17세기 후반부터 18세기에 걸쳐서 동부, 서부, 북부의 모직물공업 지대에서 생산하는 모직물의 종류가 방모직물에서 소모직물로 고급화되었다. 잉글랜드 동부에서는 오랫동안 뿌리를 내리고 있던 방모공업(紡毛工業)은 17세기중엽에 이르러 거의 소멸하고, 16세기 후반에 네덜란드에서 기술자들이 망명해 온 이래 소모공업(梳毛工業)이 농촌공업으로서 널리 발달했다.[33] 잉글랜드

---

33) 소모사는 섬유장이 5cm 이상의 우수한 양모를 사용한 실이며, 소모직물에는 개버딘(gaberdine),

서부에서는 1620년 이후 월트셔(Wiltshire)를 중심으로 소모직물의 일종인 스페인직(Spain cloth, Medley cloth)공업이 발전하였는데, 17세기 후반에 네덜란드 및 독일시장이 후퇴하고 프랑스·북유럽·중동(中東)·스페인·미국 등의 시장이 확대되면서 이 지역의 가장 중요한 공업이 되었다. 또 서부의 데본(Devon)에서도 거친 커어지(kersey)생산이 쇠퇴하고 보다 고급직물의 하나인 서어지(serge)공업이 발전하여 17세기 말에는 잉글랜드 최대의 서어지 공업중심지로 되었다. 북부에서는 중세 말 이래 수출 모직물의 대종을 이루고 있던 광폭직(broad cloth) 생산이 후퇴하고, 스페인·아프리카·남미(南美)에 팔기 위한 소모직물 생산이 발달하기 시작했다. 이와 같이 주요 지역의 모직물공업은 해외시장의 요구에 따라 보다 고급의 소모직물 생산으로 전환된 것으로 보인다.

모직물공업은 수출상품으로서 크게 발달했지만, 각 지역의 생산 및 자본 형태에는 상당한 차이를 보였다. 동부 및 서부의 소모공업에서는 17세기 후반 이후 직물업자(clothier)라고 하는 자본가가 상인적 성격이 강한 선대제를 취하여 나타나고 있었다. 이것은 직물업자들이 직포업자들을 자기들의 통제하에 두고 직포업자에게 양모를 팔고 직포업자의 생산물을 독점했던 이른바 상업자본에 의한 생산지배라 하겠다. 서부의 '일하지 않는 직물업자'라고 하는 의미로서 '젠틀맨 직물업자(gentleman clothier)'라 불린 업자 중에는 '왕후와 같이' 부유한 직물업자도 출현했다. 그들은 15세기 중반경부터 17세기 말에 걸쳐서 여러 도시에서 지배력을 장악했다.

북부에서는 두 가지 유형이 있는데, 동부에서 이식된 소모공업이 발전한 브랫포드(Bradford)에서는 상인기업가(merchant-manufacture)내지 상인적 성격이 강한 직물업자가 선대제 방식으로 주변 소생산자들을 지배했다. 반면, 방모공업이 번영하고 있던 핼리팩스(Halifax)의 주변 지방에서는 Daniel Defoe(1660~1731)가 여행기 속에 놀라운 필치로서 묘사하고 있는 바와 같이 독립소생산자가 상인자본에 종속하지 않고 독립성을 유지하면서 작은 자택의 작업장을 중심으

서지(serge), 트로피컬(tropical), 포럴(poral) 등으로 수트(suits)를 만드는 양복지이고, 방모사는 섬유장이 짧은 비교적 저급품인 양모로 만든 실로서 방모직물에는 플래너(flannel), 멜틴(melton) 등이라고 한다. 소모직물은 비교적 얇고 방모직물은 두껍다.

로 서서히 경영규모를 확대하고 있었다. 그들은 흔히 '일하는 직물업자(working clothier)'라고 지칭되고 있다.

이와 같이 매뉴팩처와 선대제는 가내수공업과 병존하고 있었지만, 모직물 공업의 최대의 중심지였던 서부나 동부에서 선대제를 경영한 직물업자가 산업 혁명기에 공장주층으로 바로 성장한 경우는 찾아보기 힘들다. 실제로 농촌내부 에 광범하게 존재하고 있던 소생산자로부터 대직물업자로 입신한 자의 대부분 은 시민혁명 이전에 이미 지주가 되거나 정치가 혹은 금융업자로서 탈바꿈했 다. 그리고 모직물공업으로부터 완전히 이탈하지 않았다고 해도 런던 모직물거 래소의 상인금융업자로 전신하거나 하여 대개 2, 3대 안에 직물업에서 완전히 손을 뗐다. 즉 절대왕정하에 번영했던 직물업자가 소모공업의 자본가로 전신하 여 17세기 후반에도 연이어 번영을 유지했던 예는 극히 드물었던 것이다. 17세 기까지 번영을 자랑하던 서부의 모직물공업은 산업혁명의 과정 속에서 완전히 몰락하고 말았다. 오늘날에도 잉글랜드 모직물공업의 약 3분의 2는 요크셔 (Yorkshire), 랭카셔(Lancashire)에 집중하여 있고 나머지 3분의 1은 런던에 집중 되어 있을 뿐 서부나 동부에서는 모직물공업을 거의 찾아볼 수 없다.

2) 산업자본의 성장과 한계

영국의 서부 및 동부와는 대조적으로 북부지방 특히 핼리팩스(Halifax) 주변 과 같이 독립 소자본가들이 전형적으로 활동하는 모직물공업의 중심지에서는 생산력의 침체를 볼 수 없었다. 그들은 극히 적은 소자본으로써 가족노동의 도 움을 받거나 1~2명의 외부노동을 고용하여 한 지붕 밑에서 가족적 협업에 입 각하여 생산을 영위하고 있었다. 이들은 점차 그 규모가 커짐에 따라 매뉴팩처 경영으로부터 지주, 상인에로의 복고적 전화를 했던 서부의 직물업자들과는 달 리 자본을 축적하여 생산규모를 더욱 확대시키는 방향으로 나아갔다.

산업혁명(産業革命)에 즈음하여 공장주로서 산업자본가가 되었던 사람들의 출신배경을 보면 상인, 요오맨, 지주, 직인 등 매우 다양하여 명확한 하나의 대 표적 계층을 지적할 수 없다. 그러나 P. Mantoux(1877~1956)가 지적한 바와 같 이 새 시대의 주인공으로 재빨리 등장한 사람들 중에는 초기자본의 주축을 형성하고 있던 상인계층보다도 오히려 요오맨이나 독립소생산자층들이 많았다는 것은 명백한 사실이다. 반면, 영국의 서부 및 동부와 같이 어느 정도 자본축적을 하자 다른 직업으로 상승, 전화해 버린 사람이 많았던 지역에서는 산업자본가의 탄생이 드물었다. 이상에서 살펴본 바와 같이 시민혁명 이후 영국의 공업경제는 모직물공업을 중심으로 크게 발전하였다. 그 결과 각지에 흩어져 있던 농민적 국내시장은 지역적 시장으로 통합되고 마침내 국내시장을 통일하면서 산업혁명이 일어날 수 있는 조건을 조성해갔다.

그러나 이 당시의 농촌공업은 여러 가지 면에서 한계를 지니고 있었다. 즉 자본－임노동관계를 토대로 하는 매뉴팩처가 괄목할 만한 발달을 이룩했다고는 하지만, 그 기술수준이 가내공업과 큰 차이 없는 수공업단계에 머물고 있었기 때문에 소생산자층을 완전히 분해하지 못하여 자본주의 생산을 확립시키지 못했다. 노동자는 물론 매뉴팩처 자본가도 일정 부분 농업생산과 결합되어 반농반공(半農半工)의 형태를 완전히 벗어나지 못했던 것이다. 즉 산업혁명 이전 노동자들은 영세지의 소유나 차용, 공동지의 이용, 도구의 소유 등에 의해 부족한 임금 수입을 보충했다. 매뉴팩처 경영자도 어느 정도의 토지를 소유하거나 농업을 경영했다. 농업과의 결합은 저임금을 유지시키고 공장 경영의 불안정을 보완하는 역할을 하였다. 이러한 한계를 완전히 극복하게 된 것은 18세기 후반의 산업혁명이었다. 기계도입에 의해 생산성이 급격하게 상승하자 비로소 소규모 농업경영이나 수작업(手作業)에 기반을 둔 공업경영이 소멸되고, 노동자는 오로지 임금소득(賃金所得)으로써만 생계를 유지하게 되었던 것이다.

3. 18세기의 농업혁명

1) 의회엔클로저

16세기의 엔클로저, 특히 목양엔클로저는 봉건적 농업체제의 해체와 자본주의의 성립을 가져오게 된 임금노동자층을 대량으로 창출하였다. 그러나 개방경지제는 어느 정도 폐기되었지만, 전근대적 경영방식은 여전히 잔존하였기 때문에 농업에서 자본주의적 생산체제가 완전히 정착한 것은 아니었다. 즉 16, 17

세기의 엔클로저운동에도 불구하고 경지의 태반은 여전히 농경지로 남아 있었고 개방경지제나 공동방목제가 상당 부분 유지되고 있었기 때문에 영리목적의 개인적 농업경영이나 가축의 품종개량이 방해받고 있었다. 그런데 18세기에 들어서 새로운 형태의 엔클로저가 진행되면서 전근대적 농업경영 방식이 완전히 사라지고 영국의 농업구조를 자본주의화하기에 이르렀다. 이 과정 속에 일어난 변혁이 본래의 농업혁명(Agricultural Revolution)이다. 시기적으로 이 농업혁명은 18세기 후반에 시작된 산업혁명(Industrial Revolution)과 병행해서 진행된 것이라고 볼 수 있다. 이러한 의미에서 산업혁명(産業革命)과 농업혁명(農業革命)을 병립혁명(竝立革命: parallel revolution) 혹은 쌍생혁명(雙生革命: twin revolution)이라 부르기도 한다.

소유지를 집중시킨 엔클로저가 18세기에 새로이 나타나게 된 배경은 다음과 같다. 첫째, 곡물 수요가 크게 늘어 식량 증산에 의한 이윤 획득이 가능해졌기 때문이다. 곡물 수요가 대폭 증대한 것은 16세기 후반 이후 상공업의 발달과 직접생산자의 양극분해 등으로 비농업인구가 크게 증대했기 때문이다. 둘째, 18세기 말에 이르러 미국독립전쟁, 영국－스페인전쟁, 프랑스와의 식민지 쟁탈전 등 여러 전쟁이 발발하여 식량 수요가 더욱 증대하였다. 곡물 수요 증가에 의한 곡물 가격의 등귀는 이윤 획득을 위한 농업생산력의 증대를 필요로 했다. 지주와 차지농은 엔클로저를 통해 농업생산성을 높이고 경영을 합리화하고자 하였다.

그런데 이 시기의 곡물생산을 위한 엔클로저는 16세기에 농민반란을 야기한 목양엔클로저와는 다르게 사회적 소요사태를 전혀 일으키지 않았다. 이 곡물생산을 위한 엔클로저에서는 울타리를 치려할 때 지주(대개의 경우는 자본가적 차지농업가)가 그 지역 내의 농경지에 권리를 가지고 있는 농민들의 동의를 얻어 의회에 청원을 냈다. 소토지보유자에 대해서는 동의가 사실상 거의 강제적으로 요구되었지만 사회적 소란이 일어나지는 않았다. 의회는 청원을 법률안 (private bill)으로 상정하여 울타리치기를 강제하였다. 이처럼 의회가 적극적으로 지지했기 때문에 18세기의 엔클로저는 '의회엔클로저'라고도 일컬어진다. 의회가 엔클로저를 적극 지지한 명분은 국민적 이익을 위한다는 것이었는데, 의회는 사실상 지주와 상인이 지배한 것이나 다름없었다.

한편, 농업혁명기에는 개방경지 및 공유지, 황무지 등의 종획(綜劃)도 급속히 진행되었다. 18세기 20년대 말에는 종획 법령 건수가 전국에서 불과 30건 정도였던 것이 그 후 60년까지는 230건으로 늘어났다. 그리하여 19세기 후반에는 개방경지가 잉글랜드에서 거의 완전히 모습을 감추었으며, 전근대적 농업경영 방식이 사라졌기 때문에 농민은 공유지에 대한 권리도 완전히 없어졌다.

엔클로저에 의하여 이 시기까지 잔재하고 있던 소보유지 및 소농경제와 밀접히 결합되고 있던 공유지는 수탈되어 지주 혹은 대차지농업가의 수중에 귀속되었다. 이와는 반대로 경제적 독립을 유지하고 있던 중산농민(中産農民)들이 대거 몰락하게 되었고, 소농들은 무산자화(無産者化)하였다. 첫째, 종래부터 농촌에서 약간의 토지를 보유하면서 임노동자로 고용되던 소농 및 무적농민(無籍農民)은 엔클로저로 인하여 토지나 공유지에 대한 권리를 박탈당하고 완전히 일용노동자(日傭勞動者)가 되었다. 둘째, 독립자영농민인 요오맨의 대다수는 거의 모든 토지를 지주에게 병합당하고 그 대가로서 약간의 돈을 받았다. 그 돈을 자금으로 공업경영에 전신하여 독립경영자가 되거나 나아가서는 공장주가 된 자도 있었으나, 대부분은 일용노동자가 되었다.

이와 같이 18세기의 곡물엔클로저는 비록 이전의 그것과는 실시과정이나 배경에는 커다란 차이가 있었지만, 가장 중요한 생산수단인 토지로부터 자유로운 노동자를 대량으로 창출하였다는 점에서 역시 자본관계를 창출하는 하나의 과정, 즉 본원적 축적을 이룩하는 과정이었다고 하겠다. 이것은 산업혁명을 위한 노동력의 풍부한 공급원천이 만들어지는 것을 의미한다.

한편, 영국에서는 18세기의 엔클로저를 계기로 ① 지주(land lords), ② 지주로부터 차지하여 농업을 경영하는 차지농업가(tenant farmers, capitalist farmers), ③ 농업노동자로 구성되는 '3분할제(three-fold, division of agricultural interest)'의 자본주의적 농업체제가 확립되었다.

2) 농업기술의 발달

18세기의 영국에서는 이러한 농업체제의 근대화를 바탕으로 농업기술의 개량과 발달이 이루어져 농업생산력이 획기적으로 향상되었다. 즉 분산적 토지소유 혹은 다수자의 권리가 병존하는 종래의 공동체제라는 비합리적 요소가 사라짐으로써 농업자본가의 개별경영이 비로소 가능하게 되었던 것이다.

곡물수요 증대와 엔클로저는 그 결과로서 농업기술의 개량을 초래했다. 18세기의 농업기술의 향상은 여러 사람의 노력으로 이루어졌는데, Jethro Tull(1674~1741)은 농업기술을 직접적으로 발전시킨 최초의 농사개량가로 평가된다. 그는 독특한 이론에 따라 농경에는 비료를 사용하는 것보다 심경을 함으로써 토양을 부드럽게 하는 것이 필요하다고 주장하고 마누농법(馬耨農法: horse–hoeing husbundry)이 유리하다는 것을 역설하였다.[34]

그런데 이 시기 농업기술개량의 중심을 이룬 것으로 평가되는 것은 이른바 '노포크식 농법(Norfolk System)'이라고 한다. 노포크식 농법은 기술적으로는 작물의 윤재(輪栽), 순무(蕪菁)·클로바·기타 새로운 목초의 재배, 소의 사육 등을 포함하며, 경영면에서는 장기간 차지에 의한 대규모적인 경영을 토대로 한다. 이 방법에 의하여 곡물도 증산되었을 뿐 아니라 가축의 겨울용 사료가 확보되었기 때문에 식육(食肉)의 생산도 대폭 증대하게 되었다.

이 노포크식 농법의 개발에 가장 큰 공헌을 한 사람이 '순무의 타운센드'라고 일컬어지는 Charles Townshend(1674~1738)이다. 노포크식 농법이 개량됨으로써 동곡, 하곡, 휴한의 순환적 농법인 삼포제도에 대신하여 순무, 보리, 클로바, 밀을 차례로 재배하는 윤재법이 채용되게 되었다. 이 개선농법은 토지생산성의 부족과 사료작물의 부족으로 저생산성을 벗어날 수 없었던 중세적 농법의 한계를 완전히 벗어나는 데 커다란 도움을 주었다.

다음, 이 시기에 가축사료에 관하여 획기적인 공적을 올린 사람으로서 Robert Bakewell(1725~1795)을 들지 않을 수 없다. 다만, 그의 개량농법은 당시의 농촌에 즉각적으로 도입되지 않았다. 그러기 위해서는 그 장점을 일반에게 주지시키기 위한 노력이 필요했던 것이다. Arthur Young(1741~1820)은 이러한 개량농

---

34) J. Tull은 삼포제농법을 지양하여 네덜란드식 연작으로 이행할 것을 주장하고 스스로 개량한 농구를 자기농장에서 직접 사용했다. 또 이를 이론적인 체계를 세워 서술한 '마누농법'을 1731년에 출판했다.

법을 널리 보급시키는 데 노력을 기울인 대표적 인물이다. 그는 영국과 대륙을 두루 여행하고, 각지의 농법을 비교하여 각각의 우수한 점을 상세히 기술한 내용을 후에 체계적으로 정리하였다.

이와 같이 곡물생산을 통해 이윤을 획득하려 했던 농업경영의 합리화와 더불어 진행된 농업기술의 발달은 농업생산성을 크게 향상시켜 거의 동시에 진행된 산업혁명에 크게 도움을 주었다.

제6장

중상주의와
세계시장의 지배

6 중상주의와 세계시장의 지배

유럽의 자본주의 성립사에서 빼놓을 수 없는 것이 대외팽창으로 획득한 세계시장의 역할이다. 유럽은 봉건제 말기부터 등장한 국민국가(nation state)가 실시한 중상주의(重商主義: mercantilism, mercantile system) 정책을 바탕으로 팽창하는 과정에서 역사상 최초로 형성된 세계시장을 장악했다. 15세기 말에 시작된 지리상의 대발견을 계기로 각 대륙에 걸쳐 서유럽 상업자본의 활동 영역을 넓힌 상업혁명(Commercial Revolution)은 서유럽 부르주아에게 막대한 부를 제공했고, 지속적으로 물가가 상승한 가격혁명(Price Revolution)은 소생산자의 양극분해를 촉진하고 민부(民富, commom weal)를 형성하는 데 기여했다. 각 대륙을 포함한 세계시장에 대한 지배는 유럽 봉건경제의 해체와 자본주의 성립에 적지 않은 역할을 담당했다.

제 1 절 대외팽창의 배경

유럽은 15세기 말부터 세계시장을 지배하기 시작했다. 물론 유럽의 세계 지배는 고대 마케도니아의 헬레니즘문명이나 로마에서도 있었다. 그러나 이것은 주로 지중해 연안을 중심으로 아시아와 아프리카의 일부 지역에 한정된 것이었다. 또한 십자군원정은 서부아시아의 일부 지역에 대한 약탈전의 성격을 크게 넘어서지 않았다. 중세 도시를 중심으로 발달한 원격지무역도 지중해와 북유럽 연안을 중심으로 한 상업권에 지나지 않았다. 이에 비해 지리상의 대발견은 무역로를 지중해로부터 전환시킴으로써 유럽·아메리카·아프리카(노예무역 포함)를 포함하는 대서양, 인도 및 부속 도서의 인도양, 말래카해협(Strait of Malacca)을 비롯한 동아시아지역 등을 아우르는 최초의 세계시장을 형성하는 계기로 작용했다.

이렇게 유럽이 세계시장을 장악하게 된 배경은 두 가지이다.

첫째, 국민국가 혹은 민족국가의 등장이다. 중세 후기에는 봉건적 생산체제가 약화되고 자본가적 생산방식이 발달하면서 중앙집권적인 절대주의가 탄생했다. 이 절대주의 국가는 유럽 봉건체제의 정치경제적 분립주의(particularism)의 극복과 민족적 통일을 일차적 과제로 삼고 국가의 모든 권력을 국왕에게 집중했다. 절대주의는 특권적 상공업자와 결탁했기 때문에 이들을 보호하고 지원하는 대내외적 정책을 추진했다. 이 과정에서 네덜란드, 프랑스, 영국 등에서는 이탈리아 상인이나 한자상인이 배제되고 자국의 상인, 즉 국민적 상인이 등장하였으며, 해상무역에서 우위를 차지하기 위하여 동인도회사·이스트랜드회사 등의 무역회사 및 특권매뉴팩처, 암스테르담은행과 같은 금융기관이 설립되었다. 유럽의 국가들은 해상패권을 차지하기 위하여 해군력을 강화하여 경쟁국들과 전쟁도 마다하지 않았고, 식민지지배를 통해서 막대한 부를 약탈해서 집적했다.

국민국가는 시민혁명 이후에도 상공업의 발전을 위해서 식민지를 확장하거나 대외진출을 위한 산업정책을 지속적으로 추구했다. 특히 영국은 단순히 식민지로부터 조세수입을 구한 것이 아니라 상공업자의 요구에 따라 대외정책을 실시하였고, 전쟁 또한 해외에서의 상업패권을 확립하기 위한 통상전의 성격이 강했다.

둘째, 국민국가가 실시한 중상주의이다. 유럽은 지리상의 대발견을 계기로 급속하게 팽창했는데 이것을 추진한 주체는 국민국가이며, 국민국가는 중상주

의를 통해서 해외시장을 장악하고자 했다. 중상주의는 유럽의 주요국들이 절대
주의 시기부터 시작하여 시민혁명을 거쳐 산업혁명을 달성할 때까지 해외시장
경쟁에서 우위를 차지하기 위해 실시한 정책체계이다. 중상주의 사상에 의한
대외팽창 욕구는 지리상의 대발견으로 시작되었다. 지리상의 대발견으로 무역
로가 지중해에서 대서양과 인도양, 극동(동아시아)지역까지 넓어지면서 세계시
장이 형성되었으며, 시장의 세계적 확대가 가져온 상업혁명과 가격혁명은 유럽
봉건경제의 해체와 자본주의 형성에 기폭제로 작용하였다.

　　한편, 중상주의는 해상패권을 둘러싼 다툼으로 확대되는 과정에서 식민지
지배, 특히 아메리카에 대한 지배를 낳았다. 그리고 이 대외적 수탈로부터 오는
엄청난 부(보물, 노예무역, 강제노역, 광산물, 플랜테이션의 농업생산물 등)는 화폐자
산을 공급하고 국내의 생산자본에게 광대한 시장을 제공함으로써 자본주의 이
행기의 불안정한 경제를 보완해주었다. 특히 영국은 시민혁명 이후에 중상주의
를 국가의 산업생산력을 보호하고 발전시키는 방향으로 실시하였다. 즉 중상주
의는 성장기에 있는 자본가적 산업(capitalistic industry)을 위한 자본축적 기능을
수행한 것이다. 물론, 중상주의 자체가 자본주의를 탄생시킨 것은 아니었다. 자
본주의 경제는 봉건적 생산체제 내부의 변혁을 전제로 발전했기 때문이다.

제 2 절　대외팽창과 상업혁명

1. 지리상의 대발견

　　15세기 말의 지리상의 발견은 신항로를 개척하고 신대륙을 발견함으로써
유럽 상업의 판도에 근본적인 변화를 일으켰다. 1487년 Bartholomue Diaz(1450~
1500, 포르투갈)는 희망봉(Cape of Good Hope)을 돌았고, 1492년 Cristopher
Colombus(1451~1506, 제노바)는 서인도제도를 발견했으며, 1498년 Vasco da
Gama(1469~1524, 포르투갈)는 인도양항로를 개척하였다.

　　항로 개척과 신대륙의 발견이 일어나게 된 배경은 대체로 '복음과 명성과

금'(gospel, glory, gold)에 있었다. 첫째의 복음이란 종교적, 사상적으로 기독교로 무장된 유럽 교회가 전도를 통해 유럽 바깥의 이교도까지도 개종시키려고 한 것을 의미한다. 둘째, 명성은 정치적 지배를 확대시키려는 욕구로서 국력의 확대를 위해 근대국가들이 다투어 새로운 영토를 획득하려고 했던 것을 가리킨다. 끝으로 금은 말할 것도 없이 재보(財寶)의 추구를 말하는 것으로 남아메리카의 금, 은과 함께 동양 물자의 획득을 의미하는 것이며 아프리카의 노예무역까지도 포함한다. 동방 물자는 이미 십자군에 의하여 그 일단이 소개되었으나, 유럽인들은 그것을 직접 획득하기를 간절히 열망했다. 이 욕구를 정당화시켜준 것은 이교도를 기독교로 개종시킨다는 종교적 명분이었다.

부에 대한 열망을 성취하기 위하여 탐험을 먼저 시작한 국가는 스페인(Spain)과 포르투갈(Portugal)이었다. 유럽의 금생산량은 역사적으로 대단치 않았으며, 고대 지중해시대의 금도 대부분은 아프리카나 동방에서 강탈한 것에 불과했다. 그런데 중세 초기 이슬람교도의 지배를 받았던 이베리아반도의 유럽인들은 아랍인이 소유하고 있는 금의 대부분이 아프리카 중서부에서 산출되었다는 것을 알게 되었다고 한다. 한편 유럽 전체의 동방무역을 자극한 것은 후추, 박하, 키너(quina), 육계(肉桂), 장뇌(樟腦) 등 주로 향료였다. 향료 거래는 유럽 내에서 믿어지지 않을 정도로 많은 이익을 남겼기 때문에 아랍인을 통해서 유럽으로 수입되는 이들 상품을 직수입하려는 열망을 자극해 지중해를 거치지 않는 동, 서방 항로의 개척을 촉진하였다. 중세 수백 년간 아랍인들에게 국토의 태반을 빼앗기고 게릴라식의 소극적 반항을 하던 스페인과 포르투갈이 국토 회복 이후에 갑자기 강대해진 것도 지리상의 대발견으로 이러한 부에 대한 강렬한 욕망을 충족시킬 수 있었기 때문이다.[1]

---

1) 아랍인의 이베리아반도(Iberian Peninsula)에 대한 지배는 다른 유럽지역에 비해서 이베리아반도에 뛰어난 문화와 번영을 갖다 주었다고 한다. 쌀·사탕수수·누에고치·관개용수로망 등을 전파했을 뿐만 아니라 목양을 개선하여 모직물공업을 발전시켰고, 도시는 유리·모직물·금속공업·제지업으로 번영하였다. 교육제도도 완비되었으며, 자연과학과 철학·문학이 발전하고 그라나다(Granada)의 알함브라궁전(Alhambra Palace)을 비롯한 많은 건축물이 세워졌다. 당시 아랍이나 동방 문명이 유럽을 능가하여 발달했기 때문에 1498년 인도 서남부에 도착했던 Vasco da Gama는 높은 문화수준에 압도되었으며, 그 곳의 토후에게 농간까지 당했다고 한다.

한편, 지리상의 대발견은 국제교역을 통해 유럽과 나머지 지역을 단일한 세계로 형성해 가는 역사의 출발점이기도 하였다. 그러나 유럽의 침략을 받거나 식민지로 전락한 지역은 유럽 부르주아지의 수탈과 착취로 인하여 고유의 문명이 파괴되거나 단절되고 기존의 경제구조가 왜곡되는 현상이 노정되었는데, 이것은 오늘날까지도 식민지로 전락했던 지역의 대중적 빈곤과 사회적 혼란을 초래하는 배경이기도 하다.

2. 상업혁명

신대륙발견과 신항로개척으로 유럽 상업의 영역이 지중해 영역에서 세계적으로 확대된 상업 활동의 변혁을 의미한다. 무역로가 전환되기 이전의 유럽 상업의 영역은 대체로 지중해세계를 중심으로 유럽을 크게 벗어나지 못하고 있었다. 가령 상업의 부활과 십자군원정 이후 동방 지역과 레반트무역(Levathandel)이 있었지만, 주로 귀족 및 부유층들이 수요하는 동방 산물을 아라비아상인의 손을 거쳐서 간접적으로 수입한 것에 지나지 않았다. 당시의 유럽은 이처럼 레반트무역의 좁은 경계 내에서 동양에서 건너오는 각종 재화를 얻었기 때문에 흔히 벽의 틈 사이에서 식물(食物)을 받아먹는 거인에 흔히 비유되기도 한다. 북해나 발트해를 중심으로 한자동맹의 지배하에 놓여 있던 북유럽상업도 역시 중심이 북유럽에 위치하여 유럽 외부와의 교섭은 비교적 적었다. 이러한 유럽 상업의 판도는 상업혁명으로 근본적으로 바뀌었다.

신대륙이 발견되자 곧이어 각국이 경쟁적으로 약탈의 대열에 참여하였다. 기독교로 무장된 잔혹하기 짝이 없는 약탈무역의 주된 대상지역은 남아메리카와 아프리카였다. 스페인의 학살자 H. Cortez(1485~1647)는 마야(Maya)와 톨텍문명(Toltec Culture)의 후신인 멕시코의 아즈텍왕국 아즈테카(Azteca)를 정복하였다.[2] 또 다른 정복자 Pizarro(1475~1541)는 페루고원을 중심으로 태평양연안

---

2) 아즈텍왕국(Aztec Kingdom) 최후의 황제는 Montezuma II세(재위: 1502~1520)였는데, 그는 1519년 아즈텍의 신 케찰코아틀(Quetzalcoatl)의 도래를 믿고 정중하게 Cortez를 맞이하였으나 살해당했다. 아즈텍왕국은 1521년에 멸망하였으며 수도 테노치티틀란(Tenochititlan)의 폐허 위에 멕시코시티(Mexico City)가 건설되었다.

까지 뻗어있던 잉카제국의 멕시코문명을 가차없이 약탈하고 파괴하였다.3) 스페인은 이 제국에 있던 보물을 약탈하고 금광과 은광을 개발하였다. 공식적 자료에 의하더라도 1521~1660년 사이에 스페인이 남아메리카로부터 가져간 은은 1만 8천 톤, 금 2백 톤이었다고 하며, 다른 추계에 의하면 그 양은 두 배에 달한다고 한다.

　스페인은 금은광 외에도 럼주, 당밀, 설탕 생산을 위한 사탕수수 등의 농장 경영을 통해 막대한 수입을 얻었다. 이것을 생산하는 노동은 거의 노예노동이나 다를 바가 없었다. 엄청난 학살과 노예노동에 의한 착취로 남아메리카에서의 인디오(Indio)의 숫자는 격감하였다. 백 년이 채 되기도 전에 멕시코에서는 인디오가 2천 5백만에서 150만 명으로 90%가 감소하였고, 페루에서는 인구의 95%가 감소하였다. 이 공백을 메우기 위해서 서부 아프리카로부터 인간 사냥에 의한 노예가 공급되기 시작하였는데, 이 또한 매우 중요한 부의 축적 수단이 되었다. 즉 아프리카로부터 노예, 상아, 황금을 직수입하려던 열망은 노예무역(奴隷貿易)과 상아무역(象牙貿易)을 중심으로 진행되었던 것이다.4)

　동방 항로에서는 초기에 포르투갈이 우위를 점하였다. 이 동방의 향료 무역에서 아랍 상인들은 인도의 해안도시 및 말래카에서 향료를 수입하여 인도양과 아라비아해를 거쳐 주로 베니스의 상인들에게 중계하고 있었다. 포르투갈은 인도의 토후세력(土侯勢力)을 위협하여 무역상의 특권을 얻고 인도양에서 이슬람세력을 몰아내는 데 전념하여 인도양의 아프리카 동해안 마다가스카르·모잠비크·소코트라·킬루아·소팔라, 인도의 말라카르해안의 코친·칸나노레·안제디바, 인도 중서부 고아, 페르시아만 입구의 요지 호르무즈 등 인도양과 아라비아

---

3) 잉카제국(Inca Empire)의 수도는 쿠스코(Cusco)였는데, Pizarro는 잉카의 황제 Atahuallpa(1502?~1533)를 1532년 생포한 후 살해하고 최후의 황제 Thupaq Amaru(1545~1572)를 세우고 약탈을 감행하였다.
4) 그러나 15세기 후반에서 16세기 중엽까지의 노예무역은 그다지 대량적으로 이루어지지 않았다고 한다. 즉 유럽 상인이 접근했던 아프리카 기니만(Gulf of Guinea)에는 베냉왕국(Benin Kingdom), 콩고강 어귀에는 콩고왕국(Kongo Kingdom) 등 강력한 군주 중심의 정치조직이 건재하고 있었기 때문에, 유럽 상인들은 상관을 짓고 거류지를 정하는 데 왕국의 통제를 받거나 거래에서도 대등한 입장에서 진행되었다. 당시 데려간 흑인 노예들은 죄수 혹은 전쟁 포로이거나 그 자손, 빚을 진 자 등이었다고 한다. 노예무역은 17, 18세기에 되자 대단히 확대된 규모로 진행되었다.

해를 거의 다 제패하였다. 나아가 인도양, 페르시아만, 홍해를 연결시키는 무역의 중계점 말래카를 차지하고 샴과의 통상에 성공하고 중국의 마카오, 일본에 이르기까지 해상판도를 확대하였다.[5]

　　이와 같이하여 일반적으로 유럽이 세계로 뻗어가는 제일보는 '지중해(地中海)에서 대서양(大西洋)으로(from Levant to Atlantic)'의 이동이었다. A. Smith는 이를 두고 "미국 및 동인도항로의 발견 결과, 유럽의 상업도시는 이미 종래와 같이 세계의 극히 소부분을 그 대상으로 하는 제조업자나 중개업자의 도시가 아니었다. 이제 이들 유럽의 도시 주민들은 미국의 부유한 개척민들에게 재화를 공급하는 제조업자가 되었고, 또 아시아·아프리카 등 거의 대부분의 세계국민에 대한 중개업자가 되었으며, 또 제조업자가 되었다. 즉 아시아·아메리카·아프리카 등의 세계가 이들 유럽의 도시산업에 대한 시장으로 개방된 것이다." 라고 말했다. 또한 W. Sombart는 식민지무역의 의의에 대해 "식민지경제의 특수한 의의는 참다운 자본주의의 조건이 성숙하기 이전에 … 기업가에게 이윤을 제공했다는 사실이다."라고 말했다. 이와 같이 세계시장의 갑작스러운 확장, 유통되는 상품의 배가, 아시아의 제생산물과 아프리카의 재보를 지배하려고 했던 상업의 확대는 나름대로 봉건적 한계를 무너뜨리는 데에 공헌했다 하겠다.

3. 가격혁명

　　상업혁명으로 유럽에 막대한 부가 들어오게 되자 물가가 지속적으로 상승하는 현상이 발생했다. 이처럼 페루, 멕시코 등지로부터 대량의 은이 유럽 대륙에 유입되어, 16세기의 20년대 이래 유럽 각국에서 물가가 등귀한 것을 가격혁명(Price Revolution)이라고 한다. 서유럽에서는 16세기 초엽부터 중반까지 아주 미미한 상승을 보이던 밀의 평균 가격이 중엽부터 16세기 말까지 4배로 뛰었

---

5) Vasco da Gama의 인도양항로 개척 이후 포르투갈은 무력으로 향료무역(香料貿易)을 독점하려고 했다. 포르투갈은 1505년 Almeida(1525~1583)를 인도의 초대 부왕(副王)으로 임명하였다. 그러나 동방무역에서 포르투갈로 하여금 패권을 장악하도록 하는 데 크게 기여한 인물은 Albuquerque(1453~1515)라는 인물이었다. 그는 동남아시아, 인도, 홍해를 연결하는 향료무역로를 완전히 확보하였다.

다. 스페인에서는 16세기 초엽부터 17세기 초엽에 물가가 3배나 뛰어 올랐으며,
이탈리아에서는 밀의 가격이 1520년에서 1599년 사이에 3.3배 뛰었고, 영국에
서는 2.6배, 프랑스에서는 2.2배 올랐다. 귀금속의 유입이 줄어들면서 귀금속의
물가에 대한 영향은 점차 감소되었다. 화폐임금의 상승은 상대적으로 속도가
느렸지만, 그 실질가치는 16세기 동안에 50% 정도 하락한 것으로 추산된다. 이
때문에 당시에는 대중의 불만이 심화되었고 빈민들의 소요 사태가 빈발하였
다.[6] 물가인상률은 각국의 사정에 따라서 달랐으나 대체로 16세기 후반부터 17
세기에 걸친 일세기 간에 약 3배 내지 5배의 등귀율을 나타냈다([표 6-1] 참조).

[표 6-1] 신대륙에서 스페인에 유입된 금·은의 양

| 기 간 | 중량(kg) | | 가액(천마르크) | | | | 합계 |
| | 금 | 은 | 금 | 은 | 백분비 | | |
					금	은	
1493~1520	800	–	2,232	–	100.0	–	2,232
1521~1544	2,910	30,700	8,119	5,526	59.6	40.4	13,645
1545~1560	5,460	246,200	15,233	44,316	25.5	74.5	59,549
1561~1580	3,790	248,000	10,574	44,640	19.2	80.8	55,214
1581~1600	4,330	374,600	12,080	67,428	15.2	84.8	79,508

이러한 현상에 대해서 J. Bodin(1530~1596)은 가격상승의 "중요하고 실질
적인 유일한 원인은 지난 4세기간보다도 오늘날 더욱 더 많아진 금과 은의 풍
요이다. … 물가상승의 기본원인은 항상 그것으로써 상품의 가격이 측정되는
것의 과다함이다."라고 정확하게 지적하였다.

물가가 상승한 것은 포르투갈과 스페인에 유입된 귀금속이 서유럽국가들에

---

6) 화폐와 물가의 이러한 혼란에 대하여 통치자들은 칙령을 반포했다. 프랑스에서는 노동자들
의 동맹이 빌레·코테레칙령(edit of Viller-Cotterêts, 1539)에 의해 금지되었고, 임금 및 물
가가 1554년, 1567년, 1577년의 칙령에 의해 동결되었다. 영국에서는 15세기 말 구빈법이
발포되고 강제노역장이 창설되었으며, 가격규제 및 임금규제를 위한 제도가 만들어지고
1560년 이후 임금은 매년 부활절(復活節)에 주(州)판사에 의해 재검토되었지만, 그다지 효
과가 없었다. Gresham(1519~1579)은 16세기 이후 나타난 물가인상을 검토하여 1588년의
『교환의 쇠퇴에 관한 정보(Information touching the Fall of Exchange)』에서 악화(惡貨)는
양화(良貨)를 구축한다는 법칙을 내놓았다.

게 빠져나갔기 때문이다. 스페인은 금과 은의 유출을 막기 위해 16세기 초부터 유출자를 사형에 처하였지만 그다지 효과가 없었다. 스페인 국왕 자신이 식민지에서 수탈한 재보로서 해외부채를 탕감하거나[7] 전쟁비용에 조달하였다.

스페인의 화폐자산이 빠져나간 보다 주된 이유는 생산력의 차이에 있었다. 즉 부를 축적한 모험가와 귀족 및 상인들은 이탈리아, 프랑스, 네덜란드, 영국 시장으로부터 모직물을 비롯한 많은 물품을 도입하였던 것이다. 스페인은 자국산 제품으로써 국내 수요를 충당하려는 움직임을 보였지만, 16세기 중반부터 영국은 값싼 모직물을 수출하여 은의 배당에 본격적으로 참여하였다.

이러한 교역은 밀무역의 형태로 진행되어 스페인의 은 유출을 계속해서 유출했다. 뿐만 아니라 영국은 해적질(privateering)로써 스페인의 은선대(銀船隊)를 공격하여 약탈했다. 가령, 영국의 Elizabeth여왕 치하의 해군제독과 해군은 특별한 임무가 있을 때를 제외하고는 끊임없이 스페인의 은선대를 약탈하였는데, Drake(1540~1596), Hawkins(1532~1595), Frobisher(1535~1594) 등의 유명한 제독들은 사실상의 모험적 해적기업을 설립하였고 여왕은 여기에 출자까지 하였다. 스페인과 영국의 경제적 대립이 격화되었기 때문에 영국은 1588년의 해전에서 스페인의 무적함대(The Invincible Armada)를 격침시켰다.[8] 이리하여 제해권(制海權)이 점차 영국과 네덜란드로 옮겨지면서 영국측의 공세는 더욱 격렬해지게 되었다. 17세기 중엽이 되자 스페인의 항구 세비야(Sevilla)와 카디스(Cadiz)

---

7) 국왕은 부채를 줄이기 위해 1557년 부채의 이자 3분의 2를 삭감하는 것을 내용으로 하는 칙령을 선포하였다.

8) 스페인은 FelipeⅡ세(1527~1598) 때에 그 전성기를 맞이하였다. 스페인 역사상 황금의 세기는 1550년 경에서 1680년 경이었다. 1571년 터키의 함대를 전멸시킨 레판토해전(Battle of Lepanto)은 스페인의 무역이 그 절정에 올랐음을 보여준 사건이었다. 그러나 스페인의 무적함대는 1588년 도버해협에서 영국의 함대에게 대패하였다. 이 해전의 직접적인 원인은 스페인의 영토였던 네덜란드가 1560년부터 독립운동을 전개하여 1581년 네덜란드연방공화국을 수립하였는데, 영국이 네덜란드의 독립운동을 지원하였기 때문이다. FelipeⅡ세의 항의를 영국의 Elizabeth여왕은 무시하였으므로, 스페인은 영국 본토를 공격하기 위하여 전함(戰艦) 127척, 승무원 8천 명의 함대를 준비하고 육군 병력 약 5만 명을 태워 진출하였지만 4천여 명의 전사자를 낸 채 패배하였다. 이 해전을 승리로 이끈 영국의 해군제독은 해적 출신인 Drake였다. 그 뒤로도 양국은 해전을 더 몇 차례 계속하였고, 대서양의 해상권은 여전히 스페인이 장악하였다. 그러나 구교국 스페인의 위신은 결정적인 타격을 입었으며, 유럽 각국은 카톨릭과 프로테스탄트를 선택할 수 있는 자유를 확보하였다. 이런 의미에서 무적함대의 패배는 유럽 절대주의 국가들의 성장을 촉진시킨 하나의 요인이었다.

는 그들의 밀무역 지대가 되었고, 세비야는 급속하게 쇠퇴했다. 세비야의 교역량은 1600~1604년 사이에 55척의 선박과 2만 톤으로부터 1701~1710년 사이에는 8척의 선박과 2천 5백 톤으로 급감했다. 라틴아메리카에서 수탈한 금과 은은 1590년부터 눈에 띄게 감소하기 시작하여 1650년에는 절반으로 감소하였다. 17세기 중엽 스페인의 서인도 상선대(商船隊)의 6분의 5가 외국 상인의 밀무역품이었다고 한다. 영국의 Cromwell은 자마이카섬(Jamaica)을 거점으로 자주 스페인의 식민지를 황폐화시켰다.

이와 같이 상업혁명시대에 스페인이 획득했던 화폐자산과 부는 영국을 비롯한 네덜란드와 프랑스로 유입되었다. 따라서 Elizabeth여왕 치하의 국가재정은 현저하게 개선되었고, 레반트회사와 같은 회사는 그러한 자금으로 설립되었는데 이 회사는 동인도회사의 창설 기반을 갖추어 갔다. 보다 중요한 것은 이러한 화폐자산이 구매력으로 방출되어 특히 농촌지역에 거주하는 중소생산자들의 수중에 민부를 축적시키고 이들의 양극분해를 도왔다는 점이다.

가격혁명이 각 계층의 상대 소득 또는 재산에 끼친 영향은 다음과 같이 요약된다.

첫째, 가장 불리한 입장에 놓인 계층은 지대 및 기타 정액소득을 취득하던 귀족, 지주들이었다. 따라서 쇠퇴한 구지주층에 대신해서 신흥상공계층이 새로운 지주로서 등장한 것이 이 시기의 특징의 하나라고 하겠다.

둘째, 물가의 상승에 대한 실질임금의 저하에 의하여 노동자계층의 직접생산자(소생산자)들이 여러 가지 불리한 영향을 받았다.

셋째, 그와 반대로 고용주가 상인이 유리한 입장에 서게 되었다. 기업은 노동자의 실질임금의 저하에 기인하는 높은 이윤, Keynes가 말하는 이른바 '이윤 인플레이션'에 의하여 자본축적을 추진해 갈 수가 있었다.

이렇게 볼 때 상업혁명은 서유럽의 자산가에게 화폐자산을 집적시키고, 직접생산자의 양극분해를 촉진했다는 면에서 이른바 '자본의 본원적 축적' 과정의 하나였다고 할 수 있겠다.

제 3 절	팽창의 결정 요인

유럽의 대외진출을 맨 먼저 선도한 나라는 신항로를 개척한 포르투갈과 스페인이었지만, 해상의 주도권은 곧이어 네덜란드로 넘어갔다. 네덜란드의 중상주의를 뒷받침한 것은 동인도회사(東印度會社, East India Company), 암스테르담은행, 상선단이었다. 동인도회사는 인도에 지상군(地上軍)을 두고 해상봉쇄를 실시하여 영국, 포르투갈, 프랑스와 인도 간의 무역을 금지하여 독점적 이익을 누렸다. 암스테르담은행은 1609년에 설립되었는데 외환독점권(外換獨占權)을 가지고, 여수신업무를 담당하면서 외국무역상들을 끌어들여 무역결제로 막대한 수익을 챙겼다. 1614년에 상선단에 고용된 선원의 숫자가 스페인, 프랑스, 영국, 스코틀랜드의 선단을 모두 합친 것보다 많을 정도로 눈부시게 발전했다.

네덜란드는 대외적으로 팽창하는 가운데 포르투갈을 대신하여 1619년부터 1663년까지 극동항로(極東航路)를 장악하였고, 양모업, 아마업, 귀금속세공, 염색업과 영국산 직물의 마무리 등에서 가공산업이 발달하였다. 그러나 네덜란드는 영국이 발흥하고 프랑스의 보호주의가 대두함에 따라 영국의 항해조례와 세 차례에 걸친 영국과의 전쟁, 프랑스와의 전쟁(1672), 스페인계승전쟁(1702~1704) 등으로 크게 타격을 입었다. 네덜란드가 영국의 대외정책에 의하여 쇠퇴하게 된 주된 원인은 영국산 모직물을 수입하여 가공하는 중계무역이 발달하여 영국보다 산업기반이 취약했기 때문이다.

절대주의와 중상주의가 가장 잘 결합된 형태로 나타난 국가는 프랑스이다. Louis XIII세 시대에 왕실 재정을 담당한 추기경 Richelieu(재직: 1624~1642)는 재상으로 있으면서 절대주의적 경제정책을 실시하였다. 그는 특권을 가진 왕립 및 국립매뉴팩처와 무역회사를 설립하는 데 주력하였고, 해외에 무역 기지를 건설하고 보호관세, 외국 선박에 대한 세금 부과 등을 실시하였다.

그러나 프랑스에서 절대주의의 극성기는 태양왕(Sun king) Louis XIV세 시대로서 특히 1663~1685년 사이에 중상주의가 강력하게 추진되었다. 재상 Colbert (1619~1683)는 꼴베르티즘(Colbertism)이라고 불릴 정도로 국가의 철저한 통제하에 중상주의를 실시하였다. 그는 외국선박에 대한 관세 부과, 보호관세, 생산과 무역을 위한 조사 및 계획, 기계 도입 및 외국 기술자 초빙 등 다양한 정책을 도입하였다. 또한 Colbert는 무려 4백 개 이상의 국립 및 왕립매뉴팩처를 설립하였다. 그러나 여기서 생산되는 것들은 모직물, 마직물 등의 일반 소비용품도 있었으나 대부분의 재화는 군수품과 수출품 그리고 사치품에 집중되었다. 특히 이들 매뉴팩처에 고용되는 노동력은 자유로운 노동자가 아니라 권력에 의해 철저하게 통제를 받는 존재였다.

18세기에 들어와 프랑스에서는 Louis XV세 때 추기경 Fleury(플레뤼, 1653~1743)가 일시적으로 자유주의적 정책(1726~1743년)을 추진했지만 산업에 엄격한 통제를 가하는 절대주의 기조를 유지했으므로 중세부과로 농민들과 중소생산자들의 불만이 누적되었다. 중농주의(重農主義)학파의 Turgot(튀르고, 1727~1781)가 위기를 수습하기 위해 개혁정책을 실시하려고 노력하였지만 1776년에 실각하였다. 이같이 부르봉 왕정 말기에는 국가의 엄격한 통제 아래 특권매뉴팩처와 무역회사의 설립 등 중상주의 정책이 실시되었지만 영국과의 산업적 격차는 줄어들지 않고 오히려 계몽주의사상이 부르주아지와 지식인 사이에 널리 확산되고 있었다.

초기의 중상주의 정책을 개방적으로 실시하면서 효과적으로 세계시장을 장악해 간 국가는 영국이었다. 영국은 1588년 스페인의 무적함대를 격파한 이후, 17세기가 되면서 본격적으로 해외시장에 진출했는데 특히 무역기지의 확보와 식민지 확장에 몰두하였다. 이 시기에 영국의 동인도회사는 대외확장에 크게 기여하였다. 동인도회사는 Elizabeth여왕으로부터 특허장(特許狀)을 받아 설립되었는데, 1615년에는 인도와 인도양의 섬, 인도네시아, 일본 등에 20여 개에 달하는 무역기지를 확보했고, 1628년에는 페르시아(Persia), 1628년에는 봄베이(Bombay−Mumbai의 옛 지명)에 진출하였다. 영국은 1629년 북아메리카의 퀘벡(Quebec), 1655년 자마이카를 차지하였고, 1663년에는 1626년 네덜란드가 세운 뉴암스테르담(New Amsterdam)을 구입하여 이듬 해 뉴욕(New York)으로 개칭하였다. 1620년 메이플라워호(The Mayflower)가 도착한 이후에는 북아메리카에 식민지를 구축하였다. 이리하여 1610년부터 1640년 사이에 영국의 무역은 무려

10배 증가하였다.

　17세기 중엽에는 항해조례(航海條例: Navigation Act)를 발포함으로써 선진국인 네덜란드를 제치고 영국을 유럽의 중심적 산업 및 상업국으로 성장할 수 있는 전환점을 마련했다. Cromwell이 1651년에 발포한 항해조례는 유럽의 수출품은 오직 영국 선박이나 그 상품의 원산국가의 선박만으로 운송될 수 있으며, 아프리카·아시아·아메리카의 생산물은 오직 영국 및 그 식민지의 선박으로만 수입될 수 있도록 하였다.9) 1660년의 항해조례는 더욱 강화되어 선장과 승무원의 3분의 2가 반드시 영국인이 되도록 규정하였다. 항해조례는 1849년 폐지될 때까지 효력을 계속 유지했는데, 이는 정부의 대외정책이 무역상인의 이익을 우선적으로 고려했기 때문이다. 특히 청교도혁명 이후에는 국가의 정책이 영국 무역 전체의 이익이란 입장에서 실시되게 되었다. 청교도혁명 이후의 영국 정부와 무역은 사실상 상인들에 의해서 지배되는 것이나 다름없었다.10)

　항해조례는 기본적으로 담배·설탕·솜·물감 등의 식민지 상품을 독점하고 식민지를 본국 상품의 시장으로 만들며, 식민지 확장을 도모하고자 한 것으로서 이러한 내용은 이후 영국의 외교정책 및 무역정책의 기본노선이 되었다. 항해조례가 영국 경제사상 하나의 전환점으로 인정되는 것은 이러한 이유 때문이다. 항해조례는 겉으로는 무역상인의 이해를 대표했지만, 국내 상공업자의 이해와 밀접한 관계를 맺고 있었다. 반면에, 네덜란드는 중계무역이 발전의 기반이었기 때문에 항해조례로 인해 큰 타격을 입었다.

　영국은 18세기에 들어서는 스페인계승전쟁을 필두로 특히 프랑스와 통상전

9) 1648년 12월 독립파는 무력으로 장로파 의원 140명을 추방 또는 체포하여 의회를 독점하고 1649년 1월 30일에는 Charles I세를 처형하였다. 독립파는 급진적 개혁파인 평등파와 아일랜드 정복문제를 둘러싸고 대립하였는데, 크롬웰은 독립파의 독제체제를 비난하는 평등파의 지도자 John Lilburne을 비롯한 반란의 주동자들을 총살형에 처한 후, 아일랜드(Ireland)를 원정하였다. 독립파의 영국은 더블린(Dublin)과 북쪽의 드로이다(Drogheda), 남쪽의 웩스퍼드(Wexford) 등을 유린하고 무차별 학살을 감행했다, 아일랜드인들은 Cromwell을 좋아하지 않는다. Cromwell이 다시 스코틀랜드에 원정한 사이 독립파의 '잔부회의(殘部會議)'와 상인들이 결탁하여 '항해조례'를 심의하다가 네덜란드의 전쟁을 초래하였다.
10) 사실 1651년 제1차 항해조례 이후 네덜란드와의 제1차 전쟁(1652~1654)은 Cromwell의 반대를 무릅쓰고 무역상인들이 일으킨 것이다. 1654년에 시작된 스페인과의 전쟁은 상인들이 반대했기 때문에 실패하고 말았다. 영국은 그 이후 네덜란드와 제2차(1665~1667) 및 제3차 전쟁(1672~1674)을 치렀다.

(通商戰)을 치열하게 전개하였는데, 스페인령 신대륙과 막대한 금을 생산하는 포르투갈령 브라질에서의 상업패권을 확보하고, 서인도·아메리카대륙·인도 등지의 여러 곳에 무역기지와 식민지를 확장해 갔다. 그 결과 영국의 런던은 18세기 후반에 암스테르담(Amsterdam)을 능가하여 세계 금융의 중심지로 부상하였다. 중상주의 초기에 먼저 세계로 진출한 나라는 포르투갈과 스페인이었고, 뒤를 이어 네덜란드가 번영을 구가했지만, 프랑스의 추격을 뿌리치고 무역전쟁에서 최종적으로 승리한 나라는 영국이었다. 이와 같이 볼 때 영국이 세계시장을 장악한 근원적인 힘은 농촌지대의 공업발전을 토대로 한 높은 생산성에 있었다고 하겠다.

제 4 절　중상주의정책의 기조

중상주의는 대체로 15세기 중엽부터 18세기 중엽까지 거의 3백 년간에 걸쳐 해외시장을 장악하기 위해 유럽의 각국이 실시한 정책체계이다. 중상주의는 이해를 달리하는 수많은 학자 및 사상가에 의해 언급되었기 때문에 그 내용이 극히 복잡다기하여 통일적으로 이해하기가 쉽지 않다. 그 정책을 개괄적으로 살펴보더라도 국민경제의 통일화의 정책, 화폐정책으로서의 중금주의정책(重金主義政策), 무역정책, 산업보호정책, 식민정책 등 다양할 뿐 아니라 구빈법에서 볼 수 있는 노동정책까지도 그 속에 포함되어 있다. 여기서는 중상주의정책의 복잡한 국면을 사상하고 중상주의의 기본적인 내용을 보여주는 화폐정책의 성격변화에 대해서 살펴보기로 한다.

1. 전기중상주의

먼저 중상주의가 정책면에서 가장 특징적인 것은 화폐에 관한 정책이다. 화폐에 관한 정책은 중상주의에 일관된 정책의 중심이며 때로는 화폐의 획득 및 보유정책 그 자체가 중상주의로 잘못 이해될 만큼 중상주의 정책의 골격을 이루고 있다. 중상주의자들의 저작물에서 일관되는 공통의 논지는 화폐 그 자체가 바로 부와 동일하지는 않다 하더라도 국민적 부의 본질적인 요소라는 점이었다.[11] Colbert는 "국가의 위대함과 세력을 뛰어나게 하는 것은 그 나라에 화폐를 풍부하게 하는 데 달려있다"고 하였으며, 위대한 탐험가 Columbus조차 "금은 굉장한 물건이다. … 금을 가지고 있으면 영혼(靈魂)을 천국에 들어가게 할 수도 있다."고 하였다. 화폐 자체의 중요성에 대한 인식이 상당히 엷어진 Thomas Mun(1571~1641)과 같은 후기중상주의자도 정책의 목표를 국가의 재보(財寶)를 증대시키는 것에 두고 화폐에 대해서 경의를 표했다.

　이같이 중상주의 사상이 화폐를 부와 동일시하고 이 부를 국력을 결정짓는 요소로 본 이유가 무엇일까? 중상주의자들이 부를 이렇게 인식했다는 것은 금, 은 등의 보화를 스스로 가치를 증식하는 자본으로 보았다는 것을 뜻한다. 이것은 오늘날의 경제학적 관점에서 보면 올바른 인식이 아니다. 오늘날 우리가 흔히 대중적으로 화폐를 자본으로 혼용하는 경우가 있지만 경제학적 의미의 자본이란 가치를 스스로 증식하는 산업자본(産業資本)을 가리킨다. 즉 산업자본은 근대자본주의의 성장과 더불어 나타난 것으로서 생산과정(生産過程)에 개입하여 잉여가치(剩餘價値)를 추출하는 것을 가리키는 것이다. 따라서 화폐는 단지 자본순환 형태 중의 하나가 될 수는 있어도 자본 자체가 될 수는 없다.

　중상주의시대에는 화폐를 국력의 원천으로 생각하거나 사실상의 자본으로 생각할 만한 이유가 있었다. 왜냐하면, 당시에는 상품화폐경제가 일반화되지 않아서 지역 간 가격차가 격심하였고, 따라서 상품을 저가(低價)에 매입하여 비싼 가격으로 판매함으로써 그 차익을 얻는 것이 당시로서는 자연스러운 일이었기 때문이다. 그러므로 화폐 스스로 이익이나 잉여를 가져온다고 생각되었기 때문에 화폐는 국력이요 자본이라고 여겼을 것이다. 더욱이 국가의 입장에서 국방 및 관료제도를 유지하는 데 화폐는 필수적이었으며, 가장 중요한 재정 원천인 농민들의 조세부담에도 필요했다. 이러한 필요성은 중상주의자들의 독특한 사회관 때문에 더욱 강렬한 화폐취득 욕구로 연결되었다. 즉 그들은 부는 곧 보화(寶貨)이고 세계에 존재하는 보화의 총량이 일정하므로 다른 나라가 개개의 거

11) M. Dobb, *Studies in the Development of Capitalism*(광민사, 1980), p.227.

래에서 이득을 얻기에 앞서 유한한 부를 먼저 획득하는 길이 최선의 방책이라고 생각했던 것이다. 이리하여 초기 중상주의시대에는 거의 무조건적으로 금·은과 같은 화폐자산의 확보에 주력하게 되었고, 따라서 해상패권을 차지하기 위한 전쟁은 가열될 수밖에 없었다. 그러나 화폐에 대한 이러한 인식은 경제가 발전함에 따라 서서히 변화해 가게 된다.

화폐에 대한 인식 및 정책의 변화는 영국의 정책추이에서 가장 현저하게 나타나는데, 그것은 두 개의 시기 내지 단계로 구분될 수 있다.

첫째는 화폐, 지금(bullion) 및 은의 보유 그 자체가 정책의 기조가 되어 일체의 정책이 그것에 의하여 규정된 시기, 즉 중금주의(bullionism)의 시기이다. 중금주의의 배경은 다음과 같다. 일반적으로 국가통일, 국력증진이라고 하는 사명을 가진 근대국가 내지 군주가 이러한 목표를 달성하기 위해서는 군대와 유급관료군이라는 이대 지주를 필요로 했고, 여기에는 무엇보다도 막대한 자금이 소요되었다. 그래서 화폐는 부와 동일시되어 흔히 '전쟁의 신경(nervibellorum)' 이라든가 '국력의 지주(pillar of national power)'라고 불리기도 했다.

따라서 화폐 보유를 위한 직접적인 정책이 여러 가지 형태로서 수립된 것은 당연한 일이었으며, 이 원칙은 이미 국내에 존재하는 화폐는 물론 일단 유입된 금 및 은을 일체 국외로 유출되지 않도록 수출을 금지했다. 따라서 무역정책에 있어서도 개개의 거래가 거래차액(balance of bargain)으로서의 화폐를 획득할 수 있는 정책, 즉 수출액보다 많은 액의 수입은 인정하지 않는 극히 소극적 정책이 채용되었다. 여기에는 국제무역을 정태적인 것으로 생각하고 일국의 이득은 곧 타국의 손실이라고 생각하는 무역관이 깃들어 있다. 이와 같은 화폐보유의 원칙이 그 당시의 경제사상을 지배하고 있었기 때문에 무역은 바터(barter)라고 생각되었으며, 따라서 거래의 차액을 확대시키는 데 모든 노력을 기울였다. 이러한 인식에서 스페인은 화폐자산을 유출하는 자를 사형으로 다스렸으며, 프랑스에서는 1506년부터 여러 차례에 걸쳐 정금(正金: coined money)의 수출이 금지된 바 있었고, 영국에서도 1546년과 1576년에 화폐거래 및 환어음까지도 정부기관의 통제하에 두려고 한 적이 있었다.

2. 후기중상주의

두번째 단계는 유리한 무역차액에 의하여 화폐획득의 가능성을 크게 하려고 하는 무역차액론(theory of the balance of trade)이 지배했던 시기, 즉 협의의 중상주의시기이다. 의회는 16세기 중엽 이후 해외시장이 크게 확대되고 특히 시민혁명 이후 영국의 산업이 순조롭게 성장하게 되자 이 고유한 의미의 중상주의정책을 적극적으로 추진했다. 영국에서 이러한 변화가 나타난 것은 자유상인에 의해 외국무역이 발전하게 되자 보다 적극적으로 무역정책을 수립할 필요성이 제기되었기 때문이다.

무역차액 정책과 관련하여 중요한 지위를 점했던 것이 동인도회사[12]였다. 후기중상주의 주장의 핵심은 화폐는 무역에 의하여 획득되는 것이나, 그 무역은 먼저 자본으로서의 화폐 투하에 의하여 확대되지 않으면 안된다는 것이다. Thomas Mun은 이를 두고 "Money begets trade, and trade increases money." 라고 표현했다. 그는 정부는 재정상의 필요에서 화폐사용을 통제하거나 혹은 그 수출을 금지할 것이 아니라 상인의 자유로운 사용에 맡기는 화폐정책을 수행할 것을 강조하였다. 그의 이러한 주장은 '동인도무역논쟁'의 과정에서 정리된 것인데, 직접적으로는 영국의 화폐를 해외에 유출시킨다고 비난을 받고 있던 동인도회사를 변호하기 위한 것이었다. 이 문제에 관하여 Thomas Mun은 무역상의 목적 때문에 화폐를 수출하는 것은 국민의 부를 잃는 것이 아니라 오히려 그것을 증대하기 위한 전제이며, 국부의 증대는 화폐의 유입에 의해서가 아니라 무역차액에 의해서만 가능하다고 주장했다.

이와 같이 후기중상주의는 화폐가 곧 부라는 전통적인 견해를 수긍하면서도 보화 그 자체의 중요성에 대해서는 훨씬 적은 비중을 두었다. 후기중상주의자들은 국부의 원천이 단순히 화폐에 있는 것이 아니라 생산에 있다는 것을 점차 인식하게 된 것이다. 이것은 후기중상주의가 자본의 개념을 어렴풋이나마

---

12) 동인도의 무역을 독점한 식민기업으로서 서유럽 식민제국의 경제적·정치적 활동기관이기도 하다. 그것은 상업자본의 집중형태인데, 산업자본이 확립됨에 따라 존재이유를 상실하였다. 포르투갈·프랑스·네덜란드·영국 등에 의하여 설립되었으나, 그 중 중요한 의미를 갖는 것은 영국과 네덜란드의 동인도회사였다.

간파했다는 것을 뜻한다. 그 결과 중상주의는 국내 산업에 대한 보호주의적 조치를 취하게 되었다. 그것은 처음에는 재화 공급의 제한을 요구하는 생산자 입장의 반영으로서 수입제한을 수반하는 소극적인 보호정책으로 되어 나타났다. 그러나 점차 수입제한에만 그치지 않고 무역의 확대와 함께 수출을 적극적으로 촉진하는 생산력강화를 위한 정책으로 발전하였다. 이러한 변화와 함께 드디어 후기중상주의자 중에는 초보적이나마 J. Locke(1632~1704)와 같이 가치의 원천을 노동에서 구하는 사람도 나타나고 있었다.

자본주의 경제의 확립

7 자본주의 경제의 확립

　　18세기 후반에 영국에서 산업혁명이 일어나 세계 최초로 산업국가가 탄생했다. 영국의 산업화가 달성되자 19세기에는 유럽 대륙에서 프랑스, 독일 등의 주요 국가가 산업혁명에 들어가고, 유럽 바깥에서는 미국이 최초의 공업국가로 등장했다. 19세기 말에는 비서구국가 중 일본이 가장 먼저 산업혁명을 수행하여 강대국으로 부상했다. 산업혁명이 달성됨에 따라 노동운동도 본격적으로 전개되기 시작했으며 경제이론 및 사상도 변화되었다. 이 장에서는 각국의 산업혁명이 전개되게 된 배경과 진행과정의 특징 및 결과를 살펴보기로 한다.[1]

---

1) 18세기 후기에서부터 19세기 전기의 영국에서는 급속도의 기술진보와 경제발전에 의하여 근대산업주의가 탄생하게 되는데, 이 기간의 급격한 기술 및 경제발전을 '산업혁명(Industrial Revolution)'이라고 부른다. 이 산업혁명이라는 용어는 1884년 Arnold Toynbee(1852~1883)의 유명한 저서 『18세기의 산업혁명에 관한 강의』(*Lectures on the Industrial Revolution of Eighteenth Century*)가 출판된 것이 계기가 되어 널리 보급되었다. Arnold Toynbee는 현대 영국이 낳은 세계적 역사학자인 Arnold Joseph Toynbee(1889~1975)의 아저씨로서 경제학자인 동시에 사회경제사가이다. 그는 1881년 10월부터 1882년 5월까지 옥스포드대학교(University of Oxford)의 The Honour History School에서 1760년부터 1840년에 이르는 시기의 영국경제사에 대해 연속강의를 하였다. 이것이 1884년 5월에 출판된 유명한 *Lectures on the Industrial Revolution of the Eighteenth Century in England. Popular Addresses, Notes, and other Fragments*이다.

| 제1절 | 영국의 산업혁명 |

1. 선행 조건

영국에서 18세기에 산업혁명이 일어나게 된 것은 사회적 분업이 진전되어 자본-임노동관계가 확산되고 대외적으로 해외시장이 빠른 속도로 팽창을 거듭했기 때문이다. 이 두 가지 선행조건이 산업혁명의 발흥에 어떻게 영향을 미쳤는지 알아보자.

1) 사회적 분업의 진전

영국에서 세계 최초로 자본주의가 확립된 것은 봉건경제가 가장 먼저 해체되면서 자본주의적 생산관계가 생성되었기 때문이다. 14세기 말의 지대금납화 이후 영국에서는 부농층이 성장하기 시작하여 절대왕정기인 16세기에는 이미 전체 농민의 절반 이상을 차지했다. 그리고 부농 계급의 형성을 바탕으로 소토지시장(small land market)에서 보유지 규모의 차이를 초래하는 농민층의 양극분해가 진행되어 지주-차지농업가-농업임노동자의 자본주의적 3분할제가 진행되었다. 농민 경영 내부에 포섭되어 있던 수공업도 독립된 부문으로 성장하면서 모직물 공업을 중심으로 가내수공업자층을 형성했다. 또한 도시를 거점으로 발달했던 수공업길드의 독점화에 대응하여 직인과 소장인층(small master)이 농촌으로 이주함으로써 부농경영과 결합하여 농촌공업지대를 형성했다. 농촌공업에서는 가내수공업도 매뉴팩처 경영자와 임금노동자층으로 양극분해되었다. 이와 같이 소상품생산은 양극분해를 통해서 자급자족 경제를 상품화폐경제로 전환시킴으로써 국내시장을 확장해 갔다. 한편, 농민적 국내시장의 발달에 대해 도시의 상공업자들은 절대왕정과 결탁하여 특허무역회사를 설립하고 농촌공업과 소장인층을 선대제적 방식으로 포섭하고자 했다. 절대왕정은 독점특허권을 남발하고 각종 세금을 부과함으로써 농촌을 기반으로 발전하던 중소상공업자의 불만을 가중시켰다.

중세적 경제질서는 1640년부터 시작된 시민혁명을 계기로 결정적으로 붕괴
되었다. 시민혁명으로 봉건적 토지소유와 길드적 독점이 완전히 부정됨으로써
자본주의적 생산관계의 발전을 방해하는 규제가 사라지게 된 것이다. 농업에서
는 혁명 이전에도 이미 봉건적 토지소유가 상당히 해체되고 있었을 뿐만 아니
라 시민혁명에서 몰수된 왕당파의 토지가 빈농과 빈민에게 분배되지 않았기 때
문에 3분할제에 기초한 자본가적 대농경영이 발전할 수 있는 길이 열렸다.

공업 분야에서는 길드독점이 폐지되었기 때문에 국내시장에서는 기본적으
로 경쟁을 원칙으로 하는 산업발전이 이루어졌다. 즉 농촌시장을 배경으로 성
장한 매뉴팩처 경영은 시민혁명 이후의 산업발전을 이끌면서 국내시장을 통일
시켜갔던 것이다. 특히 시민혁명 이후 선진국이던 네덜란드를 제압하게 되자
가장 중요한 수출산업이던 농촌의 모직물공업이 방모(紡毛) 생산에서 고급직물
을 생산하는 소모공업(梳毛工業)으로 바뀌었고, 소생자 간의 자유경쟁 원칙이 작
용하면서 농촌공업지대는 빠른 속도로 도시화했다.

[표 7-1] 도시인구의 증가 (단위: 名)

도시명	1685년	1760년	1881년
Liverpool	4,000	30,000~40,000	552,425
Manchester	6,000	30,000~45,000	393,676
Birmingham	4,000	28,000~30,000	400,757
Leeds	7,000	—	309,126
Sheffield	4,000	20,000~30,000	284,410
Bristol	29,000	100,000	206,503
Nottingham	8,000	17,000	111,631
Norwich	28,000	40,000~60,000	87,843
Hull	—	20,000~24,000	161,519
York	10,000	—	59,596
Exeter	10,000	—	47,098
Worcester	8,000	11,000~12,000	40,421

주: 전국적으로 볼 때도 인구는 현저하게 증가했는데, 위의 도시에서는 인구증가가 더욱 급속했다.
자료: Toynbee, *Lectures on the Industrial Revolution of the 18th Century in England*, (『산업
혁명사(근세영국경제사)』, 오덕영 역, 문민사, 1956), pp.16-17.

[표 7-1]은 영국 주요 도시의 인구가 사회적 분업의 진전으로 인해 몇 배씩 불어나고 있는 것을 보여주고 있는데, 1685년부터 산업혁명이 시작되는 1760년까지 특히 농촌공업 지대가 발달한 잉글랜드 북부의 리버풀(Liverpool), 맨체스터(Manchester), 셔필드(Sheffield) 등에서 크게 증가했다. 또한 산업혁명을 거친 19세기 말에는 북부의 산업도시들이 5천 명 전후에서 수십만 명으로 증가하여 중세기에 특권도시였던 노르위치(Norwich)의 변화와 대비된다. 이리하여 선대제가 발전했던 잉글랜드 서부 및 동부에서는 부를 축적한 사람들이 지주 및 금융업자 등으로 전화해버린 예가 많았지만, 매뉴팩처가 발달했던 북부지역에서는 요오맨이나 독립소생산자로부터 산업자본가로 성장한 예가 적지 않았다고 한다.

모직물 매뉴팩처에서는 이미 17세기부터 시장의 확대에 부응할 수 있는 생산기술의 발전이 긴급한 과제가 되고 있었다. 또 섬유공업을 중심으로 발달하고 있던 매뉴팩처가 17세기 이후에는 전 산업부문, 그 가운데서도 특히 제철이나 광산업부문으로 확대되어 갔던 것은 주목할 만하다. 워스터(Worceter), 글로스터(Gloucester)의 세번(Severn)강 유역에는 제철(製鐵)매뉴팩처가 17세기 중엽부터 18세기 초두에 걸쳐 집중적으로 발달하고 있었고, 회사조직도 합자회사(合資會社)에서 주식회사(株式會社)로 발전해가고 있었다. 이와 같이 매뉴팩처로부터 기계제로의 전화의 제조건은 17세기 말부터 18세기 초두에 걸쳐서 매우 성숙해 있었다.

사회적 분업을 통한 국내시장의 확대에는 대량의 실업자군을 방출한 엔클로저운동이 크게 기여했다. 15세기 말부터 시작된 목양 엔클로저운동은 한편으로는 농업기업가를 배출했지만 다른 한편에서는 자기의 노동력 이외에는 어느 것에도 의지할 곳 없는 수많은 실업자를 창출하였다. 특히 18세기에 추진된 곡물생산을 위한 엔클로저운동은 의회의 적극적 지원하에 농업의 자본주의화를 급속히 달성하면서 무산대중을 양산했다. 여기에 17세기 말 이래로 진행된 급격한 인구증가는 이 문제를 더욱 악화시켰다. 그리하여 인구의 절대적 증가와 사회적 분업의 진전에 의한 도시인구의 상대적 증가 그리고 실업자군의 창출은 초기의 산업투자에 필수적인 요소인 저임금 노동력을 공급함으로써 산업화의 전제조건을 충족시켜 주었다.

한편, 이 시기에 와서는 근대적인 신용상업제도가 갖추어졌다. 잉글랜드은 행에 의한 근대적 어음제도의 확립, 특권적 회사의 근대적 회사로의 전환, 주식 시장의 성립 등은 산업혁명기에 소요되는 운용자금의 공급에 커다란 역할을 하 였다.

2) 해외시장의 확대

모직물공업이 중세도시의 경계를 넘어 확산된 시대부터 이미 영국의 주요 산업은 해외 수출시장에 크게 의존하고 있었다. 영국이 17세기 후반 해상무역 에서 네덜란드를 제압하게 되자 해외무역은 더욱 발달하게 되었다. 그런데 이 급속한 시장 확대는 최초의 산업혁명이 왜 영국에서 18세기 말에 발생하였는가 하는 문제와 관련이 있다. 즉 어떻게 해서 산업혁명이 영국에서 18세기 말에 점 화되었는가 하는 문제로서 이것은 당시에 기술혁신을 일으키게 한 이윤획득의 전망과 관련되는 문제이다.[2]

소생산자의 양극분해와 자본－임노동관계의 형성이 자급자족적 농업경제 를 해체하여 시장을 발달시키고 이것이 역으로 자본주의의 발전을 자극하는 데 기여한 것은 사실이다. 시민혁명 이후 중산계급(中産階級)의 순조로운 성장은 수 공업제품에 대하여 상당한 시장수요를 제공했다. 그러나 상승세의 부르주아지 가 상공업을 통해서 얻은 소득 중에서 산업 생산에 투하한 자금은 매우 적은 비중을 차지했다.[3]

이같이 국내의 산업발전과 시장 확대가 자본주의를 발달시키고 있었던 것 은 사실이지만, 이 사실만으로써는 왜 '18세기 후반'부터 급속한 공업화가 이루 어졌는지가 이해되지 않는다. 왜냐하면 자본주의적 공업화를 위한 기계도입이 아주 서서히 이루어지는 경우도 상정할 수 있기 때문이다. 흔히 사기업은 자동 적인 기술혁신 경향이 있다고 생각하기 쉽지만 산업화되기 이전의 사회에서는

---

2) E.J. Hobsbawm, *Industry and Empire, From 1750 to the Present Day*, 1968, Penguin Books(전철환·장수한 옮김, 『산업과 제국』, 1984, 한벗), p.33, p.37.

3) M. Dobb, *Studies in the Development of Capitalism*(광민사), pp.222－224.

그렇게 볼 수 없는 측면이 많다. 당시에는 기술혁신이 이윤획득의 주요한 방법이 아니었기 때문이다.

산업혁명이 '18세기 후반'에 시작된 것은 급속한 시장의 확대가 자본가들에게 이윤을 충분히 획득할 수 있을 것이라는 전망을 주었기 때문이다. 제조업 발전의 초기에는 상품 시장이 한정되어 있다는 사고 때문에 어떤 정치적 특권이 보호해주기 전에는 새로운 산업부문에 대한 투자 및 기존 산업의 확장은 쉽게 이루어지지 않았다. 생산물의 판로가 고정되어 있다는 사고는 도시의 상공업자들로 하여금 무역통제와 특권을 확보하기 위해 절대주의와 결탁하도록 했다. 이러한 초기 중상주의적 사고가 깨지고 산업투자가 원활하게 이루어지기 위해서는 막대한 비용을 들여 기계를 도입해도 기업가에게 충분한 이윤을 얻을 수 있다는 확신을 주는 것이 필요했다.

시민혁명 이후 영국의 수출시장은 기업가들로 하여금 생산 방식을 개혁하도록 매우 역동적으로 확대되었다. 시민혁명 이후 후기 중상주의 정책은 예전처럼 특권회사가 아니라 생산력을 국가 전체의 입장에서 증강하기 위해 실시되었고 모든 해외정책도 갈수록 경제적인 목적에 종속되었다. 특히 정부의 정책은 매뉴팩처의 압력에 의해 결정되고 있었으므로 해외시장 개척을 위해 영국 정부는 전쟁도 마다하지 않았다. 이 사실은 1700년 영국의 면직물 생산업자들이 인도산 면직물의 수입을 금지시키는 중상주의적 산업보호정책을 관철시킨 데서 잘 드러난다. 특히 18세기에 영국은 프랑스와 치열한 경쟁을 벌였는데, 이 18세기에 벌어진 5대 전쟁[4]에서 한 전쟁에서만 방어적이었을 뿐 나머지 전쟁은 주요 경쟁국들이 원산지에 접근하지 못하도록 무력화시켜 식민지 무역을 거의 독점토록 해 주었다.[5]

18세기 영국의 수출산업의 증가세를 보면, 1700년과 1750년 사이에 국내산업의 생산고가 7% 증가한 반면 수출은 70%가 증가하였으며, 1750년과 1770년 사이에 다시 각각 7%, 80%가 증가하였다. 이와 같이 영국은 강력한 중상주

---

4) 스페인계승전쟁(1702~1713), 오스트리아계승전쟁(1739~1748), 7년전쟁(1756~1763), 미국의 독립전쟁(1776~1783), 그리고 프랑스혁명과 나폴레옹전쟁(1799~1816)을 가리킨다.

5) E.J. Hobsbawm, 앞의 책, pp.45-47.

의적 정책에 의하여 짧은 기간에 다른 나라의 수출시장을 탈취하고 세계 대부분의 수출시장을 거의 독점함으로써 산업혁명이 일어날 수 있는 여건을 조성하였던 것이다. 그러나 영국의 중상주의가 해외시장의 확대를 통하여 산업혁명의 계기를 제공하였지만 그 기본 동력은 국내의 산업발전이었다. 왜냐하면, 이 초기자본주의의 시대에 식민지 및 해외시장 쟁탈전에서 영국에게 궁극적으로 최후의 승리를 안겨준 것은 생산성 높은 자본주의적 생산방식이었기 때문이다.

2. 전개 과정

영국의 산업혁명은 대체로 1760년대부터 시작하여 1830년대에 마무리되었다. 기계화는 면공업(綿工業)으로부터 시작되었으며, 면업을 중심으로 경공업에서의 공장제가 1830년대에 거의 달성이 된 후 중공업이 기계화의 길을 걸었다. 면공업은 방적(紡績, 실잣기)과 방직(紡織, 천짜기) 부문으로 나누어지는데, 방직 공정의 생산성이 높아진 후 방적부문이 기계화되고 뒤이어 방직에 기계가 도입되었다. 이러한 불균등발전은 이윤획득의 운동 원리와 밀접한 관계가 있다.

1) 공장제도의 도입

산업혁명의 가장 큰 특징은 기계를 사용하는 공장제도의 도입이라고 할 수 있다. 공장제도의 도입은 면직물업을 중심으로 진행되었다. 영국에서는 이미 17세기 이래 모직물공업과 병행하여 면공업이 대두하기 시작했고, 그것은 모직물에 대항하는 것으로서 맨체스터(Manchester)를 중심으로 하여 빠른 속도로 확대되어갔다. 면직물공업은 원료인 면화가 아열대 및 열대에서 수입되었기 때문에 해외시장과 관련이 깊고 또 모직물에 비해 가격이 쌌으므로 그만큼 시장개척 가능성이 높은 산업이었다. 18세기 말 생산된 면직물의 대부분은 수출되었는데 1805년에는 생산의 약 3분의 2가 수출되었다.[6] 따라서 섬유공업 부문에서 최초로 기술혁신이 시작된 것은 당연한 일이라 하겠다.

면공업에서의 기계화는 먼저 직포(織布, 천짜기)기술의 개선으로 시작된다.

---

6) E.J. Hobsbawm, 앞의 책, pp.44-45.

면공업에서 기술혁신의 계기를 최초로 제공한 것은 John Kay(1704~1764)가 1733년에 발명한 비사(飛梭: fly shuttle)라는 직포기(織布機)였다. 비사는 수직기(手織機)이긴 하였으나 북(shuttle)을 자동적으로 움직임으로써 생산성을 배가시켰다. 비사는 처음에는 직포공(織布工)의 저항을 받아 그리 보급되지 못했으나 면직물 수요가 급속하게 증대하면서 1750년대에는 널리 보급되었다. 그런데 비사가 보급되자 방적이 직포공정을 따라갈 수 없게 되어 방사(紡絲)의 부족현상이 발생했다. 더욱이 직포업은 농촌의 가내부업에 크게 의존하고 있었으므로 농번기에는 실의 부족에 시달리던 상황을 더욱 악화시켰다.

실 부족 현상을 타개하기 위해 가는 곳마다 방적공(紡績工) 양성소가 창설되고, 심지어 고아원이나 구빈소에서도 방적공의 양성을 위한 훈련이 실시되었다. 정부는 방적공 양성을 위해 장려금을 주는 등 높아져가는 면직물 수요에 대응하기 위한 모든 노력을 했지만 실 공급의 부족은 좀처럼 해결되지 않았다. 여기에다 모직물 제조업자들은 면사(綿絲)와 아마(亞麻)의 혼직을 금지하는 조치를 취하는 등 면공업을 여러 수단을 동원하여 압박했다. 이에 대하여 면직물업자들은 기술혁신을 통해 방사의 부족과 모직물업자의 압박으로부터 벗어나고자 했다. 그런데 1736년 맨체스터조령에 의하여 아마와의 혼합금지가 해제되자 면직물에 대한 수요가 급증하게 되어 방사의 부족문제는 더욱 심각하게 되었다.

방적 부문의 기술혁신은 James Hargreaves(?~1778)의 제니방적기(Spinning Jenny)로부터 시작했다. Hargreaves는 1760년대에 제니방적기를 발명하여 1770년에 특허를 획득하였다. 제니방적기는 수동(手動)으로서 많은 방추(紡錐)[7]를 부착하여 작업능률을 올리게 설계되고 가격도 쌌기 때문에 소규모 매뉴팩처를 중심으로 널리 보급되었다. 이 방적기는 뽑아낸 실의 굵기가 일정하지 못하다는 결점을 가지고 있었다. 그렇지만 그 후 개량과 대형화를 계기로 소생산자층의 양극분해가 진전되면서 '제니공장'이 출현하기도 했다. 제니공장은 양극분해를 통한 전형적인 소생산자적 발전의 길을 걸은 예라고 할 수 있다.

이발사였던 R. Arkwright(1732~1792)는 이미 등장한 몇 개의 개량기를 연구하여 1769년에 수력방적기(水力紡績機: water frame)의 특허를 취득했다. 수력

---

7) 실을 감기 위한 작은 부속품이 달려 있다.

방적기의 보급으로 방직용 연사(紡織用撚絲)가 대량으로 생산될 수 있게 되었다. 수력방적기는 비교적 큰 자본이 들었기 때문에 이것을 이용하는 생산시설은 처음부터 공장제를 도입했다. 그러나 수력에 의존해야 했으므로 입지 선정에 한계가 있었다.

그 후 S. Crompton(1753~1827)이 1779년에 제니방적기와 수력방적기의 장점을 결합하여 만든 뮬(Mule)방적기를 발명했다. 뮬방적기는 양질의 씨실(緯絲)과 날실(經絲)을 생산하고 더 한층 작업능률을 향상시켰다. 뮬방적기도 처음에는 소생산층에게 주로 보급되었으나, 방적 부분의 양극분해가 진전되면서 급속히 대형화되어 1790년대 초에는 본격적으로 뮬방적기를 설치한 공장이 등장하였다. 특히 뮬방적기는 James Watt의 증기기관과 결합되어 수력의 의존이라는 제약에서 산업입지를 해방시킴으로써 원료와 노동력을 얻기 쉬운 신흥공업도시에 방적공장을 집중시키게 되었다. 뮬기의 방추 수는 19세기 초에 영국 전체 방추의 90%를 차지하였다.

방적기의 잇따른 발명에 의하여 방직 부문의 생산성이 따라갈 수 없게 되자 이번에는 이 부문에 대한 혁신이 요청되었다. 뛰어난 발명가였던 E. Cartwright(1743~1823)는 1785년에 기술과 과학을 이론적으로 결부시켜 훗날의 기계직기의 선구가 되는 역직기(力織機: power loom)를 완성했다. 그의 역직기는 원래 수력을 동력원으로 이용했기 때문에 그 자체로서는 대규모의 공장제생산에까지 이르지 못하고 각 공장에서는 여전히 다량의 숙련노동자를 고용했다. 그러나 역직기는 개량을 거듭하여 1810년대 후반기부터 본격적으로 보급되었다. 방직 공정의 기계화가 방적 공정보다 느렸던 이유는 기술상의 어려움과 더불어 수직기를 여러 대 사용하여 여성 및 아동의 저임금 노동력을 이용할 수 있었기 때문이다. 또한 수공업자들의 완강한 저항도 그 보급을 늦추는 데 한 몫 거들었다.

그러나 1825년의 불황으로 개량 역직기가 더욱 활발하게 도입되면서 이 부문에서도 기계제 공장이 생산에서 결정적 위치를 차지하게 되었다. 그 결과 소생산들은 거의 분해되었으며 수직공의 임금은 낮아지게 되었다. 이와 같이하여 영국의 면공업에서는 1830년경까지 기계제 대공업체제를 갖추고 그 생산물의 대부분을 해외에 수출하였다. 영국의 산업혁명은 면공업을 중심으로 한 경공업에서 공장제도의 확립이 이루어진 1830년경에는 일단 마무리되었다.

2) 자본재 생산 부문의 발전

산업혁명에서 일어난 가장 혁명적인 변화는 도구를 기계로 대체함으로써 생산성이 엄청나게 올라갔다는 점이다. 이 시기에는 자본재 산업 부문에서도 기계로써 생산수단을 생산하는 기초적 기술이 개발되고 공장제도가 도입되었다.

기계 출현의 결정적 계기는 James Watt(1736~1819)의 증기기관의 발명이다. Watt는 T. Newcomen(1663~1729)에 의해 1711년에 발명되어 탄광의 양수용(揚水用) 엔진으로 사용되던 증기기관을 혁신적으로 개량하였다. 그는 피스톤의 왕복운동을 회전운동으로 바꾸는 독자적인 복동식 증기기관(複動式蒸氣機關, double-effect steam engine)을 발명하여 1781년에 특허를 얻었다. 이 기계는 먼저 1777년에 콘월(Cornwall)의 광산에서 사용되고 3년 후에는 보르톤에서 사용되었다. 그 때까지 Watt는 20대의 기계를 만들어냈다. 그리하여 1790년경에는 전 콘월 광산에서 Newcomen식 기계가 모두 Watt의 기계로 대체되었다. 뿐만 아니라 Watt의 증기기관은 용광로의 송풍용 기계에 도입되어 용광로의 대형화와 고로(高爐) 기술체계의 완성에 결정적으로 공헌하였다.

산업혁명기에 나타난 또 하나의 혁명적 변화의 하나는 철과 석탄의 결합이 비로소 이루어졌다는 점이다. 석탄은 이미 중세 이래 난방용으로 사용되고 있었으나 18세기 이전에는 철과의 결합은 이루어지지 않았다. 철과 석탄의 결합은 Watt의 증기기관을 생산 현장에 도입하여 경공업의 기계화 및 공장제도의 도입을 가능하게 한 결정적인 요소였다. 특히 이것은 제철업을 본격적으로 발달시키고 기계공업의 기반을 닦았다는 점에서 차후 중공업의 발달로 연결되는 중요한 기반을 조성했다.

산업혁명이 진행 중이던 1780년대 이후에는 각 방면에서 동력의 부족현상이 나타나 특히 광산업, 방적업, 금속공업 등에서 해결해야 할 절실한 과제가 되고 있었다. 그때까지 철의 정련(精鍊)에는 전적으로 목탄(木炭)이 사용되었기 때문에 연료의 부족 및 생산기술상의 여러 가지 어려움을 겪고 있었다. 특히 용광로가 설치된 지역에서는 남벌 때문에 울창한 숲이 순식간에 사라져 사회문제화되거나 목재 부족으로 생산에 차질이 빚어지기도 했다.

산업혁명기에 석탄업은 채탄 부문이 매뉴팩처 단계에 머물러 있었지만 증기기관의 보급과 제철업의 발전에 자극되어 점차 변화하기 시작하였다. 첫째, 18세기 후반에 증기기관이 도입됨에 따라 배수와 통풍 시설이 개선되고 증기권양기(蒸氣捲揚機)8)의 도입 등으로 깊이 굴착할 수 있게 되고, 둘째 18세기 말 이후의 운하 개발과 19세기 전반의 철도 건설에 의해서 산출량이 비약적으로 증대하였다. 특히 증기기관의 이용으로 석탄을 채굴하는 데 가장 큰 애로사항인 갱도의 배수를 쉽게 처리할 수 있게 되자 석탄의 생산량이 급증하게 되었는데, 이것은 제철업의 발전을 현저히 촉진하였다. 철의 대량생산이 가능하게 된 것은 이 때 이후의 일이다. 영국의 석탄생산량은 [표 7-2]에서 보듯이 급격하게 증가하고 있는데, 1800년에는 유럽 총생산량의 3분의 2를 차지했다.

[표 7-2] 석탄생산량의 추이 (단위: 톤)

연 차	생산량	연 차	생산량
1700	2,612,000	1826	21,000,000
1750	4,773,000	1836	30,000,000
1790	7,613,000	1846	44,000,000
1800	11,600,000	1854	64,500,000
1816	16,000,000		

자료: 이해주, 『경제사개설』, p.342.

석탄을 원료로 하는 코크스(cokes)의 발명은 동력과 연료의 부족을 해결하는 데 결정적인 기여를 했다. 즉 1730년에 이르러 A. Darby부자(1678~1717 및 1711~63)에 의하여 코크스가 발명되어 석탄을 연료로 하는 선철 생산이 가능해지고, 용광로의 통풍장치도 개선되어 철 생산의 규모가 현저히 커졌던 것이다. 또 17843에는 H. Cort(1740~1800)가 정련 공정의 교반법(攪拌法: puddling process)9)으로 봉상(棒狀) 및 박판단철(薄板鍛鐵)을 제작하는 방법을 발명하여 종래의 해

8) 무거운 짐을 들거나 끌어올리는 데 사용하는 기계이다.
9) 액체 상태의 철을 쇠막대기를 저어서 탄소와 불순물을 제거하는 방법이다.

머를 사용하던 중노동은 사라지고 수공적 숙련공의 경감과 연철(鍊鐵)의 양산
체제가 실현되었다. 제철업은 1857년에 H. Bessemer(1813~1898)가 전로(轉爐:
converter)10)를 발명함으로써 제련법이 개량되어 일단 근대화의 과정을 마치게
되었다. 이러한 발명에 의하여 19세기 초에는 철의 생산량이 급격히 증가하고
용광로, 연철공장, 압연공장을 연결한 대규모의 일관생산체제가 확립됨으로써
영국은 기본적으로 철의 국내자급을 달성하였다.11) 이와 같이 석탄산업과 제철
업은 증기기관의 도입과 더불어 상호 간에 자극을 주면서 발전하였다. 영국의
선철 생산량 추이를 보면 [표 7−3]과 같다.

[표 7-3] 선철생산량의 추이   (단위: 톤)

연 차	생산량	연 차	생산량
1740	17,350	1830	678,417
1788	68,300	1839	1,124,781
1799	125,206	1848	2,000,000
1806	258,206	1854	3,100,000

자료: 이해주, 『경제사개설』, p.342.

19세기 초의 석탄산업과 제철업의 발달을 기반으로 증기력을 이용하는 압
연(壓延), 햄머, 천공(穿孔), 선반(旋盤), 증기포(蒸氣鉋) 등이 현저히 진보했다. 특
히 John Wilkinson(1728~1808)의 중고반(中刳盤)의 발명(1774년), Henry Maudslay
(1771~1831)의 나사절삭선반의 발명(1797), 그리고 James Naismith에 의한 증기
추의 발명(1839년) 등은 중공업의 기초를 구축했다. 이같은 혁신으로 영국의 기
계제작 부문은 마침내 타부문의 수요에 응할 수 있게 되어 19세기 후반까지 세

---

10) 고로로부터의 용선(溶銑)을 용강(溶鋼)으로 정련하는 제강용 노(爐)의 일종이다. 선철을 강
   으로 전환하는 노라는 뜻으로서 노 본체를 회전하여 용강을 흘려내리기 때문에 이 이름이
   생겼다.
11) 19세기 초의 영국의 제철업의 발전에는 일련의 중상주의적 전쟁과 나폴레옹전쟁의 무기수요
   가 크게 기여하였다. 그러나 영국에서는 1815년의 경기불황 이후에는 군수의존체제에서 탈
   피하여 그후 의류생산부문을 중심으로 하는 기계수요의 증대에 크게 의존하게 되었다. 특히
   1830년대 이후의 '철도건설' 붐을 타고 해외에서 철도 자재용 철 수요가 급증함으로써 비약
   적으로 성장하였는데, 이로써 영국의 제철업은 생산수단 생산부문으로서 자립적 발전을 이
   룩할 수 있었다.

계 제일의 위치에 올랐다.

　이 일련의 과정이 사회전반에 끼친 여러 가지 중요한 영향은 대체로 다음과 같이 요약할 수 있다. 첫째, 철의 생산이 여러 가지 자연적 조건으로부터 해방되어 기술의 개량과 결부되게 되었다. 둘째, 증기기관이 도입됨으로써 생산과정의 완전한 기계화가 실현되었다. 그러나 이와 동시에 다수의 산업예비군(産業豫備軍)이 파생되었으며, 이후 기계·기술의 발전과 산업예비군은 항상 불가분의 것으로서 자본주의적 생산의 특징이 되었다.

　이상에서 살펴본 바와 같이 영국 산업혁명은 먼저 면직물공업에서 시작하여 철강업으로 진행되었고, 섬유공업 내부에서는 방사에서 시작하여 직포 그리고 다시 면조(綿繰)12) 부문으로 파급되었으며, 기계공장 부문 내에서는 작업기로부터 동력기로 발전함으로써 점차 고도화·복잡화의 과정을 거쳤다. 즉 한 부문에서 변혁이 일어나면 그것이 급속히 다른 고차의 부문으로 연쇄적으로 파급되어 갔다. 이같이 영국은 여러 산업 부문이 상호 간에 밀접한 연관을 맺고 발전하였으며, 그 결과 영국은 '세계의 공장', '세계 경제의 태양'으로 부상하였다.

　한편, 기계화의 진행과 더불어 사회 및 경제구조도 크게 변화되었는데, 근대적 생산양식을 발전시키고 있던 농민층을 비롯한 독립소생산자층은 이 시기에 거의 분해되었다. 매뉴팩처의 기술이 소생산양식을 기반으로 하는 저임금에 기반을 둠으로써 농민층분해를 완전히 추진할 수 없었던 데 비하여, 기계 도입 이후에는 기술개량이 빠르게 전 부문에 파급되고 또 그 개량이 끊임없이 계속되었으므로 마침내 소생산자층은 완전히 분해되지 않을 수 없었던 것이다. 산

[표 7-4] 산업혁명기의 영국 인구 변화　　　　　　　　　　　　　　　(단위: 명)

연　차	인　구
1760	7,000,000
1784	8,000,000
1803	9,216,000
1818	11,876,000

자료: Toynbee, 앞의 책, p.121.

---

12) 목화에서 씨를 빼내는 작업을 가리킨다.

업혁명은 기계를 이용하는 공장제도를 확립함으로써 사회적 부를 증가시켰으며, 이에 따라 인구도 급속하게 증가하였다.

3. 기업조직 및 은행의 발전

산업혁명 초기단계에서 기업은 대개 개인기업(個人企業: private company)의 형태를 취하고 있었다. 산업혁명을 주도한 면직물업 등 경공업 부문의 기업은 비교적 소액의 자본으로 시작할 수 있었기 때문이다. 그러나 경영규모를 확대하거나 산업의 종류에 따라 큰 규모의 고정자본을 필요로 하는 경우에는 친족 간의 동족기업(同族企業) 혹은 동료를 동업자로 하는 조합기업(組合企業)의 형태가 발달했다.

산업혁명 초기의 기업은 이같이 개인기업이나 조합기업이었으나 점차 회사기업(會社企業)도 증가했다. 즉, 자본의 집중을 필요로 하는 경제적 현실이 끊임없이 등장함에 따라 자유로이 양도가 가능한 주식을 발행하는 준주식회사(準株式會社: quasi-joint stock company, unincorporated company)가 다수 설립되었던 것이다. 특히 1824~1825년에는 기업 설립 붐이 일어났는데, 1825년에 드디어 주식회사의 설립을 억제하고 있던 포말회사금지법(泡沫會社禁止法)이 철폐되어[13] 투자를 자극하였다. 또한 18세기 이래 유료도로나 운하의 건설에 투자경험이 있는 사람들은 1836~1837년 및 1844~1847년의 철도 붐에 이르러 다시 철도에 활발하게 투자하여 기업조직의 발전에 기여하였다.

한편, 지방에도 주식거래소가 설립되어 이른바 '화폐시장의 민주화'가 다시 진행되었고, 1844년에는 등기법(Registeration Act)이 제정되어 회사의 설립이 종

---

[13] 18세기 초기에 이르러 대규모적인 회사설립 붐이 일어났다. 이들 대규모 기업 중에는 건전한 목적과 공고한 조직을 가진 기업도 있었으나 이러한 붐에 덩달아 투기적 목적 아래 주식을 발행하는 이른바 특허장(特許狀)도 없는 unincorporated association(혹은 quas-joint stock company)이 많이 설립되었다. 이 회사들은 예를 들면 "염수(鹽水)를 진수(眞水)로 만든다", "영구운동하는 차륜을 만든다", "완료시에 명백해지는 사업"이라고 하는 완전히 내용이 공허한 약속을 내걸고 양도가 자유로운 주식을 발행하였다. 이리하여 이들은 증권파동을 일으키게 되었다. 이 때문에 1720년에 포말회사설립금지법이 제정되었고, 주식회사의 설립이 법적으로 금지되었다. 그러나 19세기가 되어 경제 상황이 자본집중을 요구하게 되었으므로 주식회사 금지법은 사실상 무의미해지게 되었다.

래의 번잡한 특허주의(特許主義)에서 준칙주의(準則主義)로 바뀌었다. 1855년에는 마침내 유한책임법(Limited Liability Act)이 통과되어 주식회사 설립을 위한 법제가 일단 완성을 보게 되고, 기업은 손쉽게 투자 자본을 흡수할 수 있게 되었다.

기업에 자금을 공급하는 은행도 체계적으로 발전했다. 산업혁명기의 공업에서는 일반적으로 고정자본보다도 원료의 구입이나 임금의 지급에 필요한 운전자본(運轉資本)이 큰 비중을 점할 때가 많았는데, 은행은 이 단기자금의 공급에 중요한 역할을 담당했다.

당시에는 1694년에 창립된 잉글랜드은행(The Bank of England)을 정점으로 하여 런던의 개인은행(個人銀行: London private banks) 및 각 지방에 본점을 둔 지방은행(地方銀行: country banks)이 그 산하에 발전하고 있었다. 이 중에서 잉글랜드은행만이 1697년 이래 주식조직에 의한 은행이었으며 다른 은행은 모두 파트너십(partnership)의 형태를 취한 개인은행이었다. 원래 영국의 신용기구는 17세기의 '금장은행가(金匠銀行家: goldsmith bankers)'[14]가 등장한 이래 다른 나라에 비하여 고도로 발달하고 있었다. 산업혁명기에는 런던을 중심으로 거래가 전국적으로 활발해짐에 따라 환어음과 같은 신용증권의 이용이 증가하였다. 이리하여 앞에서 지적한 3종의 은행 사이에 유기적인 관련을 가진 금융구조가 형성되었다.

자금의 흐름을 개괄적으로 말하면 농업지대(이스트 앵글리어 혹은 서부)는 저축지대이며 공업지대(미들랜드 혹은 북부)는 차입지대였는데, 자금은 각 지대의 지방은행을 통하여 런던에 집중하여 그 곳의 개인은행을 매개로 하여 원활하게 유통되었다. 또 런던의 개인은행은 자체소유자금 이상의 자금을 필요로 할 때는 잉글랜드은행에서 어음할인을 해서 자금을 얻을 수도 있었다. 이러한 어음의 이용 이외에도 지방은행권(地方銀行券)은 통화 —특히 임금지불을 위해 필요한 소액통화— 의 부족을 보완해 주었다.

---

14) 원래 금은강(金銀綱工業)과 함께 화폐 취급업을 겸영하고 있던 런던의 금장(goldsmiths)은 1640년경부터 점차 수탁 화폐의 대출에 손을 대기 시작하여 이자부자본의 관리자, 즉 금장은행업자로 성장해왔다. 이와 함께 당초에는 단순한 보관증서에 지나지 않았던 금장권(goldsmith's note)도 나중에는 양도 가능한 은행권의 성격을 띠게 되었고, 또 여러 가지 근대적 은행업무, 특히 어음할인도 왕성하게 시행되게 되었다.

4. 노동운동의 전개

산업혁명 초기에 노동자계급은 조직력이 아직 약한데다 부녀자나 아동이 노동자의 상당 부분을 차지하고 있었기 때문에 자본의 착취에 대해서 무력했다. 그러나 열악한 노동조건이 자신들의 생존을 위협하자 노동자들은 조직력을 강화하고 점차 자본의 가혹한 지배에 대하여 반발하기 시작하였다. 노동자의 불만이 누적되어 점차 사회문제화 되자 정부도 이에 대해 대응책을 강구하기 시작했다. 따라서 노동자들의 지위를 개선하기 위한 움직임은 두 가지 방향으로 나타났는데, 하나는 정책당국이 추진한 근대적 사회정책으로서의 공장법(工場法)이고 다른 하나는 노동자들의 노동운동이었다.

1) 산업혁명기의 노동관계

산업혁명 초기에는 공장의 동력 자원으로서 수력이 많았기 때문에 공장의 입지 조건상 산업자본가들이 노동자들을 확보하는 것이 용이하지 않았다. 또한 거주법(居住法: Law of Settlement)도 오래전부터 노동자의 이동을 법적으로 제약했다. 18세기에 거주법이 해제되었지만, 가내공업시대의 직인기질은 공장노동자가 되는 것을 멸시하고 혐오하는 기풍을 만들어내고 있었다. 즉 당시의 사람들이 공장을 강제노역장(workhouse)처럼 여겼던 것도 공장의 집단노동을 회피하는 하나의 원인이었다.

그러나 기계가 보급되자 반농반공의 수공업자들은 몰락하여 직인 노동자들은 실업자로 전락했고, 이에 대신하여 미숙련노동자인 부녀자와 아동은 새로운 임노동자층으로서 흡수되었다. 여기에 자본 간의 경쟁이 격화됨으로써 성인 노동력에 대해서는 물론 아동 노동자도 혹사시키는 악폐가 나타나는 등 자본의 노동에 대한 착취가 강화되었다. 또 엔클로저운동도 소토지소유자들을 토지로부터 방출하여 상황을 악화시켰다. 반면, 기계제 대공업의 출현으로 공장주는 공장 내의 절대적 지배자로 군림했다.

F. Engels(1820~1895)는 『영국노동자계급의 상태』(*The Condition of the Working Class in England*)에서 산업혁명기의 노동자계급의 열악한 처지 및 착취

의 실태를 묘사하고 있다. 그는 여기서 노동자의 비참한 생활상태의 원인을 자본가의 끊임없는 이윤추구 욕구로 돌리고 이것이 노동자로부터 수공업시대의 목가적 생활을 빼앗았다고 주장하였다. 실제로 초기의 공장노동자들은 하루에 보통 14시간 내지 16시간의 장시간노동을 해야 했던 반면 임금은 처자식을 포함해서 노동력의 재생산이 가능한 최저수준으로 억제되었고, 엄격한 공장관리 규칙의 적용으로 벌금 및 체벌을 받기도 했다.

당시 고용주 가운데는 D. Dale(1739~1806), R. Owen(1771~1858), S. Oldknow(1756~1828)와 같은 유명한 인도주의자도 있었으나 이들은 예외적인 사람들이었고 대부분의 고용주들은 아동이나 부녀자들을 혹사시켰다. 빈민의 자제나 고아로서 구민당국의 손에 맡겨져 있던 '교구도제(Parish apprentices)'라고 불리는 다수의 아동노동자들이 일을 배운다는 명목하에 벽지의 면공장 등에 보내져 혹사당한 예도 적지 않았다.[15] 더구나 그들은 열악한 노동환경하에 심야작업 등 장시간노동으로 이른바 '공장병(工場病)'에 걸리는 경우도 적지 않았다. 이리하여 산업혁명기에는 부녀자나 아동 노동력은 물론 장년 노동력도 가혹하게 착취당했다. 노동자들은 열악한 노동조건 속에서 육체적, 정신적으로 타락하여 알코올중독자로 전락하는 등 비참한 생활을 강요당했다. 이렇게 저임금, 장시간노동, 열악한 작업환경 등 가혹한 근로조건을 특징으로 하는 산업혁명 초기의 특유한 노동관계를 '원생적 노동관계(原生的 勞動關係)'라고 한다.

2) 공장법

자본의 가혹한 지배로 인하여 노동문제가 심각한 사회적 이슈로 등장할 조짐을 보이자 영국 정부는 이에 대한 대책으로써 공장법을 제정하였는데, 노동운동이 심화됨에 따라서 공장법도 실질적인 내용을 갖추어 갔다.

영국 최초의 공장법(Factory Act)은 1802년에 제정된 도제건강풍기법(徒弟健康風紀法: Health and Morals of Apprentices Act)이다. 이 법은 랭카셔의 면공장에서 일하고 있던 교구도제들의 극악한 노동 상황을 상세하게 조사한 1784년 및

---

15) 예를 들면, water frame을 사용하던 어느 방직공장주가 "이 기계를 사용하는 면방직과 그 준비 작업을 위해서는 10~12세의 아이들이 바람직하다."고 말한 기록이 있다.

1796년의 보고서에 자극된 대면업자본가인 R. Peel(1750~1830)의 노력에 의하여 제정되었다. 이 법률은 교구도제에 대해서 12시간 이상의 노동 및 심야노동을 금지하고 이들에 대한 복지문제를 다루는 등 노동자에 대한 보호조치를 취하였다. 그러나 이것은 대공장에만 적용되고 벌칙도 가벼웠기 때문에 그다지 효과를 거두지 못하였다.

그 후 1833년 이전까지 몇 차례 공장법이 더 제정되었으나 노동자 특히 아동 및 부녀자들의 노동을 보호하지 못했다.[16] 그러나 1833년에 제정된 공장법은 9세 미만 아동노동을 금지하고 그 외 아동 및 청소년 노동력에 대해 노동시간의 제한을 두고 있었으며, 종래의 법률에 없던 공장감독관제(工場監督官制)를 두어 감독 결과를 정기적으로 정부에 보고하게 하는 등 처음으로 실질적인 내용을 갖추었다. 이 법의 아동노동에 대한 보호조항은 비록 노동자계급 전체에 대한 것은 아니었지만 점차 청장년 노동력에 대해서도 영향력을 미치게 되었다. 그리고 1834년에는 교구에 일임되고 있던 구빈법이 개정(신구빈법: New Poor Law)되어 사회입법으로서 노동자에 대한 보호체제를 강화하였다.

한편, 잉글랜드 북부의 직물노동자 간에는 노동시간 단축운동이 일어났다. 이 10시간 노동운동(Ten Hours Movement)은 노동자와 중산층 및 귀족 등 여러 사람들에 의하여 지도되었는데, 가장 유력했던 사람은 토리당(Tory party) 의원이었던 Michael Sadler(1780~1835)와 Ashley경(Lord Ashley, 1801~1885)이었다. 이들의 노력에 의하여 1847년의 공장법에서는 아동노동자의 노동시간을 더욱 제한하게 되어 9세 이상, 18세 미만의 연소자들에게는 노동시간을 식사시간을 제외하고 1일 10시간으로 규정한다는 이른바 10시간노동법의 제정을 보게 되었으며, 이 법령은 성년남자의 노동시간에도 영향을 미쳤다. 이후 1860년대를 거치면서 노동자 보호조항은 더욱 강화되어 1870년대에는 노동조건이 크게 개선

---

16) 1819년에는 Robert Owen의 청원에 의해서 공장법이 마련되었다. 1833년의 공장법안은 보수적인 토리당 의원이 추진했던 데 반해, 자유주의적인 휘그당(Whig Party) 및 자유당(The Liberal Party)은 반대했다. 토리당(Tory Party)의 노력으로 1842년에는 광산에서의 부녀자노동이 금지되고 보다 진보된 1847년의 법도 제정되었다. 당시의 보호입법은 영국을 지배한 자유주의사상과 오히려 모순된 것이었으므로 휘그당이 아니라 보수주의자들에 의해서 추진되었다.

되었다.

그런데 정부가 이렇게 기업경영에 도움이 되지 않을 것처럼 보이는 공장법을 제정한 배경이 어디에 있었을까? 그것은 첫째, 자본주의적 생산을 지향하는 총자본의 이해를 대변했다. 즉 노동력에 대한 과도한 수탈은 노동력의 질적 저하 및 사회적인 노동생산력의 감소로 이어져 자본의 입장에서도 결코 바람직스럽지 않았다. 개별 자본 간에 격렬한 경쟁이 벌어지고 있는 상황에서 기업들의 반발과 반대가 만만치 않았지만, 국가 권력은 자본 전체의 입장에서 노동자에 대한 보호입법을 추진하지 않을 수 없었다.

공장법 제정의 두 번째 배경은 노동운동이 거세게 일어났기 때문이다. 노동자들은 노동조건의 개선을 위해서 투쟁을 강화하고 있었을 뿐만 아니라 다른 한편으로는 자본주의 자체를 부정하는 저항을 하였다. 따라서 국가는 노동자의 저항과 불만을 자본주의체제 안으로 흡수하기 위해서라도 노동자보호입법을 제정했던 것이다.

3) 노동운동

자본주의적 생산의 발전이 급속하게 달성됨에 따라서 노동자계급의 사회경제문제에 대한 인식도 점차 성숙하였다. 노동자계급은 단일한 작업장이나 공업지대 혹은 노동자 거리가 형성되는 과정에서 유대를 강화하였다. 노동자들은 자신들의 빈곤과 비참한 생활이 결코 자신들의 불성실이나 무능에 의거한 것이 아니라 자본주의적 생산 그 자체에 기인하고 있다고 생각하게 됨으로써 여러 가지 형태로 사회경제적 지위를 개선하기 위한 운동을 전개하기 시작하였다. 즉 계급적 자각을 하게 된 것이다.

(1) 기계파괴운동

19세기에 전개된 첫 번째의 노동자의 저항운동은 기계파괴운동(機械破壞運動)이다. 이 운동은 대체로 19세기 초엽부터 20년간에 걸쳐서 일어났는데, 'Ned Ludd'라든가 'King Ludd'로 불린 인물에 의하여 지도되었다고 하여 Luddites Movement로 불리고 있으나 그 지도자가 누구였는지는 아직도 알 수 없을 정도로 대단히 조직적이었다. 수공업적, 직인적 노동자들은 자기들의 생활을 파괴하는 주체를 기계로 파악하고 이에 대한 본능적인 항의의 표현으로서 기계를 파괴했다.17) 이 운동은 18세기 후반부터 산발적으로 일어나다가, 1811~1812년 및 1816년에 격렬해져 자동 기계를 도입하는 대공장을 습격하였다. 그것이 일어난 곳은 노팅엄셔(Nottinghamshire), 더비셔(Derbyshire), 레스터셔(Leicestershire) 등의 미들랜드지방과 북부의 요오크셔 및 랭카셔로서 노동자들은 새로이 채용한 양말 편물기, 절단기, 역직기를 집단적으로 파괴했다.18)

그러나 이 초기의 노동운동은 기계에 대해 반감을 보이는 감정적이고 복고적인 성격 때문에 오래가지 못하였다. 운동방식이 기계의 도입이라는 흐름을 거스른 것이었기 때문에 군대에게 진압되고 난 후에는 거의 발생하지 않았다.

(2) 노동조합운동

노동자들이 보다 조직적이고 합리적으로 대응한 방식은 노동조합 결성운동이었다. 영국에서 노동운동의 역사는 봉건시대인 14세기의 요오맨의 단결이나 길드의 직인조합까지 거슬러 올라가고, 17세기에는 런던에서 노동조합과 유사한 기구가 있음이 발견된다. 초기의 조합은 단결을 불법화한 보통법(普通法, Common Law)에 의하여 억제당했다.

노동운동은 18세기에 산업혁명으로 노동자의 수가 급증하고 노동자들이 노동조합의 결성에 동조하면서 보다 조직적이고 합리적으로 전개되기 시작했다.19) 노동조합은 예전의 상호부조적 성격을 뛰어넘어 계급적 성격을 강화하여

---

17) Hagreves는 근처의 노동자들이 집을 습격하는 바람에 제작 중이던 기계가 부숴지는 수난을 겪었다.

18) 제니기가 1764~67년에 출현하자 1768년에 이것을 파괴하려는 운동이 일어난 것을 비롯하여, 1779년 가을에는 랭카셔에서 방적기파괴소요 등이 일어났다. 이리하여 1811~12년에는 노팅엄셔를 중심으로 일어난 편물기계파괴운동이 잉글랜드 전지방에 파급되어 진압에 군대까지 동원되었다. 그리고 1830년대에는 농업기계 파괴 소요사태가 널리 일어났다.

19) 산업혁명기의 노동조합운동은 대체로 공장발달이 가져온 새로운 사회적 조건과 공장주들의 지나친 혹사행위에 대항하여 공장노동자들이 갖은 수단과 온갖 형태의 조직을 동원하여 힘으로써 대결하는 형태로 나타났으며, 그래서 흔히 이 시대를 영국노동조합운동사에서 '태동의 시대'라고 부르기도 한다.

임금과 근로조건의 개선을 위해 투쟁을 전개하기 시작했다. 이에 대해 정부는
여러 업종에 대하여 단결을 금지하는 법을 제정하고, 1799년에는 단결금지법(團
結禁止法: Combination Act)을 공포하여 일체의 노동활동을 금지하였다. 그 전까
지는 노동조건에 관한 고용주와의 직접 교섭을 목적으로 하는 노동자의 단결은
금지되고 임금수준에 관해서는 지방판사에게 청원하기 위한 단결은 허가되어
있었으나, 결사금지법은 일체의 단결을 금지하였다.[20] 노동조합 운동은 단결금
지법이 1824년 철폐될 때까지 25년 동안 금지되었다. 그러나 결사금지와 노동
운동에 대한 철저한 탄압은 노동조직을 지하화하여 오히려 노동자들의 조직력
과 역량을 강화해 주었다.

　　정부는 노동자들의 단결을 무력화시키기 위해서 우애조합(友愛組合: Friendly
Society)과 같은 노동자들의 자율적인 상호부조 조직을 법률적으로 지원했다. 우
애조합(友愛組合: Friendly Society)은 17세기 후반 이래 질병 및 사망과 같은 불의
의 재앙에 대비해 자금을 저축하도록 조합원들이 자율적으로 결성한 조직이다.
우애조합은 미들랜드 및 북부의 공업지대에서 특히 많이 창설되었는데, 정부는
1793년 로즈법(Rose's Act)을 제정하여 그 기금을 법률로써 보호하도록 했다. 우
애조합원 수는 1815년에는 100만 명에 가까웠고 우애조합법은 1869년까지 10
차례 개정되었다. 이와 같이 정부가 상호부조 조직인 조합에 대해 호의적이었
던 것은 정부가 큰 노력을 기울이지 않아도 조합 스스로가 노동자의 생활을 안
정시켜 노동자의 불만을 해소해주는 기능을 했기 때문이다.

　　1824년에 단결금지법이 철폐되고 노동조합운동이 합법화되자 노동운동은
점차 활발해졌다. 1825년에는 임금 및 노동시간에 관한 운동만을 합법화한 법
률이 다시 제정되었기 때문에 다수의 노동조합이 결성되었지만 노동자의 지위
를 개선하는 데는 크게 도움이 되지 못하였다. 그러나 노동운동가들의 노력으
로 1830년대에는 전국적인 조직이 형성되었다. 특히 방적공장 자본가인 Robert
Owen은 사회주의적 고용주로서 영국 노동조합운동의 초기 조직단계에서 대단
히 중요한 역할을 하였다.[21] Robert Owen의 지도로 1833년에 결성된 전국노

---

20) 이와 같은 강력한 법률의 제정에는 1789년의 프랑스혁명, 1793년의 대불전쟁(對佛戰爭)의
　　발발, 이에 따른 급진적인 정치사상의 발흥 등도 영향을 미쳤다.

동조합대연합(全國勞動組合大聯合: Grand National Consolidated Trades Union)은 전국 조직으로서 1834년 2월 조직이 공표되자 조합원이 100만 명을 돌파하였다. 전국노동조합대연합이 발생한 배경에는 노동운동 지도자들이 1832년의 선거법 개정을 위해 함께 노력했지만 유산자만 선거권을 가지게 되고 노동자들은 배신당한 것이 크게 작용했다. 전국노동조합대연합은 정부의 탄압, 노동조합 내부의 노선 갈등과 조직상의 문제 등으로 1834년에 사실상 와해되었다. 그러나 영국의 노동운동은 그 후에도 계속되어 1871년 이후에는 보통법에 의해 합법화되었다.

(3) 차아티스트운동

노동조합운동의 전국적 전개와 병행하여 일어난 주목할 만한 정치운동으로서는 차아티스트운동(The Chartist Movement)이 있다. 이 운동의 전개에 결정적 영향을 미친 것은 1832년의 선거법개정(Reform Bill)이었다. 선거법 개정 이전의 의회는 사실상 지주가 지배하고 있었는데, 선거법개정으로 산업자본가는 참정권을 획득하여 직접적으로 국가권력을 장악할 수 있는 계기를 마련하였다. 그러나 그들과 연대한 노동자층은 이용만 당하고 선거권 획득에 실패했다. 이에 분개한 노동자들은 Owen의 지도하에 전국노동조합대연합을 만들었지만 1년만인 1834년에 붕괴되었고, 거기다 같은 해에 자유주의의 입장에서 이루어진 신구빈법에 의하여 전통적인 원조마저 끊어지게 되었다. 이에 실망한 사람들은 1839년부터 1848년에 걸쳐서 성년 남자의 보통선거권을 골자로 한 6개 항목의 인민헌장(People's Charter)를 내세우고 의회 밖에서 대규모 정치운동을 전개했

---

21) Robert Owen은 상점의 점원으로 출발하여 막대한 재산을 축적한 후에는 스코틀랜드(Scotland)의 뉴라나크(New Lanark)에서 방적공장을 모범적으로 운영하였다. 그는 공장경영에서 노동자들에게 일용품을 값싸게 공급하고 그들의 자식들에게는 교육의 기회를 주었으며, 노동시간의 단축 및 개선, 주택·위생시설에 대한 대책, 노동자에게 이윤분배 등을 실시하였다. 그의 모범적 경영이 알려지자 각국에서 관광객이 몰려들었다. 또한 그는 전국의 공장주들을 모아서 공장법의 제정을 역설하였으며, 1824년에는 미국의 인디애나주(Indiana State)에 뉴 하모니(New Harmony)란 평등촌을 건설하려다 실패하였다. 재산을 탕진한 그는 노동운동에 투신하여 '국민평등교환소'와 '전국노동조합대연합'을 결성하는 등 노동자의 권익보호에 앞장서고 사회주의적 실험을 계속했으나 실패하였다. 그러나 그의 사상은 뒤에 사회주의사상에 큰 영향을 미쳤으며, 노동조합 및 협동조합의 설립도 영국의 보호입법에 계승되어 그는 영국 노동자운동의 아버지로 불리고 있다.

다.22) 이 운동에는 영국 노동운동을 주도한 William Lovett(1800~1877)와 Feargus O'conner(1794~1855) 등이 참여하였는데, 특히 1839년·1842년·1848년에 고양되었다. 이 기간에 T. Attwood(1783~1856)의 통화개혁으로부터 O'conner의 토지배분계획에 이르기까지 여러 가지 사회개혁안이 제출되었다.

그러나 차아티스트운동이 후대의 여러 가지 민주적 개혁에 간접적인 영향을 끼쳤던 것은 사실이지만 운동 그 자체는 1848년까지 현실적 성과를 거두지 못했다. 인민헌장은 1839년에 약 1백만 명, 1842년에 약 3백만 명의 서명을 받아 청원서 형식으로 의회에 제출되었으나 큰 표 차로 부결되고 지지자들은 경찰과 충돌까지 했다. 자본가나 자유주의자들은 노자관계는 당사자 간의 자유계약에 관한 문제이므로 노동자들의 단결이나 국가의 노동자에 대한 보호는 자유경쟁의 원칙에 어긋난다는 명분을 내세워 거부하였다.

이 운동은 지도자 간의 운동방식에 관한 의견차로 분열되었으며 의회의 회피와 위협 속에서 혼란을 거듭하다가 실패로 끝나고 말았다. 그러나 이 운동은 세계 최초의 대중적 정치운동으로서 노동자정당의 맹아로까지 발전하였다는 매우 중요한 평가를 받고 있다.

5. 경제적 자유주의의 확립

1) 자유방임주의 사상

산업혁명이 완수되자 영국에서는 사회의 각 방면에서 자유주의가 지배하기 시작했다. 특히 사상적으로는 자유방임주의(自由放任主義: laissez faire)가 지배하게 되었고, 경제면에서는 중상주의가 폐지되고 자유무역정책이 표방되었다.

경제적 자유방임을 대표하는 이론가는 A. Smith이다. Smith는 프랑스 중농주의(重農主義: physiocracy)학파와 마찬가지로 자연법(自然法)의 입장에서 예정조화론적인 낙관론을 전개했다. Smith는 『도덕감정론(*Theory of Moral Sentiments*)』에

---

22) 이 운동의 인민헌장의 내용은 ① 21세 이상 남자 전체에 의한 보통선거의 실시, ② 매년 선출되는 1년 임기의 의회, ③ 무기명투표, ④ 의원의 재산자격제 폐지, ⑤ 하원의원에 대한 세비지급, ⑥ 인구에 의한 선거구제의 재조정 등 6개 항목이었다.

서 각 개인이 '이기심'(利己心)에 입각하여 자기의 이익을 추구하면 '보이지 않는 손(invisible hand)'에 인도되어 사회에 최대의 이익을 가져다준다고 역설했다. 이와 같이 사적 이익과 공적 이익과의 일치야말로 경제적 자유주의의 이론적 핵심이라고 할 수 있다. Smith는 다음의 저서 『국부론(An Inquiry into the Nature and Causes of Wealth of Nations)』에서 인간의 자유로운 경제활동을 제약하는 중상주의를 비판하고 노동가치론에 입각하여 절대생산비설(絕對生産費說)을 주장함으로써 자유무역주의를 옹호하였다. D. Ricardo(1772~1823)는 Smith의 이 이론을 비교우위론(比較優位論)으로 정치화하여 자유무역의 이점을 강조하였다.

사실 영국에서는 이러한 자유주의적 경제이론이 나타나기 약 1세기 이전부터 경제에 대한 국가의 간섭이 후퇴하고 있었다. 기술혁신이 가져온 공업생산력의 발전과 광대한 시장의 요구야말로 튜더왕조, 스튜어트왕조 이래 실시된 임금, 고용, 기술훈련, 물가, 상업 등에 대한 국가의 중상주의적 통제를 타파하는 가장 강력한 힘이었다. 따라서 Smith나 Ricardo의 주장은 영국 산업자본가의 이해를 대변한 것이며 공업대국으로서의 영국의 자신감에 대한 표현이기도 했다.

2) 자유주의적 경제정책

중상주의적 통제가 배제되고 자유무역과 고용의 자유화가 정책적으로 추진되어 간 예를 보자. 국제분업의 이익을 구하려고 한 자유무역정책이 처음으로 구체화된 것은 1786년의 영불통상조약(英佛通商條約)이다. 이 움직임은 영국과 프랑스 간의 전쟁에 의하여 일시 중단되었으나 1820년 의회에 제출된 『런던 상인의 청원(Petition of the Merchants of London)』에 의하여 다시 부활되었다. 이어서 1824년에는 직인의 이주와 양모수출에 대한 제한이 철폐되었다. 영국의 중심 산업으로서 오랫동안 두터운 보호를 받아온 모직물공업에 대해 원료인 양모의 수출제한이 철폐되었다는 사실은 상업정책상 일대 전환이라고 하지 않을 수 없다. 또한 영국이 거의 독점하고 있던 기계에 대해서 1825년에는 부분적으로 수출금지가 철폐되고 최종적으로는 1843년에 완전히 해금되었는데, 이것은 자유무역을 통해 해외의 기계 수요에 대응하면서 국내의 중공업을 발전시키려 한 것이라고 볼 수 있다.

이와 같은 전환은 해운업에서도 일어났다. 몇 세기에 걸쳐 영국의 해운업을 보호해온 항해조례는 식민지였던 미국이 독립을 하게 됨에 따라 그 기능을 상실하게 되었다. 그리하여 1822년에는 자국선주의(自國船主義)가 대폭 완화되었고, 1825년의 개정에서는 호혜통상의 원칙이 강조되었으며, 1849년에는 마침내 항해조례가 완전히 철폐되었다. 그러나 항해조례의 철폐에 따른 정책전환에도 불구하고 영국이 가지고 있던 무역의 주도권과 조선업의 우위는 오히려 그것에 의하여 더욱 강화되었다.

자유무역으로 정책적 전환을 가져오게 된 가장 큰 계기는 곡물법논쟁(穀物法論爭)이었다. 영국은 이미 1770년대부터 곡물수입국이 되어 있었다. 지주들은 18세기 말부터 시작된 곡물 생산을 위한 엔클로저로부터 이익을 얻기 위해 1791년에 곡물에 대한 관세를 높였다. 그 결과 곡물가격은 1770~1780년의 평균 1쿼터당 51실링에서 1790~1800년에는 평균 68실링, 1813년에는 80실링으로 등귀했다. 그 후 흉작과 프랑스와 전쟁이 계속되는 동안 곡물가격은 한층 상승하게 되었고, 곡가의 등귀에 자극되어 거액의 자본이 개간과 토지개량에 투하되었다. 그러나 1814년에 대(對)프랑스전쟁이 끝나자 사태가 일변하여 물가가 폭락하고 지주와 농업경영자들이 큰 타격을 입었다. 곡가는 1814년의 법률로써 확정되었던 1쿼터당 최고가격 82실링에 달하는 일이 없었다. 사태가 이렇게 되자 1815년에는 의회를 장악한 지주들의 책동으로 곡물법이 새로이 제정되었다. 이 법률은 밀가격이 1쿼터당 80실링이 될 때까지는 외국산 밀의 수입을 금지시켰기 때문에 사실상 곡물수입을 완전히 금지토록 한 것이나 하등 다를 바가 없었다. 실제로 쿼터당 곡가는 1815~24년에는 평균 64실링, 1838~39년에는 56실링, 1839~48년에는 59실링으로 하락했다.[23] 곡물법은 사실상 그 존재 의의를 잃고 있었던 것이다.

---

23) 이로 인하여 곡물의 높은 가격을 전제로 높은 소작료를 지불해야 하는 장기소작계약을 맺고 있던 대차지농의 몰락이 시작되고 지주도 큰 타격을 입었다. 왕립농업협회가 설립되고 Davies(1761~1848)에 의한 화학비료의 도입, Parkes(1793~?)에 의한 배수공사의 착수가 이루어진 것은 농업생산의 침체를 구출하기 위한 것이었다. 또 1830년 말에 시작된 증기력에 의한 간척사업도 역시 이를 위한 것이었다.

그런데 1810년대에는 면공업에서의 기계화가 상당히 진행된 결과 유휴자본이 축적되면서 이 부문에서의 이윤율이 급격하게 하락하고 있었다. 그런데도 사실상 곡물수입이 금지된 것은 곡가 하락에서 이윤회복을 기대하고 있던 면방직업자들의 불만을 사기에 충분했다. 상공업자들은 곡물법이 상품시장을 축소시키고 무역의 발전을 저해한다고 맹렬히 비난했다. 사실 곡가는 하락 추세가 지속되었지만 이윤율과 국제경쟁력이 획기적으로 개선하지 않는 한 상공업자에게는 여전히 불만스러운 존재일 수밖에 없었던 것이다.

상공업자들은 1839년에 반곡물법동맹(Anti-Cornlaw League)을 결성하였다. 이 운동의 지도자는 Richard Cobden(1804~1865)과 John Bright(1811~1889)였는데, 산업의 중심지인 맨체스터에 그 운동본부가 설치되었다는 점에서 자유무역의 주창자들은 흔히 맨체스터파(Manchester School)라 불리었다. 이들의 지도하에 의회의 내외에서 격렬한 정치운동이 전개되어 상공업의 중산계층과 지주계급 간에 권력투쟁이 벌어졌다. 1844~1845년의 소맥 흉작과 1845년의 아일랜드(Ireland)에서의 감자 흉작이 잇따라 일어나게 되자 그 이듬해인 1846년 Robert Peel(1788~1850)은 드디어 여당의 반대를 물리치고 곡물법을 철폐하였다. 곡물법철폐는 논쟁이 지주에 대한 상공업자계층의 승리로 끝났음을 의미한다.

영국은 곡물법과 항해조례가 폐지되고 관세가 개혁된 1840년대부터 본격적으로 자유무역 정책을 실시하였다. 그러나 유럽의 각국은 영국의 일방적인 저관세에 동조하지 않고 보호관세를 채용하다가 자국의 산업혁명이 어느 정도 진행된 후 자유무역으로 전환하였다. 즉 1860년대에 영불통상조약이 맺어짐으로써 이를 바탕으로 유럽국가들 간에 자유무역 체제가 성립한 것이었다.

이외에도 자유주의를 방해하던 구제도는 점차적으로 철폐되었다. 빈민의 거주제한의 철폐(1793년, 1795년), 도제법의 철폐(1813년에 임금규정, 1824년에 도제규정 철폐), 빵 등에 대한 법정가격(Assize of Bread, etc.)의 철폐(1822년, 1836년), 금수출제한의 철폐(1819년), 동인도회사의 독점철폐, 조선회사의 독점철폐(1823년), 잉글랜드은행의 주식조직에 의한 은행업 독점의 철폐(1826년, 1833년), 노예무역과 노예제의 철폐(1807년, 1833년) 등이 이루어지게 되었다. 물론 이것들 가운데는 법적으로 철폐되기 이전에 단지 법전에 형태를 남기고 있었을 뿐 실질적으로는 거의 소멸 내지 그에 가까운 상태로 되어 있었던 것도 없지 않았다.

제 2 절   프랑스의 산업혁명

1. 배경과 특징

프랑스는 벨기에와 함께 유럽대륙에서 가장 먼저 산업혁명을 달성한 나라에 속한다. 프랑스가 유럽 대륙에서 가장 먼저 산업혁명에 진입하게 된 배경으로서는 첫째, 1789년의 대혁명에 의하여 영주제 및 길드규제, 그리고 내국관세(內國關稅)가 폐지되는 등 유럽 국가들 중에서 중세적 속박에서 가장 빨리 벗어났다는 점을 들 수 있다. 혁명 정부와 Napoleon 정부의 제도적 개혁은 산업혁명의 기반을 마련했다. 둘째, 유럽 대륙에서 나름대로 자본가적 농업체제와 수공업이 가장 발달하고 있었다. 특히 선대제이긴 하지만 직물공업을 중심으로 수공업이 어느 정도 육성되어 있었다. 셋째, 강력한 절대주의왕권에 의하여 중상주의정책이 일찍부터 채용되었으며 해외무역이 발달하여 상업자본을 축적한 상인이 다수 존재했다.

프랑스는 1820년대부터 산업혁명에 진입했지만 영국이나 독일에 비하면 대단히 느린 속도로 진행되었다. 기계화 및 공장제의 도입이 영국에 비하여 소규모로 진행되었으므로 심지어 프랑스에서는 산업혁명이 없었다고 하는 극단론까지 존재한다. 프랑스 산업혁명의 시기에 대해서 학자들 간에 논란이 많은 것은 이 같은 프랑스 산업혁명의 특징에 기인하는 것이라고 할 수 있다.

프랑스가 영국보다 산업혁명의 개화가 늦고 진행 속도가 완만할 뿐만 아니라 기계의 도입도 소규모였던 원인은 두 가지로 집약될 수 있다.

첫째, 해외시장에서 영국보다 불리한 위치에 있었다는 점이다. 18세기 말 영국에서 산업혁명이 시작될 때까지 프랑스는 영국과 해외시장을 장악하기 위해 패권을 겨루었지만 프랑스는 중요한 해외시장을 독점한 영국을 따라잡지 못했다. 무역액을 보면, 영국이 1801년의 6,690만 파운드에서 1848년 2억 9,580만 파운드로 4.5배의 격증을 보이고 있는 데 대하여 프랑스는 1801년의 2,870만 파운드에서 1848년에는 6,570만 파운드로 불과 2.3배로 증가했으며, 1848년의 무역액도 영국무역액의 25%선에 미치지 못하고 있다.

둘째, 프랑스에서는 소농민을 비롯하여 소경영이 지배적 형태였기 때문에 자본－임노동관계의 형성이 느리고 국내시장의 형성이 왕성하지 못하여 기계의 도입이 소규모로 이루어졌다.

2. 선행 조건

1) 앙시앙 레짐의 경제

프랑스에서는 13세기에 고전장원의 해체가 시작된 이래로 지역에 따라서 농민적 토지소유가 진전되었고 봉건지대도 화폐지대 및 현물지대로서 비교적 낮은 수준이었다. 그렇지만 16세기에 부르봉왕정이 시작된 이후, 앙시앙 레짐 (Ancien Régime, 구체제: 프랑스혁명 이전의 정치, 사회제도) 말기에는 영세소작이 농민경영의 대부분을 차지하여 농민은 극도의 궁핍에 시달리고 있었다. 이 시기에는 두 종류의 소작제도가 발전하였는데 하나는 주로 북부에 있던 평소작 (平小作: fermage)으로서 현물지대를 부과하는 경우도 있었으나 원칙적으로 정액의 화폐를 지불하는 형태였다. 다른 하나는 분익소작(分益小作: métayage)으로서 생산물의 절반 혹은 3분의 1을 지불하는 것으로서 남부 및 중부지역을 중심으로 전체 농업경영의 3분의 2 내지 4분의 3을 차지하고 있었다.

북서부지역과 같이 지역에 따라서는 농민분화가 진전됨으로써 부농층이 형성되기도 했지만, 이 역시 일부분은 자본주의적 농업경영으로 발전하지 못하고 분익제도에 기생하는 지주제로 전화되고 있었다. 또 서부지방에서는 엔클로저가 이루어지는 등 영국식의 대농경영이 나타났지만 대부분은 개방경지제하의 소농경영이 주류를 이루어 농업기술의 개량이 저지되고 있었다. 더욱이 앙시앙 레짐 말기 이래 인구가 1710년부터 1790년까지 1,000만 명에서 2,000만 명으로 늘어나 농민들의 토지소유 규모가 한층 세분화되고 소작제가 전개되었다.

18세기 공업부문에서는 길드제도가 여전히 전국적으로 잔존하여 경영의 자유가 제약되고 있었다. 농촌공업은 광범위하게 전개되었지만 가내공업적 소경영이 일반적이었으며, 선대제에 의한 상인자본의 지배를 받았기 때문에 매뉴팩처로의 자생적 발전이 저지되고 있었다. 또 도시에서는 대규모의 집중매뉴팩처가 다수 존재했지만 이것은 절대왕정이 정책적으로 특권을 부여한 것으로서 경제외적 강제력을 동반하고 있었다. 그 외에도 국내관세제도의 잔존, 교통수단의 미발달 등으로 인하여 국내시장의 통합이 저해되어 공업발전을 제약했다.

2) 대혁명 이후의 경제개혁

프랑스대혁명과 Napoleon(1769~1821)의 개혁정책은 구제도를 철폐하고 국내자본을 보호함으로써 산업혁명의 전제조건을 창출하였다.

먼저 대혁명은 농민들을 봉건적 부담에서 해방(1789년 8월 4일~1793년 7월 17일)함으로써 봉건적 토지소유를 일소하였다. 그러나 혁명정부에 의한 토지분배는 자본주의적 생산관계의 창출이란 면에서 한계를 지닌 것이었다. 혁명세력은 교회와 망명 귀족의 재산을 몰수하여 매각했기 때문에 도시 부근에서 대토지소유자가 나타나기도 했지만 빈농과 빈민의 저항으로 전체적으로는 농민적 소토지소유가 확립되었다. 또한 소토지소유농민은 혁명정부의 공동지분해정책에 반대하여 이를 좌절시켰다. 그 때문에 19세기 중엽에도 2포 내지 3포농법에 따른 휴한지와 공동방목이 여전히 존속되었다. 빈농은 소규모 농지를 중세적 방식으로 경작하고 농촌공업에 의하여 생계를 유지했기 때문에 근대적인 임금노동자로의 전화가 저지되었다. 이와 같이 프랑스 대혁명에 의한 토지개혁은 봉건적 생산관계를 일소했지만, 농민적 토지소유를 확대시킴으로써 농민층 분해와 자본-임노동관계의 형성을 오히려 방해했다.

혁명정부는 공업제도의 개혁에도 착수하여 길드 및 특권매뉴팩처를 철폐하여 영업의 자유를 확립하고 국민경제를 통합하기 위해 국내관세도 폐기하였다.

둘째, 대혁명 이후의 혼란을 수습하고 정권을 장악한 Napoleon정권은 혁명정부의 정책을 이어받아 산업발전을 위한 체제를 더욱 정비하였다.[24] 먼저

24) Napoleon은 1799년 쿠데타에 의해 제1통령에 취임한 후 1802년에는 종신통령으로 추대되

나폴레옹법전(1804~1810)은 로마법의 전통을 도입해서 사유재산권을 보장하고 재산상속권의 범위를 확대함으로써 산업자본가와 지주의 권리를 보장하였다. 또한 1800년에 중앙은행인 프랑스은행(Banque de France)을 창설하였으며, 1803년에는 주식회사 형태의 지방은행(departmental bank)을 설립하여 인플레이션을 수습하였다. 이러한 금융제도의 정비는 산업혁명기에 자본동원을 위한 수단으로서 중요한 역할을 수행하였다. 그 외에도 군사적 목적에서 파리를 기점으로 하는 전국의 도로망을 정비하여 국민경제의 통합과 산업발전에 크게 기여하였다.

Napoleon의 정책 중에서 가장 주목을 받는 것은 대륙제도(The Continental System, Continental Blockade＝대륙봉쇄령)이다. 대륙제도는 영국의 해상패권과 해상봉쇄에 대항하여 영국 경제를 견제할 목적으로 유럽대륙 전역에서 영국의 상품과 상선, 상인의 활동을 배제하려고 한 것이다. 따라서 이것은 프랑스의 산업보호를 위한 정책으로서 후기중상주의에 해당한다고 할 수 있는데 그 외에도 유럽 대륙 국가들의 산업을 지원하려는 목적도 있었다. 영국과의 갈등은 1803년에 재발한 전쟁을 계기로 상호 간에 통상봉쇄전으로 확대되었다. 특히 1805년 트라팔가해전(The Battle of Trafalga)에서 프랑스해군이 궤멸되자 Napoleon은 유럽의 여러 나라를 침략하고 대영봉쇄체제를 실시하였다. Napoleon은 1806년 '베를린칙령(Berlin Decree)'을 시발로 1807년 '밀라노칙령(Milan Decree)'까지 영국의 임검을 받은 선박을 적국의 배로 간주함으로써 대륙봉쇄를 완성하였다.

대륙제도 아래서 이탈리아는 거의 프랑스의 상품시장이 되었고, 프랑스와 이탈리아 시장의 폐쇄는 인접국가에 커다란 고통을 주었다. 특히 곡물, 목재, 아마 등을 영국에 수출하고 있던 프로이센(Prussia)과 러시아(Russia)의 영주층은 판로를 상실하여 커다란 타격을 입었다. 이 정책은 어려움에 빠진 국가들의 원성의 표적이 되었는데, 1812년에 대륙체제에서 이탈한 러시아에 대한 원정의 실패로 나폴레옹은 퇴위하고 이 체제도 붕괴되었다. 대륙정책은 유럽 대륙을 프랑스의 공업시장으로 만들려고 한 것이었지만 프랑스의 공업력에 한계가 있었기 때

─────────

었다. 1804년 5월 18일에는 다시 국민투표 결과 찬성 350만, 반대 2천 5백의 압도적 지지로 황제에 추대되어 같은 해 12월 12일 노트르담(Notre－Dame)에서 대관식을 거행했다.

문에 철저하게 시행되지 못하였다. 그러나 이 정책은 일부의 기계공업을 발전시키는 등 프랑스 공업의 발전에 크게 기여하였을 뿐만 아니라 벨기에(Belgium), 라인강(The Rhine) 좌안, 스위스(Swiss), 바덴(Baden), 작센(Sachen), 보헤미아(Bohemia) 등 영국과의 경쟁에서 벗어난 지역의 산업발전에 공헌하였다.[25]

3. 전개 과정

1) 시기별 전개

영국의 산업혁명에 충격을 받은 프랑스는 기계기술과 공장제도 등 영국 산업혁명의 성과를 도입하면서 공업화를 추진해 나가게 된다. 1815년 Napoleon이 워털루전투(Battle of Waterloo)[26]에서 패전한 이후 다시 들어선 부르봉왕정하에서는 지주, 선대상인, 금융업자 등의 화폐자산 소유자들이 부활하여 경제 발전에 커다란 역할을 담당하였다. 특히 대은행(Haute Banque)들은 국채인수와 국제무역, 상품의 위탁판매, 환 및 어음거래 등 유통 및 금융에서 중요한 위치를 차지하였다.

1830년의 7월혁명 이후에는 지주, 상인, 금융업자 등의 화폐 재산이 대은행을 매개로 자본시장에 유입되어 기업 설립과 1840년대의 철도 건설에 크게 기여하였다. 예를 들면, 이 시기의 알자스(Alsace)지방에서는 대은행과의 거래관계를 기반으로 기계제 방적공장에 증기기관이 도입되었으며, 1846년에는 역직기가 수직기를 능가하였다. 제철업에서도 금융기관과 생산업체의 거래관계를

---

25) 영국은 대륙제도의 강행 때문에 면제품을 비롯한 공업제품의 유럽수출과 식량수입에 어려움을 겪었지만 수출은 감소하지 않고 증가추세를 보였다. 이것은 영국이 이 기간에 면제품을 무기로 라틴아메리카·미국·중근동 시장을 제패하였고 프랑스와 네덜란드의 식민지마저 지배하였기 때문이다. 松田智雄, 『西洋經濟史』, 靑林書院(장상환 옮김, 『서양경제사강의』, 한울, 1983), p.222.

26) 1812년 러시아원정에 실패한 Napoleon은 1813년 영국, 네덜란드, 프로이센, 러시아, 오스트리아 등의 동맹국에게 패하고 1814년 4월 퇴위하였으므로 Louis XVI세(1754~1793)의 아우 Louis XVIII세(1755~1824)가 국왕에 올랐다. 이 해에 Napoleon 이후의 사태를 수습하기 위한 빈회의가 오스트리아의 재상 Metternich(메테르니히)의 주관 아래 개최되었다. 이 빈회의는 전통적 복고주의를 표방하고 자유주의와 민족주의를 억압했다. Napoleon은 1815년 엘바섬(Elba Island)을 탈출하여 그 해 6월 워털루(Waterloo)에서 싸웠으나 패배하고 세인트헬레나(Saint Helena)로 유배되어 거기서 생을 마쳤다.

전제로 자본이 투하되고 기술혁신이 이루어졌다. 즉 1830년대에는 영국에서 생산된 기계의 도입을 바탕으로 섬유 및 제철업에서 공장제도 발전하였다. 그러나 Louis-Philippe의 7월왕정은 소수의 상층부르주아와 대상인·대은행가가 사실상 정권을 장악하여 점차 보수반동적 정치를 일삼았다. 이에 대해 중소부르주아와 노동자들이 보통선거를 중심으로 하는 선거법 개정을 요구하며 상층부르주아지와 대립한 결과 1848년에 다시 2월혁명이 일어났다.[27]

2월혁명 이후에는 화폐자본가를 비롯한 일부 상층부르주아지의 지배와 전횡을 막고 중소부르주아지의 이해에 바탕한 경제정책이 실시되었는데,[28] 금융구조의 개혁이 획기적으로 진전되어 대은행의 지배력으로부터 금융시장을 해방시켰다.

프랑스의 산업혁명은 제2제정기인 Napoleon Ⅲ세(1808~1873: 재직 및 재위: 1848~1870) 시대에 전면적으로 개화하였다.[29] 노르망디(Normandie) 지방에서는 역직기가 도입되어 섬유공업이 급속히 기계화되었고, 제철업이나 철도업에서도 커다란 발전이 이루어졌다. 특히 Napoleon Ⅲ세는 산업자본가를 보호함과 동시에 토목사업을 일으키고, 통신기관 개선, 철도망 확장, 운하·항만·도로의 정

---

27) Napoleon 패배 이후 1815년 7월에 재출발한 왕정은 Louis ⅩⅧ세에 의해서 반동정치를 점차 강화하다가 1824년에 그 아우 Charles Ⅹ세(샤를 10세, 1757~1836) 뒤를 이었다. Charles Ⅹ세는 극단적인 왕권신수설 신봉자로서 반동정치를 더욱 강화하였으므로 1830년 7월혁명이 발발하여 Louis-Philippe(1773~1850)이 국왕으로 즉위하였다. 이 7월왕정에서는 봉건적 잔재가 제거되고 근대민주정치의 확립을 위한 한걸음의 진전이 있긴 하였으나 정치에 참여할 수 있는 자격을 가진 자는 전 국민의 0.6%에 지나지 않았고, 절대다수의 중소부르주아, 노동자, 농민 등은 여전히 참정권이 없었다. 이 시기에는 상층부르주아가 권좌에 앉았는데, Louis-Philippe은 차츰 의회와 헌장을 무시하는 등 반동정치를 강화하였다. 이에 1840년 이후에 중소부르주아와 노동자가 선거법 개정을 요구하기 시작하였다.

28) 1848년 2월혁명으로 발포된 헌법에서는 3권분립의 원칙이 확인되고 임기 4년의 대통령선출, 보통선거권 등이 인정되었으나 노동의 권리는 제외되었다. 6월 파리에서 봉기한 노동자들 중 1만 명이 희생당했으며, 이것을 계기로 Louis Blanc(1811~1882)의 노력으로 2월혁명 직후 확보되었던 10시간 노동제(파리에서는 10시간 노동, 지방에서는 12시간)가 폐지되었다. 한편 보통선거제의 실시가 확정되자 선거권자는 25만 명에서 일시에 9백만 명으로 증가하였다.

29) 1848년 12월 대통령선거에서 Napoleon의 조카인 Louis Napoleon이 총투표자의 4분의 3인 547만 표를 얻어서 당선되었는데, 그는 1851년 12월 친위쿠데타를 이용해 대통령임기를 연장한 후 다시 1852년 12월에 Napoleon Ⅲ세로 재위에 오름으로써 제2제정을 열었다. 집권 초기에 그는 몇 가지 정책의 성공으로 국민적 인기가 매우 높았다. 그러나 1857년 프랑스경제의 불황 이후 외교적 실책을 거듭하다가 1870년 7월 프로이센에 선전포고하였지만 이 보불전쟁에서 패하여 퇴위하였다.

비, 은행 설립 등을 실현하였다. 제2제정기의 산업육성정책은 미국 캘리포니아의 '골드 러시'에서 시작된 세계적 호경기에 힘입어 프랑스 상공업을 현저히 발달시키고 자본가에게 많은 이윤을 갖다 주었다. Napoleon Ⅲ세는 식민지경영에도 주력하여 프랑스를 영국 다음가는 식민제국으로 만들었다. 그는 1860년에 보호제도를 폐기하고 영불통상조약을 체결하여 영국제품에 대한 수입금지를 철폐하고 영국제품에 대한 관세를 인하하였다. 이것은 부르주아지의 자유무역 요청에 부응한 것으로서 프랑스의 산업기술의 발전에 기여하였지만 영국의 값싼 공업제품 때문에 몰락한 중소상공업자는 정부에 대해서 불만을 품었다. 그러나 통상조약은 프랑스경제가 영국 제품과 어느 정도 경쟁이 가능할 정도로 성장했음을 전제로 한 것으로서 산업혁명이 마무리단계에 접어들었음을 의미하는 것이다.

2) 면공업의 발전

프랑스 산업혁명도 영국과 마찬가지로 면공업 부문에서 최초로 공장제도가 발달하였다. 이유는 면공업이 다른 공업에 비하여 여러 가지 제약을 받는 일이 적고 기계를 사용하는 영국 면공업의 영향을 받았기 때문이다. 면공업에서의 기계 보급이나 공장제도의 확산은 매우 점진적으로 이루어졌다. 프랑스에 제니방적기는 1773년 이후에 이미 도입되었지만 1790년경에도 9백대 정도에 지나지 않았다. 당시에 영국은 약 만대의 제니방적기를 가동하고 있었다. 1769년에 특허를 획득한 Arkwright의 수력방적기가 소개된 것은 이십 년이 지난 프랑스 대혁명 직전이었지만, 혁명의 혼란과 그 후에 벌어진 전쟁 때문에 영국과의 교역이 끊어졌을 뿐 아니라 규모가 큰 공장시설과 대자본을 필요로 했기 때문에 거의 보급되지 않았다. 이것보다 늦게 Napoleon 때에 도입된 Crompton의 mule 방적기는 수력방적기에 비해 경량에다가 자본소요가 적었으므로 일반에게 널리 보급되었다.

공장제도는 1815년 이후 북프랑스에 있는 알자스의 뮤르즈지역과 리르지역 그리고 노르망디지방을 중심으로 확립되어 갔다. 방추수는 리르지방의 경우 1816년의 8만 1천 추에서 1842년의 40만 추로 증가하였고, 라인 상류지방의 경우 1834년의 53만 추에서 1846년의 78만 추로 증가했다. 그리고 1공장당 평균 방추수는 라인 상류지방의 경우 1834년의 1만 2천 추에서 1846년의 1만 6천 추로 증가했다. 노르망디지방에서는 1834년에 약 3천 6백 추, 리르지방에서는 동년 약 4천 추였다. 노르망디지방에서는 4만 4천 추를 가진 공장, 알자스지방 에서는 5만 추를 가진 공장 등이 있었으나 그것은 특수한 예외였다고 할 수 있다.

직포공정에 대해서 보면 비사가 도입된 것은 18세기 말경이었다. 1820년경 에는 알자스와 노르망디지방을 중심으로 일반에게 보급되었다. Cartwright의 역 직기는 1804년에 소개되었다. 역직기의 보급은 영국에서도 상당히 늦었으므로 프랑스에서의 발달은 매우 부진하였다. 그 이유로서는 첫째, 프랑스 기계공업의 발달이 늦었다는 것, 둘째로 프랑스에서 생산된 대부분 면사의 품질이 불량했 다는 것, 셋째로 임금이 낮았다는 것 등을 들 수 있다. 역직기는 1840년대부터 1850년대 이후에 와서야 널리 보급되었는데, 그 중심지는 역시 알자스지방이었 다. 그 보급된 수를 보면 알자스에서는 1830년 2천 대, 1846년 1만 대였고, 1867년에 전국에 보급된 8만 대 중 알자스는 3만 8천 대를 차지했다. 참고로 1867년의 모직기(毛織機)의 대수를 보면 알자스에서는 9천대, 전국에서는 20만 대였다. 그러므로 알자스를 제외하면 모직기가 여전히 일반적이었다. 다른 직물 공업, 즉 모직물·견직물·아마직물 등은 면직물에 비하여 기계도입이 뒤떨어졌 다. 이들 분야는 Napoleon Ⅲ세의 제2제정(1852~1871)이 성립된 후에 와서 서 서히 발전하기 시작했으나 공장화는 매우 완만했다.

다음, 기계동력은 수력이 중심이었고 그것이 주로 보급된 부문은 면공업 부문이었다. 증기기관이 처음 프랑스에 나타났던 것은 1806년이다. 1810년대에 증기기관을 사용한 공장은 불과 15개소였으며, 1820년에 와서도 65개소를 넘지 않았다. 1827년에 증기기관의 새로운 제작법이 발명되고 1825년에 영국의 기계 수출금지가 부분적으로 해제되자 그 사용이 촉진되었다. 그리하여 1830년에는 620개소의 공장에서 1천 마력의 동력을 사용했다. 1848년에는 공장은 5천 2백 개소에 6만 5천 마력으로 증가했다. 그러나 1대당 마력수는 불과 12마력 반으 로서 영국의 그것에 비하면 훨씬 떨어졌다.

3) 자본재산업의 발전

기계사용의 증대는 기계공업, 제철공업 및 광산업의 발달을 촉진했지만 이 산업들도 완만하게 발전했다. 기계공업은 파리, 알자스, 리이르, 리용, 마르세이유 등에서 집중적으로 발달했다. 면공업, 철도, 증기기관 제작 등 기계 수요를 창출하는 다른 공업이 천천히 발달했기 때문에 이 부문의 발전도 역시 느리게 발전했다.

제철업은 철의 생산지와 석탄의 생산지가 영국과 달리 접근해 있지 않고 멀리 떨어져 수송이 불편하고 비용이 비쌌기 때문에 발달이 지연되었다. 즉 석탄의 산출지는 주로 중앙부의 산악 또는 계곡지대에 있었으며 남부에서도 철의 광상(鑛床)과는 멀리 떨어진 지역에 있었다. 반면, 철 생산지와 목탄(木炭)의 생산지는 붙어 있어서 산림소유자인 국가, 왕, 귀족 및 기타 정치권력과 가까운 부유층들이 목탄판매수입을 확보하기 위해 높은 관세로써 연료수입을 저지했다. 프랑스에서는 목탄이 오랫동안 이용되었기 때문에 정련법(精練法)의 개량이 용이하지 않았고 선철법(銑鐵法)도 개량되지 않았다.

그 밖에도 프랑스의 제철업 발달이 뒤떨어진 데에는 다음과 같은 원인이 있다. 즉 지방시장에 의존하는 소규모 생산자가 많았다는 것, 보수주의적 생각에 사로잡혀 신지식을 수용하지 않았다는 것, 자본이 부족했다는 것, 영국으로부터 증기기관의 도입이 늦었다는 것 등이다. 선철생산은 1830년대 이후 점진적으로 증대하여 1860년대부터 코크스 이용로(利用爐)가 일반화되기 시작했다. [표 7-5]와 앞에서 말한 코크스 이용로의 수를 비교하면 코크스 이용로의 증가가 선철생산량 증가의 주원인이 되고 있음을 알 수 있다.

[표 7-5] 선철 생산액 (단위: 톤)

연 차	코크스 이용로	목탄로	합 계
1828	21,570	199,348	220,918
1840	77,063	270,710	347,773
1847	251,157	339,430	591,589

선철생산의 증가에 비례하여 단련기(鍛練機)의 사용도 증가하였는데, 1834년의 184대에서 1847년에는 467대로 늘어났다. 철추(鐵槌)가 점차 목추(木槌)나 수추(手槌)를 대신하게 되고 금속전연기(金屬展延機)나 기중기(起重機)도 수입되었다. 이리하여 1844년의 박람회에는 선반, 천공기, 절단기 등이 출품될 정도로 기계생산이 발달했다.

광산업을 보면, 철광 생산량은 1833년에 74만 톤이었던 것이 1847년에는 165만 톤으로 증가했다. 석탄생산량도 부족하여 공업의 발달에 따라 그 소비가 늘어나자 부족분을 수입으로 충당했다. 즉 1830년 250만 톤이었던 석탄소비량이 1847년에 이르러 765만 톤으로 늘어났으나 동년의 석탄생산량은 515만 톤으로서 그 부족분을 영국이나 스칸디나비아반도에서 수입하지 않으면 안되었다. 이 무렵부터 북부지방의 리르, 중부지방의 생테티엔(Saint – Etienne) 등의 석탄생산지가 공업중심지로 되어 갔다.

이와 같이 프랑스에서는 자본재산업이 느린 속도로 진행되었는데, 이를 영국과 비교하면 쉽게 알 수 있다. 즉 영국에서는 자본재 생산의 비중이 전체 공업생산에서 1783년 29%, 1812년 31%, 1851년 40%, 1881년 47%로 증가한 반면, 프랑스에서는 1781~1790년에 18%, 1803~1812년 21%, 1875~1884년에 22%에 머무르고 있었던 것이다.

한편, 1823년 생테티엔에서 탄갱철도(炭坑鐵道)가 부설된 이래 철도망도 정비되어 국내시장의 통일을 도왔다. 1848년에는 총연장 2천km 가까이 개통되었고 건설 중이던 철도도 약 4천km에 달했다. 그러나 프랑스는 영국에 비해 여전히 공업의 발달이 뒤떨어지고 있었기 때문에 레일은 자급하였으나 기관차는 거의 50%를 영국에서 수입하였다. 파리를 중심으로 하는 철도간선망은 1860년에 대부분 완성되었다.

농업도 진보하여 경지면적이 1789년의 400만ha에서 1842~1851년에는 580만ha로 증대하고 1ha당 밀 생산량도 같은 기간에 1ha당 7.75hl(hectoliter: 100리터)에서 13.86hl로 증산되었다. 농업의 기계화가 진행되고 휴경지가 소멸되면서 식육생산(食肉生産)은 1789년에 45만 톤에서 1852년에는 83만 톤으로 증가했다. 이처럼 1830년대 이후에 농업의 진보현상이 나타나기는 했으나 그 전개범위와 속도는 대체로 저조했다. 1840년에는 곡물경작 면적에 대한 휴경지의 비율이 약 48%였는데 1862년에도 약 33%나 되었다. 휴한지와 공동방목 관행이 완전히 없어진 것은 19세기말에 이르러서였다. 농촌의 빈농이 공동용익권을 상실하고 농촌수공업이 쇠퇴함에 따라 생활의 기반을 상실한 자들이 근대적 임금노동자로 전락하는 현상이 나타난 것도 이 시기였다.[30] 즉 프랑스에서는 산업혁명이 시작된 이후에도 중소농업경영의 분해는 크게 볼 수 없었고, 영세소경영의 비율은 20세기 초에 이르기까지 80%선을 유지했다

이상에서 살펴본 바와 같이 프랑스의 산업혁명은 1820년대에 시작하여 30년대에 와서 서서히 진행되었으나 본격적인 진전을 본 것은 1840년대였으며, 가내공업제도를 구축하기에 이른 것은 1850년대 이후였다. 그렇지만 Napoleon Ⅲ세의 제2제정에서도 수공업에 고용된 노동자 수가 공장공업에 고용된 숫자보다 2배나 더 많았다. 그리고 공장기업은 일반적으로 소규모로서 대체적으로 공장주 1인당 평균 14명의 노동자를 거느리고 있었다. 즉 프랑스의 산업혁명은 영국에 비하여 그 진행속도가 느렸을 뿐 아니라 기계화의 규모도 작았다는 것이 그 특징이었다.

또 한 가지 영국에 비하여 다른 점은 국가가 수행한 역할이 컸다는 사실이다. Napoleon은 영국과의 경쟁에서 승리하기 위해 강력한 국가정책을 실시했고 왕정복고 및 7월왕조에서도 보호정책을 계속 유지했다. 이 보호정책은 선진국이었던 영국, 신흥의 독일, 그리고 벨기에의 공업에 대응하기 위한 것이었다.

제3절 독일의 산업혁명

독일은 1840년대부터 1870년대 초에 걸쳐 산업혁명을 완수했다. 독일은 산업혁명의 기반을 조성하기 위해 국가가 주도적으로 봉건적 후진성을 정책적으

---

30) 이 경우에도 견직물가공 등 공예수공업(工藝手工業)이 이루어지던 지역에서는 농민들이 도시로 몰려오지 않고 농촌임금노동자로서 계속 농촌에 잔류했다. 이러한 현상은 소공업도시 주변의 농촌에서도 볼 수 있었다. 그들은 마을에 약간의 토지와 가옥을 가지고 거기서 소공업도시의 공장에 일하러 나갔기 때문에 농촌인구의 이동이 비교적 적었다.

로 일소하고자 하였고 특히 공업화정책에서 중요한 역할을 수행하였다. 따라서 독일의 근대화는 국가 권력의 주도로 "위로부터" 수행되는 특징을 지니게 되었고, 이것이 산업화 이후 오랫동안 독일의 경제 및 사회구조를 결정짓는 중요한 요소로서 작용하였다.

1. 선행 조건

1) 봉건적 토지소유

독일의 산업혁명은 영국이나 프랑스에 비해 더욱 늦게 전개되었다. 그 이유는 무엇보다도 봉건적 질서가 견고하게 지속되었기 때문이다. 첫째, 독일은 19세기 초에도 여전히 35개의 군주국(君主國)과 4개의 자유시(自由市)로 분열되어 제각기 독자적인 관세제도를 두는 등 국내시장이 통일되어 있지 않았을 뿐만 아니라 길드 등의 중세적 상공업체제가 여전히 강력한 힘을 발휘하고 있었다. 둘째, 정치적으로도 봉건영주의 지배가 계속되어 많은 지역에서는 농노의 예속적 노동이 농업 생산에서 중요한 위치를 차지하고 있었다. 셋째로 국가가 정치경제적으로 분열되어 있었기 때문에 중상주의시대에 해외무역 및 식민활동을 통해 상업자본을 축적할 수 있는 기회를 가지지 못했다. 이와 같이 독일은 영국이 이미 산업혁명을 완수한 시기에도 봉건적 토지소유를 기초로 한 영주적 지배가 지속되고 있었다.

독일의 경제적 후진성의 근원은 영주 계급의 봉건적 지배에 있었다. 따라서 독일의 근대화는 먼저 낙후한 농업생산체제 및 토지소유관계를 변혁하는 것으로부터 시작하지 않을 수 없었다. 이 경우 특히 문제가 된 것은 구쯔헤르샤프트(Gutsherrschaft, 농장영주제, 재판농노제)가 지배적이었던 엘베강(Elbe River)의 동쪽 지역이었다. 이에 비해 렌텐그룬트헤르샤프트(Lenten Gruntherrschaft, 지대장원제)가 지배적이었던 엘베강 서쪽 지역에서는 이미 봉건질서가 어느 정도 해체되고 있었다. 즉 서엘베 지역에서는 18세기 후반부터 농민분해가 나타나기 시작하여 농업제도의 변혁이 대체로 프랑스와 비슷하게 이루어지고 있었는데, 이것은 프랑스의 영향을 크게 받았기 때문이다. 1783년에는 바덴(Baden)에서,

1808년에는 바이에른(Bayern)에서 농민혁명이 이루어지고 1820년부터 1830년 사이에 서엘베 전역에서 농민해방운동이 일어났는데, 마침내 1848년의 혁명에 의하여 봉건적 토지소유가 전면적으로 해체되어 농민의 토지소유권이 확립되었다.

반면, 구쯔헤르(Gutsherr: 농장영주)의 강한 지배하에서 농노들이 신음하고 있던 엘베강 동쪽 지역에서는 농민의 자유로운 해방을 전혀 기대할 수 없었다. 다만, 이 지역에서도 18세기 후반에 이르면 농민 내부에서 극히 제한된 범위에서나마 농민층분해가 진행되어 인스트로이테(Instreite)라 불리는 새로운 일용농업노동자(日傭農業勞動者)가 형성되고 있었다. 그러나 이러한 농민층의 분해만으로는 농민해방이나 자영농의 출현을 기대하기는 어려웠다. 18세기 말에 프로이센 정부가 농민보호정책을 취했지만, 영주의 강한 저항에 부딪혀 농민해방은 왕령지(王領地)에만 국한되었다.

2) 농노해방과 융커경영

19세기에 들어오자 동엘베 지역에서는 농민해방을 전면적으로 실시하지 않으면 안되는 상황에 직면하였다. 즉 프로이센은 1806년 예나(Jena)전투에서 Napoleon에게 패배하고 1807년 굴욕적인 틸지트화약(Tilsit和約)을 체결하게 되었는데, 이를 계기로 독일의 지배계급과 지식인들은 프랑스에 대한 전력강화와 조국근대화를 위해서도 농민해방이 중요하다는 것을 깨닫게 되었던 것이다. 그리하여 1807년에는 Stein(슈타인, 1757~1831)에 의해서 농민해방령이, 1811년에는 Hardenberg(1750~1822)에 의해 그 조정령이 발포되었다. 이것이 위로부터의 개혁으로서 이른바 "슈타인－하르덴베르그의 개혁"이다.[31]

그러나 이 두 사람의 개혁정책은 불철저하게 진행되었다. 1807년의 Stein의 개혁에서는 토지에 대한 농민보유권의 처리가 명확하지 못해서 귀족들이 빈번하게 농민을 추방했다. 그래서 1811년의 Hardenberg의 개혁에서는 토지대금을 배상하는 조건으로서 농민을 해방했지만, 농민은 세습적으로 보유해 온 토지에 대해서조차 총지가의 3분의 1을, 세습이 아닌 토지에 대해서는 2분의 1이란 적

---

31) 1807년에 시작된 농민해방과 이에 뒤따른 여러 가지 개혁 —도시개혁, 군사개혁, 교육개혁, 재정개혁— 이 슈타인－하르덴베르그개혁의 주요 내용이다.

지 않은 대가를 영주에게 지불하지 않으면 안되었다. 그럼에도 영주층은 자기들의 이해를 고려한 Hardenberg의 농민해방안에 대해서조차 끝까지 반대했다. 영주의 반대에 부딪혀 결국 1816년에는 새로운 법령이 포고되고 세습농민 중에서 부역농민은 해방에서 제외되었다.[32] 많은 농민들은 보유지에 대한 권리를 박탈당하고 목초지나 산림의 이용권도 상실하였다. 이 때문에 얼마간의 토지를 소유한 농민들은 독립된 자영농으로서의 경영을 지속할 수 없게 되었으며, 배상지불을 강요당하는 등 여러 가지 압력을 받고 부채를 짊어지게 되었기 때문에 많은 농민은 토지를 융커(Yunker)에게 팔아넘기지 않을 수 없었다. 또한 농민보유지의 몰수금지가 해제되었으므로 농민지에 대한 종획과 농민추방 등도 공공연하게 발생했다.

한편 농장영주(Gutsherr)들은 신흥토지귀족인 융커로 전환되었다. 이들은 해방에서 제외된 부역농민과 해방된 이후 몰락했던 농업노동자, 즉 인스트로이테를 사역하여 점차 경영을 확대하였다. 해방에서 제외된 대다수의 농민과 해방 이후에 몰락한 많은 농민들은 다시 융커의 예속하에 놓이게 되면서 사실상의 임금노동자가 되었다. 따라서 융커는 근대적인 지주와 농업자본가로서의 성격을 동시에 띠게 되었다. 반면 토지개혁 자체는 불철저하였기 때문에 자유농은 전면적으로 형성되지 못하였으며 단지 최고 부농민의 수는 증가하였다.[33] 융커경영은 영국의 3분할제(지주, 차지농업가, 농업노동자)와 다르지만, 농업경영 내에 몰락한 농민을 임금노동자로서 고용한다는 면에서 자본주의적 농업경영 방식이다. 즉 독일에서는 불철저하나마 농민해방을 계기로 농업의 자본주의화가 위로부터 달성된 것이다. 또한 이것은 농민층의 몰락을 통한 본원적 축적으로서 산업혁명의 전제조건을 위로부터 창출하는 과정이었다고도 할 수도 있겠다.

농민해방 과정에서 대규모의 융커경영이 성립하자 토지소유자들은 농법을 개선하였다. 먼저 종래의 삼포농법 대신에 클로버, 콩과식물 등을 재배하는 윤

---

32) 1816년부터 3월혁명까지 부농은 그 총수의 86%가 해방되었으나 빈농은 17%밖에 해방되지 못하였다.

33) 1848년 동엘베에서는 5모르겐 이하의 농민 25%, 5~30모르겐이 24%, 30~300모르겐이 28%, 300~600모르겐이 11%, 600모르겐 이상이 12%였다. 이는 1800년에 8모르겐 이하의 빈농이 0.45%였던 것과 비교하면 농민해방이 불철저했음을 보여준다.

작법(輪作法)과 뒤이어 심경법(深耕法)[34]이 시행되었다. 또 타곡기(打穀機)등 개량된 농기구가 사용되었고, 비료도 종래 사용되던 퇴비 외에 인공비료(人工肥料)가 사용되었다. 그리고 양조, 사탕무우 재배와 제당 등 부업으로서의 농촌공업은 매뉴팩처로부터 공장제공업으로까지 발전하고, 일부에서는 산업자본가로 전신한 융커도 나타났다. 국가는 융커경영에 대해서 자금을 보조하고 보호관세를 실시하였다.

한편, 농업과 마찬가지로 수공업에서도 19세기 초에는 봉건적인 춘프트(Zunft, 길드)제가 그대로 유지되고 있었다. 그런데 근대적 공업체제가 점차 발전하고 독일 내부에서 관세통합운동이 벌어지면서 춘프트제는 점차 폐지되어 갔다. 독일의 개혁을 주도한 프로이센에서는 1807년 Stein의 '10월칙령', 1810년 '일반영업세의 도입에 관한 칙령', 1811년의 '영업경찰에 관한 법률' 등을 제정함으로써 춘프트제를 폐지하고 영업의 자유를 법률적으로 확립하였는데, 1845년까지 춘프트제도가 완전히 철폐되었다. 프로이센을 제외한 다수의 지방에서는 1860년대까지 춘프트가 존속하기도 했지만, 1850년대 및 60년대에는 거의 폐지되고 영업의 자유가 확립되었다.

지금까지 살펴온 바와 같이 독일에서는 봉건적 경제질서가 국가의 정책적 힘에 의하여 해체되는 '위로부터의 개혁'에 의하여 산업혁명의 기반이 마련되었다. 특히 농민해방이 비록 전면적인 자영농민의 육성을 가져오지는 못했다 할지라도 이것이 농민분해와 융커성립의 계기가 되었으며, 이로써 산업혁명의 기반이 조성되었다 하겠다.

3) 관세동맹의 결성

관세개혁은 독일 경제의 근대화와 산업혁명을 위한 또 하나의 중요한 계기였다. 관세동맹은 국내시장을 통합했을 뿐만 아니라 정치적 통일을 달성하는 데도 크게 기여하였다. 독일은 18세기까지만 해도 3백여 개의 영지로 나누어져 있었다. 빈회의에서 약 40개의 영방(領邦: Staaten)으로 통합되었지만 영방 내에

---

34) 종전의 경작에서는 3~4촐(Zoll, 1촐은 2.5cm)의 깊이로 갈았으나, 심경법에서는 적어도 7~8촐까지 깊이 갈았다.

서조차 지역마다 다른 관세가 독립적으로 채용되고 있었다. 예를 들면, 1790년 경의 독일은 약 1,800개의 관세영역으로 분열되어 있었고, 19세기 초의 프로이 센마저 67개의 관세영역으로 분열돼 있었다. 이렇게 국내시장이 작은 단위로 분할된 것에 더하여 Napoleon전쟁 후의 불황과 값싼 영국 제품의 도입으로 독일의 공업은 커다란 타격을 입었다. 이러한 상황에 대하여 당시의 경제학자 F. List를 중심으로 하여 독일의 상공업자들은 1819년 프랑크푸르트 암 마인 (Frankfurt am Main)의 메세(Messe)에 모여서 모든 역내관세(域內關稅)의 철폐와 대외관세의 통일을 주장했다.

먼저 독일 통일을 주도한 프로이센은 자기 영방 내부의 관세를 통일했다. 빈회의 이후 프로이센은 상실했던 지역을 회복하고 새로운 영토를 포섭하여 대국으로 성장했으므로 프로이센 내부의 관세통일 자체가 독일의 관세통합을 주도하는 것이나 다름없었다. 프로이센은 1818년에 국내관세를 철폐하고 국경관세를 저율로 설정했다. 이것은 기본적으로 자유무역주의의 원칙에 입각한 것으로서 프러시아의 경제통합을 위한 것이지만 전 독일의 경제적 통일을 위한 전 단계적 조치로서의 의미를 띠고 있었다. 즉, 프로이센은 다른 영방들이 프로이센 관세체계에 가입하지 않으면 고율의 통과세(通過稅)를 매겼는데, 독일의 주요 통상로가 프로이센을 통과하고 있었기 때문에 이 조치는 독일 내 다른 영방으로 하여금 프러시아의 관세체계에 포섭되도록 하는 압력으로 작용하였다.

한편, 영방국들 간의 관세동맹은 1820년대 말부터 본격적으로 추진되었다. 그 기점은 1828년으로서 하나는 바이에른과 뷔르텐베르크(Württemberg) 사이에 체결된 '남부독일관세동맹'이고 다른 하나는 프로이센과 헷센(Hessen)·다름슈타트(DarmStadt) 간의 동맹이었다. 프로이센은 이 동맹을 성립시킴으로써 동서로 분할되어 있던 자국 영토를 결합하는 데 성공했다. 이에 대하여 하노버(Hanover)·작센 및 그 밖의 영방들 역시 같은 해에 '중부독일통상동맹(Deutscher Handelsverein)'을 결성하여 남북의 관세동맹에 대항하면서 상업로를 확보하려고 하였다. 이후 교섭이 진행되어 1834년에는 프로이센관세동맹을 중심으로 하여, 바이에른 등 남부제국으로 형성된 남부독일관세동맹과 하노버 등의 중부제국으로 구성된 중부독일통상동맹이 합체하여 '독일관세동맹'이 성립되었다. 이 동맹은 오스트리

아 등 2, 3개국을 제외한 거의 전 독일을 한데 뭉친 것으로서 이때부터 독일의
경제통일이 그 첫걸음을 내딛게 되었다. 그 결과 동맹에 가입한 영방 간의 역내
관세는 철폐되고 공통의 통일적 국경관세가 제정되었다. 관세 수입은 인구수에
따라 각 영방에 분배되고 영방의 대표자 회의가 운영을 담당하였지만, 주도적
위치에 선 것은 프로이센이었다. 인구가 많은 프로이센이 유리한 것은 당연했
거니와 적용된 관세율도 1818년의 프로이센의 것이었다. 관세동맹 결성 이후
1848년까지는 공업제품에 대한 관세율이 점차 인상되었지만, 1850년대에는 점
차 저하되다가 1860년대에는 자유무역정책으로 전환하였다.

2. 전개 과정

1) 면공업의 발전

독일의 산업혁명도 면공업에서 시작되었다. 당시 공업 발전의 주된 장애물
은 춘프트였다. 독일에서는 전통적으로 섬유공업에서 춘프트의 힘이 강하고 기
계 사용에 대한 저항감도 다른 나라보다 심했다. 그럼에도 면공업에서 먼저 기
계가 도입된 것은 면공업 분야가 춘프트규제가 없는 신흥산업이었기 때문이다.
독일의 산업혁명은 영국의 기계 및 기술을 도입하여 진행되었는데, 면공업이
다른 부문에 비해 비교적 대자본을 필요로 하지 않는 점도 기계 도입에 유리하
게 작용했다.

1846년 프로이센의 모직물공업에서는 가내공업의 기계수가 약 3만 대에 달
한 데 비해 매뉴팩처 및 공장의 직기수는 1만 4천 대에 불과했다. 그러나 면공
업에서는 가내공업의 직기수는 약 7만 1천 대였고, 공장제수공업 및 공장의 직
기수는 6만 8천 대나 되었다. 면공업은 그 후로 기계방적이 발달하여 1849년에
약 8만 4천 명에 이르던 수직직인(手織職人)은 1861년에 1만 4천 명으로 감소했
다. 양모방적(羊毛紡績)은 1866~1870년의 호경기 중에 그 산지인 작센을 중심
으로 공장공업화가 급격히 진전했으며, 마사방적(麻絲紡績)도 슐레지엔(Schlesien)
을 중심으로 하여 일찍부터 기계화되었다. 그 이유는 슐레지엔에서는 오래전부
터 마사방적이 발달하여 18세기 중에 이미 선대제 가내공업 내지 매뉴팩처가

전개되고 있었기 때문이다.

증기기관의 보급에 대해 살펴보면, 프로이센에서는 1788년에 처음으로 증기기관이 출현했지만, 두번째로 증기기관이 사용된 것은 겨우 1822년이었다. 방적공장에는 1820년대에 증기력이 도입되기 시작하였지만 1837년에도 300대에 지나지 않았다. 직포공정은 방적공장에 병설된 전용 직포장에서 협업형태로 이루어졌는데, 농촌의 가내공업으로서 선대제 상인에게 장악되어 있는 경우가 많았다. 역직기가 직포공정에 도입된 것은 1830년대 이후로서 19세기 후반에 수직기(手織機)의 숫자보다 많아졌다. 마무리공정에서도 1830년대부터 기계화가 진전되었지만 그 속도는 완만했다. 영국에서는 1840년에 약 5천 대의 증기기관이 설치되어 있었으나 1849~1851년 동안 프로이센의 각 공장에 설치된 증기기관의 수는 1,100대, 그 총마력수는 1만 6천 마력에 지나지 않았다.

이와 같이 섬유공업은 독일의 산업혁명이 가장 먼저 시작된 분야였지만, 동력에서 증기력과 수력·마력·인력 등이 병존하고, 생산방식에서도 기계식 공장과 매뉴팩처·선대제·가내공업 등의 수공업적 단계가 병행하는 등 기계화의 진전은 대체로 점진적이었다.

2) 중공업의 발전

섬유공업에서의 기계화가 점진적으로 진행된 것과는 대조적으로 중공업은 매우 빠른 속도로 발전했다. 독일 산업혁명의 특징은 이 부문에서 현저하게 드러나게 된다.

철도의 건설은 산업혁명 도중에 활발하게 진행되어 산업발전을 크게 자극했다. 1835년 뉘른베르크(Nürnberg)와 퓌르트(Fürth) 사이에 독일 최초의 철도가 부설되고 난 후 1840년대 이후부터는 급속하게 건설되었다. 1840년도의 철도의 총연장은 469km였지만, 45년에는 2,300km, 50년에는 6,000km, 60년에는 무려 1만 1,000km에 달했다.

증기기관의 사용과 철도의 보급이 빠르게 진행되어 석탄에 대한 수요를 증가시키자 광산업도 근대화되어 갔다. 1850년 이전에는 불과 6개의 광산회사에 자본금총액은 3,170만 마르크에 지나지 않았으나, 1850~70년 사이에는 19개

회사로 늘어나고 총자본금도 1억 1,890만 마르크에 달했다. 증기기관은 1858년에 2만 5천 마력이었던 것이 1870년에는 10만 마력으로 약 4배나 증가했다. 석탄 생산량도 1824년의 120만 톤에서 1848년에 440만 톤, 1860년에 1,640만 톤, 1870년에는 3,400만 톤으로 증가했다. 석탄생산의 중심지는 상·하슐레지엔, 아헨(Aachen), 자아르(Saar), 작센, 하(下)라인, 베스트팔렌(Westfalen) 및 루르(Ruhr) 지방이었다.

  다음은 제철업에 대해서 살펴보자. 철광과 석탄의 근접 정도와 저렴한 운임으로 석탄과 철을 목적지까지 수송할 수 있느냐 하는 것이 제철업 발전의 최대관건인데, 독일은 이 두 조건이 모두 결여되어 있었다. 더구나 철광에 다량의 인(燐)이 포함되어 있어서 처음에는 그 발전이 부진했다. 초기의 철광업은 수공업적 경영으로서 매각 불가능한 목재를 이용하는 농가의 부업으로서 겨우 명맥을 유지하고 있었다. 코크스 용광로는 1835년에는 5개에 불과했는데, 제철의 총생산고 가운데 코크스 용광로의 생산고가 점하는 비율은 1834년에 4.5%, 1850년에는 10.8%에 지나지 않았다. 영국이 1788년에 목탄로의 생산고가 총생산고의 20%에 불과했다는 것을 생각하면 독일의 제철업이 매우 낙후해 있었음을 쉽게 알 수 있다. 그러나 1840년대 이후 철도가 발달하여 운송비가 대폭적으로 절감됨에 따라서 제철업도 발달하기 시작했다. 특히 1868년 철광에서 인을 처리하는 영국의 토마스 길크리스트법(Thomas Steel Making Process)이 도입되자 급속하게 발전했다.

  독일 공업화의 또 하나의 특징은 기업의 대규모화가 매우 빨리 진행되었다는 점이다. 기업의 대규모화는 이미 1850년대에 시작되었는데, 1861년의 프로이센의 한 예를 들면, 철공업의 기업체수는 1849년에 비해 줄었는데도 한 기업당 평균 종업원수는 같은 기간에 비해 2배 이상 증가하였다. 이것은 수공업을 비롯하여 중소기업을 도태시키면서 대경영이 발전해갔다는 사실을 보여준다. 또 다른 예를 든다면, 베를린에서 Borsig(보르지히, 1804~1854)가 설립한 기관차 공장은 1830년대에는 종업원이 50명에 불과했으나 철도의 발달에 힘입어 1866년에는 1,600명을 거느린 세계최대의 기관차공장으로 성장하였다.

  독일의 중공업은 이와 같이 1850년대까지 생산규모는 확대되었으나 종업원

일인당 생산지수는 증가하지 않았다. 예를 들면, 1850~1859년에 석탄의 생산이 2배로 증가했지만 종업원수도 2배 이상으로 늘어났다. 일인당 생산지수와 대경영이 동시에 확대되는 것은 1860년대 이후였다.

지금까지 살펴본 바와 같이 독일의 산업혁명은 1840년대 이후에 시작되어 그 후 급속히 발전해 나갔다. 독일 산업혁명의 특징은 다음과 같이 요약할 수 있다.

첫째, 독일은 봉건적 질서가 오랫동안 유지되었기 때문에 공업화되기 이전에는 자본축적이 제대로 이루어져 있지 않았고 매뉴팩처 자본가도 충분히 형성되어 있지 않았다. 따라서 위로부터의 개혁을 달성해 나가는 과정에서 봉건시대의 중소상공업자가 근대적 기업가로 전화한 예는 드물고 은행가, 대상인 혹은 귀족 등과 같은 대토지소유자나 대자본을 가진 사람들이 기업가로 성장하였다. 즉, 독일의 산업화 과정은 전형적으로 후진자본주의[35]의 유형에 속한다.

둘째, 위로부터의 개혁으로 산업발전의 토대를 마련하였지만 국내시장이 협소하였기 때문에 중공업 특히 군수공업이 빠른 속도로 발달했다. 군수공업은 통일뿐만 아니라 대외확장을 위한 주요한 수단이기도 했다. 독일은 통일을 방해하는 외국과의 전쟁을 여러 차례 치렀는데, 1848년과 1864년의 2회에 걸친 대(對) 덴마크전쟁, 1866년의 대(對) 오스트리아전쟁을 거쳐 1871년 대(對) 프랑스전쟁에서 승리하여 마침내 통일을 달성했다. 독일의 통일을 뒷받침한 세력은 프로이센의 융커와 상공업자들이었다. 이리하여 1871년 프랑스와의 전쟁에서 승리한 후에는 다액의 배상금의 유입, 석탄·철광이 풍부한 공업지대인 알자스(Alsace), 로렌(Lorraine)의 획득 등으로 호경기를 맞이하였다.

셋째, 정부는 철저하게 산업발전을 위한 시책을 계획하고 기업 경영을 적극적으로 지원하였다. 국가가 나서서 농노해방, 춘프트의 폐지, 관세제도의 개혁 및 관세동맹의 결성 등 산업혁명을 위한 모든 제도적 기반을 마련하였지만,

---

35) 주로 중소자본가가 산업자본가로 성장한 선진자본주의(先進資本主義)에 대하여 자본주의가 발전하기 위한 기본적 조건이 충분히 성숙하지 않은 상태에서 선진자본주의의 정치, 경제적 외압에 대한 대응으로서 자본주의발전을 달성한 나라를 가리킨다. 이러한 후진자본주의국에서는 지주 혹은 상인이 산업자본가로 변신하는 경우가 일반적이었다. 여기에는 프로이센, 오스트리아·헝가리제국(제1차 세계대전 후 분리), 제정 러시아, 일본 등이 속한다.

이것만으로는 근대적 기업이 자생적으로 성장하기에는 부족하였다. 따라서 프로이센을 비롯한 영방정부는 외국기술자의 초빙을 통한 신기술의 도입, 공업연구소 설립 등을 통한 기술개발, 철도·제철·탄광 및 군수공업 등 기간산업에 대한 직접경영 등을 하였다. 또한 정부는 산업자금을 효율적으로 동원할 수 있도록 주식회사 설립을 장려하였으며, 금융기관을 직접 설립하여 기업의 지불보증을 서는 등 기업 활동을 적극적으로 지원하였다.

넷째, 선진 각국의 기술적 성과가 이식되는 과정에서 기계제 대공업이 급속히 발전하였지만, 나머지 전통산업 부문은 전근대적 생산체계가 그대로 유지되어 경제의 이중구조(二重構造)가 노정되는 등 산업구조의 왜곡현상이 드러나게 되었다. 이러한 위로부터 이루어진 개혁의 불철저함으로 나타난 봉건적 유제는 제2차 세계대전 이후에 완전히 제거되었다. 이상에서 살펴본 바와 같이 독일의 산업혁명은 1840년대에 시작되어 1870년대 전반에 일단 종료되었다고 할 수 있다.

제 4 절   미국의 산업혁명

미국은 영국의 산업혁명이 끝난 뒤인 1840년대부터 도약단계에 진입하였다. 미국의 산업혁명은 비(非)유럽대륙에서 최초로 산업강대국이 등장할 뿐만 아니라 공업화가 세계적으로 확산될 가능성을 보여주는 것이기도 했다.

1. 선행 조건

미국은 영국과 무력충돌[36]한 1775년 다음 해인 1776년 '독립선언문(Declaration

---

36) 미국 독립운동의 직접적 계기가 된 것은 1773년 12월의 보스턴 차(茶)사건(Boston Tea Party)이었다. 이 사건은 영국 정부가 1773년 5월에 가결한 '차조례'에 의하여 영국의 북미 식민지 13개주에 대한 차의 공급을 동인도회사가 독점하게 된 데에 있었다. 북미 식민지인들은 이것으로 자기들의 권익이 크게 침해된다고 여겼으므로 보스턴항에 정박해 있던 동인도회사의 배를 습격하여 차를 바다에 버렸다. 격분한 영국 정부는 1774년 5, 6월에 '보스턴

of Independence)'을 발포하였고, 1777년에는 독립선언에 서명한 13주가 미합중국으로 출발하였다. 독립전쟁(1775~1783)의 원인은 기본적으로 식민지 모국인 영국과 식민지인 북미 간에 이해관계가 대립된 데에 있다. 즉 영국의 중상주의적 식민지정책이 북미 식민지의 자본축적과 산업발전을 억압했기 때문이다. 특히 7년전쟁(1756~1763) 이후 1760년대 중반부터 영국의 식민지정책이 더욱 강화되어 두 지역 간에는 모순이 심화되자 북부의 산업자본가 및 남부의 농장주(planter)들은 독립운동을 개시하였다. 미국은 독립전쟁에서 승리하여 경제잉여의 국외유출을 막고 산업이 자유로이 발전할 수 있는 계기를 마련하였다.

미국은 식민지시대에 이미 어느 정도 자본이 축적되고 지역에 따라 고유의 산업도 발달하고 있었다.

첫째 자영농민, 가내공업자, 매뉴팩처 공장주 등 중소상공업자층이 광범하게 형성되고 있었다. 영국의 북미 식민지에서는 근대화를 가로막는 봉건체제가 존재하지 않았기 때문에 자유로운 토지소유제도가 발달했다. 더욱이 광대한 미점유지(未占有地)가 존재하여 북부와 중부의 대서양안(大西洋岸)의 식민지에서는 일찍부터 독립자영의 중산적 농민층이 형성되고 있었다. 북부 및 중부에서의 자작농제도는 후에 미국의 민주적 사회제도의 기반이 되었다. 이에 비해 남부에서는 처음부터 수출용 상업적 농업이 발달하고 있었다. 이 지역에서는 담배·면화 등이 주요 작물로서 재배되었는데, 점차 아프리카의 흑인노예노동을 이용하는 대규모의 플랜테이션이 발달하였다.

한편, 공업은 북부의 뉴잉글랜드(New England) 및 중부지역에서 자가 수요를 위한 가내수공업의 존재를 기반으로 꾸준히 발전하고 있었다. 반면 남부에

항 폐쇄조례', '매사추세츠 통치조례' 등의 여러 가지 강경조치를 취하였다. 이에 1774년 6월 1일 보스턴(Boston)항이 폐쇄되자 동년 9월에는 조지아주를 제외한 12개주의 대표자가 모여 '제1차 대륙회의(The First Continental Congress)'를 개최하여 영국의회의 결정을 부정하고 '대륙통상단절동맹'을 결성하였는데, 영국과의 교역이 급감하였다. 1775년 4월에는 보스턴 서북방의 렉싱턴(Lexington)과 콩코드(Concord)에서 최초로 영국군과 북미 식민지군대와의 사이에 무력충돌이 벌어져 영국군이 승리하였다. 같은 해 5월에 다시 제2차 대륙회의가 개최되었고, 6월에는 보스턴 북쪽 찰스타운(Charlestown)에서 벙커힐전투(Battle of Bunker Hill)가 벌어져 영국군이 격파되었으며, 1776년 7월 4일에는 '독립선언문'이 채택되어 본격적인 독립운동에 들어갔다.

서는 모노컬처(monoculture)적 상업적 농업의 전개를 기반으로 열대작물을 영국에 독점적으로 수출하고 공업제품을 수입하였다. 따라서 남부지역은 영국의 중상주의적 체제에 편입되어 공업은 그만큼 낙후되어 있었다.

식민지시대에는 지역 간에 산업구조상의 차이가 있으면서도 농업의 발전과 함께 어업·해운업, 영국 및 서인도와의 무역, 북부의 가내공업 및 매뉴팩처 등이 발전했다. 또한 조선·제철·철공·제분·목제·용기 등의 제조공업, 정당(精糖)·양조·어유(魚油)의 정제·제염 등 수입원재료를 가공하는 산업도 어느 정도 발달하고 있었다.

둘째, 북부 및 중부 식민지에서는 일찍부터 대서양 연안무역, 영국 및 서인도와의 무역이 발달하여 상업자본이 상당히 축적되고 있었다. 북부 식민지에서는 농업에 적합하지 않은 지리적·자연조건 때문에 어업, 무역, 해운업 등이 발달하였다. 북부를 중심으로 이루어진 무역은 주로 삼각무역(三角貿易)[37]이었으며, 여기에 포섭되어 있던 노예무역은 북부 상인에게 거액의 상업이윤을 가져다주었다. 영국은 식민지의 무역 활동에 제한을 가하고 있었으나, 이것은 '유익한 태만'정책에 의하여 엄중이 실시된 것이 아니었기 때문에 밀무역도 북부상인의 자본축적에 유력한 원천이 되었다.

2. 전개 과정

1) 산업 발전

미국은 독립전쟁에서 승리하여 산업혁명을 수행할 수 있는 기반을 확립하였다. 미국의 산업혁명은 1840~1860년의 기간에 '이륙(離陸)'을 완료하고 남북전쟁(American Civil War, 1861~1865) 후에 다시 크게 발전하였다.

---

37) 삼각무역의 하나는 뉴잉글랜드 및 중부식민지로부터 곡물, 육류, 목재 등을 남부 유럽에 가져가서 그것으로 포도주, 과실, 기타의 상품을 1차 교환하고 이것을 다시 영국에 가져가서 영국공업품과 교환하는 것이었다. 또 하나는 뉴잉글랜드 및 중부 식민지의 산물을 서인도제도에 가져가서 그곳에서 사탕, 당밀 등과 교환하고 이것을 영국에 가져가서 다시 공업품과 교환하는 방법이었다. 그리고 중요한 것은 서인도제도로부터 수입한 당밀로서 럼(rum)주를 만들어 그것을 아프리카에 수출하고 흑인을 얻어 서인도제도에 가는 방법이었다. 독립 이전에는 노예는 대부분 서인도제도에 보내지고 그곳에서 남부대농장으로의 수입이 이루어졌다.

미국의 산업혁명을 선도한 산업도 역시 면공업이었다. 미국은 독립전쟁을 기점으로 면공업을 비롯한 섬유공업 발전에 계기를 맞이하였다. 독립전쟁은 영국으로부터의 공업제품 공급을 일체 중단시켰으므로 전쟁 그 자체가 고율의 보호관세의 역할을 했다. 전쟁은 섬유공업 이외에도 제철, 모직물, 면직물, 피혁공업 등이 급속히 발전할 수 있는 계기를 마련해 주었다. 그러나 이 시기의 산업발전은 비교적 단명에 그쳤다. 위에서 언급한 산업이 완전히 발판을 굳히기 전에 독립전쟁이 종결되어 영국으로부터 공업제품이 재차 유입되었기 때문이다.

미국 산업이 다시 확대되기 시작한 것은 1790년 이후의 일이었다. 독립전쟁 와중에 수립된 연방정부는 화폐금융제도·교통제도·관세정책·토지불하제도·산업보호정책 등을 잇따라 제정하여 근대산업발전을 위한 기반을 정비하였는데, 그 중에서도 특히 중요한 것은 보호관세정책이었다.

'1789년의 관세법'을 출발점으로 하여 체제를 정비했던 보호관세정책은 화폐금융제도의 확립과 교통망의 확충에 의한 교통기구의 정비와 함께 산업발전의 기반을 크게 강화했다. 1793년 이래의 영국-프랑스 간의 전쟁도 교전국 및 그 식민지 간의 무역과 해운을 독점할 수 있는 기회를 제공함으로써 국내산업의 발전을 촉진하는 역할을 했다. 특히 1807년 프랑스의 대영봉쇄와 1809년의 영국의 대륙봉쇄로 인해 대외무역은 크게 제약을 받게 되었는데, 1812년에는 Napoleon의 대영선전포고 등으로 인해 미국의 대외무역은 완전히 중단되었다.[38] 그러나 무역 중단은 두 가지 면에서 미국의 산업발전에 기여했다. 첫째, 무역 및 해운업의 침체에 의하여 종래 그 부문에 투하되고 있던 자본이 면공업 및 기타의 산업 부문에 투하되게 되었다. 둘째, 무역 제한이 유럽으로부터의 공업제품유입을 정지시킨 보호무역정책 역할을 하게 되었다.

보호관세에 힘입어 산업이 급속히 확대되면서 기계제 공장제도가 점차 도입되었다. 근대적 공장제도가 가장 먼저 도입된 분야는 면공업이었다. 미국최초의 근대적 면공장은 1793년에 미국 산업혁명의 아버지라고 불리는 Samuel

---

38) Napoleon이 대영(對英)봉쇄를 위하여 밀라노칙령을 발포하자 영국은 중립국 선박을 포함한 모든 선박의 임검(臨檢)과 영국 회송(回送)을 명령했다. 프랑스도 이에 대항하기 위하여 다시 1807년 밀라노칙령을 발하여 영국의 임검을 받은 선박을 적국선으로 간주했기 때문에, 미국은 양국에 의한 나포(拿捕)를 면하기 위하여 1807년 자국선의 출항을 금지하였다.

Slater(1768~1835)에 의하여 설립되었다.[39] 그러나 당시 면제품은 거의 영국에서 수입되고 있었으므로 면방직업이 곧바로 크게 발전한 것은 아니다. 그런데 1807년 이후 무역량이 격감되고 1812년에 와서는 무역이 중단되자 국내수요를 충족시키기 위한 생산증대의 필요성이 절실해지게 되었다. 이리하여 1814년에는 역직기가 도입되고 저명한 보스톤회사(Boston Manufaturing Company)가 설립되었다. 이어서 매사추세츠(Massachusetts) 등 동북부지방에 근대공장이 속속 설립되고, 1830년경까지 대부분의 면공업이 근대적 생산형태를 갖추게 되었다.

모직물공업의 근대화는 영국 모직물공업의 중심지인 요크셔로부터 기계가 도입됨으로써 이루어지기 시작하였는데, 기계가 널리 보급된 것은 면공업보다 뒤늦은 Napoleon전쟁 이후였다. 특히 모직물공업의 근대화는 고율보호관세에 크게 힘입었다.

제철업은 이와 사정이 다소 달랐다. 제철업은 식민지시대부터 이미 발달할 수 있는 기초가 어느 정도 마련되어 있었다. 그러나 신기술의 도입에 의한 근대화가 진행된 것은 1840년 이후의 일로서 철도기계공업의 발달에 의하여 석탄이나 코크스로 정련된 철의 수요가 격증한 때부터이다. 레일용 철의 압연공업이 일어난 것은 1845년이며, 코크스를 연료로 사용하는 용광로가 생산을 시작한 것은 1875년이었다.

미국의 철도건설은 미국의 경제발전에 지대한 영향을 미쳤다. 무엇보다도 철도건설은 광대한 영토의 국내시장을 통일하고 서점운동(西漸運動)을 촉진하였다. 미국의 철도건설은 1860년대에 완성되었다. 또한 철도건설의 활발한 진행과 더불어 농업기계의 수요증가는 기계공업의 발달을 촉진하였다. 원래 기계공업은 노동력 부족이란 현상을 극복하기 위하여 도입되기 시작하였는데 1800년대에 대량생산체제로 발전하기 시작하였다. 예를 들면 Whitney(1765~1825)는 1798년에 조면기(繰綿機)를 발명했으며, Simeon North(1765~1852)는 1808년에 소총제조를 기계화하였다.

---

39) 영국의 Arkwright 공장에서 일하고 있던 Samuel Slater가 1789년 미국에 건너와 다음 해 로드아일랜드(Rhode Island)의 포터키트(Pawtucket)에 수력을 이용한 면사방직공장을 건설했다.

2) 산업혁명의 특징

미국 산업혁명의 특징을 요약하면 다음과 같다.

첫째, 시기적으로 보아 미국의 산업혁명은 영국에 비하여 반세기 이상이나 뒤늦게 출발했다. 이처럼 뒤늦은 출발에도 불구하고 그 산업화의 속도는 매우 빨라 1850년대에는 근대 산업자본의 일반적 형성을 보게 되었다. 미국이 산업화를 급속히 달성할 수 있었던 것은 ① 봉건적 유산이 없어 신구질서 간의 대립과 갈등을 겪지 않아도 되었고, ② 영국의 중상주의적 식민지정책에 대한 반발이 근대화의욕을 촉진시켰으며, ③ 비옥하고 광활한 토지와 풍부한 자원을 보유하고 있었기 때문이라고 하겠다.

둘째, 산업혁명의 전개, 즉 근대 산업자본의 형성이 상업자본가에 의하여 추진되었다는 점이다. 그 이유로서는 ① 전술한 바와 같이 상업자본가의 사회적 계보가 근대적인 합리주의에 입각한 중산적 생산자층에 연결되고 있었다는 것, ② 영국의 중상주의적 정책이 후퇴하게 되자 전기적 상업자본의 영역이 없어지게 됨으로써 산업자본으로의 전화가 용이하게 이루어질 수 있었다는 점 등을 들 수 있다.

셋째, 산업자본의 성립과 발전을 위한 시장기반이 거의 전적으로 국내시장에 의존했다. 이는 독립전쟁, Napoleon전쟁 등에 의하여 무역이 중단됨으로써 해외상품의 유입이 없었고, 또 보호관세정책이 실시되어 넓은 국내시장이 외국상품에 잠식되지 않고 산업 발달을 위한 좋은 조건이 되어 주었기 때문이다. 특히 보호관세정책이 수행한 역할은 높이 평가되지 않으면 안될 것이다.

넷째, 산업혁명의 사회적 영향이 경미했다고 하는 점이다. 그 이유는 ① 미국의 공업은 식민지시대를 통하여 자생적인 발전이 제약을 받았기 때문에 자급적 내지 단순상품생산의 성격을 크게 벗어나지 못하고 있었다. 그러므로 산업혁명이 기존 산업에 준 영향이 한정될 수밖에 없었다. ② 광대한 미점유지가 존재하여 쉽게 자영농민으로서 전출할 수 있는 기반이 있었기 때문에 노동력 부족 현상이 항상 뒤따랐다. 노동력을 기계로 대체해도 노동력 부족은 해소될 수 없었으며, 따라서 노동조건의 악화는 나타나지 않았다. 그러므로 산업혁명으로 임금노동자에게 준 영향도 거의 없었다.

한편, 산업혁명은 1860년대에 일단락되었지만 미국은 남북전쟁을 계기로 하여 비약적으로 발전하였다. 흑인의 '노예해방'이란 인도적, 정치적 과제를 두고 남부와 북부가 치른 이 전쟁의 기반에는 서로 다른 경제체질로 인한 이해관계의 대립이 깊숙이 자리 잡고 있었다. 즉 남부는 면화생산을 중심으로 농업이 발달한 지역으로서 노예노동을 이용하는 플랜테이션이 경제적 기반이었던 반면, 북부지역은 상공업이 발달하고 있었다. 따라서 이질적인 경제체제로 인하여 남북 간에는 모순과 대립이 심화되었다. 노예제를 반대하는 북부의 주장은 인권과 역사적 진보라는 측면에서 정당한 것이지만 사실 이 대립은 노동력 확보라는 측면을 강하게 띠고 있었다.

대립의 두 번째 원인은 관세문제였다. 남부는 농업체제였기 때문에 1차 산품을 수출하고 공업제품을 도입하기 위하여 자유무역을 요구하였지만, 북부는 산업자본의 이해를 대변하여 보호무역을 주장했다. 이 외에도 양측은 금융과 토지문제 등에서도 이해가 대립하였는데, 1850년대 말 서부 철도망이 확장되면서 서부는 북부와의 경제적 유대관계가 밀접해진 반면 남부와의 관계는 거의 단절되다시피 하였다. 1860년대에는 북부의 산업자본의 이해를 대변하는 Lincoln (1809~1865)의 공화당정권이 탄생하고, 공화당이 정권을 잡으면서 영국제품에 대해 관세를 인상하고 철도, 농업기계에 대한 수요가 증가하면서 중공업이 본격적으로 발달하기 시작하였다. 이렇게 대립이 격화되는 가운데 남부 11주가 연방을 탈퇴하자 남북전쟁이 발발했다.

북부의 산업자본이 전쟁에서 승리한 후 미국의 공업경제는 비약적으로 성장하였다. 산업자본의 발전을 제약하던 자유무역 및 노예제가 사라졌기 때문이다. 남북전쟁 이후의 산업발전에는 5대호 주변의 철광석, 풍부한 양질의 석탄도 큰 도움이 되었다. 이리하여 미국은 1880년대에는 세계 제2위의 철강생산국이 되고, 1890년대에는 공업생산고가 세계 1위에 도달하였다. 미국은 남북전쟁으로 동질적인 사회경제체제를 가지게 되었으며, 이를 기반으로 자본주의가 급속하게 발전하였다고 하겠다.

제 8 장

독점자본주의의 형성

8 독점자본주의의 형성

19세기의 산업혁명으로 팽창하던 유럽과 미국의 경제는 1873년부터 1896년까지 장기간의 불황에 빠져들었다. 그 결과 경제는 산업자본주의(産業資本主義)로부터 독점자본주의(獨占資本主義) 시대로 이행하였고, 주요 선진국들은 자본수출을 위해 제국주의적 영토 확장에 광분하였다. 그런 의미에서 20여 년에 걸쳐 지속된 19세기 후반의 대불황(大不況)은 자본주의 경제구조를 근본적으로 변화시키는 계기로 작용하였다. 여기서는 19세기 말에 발생한 대불황의 배경과 그 결과 초래된 세계 경제의 변화에 대해서 살펴보기로 한다.

제 1 절   19세기 말의 대불황

19세기 말의 대불황에 대해서는 이를 인정하지 않는 견해가 있다. 이 주장의 요점은 첫째, 1880~1883년 및 1887~1890년에 두 번의 호황이 있었다는 것, 둘째, 총생산, 수출, 실질임금이 전체적으로 상승했다는 것이다. 그러나 이 시기에 장기적인 물가하락, 이윤율 저하, 투자의욕 감소에 의한 실업률 증가 등은

1896년 이후의 상황과 대조적이어서 장기적 관점에서 불황이었다고 할 수 있다.

19세기 말에 일어난 대불황의 특징을 그 이전의 경제불황과 비교하면 다음과 같다. 첫째, 공황의 진원지가 영국으로부터 독일과 미국으로 이동하였을 뿐만 아니라 공황이 발생한 주요 산업도 면공업에서 중공업 및 철도업으로 바뀌었다. 둘째, 공황기간이 대단히 오랫동안 지속되었다는 점이다. 대불황기에 단기간의 호황이 없었던 것은 아니지만 전체적으로 보면 불황과 회복기간이 상대적으로 오래 계속되었다. 셋째, 대폭적인 물가하락이 세계적 규모로 나타났다. 이것은 자본주의 생산체제의 확장으로 수직적 국제분업을 기초로 하는 단일한 세계시장이 형성되고 있음을 보여주는 것이다. 넷째, 장기간에 걸친 농업불황이 동반되었다. 농업불황으로 영국을 비롯한 유럽 주요국은 심각하게 농업에 타격을 입었다.

불황의 원인에 대해서는 금 산출고의 감소로 인한 화폐의 공급 부족과 신용 수축 때문이라고 주장하는 화폐수량설적 입장이나 투자 과잉에 의한 과잉생산설 등 여러 가지 설명이 있으나, 일반적으로 인정되는 배경은 다음과 같다.

첫째, 산업혁명 이후 전개된 일련의 기술혁신이 거의 소진되어 투자기회가 크게 제약되었기 때문이다. 이것은 주요 자본주의 국가들에서 산업혁명으로 생산능력이 과잉되어 수요공급의 불균형이 구조적으로 만성화되고 이윤이 장기적으로 저하했다는 것을 의미한다. 대불황기를 특징짓는 물가의 대폭적인 하락은 시장수요를 훨씬 상회하는 생산능력의 과잉에 따른 것이었다.

대불황이 일어나기 전에 투자 및 소비수요에 영향을 주었던 요소들을 살펴보면, 수요 요인보다 공급에 영향을 미치는 요소가 빠른 속도로 증가하고 있었음을 알 수 있다. 먼저 소비수요를 구성하는 데 중요한 역할을 하는 노동자의 실질임금을 살펴보면, 1860년을 기준(100)으로 1874년에는 137로 증가하였다. 투자에 대해서 매우 중요한 의미를 지니는 건축노동비도 1860~1875년의 15년 동안 주원료비보다 빠르게 거의 50%가 증가하였다고 한다. 이와 같이 임금이 상승한 원인은 1850년대와 1860년대에 전국적인 노동조합이 결성되고 유럽 및 미국의 공업화가 진행되는 과정에서 노동수요가 노동공급을 초월했기 때문이다. 이리하여 1873년에 실업률은 1%에 가까웠다고 한다.

소비수요의 증가에 비해 공급에 영향을 미치는 투자는 훨씬 빠른 속도로 증가하고 있었던 것으로 나타난다. 1866년부터 1872년의 7년 동안 세계의 선철(銑鐵) 생산량은 890만 톤에서 1,440만 톤으로 62% 증가하였다. 미국의 클리블랜드(Cleveland)에서는 1869~1874년에 약 30대의 용광로가 증설되고 그 생산력은 50%나 상승하였다. 영국의 컴벌랜드(Cumberland), 북부랭카셔의 적철광지대에서는 1870년대 초반에 생산량이 약 25% 증가하였고, 링컨셔(Lincolnshire)에서는 4년간에 용광로가 7대에서 21대로 크게 증가하였다. 전체적으로 1867~1875년의 9년 동안 제철업에 투하된 자본은 3배로, 광업에서는 2배가 된 것으로 추정된다.[1] 미국에서는 철도업에서 투자액이 1869년에서 1873년 사이에 50%나 증가하였다고 한다.

한편, 대불황을 전후한 시기에 기업들은 이윤을 회복하기 위해서 새로이 발명된 기술을 채용하여 생산성을 향상시켰다. 영국, 프랑스, 독일, 미국 등의 주요국에서는 통화발행제도를 탄력적으로 운용하였고 은행들도 국제적 장단기 자금을 대량으로 공급하였다. 특히 1870년대 초기에 독일과 미국에서는 철강업, 광업, 기계공업 등 거액의 고정자본이 필요한 자본재 생산 부문에서 주식회사의 설립이 본격적으로 진행되어 생산과정의 합리화가 추진되었다. 미국과 영국에서 생산성 향상에 따른 시간 및 노동력 절감의 효과는 대체로 50% 이상이었으며, 생산 전체에 대한 절감효과는 최저 평균 3분의 1 내지 5분의 1이었다. 또한 제조업 일반에서 노동의 실질생산비가 1850년에서 1880년에 걸쳐 40% 정도 하락하였다.[2]

그러나 생산기술 혁신으로 절감한 비용보다는 물가가 더 하락하여 기업의 수익률은 별로 개선되지 않았던 것으로 보인다. 즉, 공황 발생 10년 후 철 가격은 60% 이상, 석탄 가격은 40% 이상 하락하였고, 1874년 12파운드로 판매된 철강은 1884년에는 4파운드 5실링밖에 안되었다. 세계적 물가하락을 영국 상무성의 도매물가지수로 확인해 보면 다음 [표 8-1]과 같다.

---

1) 이상의 통계자료에 대해서는 M. Dobb, *Studies in the Development of Capitalism*(광민사), pp.344-346을 참조. 새로 계산한 것도 있음.

2) 위의 책, p.347.

[표 8-1] 상품별 도매물가 지수

	석탄 금속	섬유	곡물	축산물	사탕, 차, 담배, 커피, 코코아	전 부문
1871~1875	100.0	100.0	100.0	100.0	100.0	100.0
1876~1880	66.7	85.4	95.4	102.6	90.2	92.0
1881~1885	60.7	76.9	83.7	98.6	75.1	83.5
1886~1890	61.5	66.5	67.7	84.8	56.8	70.6
1891~1895	63.6	60.3	66.0	84.8	53.7	68.3

자료: S.B. Saul, *The Myth of the Great Depression*, 1969, p.14.

[표 8-1]에 의하면, 전체의 지수는 1871~75년의 100에서 1891~95년에는 68.3으로 크게 하락했다. 이 시기의 물가하락에는 기술혁신에 의한 비용 절감 외에도 수송수단의 혁신에 의한 농산물의 가격 하락이 크게 영향을 미쳤다. 이에 대해서는 뒤에서 살펴보기로 한다.[3] 이렇게 볼 때, 19세기 말의 대불황은 과잉생산에 의한 공황이었다고 할 수 있겠다.

둘째, 농업불황이 대불황을 심화시키고 장기화한 요인이었다. 농업불황은 제1차 산품 생산국인 미국을 비롯하여 캐나다, 중남미제국, 인도, 극동 및 중근동제국, 오스트레일리아 등이 세계시장에 본격적으로 편입되면서 야기된 것이다. 농산물은 수송수단이 발달하지 못했던 시대에는 부피만 크고 값이 쌌기 때문에 국제적 교역상품으로서는 부적당했다. 그러나 운송수단이 속도 및 적재능력면에서 혁신적으로 개선되고, 제1차 산품 생산지역에서도 철도·기선·운하·항만시설·통신시설 등이 보급되는 등 운송비용이 대폭적으로 하락하자 농산물

---

[3] 19세기 말의 대불황으로 가장 큰 타격을 입은 나라는 영국이었다. 영국의 불황은 해외투자의 실패로 인해 더욱 악화되었다. 특히 영국은 당시에 가장 주요한 해외투자국으로서 위치를 차지하고 있었다. 이 시기의 해외투자는 대체로 국공채 매입의 형태로 이루어졌는데, 1867~1873년 사이에 거액의 특별철도공채와 더불어 이집트, 러시아, 헝가리, 페루, 칠레, 브라질 등에 대한 자금이 대부되었다. 특히 같은 기간에 모집된 미국 철도자본의 대부분은 영국자본가가 응모한 것이었다. 그러나 스페인의 파산과 터키 국채의 이자지불 불이행, 오스트리아, 영국의 지배하에 있던 남아메리카 및 러시아에서의 재정위기는 대외대부 시장을 갑자기 마비시킴으로써 국내시장에의 투자를 자극하여 과잉생산을 심화시키는 방향으로 작용하였다. 터키, 이집트, 페루의 대부에서 채권의 감가(減價)는 1년에 1억 5천만 파운드에 달했다고 한다. 위의 책, pp.348-349.

도 대양을 횡단하는 국제교역상품으로 등장하였다. 예를 들면, 대불황기 동안에 시카고(Chicago) - 뉴욕(New York) 간 밀의 수송비용은 호상수송(湖上輸送)과 철도수송의 경우 평균 64%로 하락했고, 철도만은 54%의 하락률을 보였다. 영국에서도 화물운송비용이 1869년의 기준으로 1886년에는 59 수준으로 하락하였다. 또 1896년 수에즈운하(Suez canal)[4]의 개통에 의하여 종전에 6~8개월이 걸렸던 런던(London)~캘커타(Calcutta - Kolkata) 간의 항해 기간이 1개월로 단축되었다.

기계를 이용한 미국 중서부, 러시아, 이집트, 인도의 농산물이 대량으로 수입되어 유럽의 곡물생산은 도저히 이에 대응할 수 없었다. 곡물법 폐지 이후에도 집약농업(high farming)으로 고수익을 얻고 있던 영국의 자본가적 농업은 물론 영국에 수출하던 동부 독일의 융커경영 및 서유럽의 소농민경영도 커다란 위기에 처하였다. 특히 영국 농업은 유럽 국가들 중에서 가장 큰 타격을 입었다. 1880년대에는 미국의 밀이 홍수와 같이 밀려와 1880년대에 와서는 소비의 5분의 4를 차지하였고, 1876~1885년과 1886~1895년의 평균가격은 황금시대(1853~1862)의 평균가격에 비교하여 각각 24%, 그리고 48.6%가 하락했다. 이외에도 홍차, 사탕, 면화 등 수입품의 값이 대폭적으로 하락하여 유럽의 농업은 크게 타격을 입었다.

이같이 농업불황은 교통혁명에 의하여 전 세계가 하나의 국제분업체계로 연결되는 과정에서 일어난 현상이었다. 즉 신대륙의 광대하고 비옥한 토지의 개발과 농업에서의 대량생산기술의 발달, 유럽 특히 영국의 자본 및 자본재 수출, 대량 이민 등으로 공급능력이 확대된 농산물이 교통수단의 개선을 계기로 본격적으로 유럽으로 유입된 것이다. 서유럽은 1870년대 후반의 곡물수입과 1880년대 중엽 이후 축산물의 수입증대로 만성적 불황에 빠졌으며, 심지어 미

---

4) 수에즈운하의 개통에 공헌한 인물은 프랑스인 Lesseps(1805~1894)이다. 그는 1854년 이집트 번왕(藩王)의 특허를 얻어 1858년 '국제수에즈운하주식회사'를 창설하고 1859년에 착공한 후 1862년부터 7년만에 공사를 완성했다. 영국이 이집트 번왕의 주식을 매수하였기 때문에 이 운하는 영국과 프랑스의 지배하에 있었는데, 1882년에 일어난 민족주의운동을 영국이 프랑스에 앞서 무력으로 진압하고 30년간 이 지대를 점령하다가, 제1차 세계대전 중에 이집트를 보호국화하였다.

국의 농업도 장기적인 불황에 내몰렸다. 농업불황은 지대를 하락시켰을 뿐만 아니라 농업이윤과 임금도 대폭 하강시킴으로써 불황을 더욱 심화시켰다.

제 2 절 보호무역주의의 등장

19세기 중엽까지 유럽을 지배하던 보호관세란 장벽에 결정적인 돌파구를 열었던 것은 1860년의 영불통상조약 즉 코브덴-쉬발리에조약(Cobden-Chevalier Treaty)이었다. 이 조약에 의하여 프랑스는 영국 공업제품에 대한 세율을 최고 종가(從價) 30%로 인하하고 다시 5년 이내에 25%로 인하할 것을 약정했으며, 영국은 관세의 대부분을 폐지하고 포도주, 브랜디의 세율을 인하했다. 더욱 중요한 것은 이 조약 가운데 최혜국약관(最惠國約款)이 포함되고 있었다는 사실이다.5) 이 조약에 의하여 유럽 국가들 간에 통상망이 확대되어 미국을 제외한 모든 나라에서 관세장벽이 완화되었다. 모든 협정을 거부해온 러시아까지도 관세장벽을 완화했다.

그러나 1860년대부터 무르익기 시작한 무역자유화 경향도 오래 계속되지는 않았다. 1871년 독일통일6)에 의한 유럽의 정치정세의 변화와 1873년에 시작된 불황으로 유럽대륙의 무역정책은 보호무역주의(保護貿易主義)로 바뀌게 되었다. 현실적으로 불황에 시달리고 있던 산업계나 그 타개를 위해 애쓰던 정치인들 앞에서 자유무역론자의 주장은 설득력을 가질 수 없었다.

독일에서는 1879년의 Bismarck관세를 전환점으로 보호주의를 취하기 시작했다. 프랑스는 1881년부터, 러시아는 1877년부터, 그리고 이탈리아와 오스트리아에서는 1878년부터 모두 높은 관세장벽을 쌓았다. 특히 식민지와 아시아, 신

---

5) 최혜국약관이라는 것은 조약체결국의 한 쪽이 제3국에 특혜특권관세인하 등을 부여했을 경우에는 같은 조건을 상대국에도 인정할 것을 약정한 것을 가리킨다.

6) 독일통일의 직접적 계기는 1870년 7월 프랑스가 먼저 선전포고한 보불전쟁이었다. 보불전쟁은 프랑스의 독일에 대한 영토적 요구와 스페인 왕위 계승문제로 인하여 일어난 것이었는데, 1871년 1월 프랑스가 항복함으로써 독일의 승리로 끝났다. 프로이센왕 WilhelmⅠ세 (1797~1888)는 독일제국의 초대 황제로서 베르사이유궁전(Chateau de Versailles)에서 대관식을 거행하여 독일 통일의 숙원을 달성하였다.

대륙에서 수입되는 값싼 농산물이 농업불황을 초래하였기 때문에 대부분의 나라들은 농업보호에 더 큰 열의를 보였다.

먼저 프랑스에서는 1885년부터 1897년에 걸쳐 밀의 수입관세를 인상함으로써 러시아 다음 가는 유럽 제2의 밀 생산국이 되었다. 프랑스는 1892년에 프랑스 멜린느관세(Mêline Tariff)를 실시하여 1860년 코브덴－쉬발리에조약 이후의 자유무역을 완전히 폐지하였다.

독일은 Bismarck(1815~1898)에 의해 농업보호관세가 실시되었다. 종래 자유무역을 주장해 온 동부 독일의 융커는 수송비의 절감에 따라 저렴해진 미국, 러시아의 곡물로 인해 영국 곡물시장을 빼앗겼을 뿐만 아니라 국내시장마저도 러시아의 곡류에 잠식당하게 되어 보호무역에 동조하지 않을 수 없었다. 그러나 독일의 농업보호관세는 공업제품의 수출시장을 개척해야 했기 때문에 프랑스가 가장 고율의 농업보호관세로서 농업을 보호한 것에 비하면 타협적이었다. 반면, 독일은 보호관세를 통해 중공업을 보호하면서 신흥공업을 효과적으로 육성했다. 독일은 공업제품에 고율의 관세를 부과했는데, 독일 제품 특히 자국 선박에게 다른 외국에 비해서 불리한 대우를 하는 나라에 대해서는 세율의 5할 이상을 징수하는 엄격한 보복관세를 규정하였다. 또 철도운임 규정을 개정하여 독일 제품에 경쟁적인 상품수입을 제한하면서 비경쟁적인 상품에 대해서는 수입을 쉽게 해주었다. 이것은 국내 유치산업을 보호육성하기 위한 방어적 관세로서 가장 큰 혜택을 받은 산업은 수출산업이었다. 정부의 강력한 지원과 보호하에 육성된 기업들은 국내시장을 독점하여 초과이윤을 획득하게 되었고, 이 독점이윤을 이용하여 수출가격을 인하함으로써 해외의 판로를 확대해 나갔다. 당시의 독일 정부에게는 이 관세수입이 주요 재원이었는데, 보호관세는 영국의 공업에 대항하기 위해 보호정책을 갈망했던 산업자본가와 독일제국 건설을 위한 재원이 필요했던 정부의 계산이 일치된 결과였다.

미국에서는 1890년부터 맥킨리관세(McKinley Tariff)에 의하여 국내시장을 보호하는 한편 수출보조금의 지급이나 철도운임 할인 등의 방법으로써 수출 증대를 도모했다. 독일도 같은 방법으로 해외시장을 개척하여 사탕무우과 같은 농산물이 영국에 수출되기도 하였다. 이렇게 열강들 간에 국제 간의 대립이 격화되고 민족주의적 감정이 고조되자 치열한 관세전쟁(Tariffs War)이 일어났다. 그 가운데서도 1888~1899년의 이탈리아 대 프랑스의 관세전쟁이 유명하다. 결국 대불황기에는 영국을 중심으로 형성되었던 고전적 세계시장이 붕괴되고, 주요국들 사이에 치열한 시장쟁탈전이 벌어졌다. 보호주의에 의한 시장쟁탈전은 세계시장 수요를 위축시킴으로써 불황을 심화시키는 요인으로 작용하였다.

프랑스나 독일이 보호주의 관세를 실행한 것과는 대조적으로 영국만은 제1차 세계대전에 이르기까지 보호무역으로 전환하지 못하고 자유무역 기조를 유지했다. 이것은 세계 최대의 식민제국으로서 세계 경제를 제패한 경제 체질로 인한 것이다. 유럽 국가들 중에서 영국은 가장 심각한 농업불황에 빠졌지만 공업제품의 수출을 위해 농업보호관세를 실시할 수 없었다. 영국에서는 1846년의 곡물법의 철폐에 의하여 세계각지로부터 대량의 농산물이 유입했지만, 예상과 달리 영국농업이 황금시대를 맞았다.[7] 그러나 곡물법이 철폐된 지 1세대가 지난 1875년 이후가 되자 곡물 수입으로 농업은 큰 타격을 입었다. 곡물생산 지대에서는 '농업불황'으로 인한 비명이 울리고, 의회에서도 보호무역을 요구하는 소리가 높았으나 자유무역정책은 그대로 지속될 수밖에 없었다. 따라서 농업경영은 축소되고, 경지는 곡물경작으로부터 목장으로 바뀌어 육류·낙농품·달걀 등의 생산 및 시장용 원예로 구조전환을 하였다.

자유무역주의의 기조를 바꾸지 않고 있던 영국에서도 한때 반(反)자유무역운동이 일어났다. 이 운동의 주체는 1881년에 탄생한 국민공정무역동맹이었는데, 이 동맹은 외국의 보호관세나 수출보조금에 대해서는 보복관세 또는 상쇄관세(相殺關稅)를 부과할 것과 영제국(英帝國) 시장과의 관계를 밀접히 하기 위해 제국특혜제도(帝國特惠制度)를 창설할 것 등을 제창했다. 그러나 이 운동은 실질적인 성과는 올리지 못하고 1891년에 해체되었다.

---

7) 그 이유로서는 ① 도시인구의 증가와 소득의 증대에 의하여 식량수요 특히 축산품의 수요가 늘었다, ② 농업지식의 향상과 수확기 기타의 기계채용에 의하여 생산성이 향상되었다, ③ 국내에서는 비교적 풍년이 계속되었으며, ④ 크리미아전쟁(Crimean War, 1853~1856)과 남북전쟁의 영향을 받아 세계의 주요 곡물생산지대의 수출이 일시적으로 감퇴했다는 사실 등을 들 수 있다.

제 3 절 　독점자본주의의 성립

1. 독점자본과 금융자본

대불황이 초래한 가장 중요한 결과는 자본주의가 산업자본주의에서 독점자본주의로 이행했다는 점이다. 대불황기에 개별자본 간의 경쟁이 심화되어 이윤이 하락하고 기업의 존립 자체가 위협받게 되자 기업들은 점차 경쟁을 제한하는 수단에 대해서 관심을 가지게 되었다. 즉 기업집중(combination)에 의한 독점화 경향은 불황 속에서 대기업 간의 경쟁 등을 피하기 위한 자위수단으로 나타난 현상이었다.

먼저, 독점의 성립에는 19세기 말에 이루어진 기술혁신과 회사조직의 대규모화가 크게 작용했다. 1870년대 이후가 되면 과학은 화학, 전기와 같은 새로운 공업에 본격적으로 응용되었다. 공업기술은 '경험의 시대'를 끝내고 이제 '과학의 시대'를 맞이하게 되었는데, 특히 물리학이나 화학을 응용한 새로운 기술의 효율적 응용을 위해서는 기업조직의 대규모화가 필수적이었다.

대량생산을 위한 기술적 기초를 굳힌 것으로서는 저렴한 강철, 공작기계의 등장, 호환부품방식과 벨트 컨베이어 시스템(belt-conveyor system) 작업방식, 그리고 전력의 이용 등을 들 수 있다. 값싼 강철의 생산은 Bessemer의 전로법(1856)에서 시작되었으며, Siemens(1816~1892) 평로법(1856)에 의한 개량, Gilchrist Thomas(1850~1885)의 염기성로법(1878)에 의한 인(燐)제거 성공에 의하여 완성을 보았다. 19세기 후기에 유럽인이 '아메리카식 제조법'으로 불렀던 호환부품방식에 미국 정육업(精肉業)에서 시작된 벨트 컨베이어 시스템 작업방식이 결합됨으로써 생산성은 현저히 높아졌다. 또한 공작기계의 이용이 고도화함에 따라서 기계의 자동화율이 높아지고, 이것은 전력의 광범한 이용을 불가피하게 하였다.

이와 같이 19세기 후반에 개발되거나 발명된 산업기술은 방대한 고정자본을 필요로 하는 산업 부문이었기 때문에 막대한 자금을 효율적으로 조달하는 방법으로서 주식회사는 이 시기에 중요한 기업 형태로 일반화되었다.8) 주식회사제도의 성립에 따라 소유와 경영의 통제가 고도로 집중될 수 있는 기초가 마련되고 특히 중공업에서 생산 집중이 증대함에 따라 독점기업이 등장하였다.

주식회사제도의 도입은 독일과 미국에서 활발하게 진행되었다. 이유는 영국보다 뒤늦은 자본주의적 발전을 추월하기 위해 산업화 초기부터 중공업화를 추진하였기 때문이다. 즉 독일과 미국은 영국에 비해 자본축적도가 낮았을 뿐만 아니라 개별기업도 자금기반이 취약했으므로 주식회사제도의 도입이 적극적으로 추진되지 않을 수 없었다. 독일의 경우, 프로이센에서는 1838년의 철도사업법에서 이미 면허주의(免許主義)에 기초한 철도주식회사의 설립이 인정되었고, 1834년에는 주식회사법에 의해 그 적용범위가 확대되었으며, 1861년 일반독일상법(das Allgemeine Deutsche Handelsgesetzbuch)의 면허주의 완화, 1870년의 제1주식개정법(Eeste Aktiennovelle)에 의해 준칙주의(準則主義)가 확립되었다. 프랑스에서는 1856년에 주식합자회사의 난립을 막기 위한 법률이 제정되었으며, 주식회사를 육성하기 위해 1863년 유한책임회사법과 1867년 회사법에 의해 면허주의가 폐지되고 준칙주의로 바뀌었다. 영국에서는 1856년에는 주식회사법이 수립되고 1862년에 회사법이 탄생했지만, 주식회사가 산업 일반에 널리 보급된 것은 훨씬 뒤늦은 1880년대 후반부터였다.9)

주식회사가 그 특유의 기능을 제대로 발휘하게 된 것은 증권시장이 발달하

---

8) 회사의 발달형태는 나라에 따라서 다르다. 조인트 스톡 컴퍼니(joint stock company)와 코퍼레이션(cooperation)은 다 같이 회사기업을 의미하나, 유럽에서 채용된 조인트 스톡 컴퍼니는 자본결합이라는 경제적 의미가 강한 개념인 데 비해 미국에서 채용된 코퍼레이션은 법인을 의미하는 법적 의미가 강한 개념이다.

9) 영국에서 주식회사 설립의 움직임은 영국 산업혁명이 일단락되는 시기로서 불황이 닥친 1825년부터 시작된다. 이 해에 포말회사법이 폐지되었고, 1834년 상업회사법과 1837년의 특허회사법에 의해 특허주의가 완화되었으나, 1840년대까지는 주식회사 설립의 자유화가 이루어지지 않았다. 그러나 1844년의 등기법(Limited Stock Companies Regislatiom and Regulation Act)에서는 준칙주의가 도입되었고, 1855년 영국 의회는 유한책임법(Limited Liability Act)에서 주주의 한계책임을 인정하였다. 영국에서는 주식회사의 명칭에도 불구하고 내실은 그렇지 않은 경우가 많았다. 예를 들면, 1890~1914년간 설립된 주식회사 가운데 거의 절반은 실제로는 가족회사의 범위를 크게 벗어나지 않았던 프라이비트 컴퍼니(private company)였다. 영국에서 보급이 늦었던 것은 장기에 걸친 자본축적으로 인하여 거대한 고정자본의 필요성에 직면하여도 개별자본이 어느 정도 거기에 대응할 수 있었기 때문이다.

고 나서부터이다. 애초에는 주로 공채(公債)를 취급했던 증권거래소가 19세기 말에 와서는 산업주(産業株), 철도주(鐵道株), 사채(社債) 등을 취급하게 되었다. 이렇게 되자, 증권거래소는 경제계의 변화를 민감하게 반영하게 되었고, 신문지 상에 매일 게재되는 주식시세란은 세계 각지 중산투자가들의 눈을 끌게 되었다. 증권거래소는 한편에서는 대중의 저축과 기업의 투자를 자극하고, 다른 한 편에서는 증권에 환금성, 즉 그 유통성을 부여함으로써 주식회사의 기능을 더 한층 강화시켰다. 기업은 종래 은행을 통해서 대부자본(貸付資本)의 형태로 조달 하던 사회적 자금을 보다 안정적으로 공급받게 되었으며, 이를 바탕으로 생산 과정의 거대화·기계화·고도화가 추진된 결과 자본의 집중이 촉진되었다.

　　독점자본주의의 성립에는 거대 은행의 개입이 크게 기여하였다. 대불황으 로 생산에서 자본의 집적과 집중이 이루어지게 되자 은행업에서도 중소은행을 흡수·합병한 거대 독점은행이 성립하였다. 이 거대 독점은행은 보다 방대한 고 정자본을 필요로 하는 생산기업에 자금을 대부하면서 경쟁을 지양하기 위해 기 업 간의 결합을 촉진했다. 은행은 단순히 유휴자본(idle capital)을 매개하는 기관 으로부터 벗어나서 화폐자본을 산업에 투자하여 기능자본으로 전화시키는 역할 을 하였다.

　　금융기관과 산업독점자본의 긴밀한 결합체를 금융자본(金融資本, financial capital)이라고 한다. 독일의 경제학자 Rudolf Hilferding(1877~1941)은 19세기 말과 20세기 초의 독일 경제의 현상을 분석한 결과 은행이 주도권을 장악한 형 태로 자본주의적 독점 즉 금융자본이 일반적으로 형성된다고 하였다. 그는 금 융자본이란 산업자본으로 전환된 은행자본으로서 화폐형태의 자본이며, 은행에 의해 지배되고 산업자본가에 의해 충용되는 자본이라고 하였다. 즉 금융자본이 란 은행자본과 산업자본이 각각의 독점화를 배경으로 양자의 유착 및 융합에 의해서 형성된 독점자본인 것이다.

　　금융자본의 형성은 특히 독일과 미국에서 현저하게 나타났다. 독일에서는 금융기관이 기업합동(企業合同)에 관여하는 바가 매우 커서 철강연합(鐵鋼聯合) 이 성립하는 과정에서 '은행테러리즘'이라는 용어가 나올 정도였으며, 미국에서 도 철도 및 철강업의 독점체의 출현에 금융기관이 크게 작용하였던 것이다.

2. 각국의 독점자본주의

거대 독점 조직에는 카르텔(Cartel), 트러스트(Trust), 신디케이트(Syndicate), 콘체른(Konzern) 등이 있다. 거대기업은 독점적 조직을 기반으로 가격인상 혹은 불황기에 가격유지를 위해서 생산 혹은 판매를 제한할 수 있다. 대불황기 이후 일국의 경제는 소수의 독점자본의 영향력에 의해 크게 좌우되었다. 1873년 공황 이후 기업집중은 신흥 산업을 중심으로 독일에서는 카르텔의 형태로, 미국에서는 트러스트의 형태로 주로 진행되었다. 영국에서도 기업집중 현상이 없었던 것은 아니지만 독일과 달리 카르텔협정이 위법으로 취급되었고 자유무역제도 등으로 인하여 독일이나 미국만큼 강하게 진행되지 않았다. 여기서는 독일과 미국을 중심으로 살펴본다.

1) 독 일

독일의 대표적 독점조직인 카르텔은 기업연합(企業聯合)으로서 독점조직 중에서 가장 단순하고 느슨한 형태이다. 즉 카르텔은 각 기업이 법적, 경제적으로 상호 간 독립성을 유지하면서 원료구입, 생산량, 판매 및 가격조건 등에 관한 협정을 체결하여 독점적 이익을 획득하려고 하는 형태이다.

독일은 19세기 말에 상당수의 기업이 대규모화되어 있었다. 전체 기업 중에서 1천 명 이상의 종업원을 가진 대경영의 공장수가 약 500개로서 이에 고용된 노동자는 약 1천만 명이었다. 경영의 거대화에 따라 중소경영의 탈락이 현저했던 부문은 화학공업, 전기공업 및 광업이었다. 독일에서는 이 3대 공업을 중심으로 자본의 집중과 독점이 진행되었다. 카르텔 협정의 수가 반드시 독점도를 보여주는 정확한 지표라고 할 수는 없지만 그 추세를 보면, 1879년에는 16개, 1885년에는 35개에 지나지 않던 것이 1900년에 300개, 1905년에 약 400개, 1911년에 600개로 증가하였다. 독일에서 카르텔이 독점조직체로서 얼마나 뿌리 깊었는가는 제1차 세계대전(1914~1918) 이후인 1922년에 1,000개, 1925년에조차 2,100개였던 것으로 짐작할 수 있겠다.

독일에서는 이미 1870년대에 제철업과 석탄업에서 생산자의 결합이 나타났으며, 1890년대 후반에는 코크스, 선철, 강판, 칼리비료, 석탄, 판유리, 시멘트 등과 일부의 화학제품 업계에 카르텔이 결성되었다. 보호관세가 카르텔의 성립과 유지에 반드시 필요한 조건은 아니지만 석탄산업에서처럼 국가의 보호조치는 카르텔 형성에 적지 않게 영향을 미쳤다. 따라서 Bismarck관세가 실시된 1879년은 독일의 카르텔 역사에서 전환점이었다.

당시 유럽의 카르텔 가운데서 가장 대표적인 것은 루르탄전 탄광업자들의 카르텔이다. 이 카르텔은 1870년대에 시작되어 심각한 불황에 휩쓸렸던 1893년에 유명한 라인베스트팔렌석탄신디케이트(Rheinisch West−fälische Kohlensyndikat)를 결성하여 98개 기업을 산하에 두고 루르 석탄생산량의 87%를 차지했다. 이 공동판매조직은 ① 가격 경쟁을 중지하여 유리한 가격을 결정하고, ② 생산을 제한하여 생산량의 안정을 도모하며, 경쟁이 없는 지역에서는 고가로 팔고 영국탄이나 벨기에탄과 경쟁에 휩쓸린 지역에서는 덤핑으로 대항했다. 탄광주들이 할당된 생산량을 충실히 지켰기 때문에 성공적인 효과를 올려 이 카르텔은 상당히 오랫동안 계속되었다.

1904년에는 제강연합(製鋼聯合)도 같은 목적으로 결성되었다. 이 카르텔은 많은 기존 카르텔의 연합체로서 탄생한 것으로서 루르의 석탄카르텔에 이어 업계에서 강력한 영향력을 발휘하였다. 독일은 또 국제 카르텔에서도 주도적 역할을 했다. 루르석탄의 세계시장 분할을 목표로 1883년에 결성되었던 '국제 루르 카르텔'은 대표적인 예이다.

카르텔운동이 독일에서 그처럼 활발했던 이유에 대해서는 대체로 다음과 같은 점들이 지적되고 있다. ① 독일 정부가 카르텔을 장려했다. 독일의 공업화는 정부 및 관료의 지도에 힘입은 바 컸기 때문에 기업가는 정부의 통제에 따르기 쉬운 경향이 있었다. ② 영국의 법률은 거래제한의 협정을 불법행위로 보았으나 독일에서는 카르텔협정을 영업의 자유와 모순되지 않는 것으로 받아들여 이를 승인하였다. ③ 보호관세에 의하여 외국 제품과의 경쟁으로부터 보호되고 있었기 때문에 가격협정이 가능했다. ④ 독일에는 석탄, 철, 강(鋼), 칼리비료, 유리 등 가격협정을 하기 쉬운 산업이 많았다. 이것은 사치품, 고급품이 많은 프랑스산업계와 다른 점이다. ⑤ 영국의 은행이 예금은행(預金銀行)으로서 발달하고 산업계에 대해서는 불간섭주의 전통을 지킨 데 비하여, 독일의 대은행은 산업계에 거액의 고정자본을 제공하는 투자은행(投資銀行)으로서의 성격이 강했다. 이 때문에 은행의 압력에 의한 카르텔화가 적극적으로 추진되었다.

그러나 독일에서도 트러스트가 없었던 것은 아니다. 19세기 말부터 제1차 세계대전에 이르기까지 기업합동도 활발하게 전개되었지만 워낙 카르텔이 활발하게 진행되었기 때문에 가려져 있었을 뿐이다. 석탄신디케이트에서도 배당을 확대하려는 대탄광과 석탄의 독점가격을 피하려는 철강업자 간에 중소탄광에 대한 합병경쟁이 벌어져 1896년부터 1903년 사이에 25개, 그후 1912년까지 36개의 탄갱이 합병되었다. 또한 철강업에서는 제강연합이 성립한 이후에 기업합동이 활발하게 일어나 1907년까지 15개, 1909년부터 1912년에 22개의 철강기업이 흡수되었다. 한편 콘체른도 등장하여 6대 콘체른이 1911년 말에는 전독일 고로(高爐) 능력과 전로(轉爐) 능력의 43%, 평로(平爐) 능력의 32%를 점했다. 은행업도 집적·집중이 진행되어 1890년대에는 베를린의 6대 은행의 지배체제가 확립되었다. 이 거대은행들은 일종의 당좌대월을 통해서 산업과의 결합을 강화하면서 독점체의 성립에 깊숙이 관여했다.

2) 미 국

(1) 트러스트

트러스트는 기업합동(企業合同)이라고도 하는데, 일단 합병되면 그 전에 존재하던 기업의 조직이 법적, 경제적으로 인정되지 않는다. 미국에서는 독점이 주로 트러스트의 형태로 진행되었는데, 처음에는 동종 산업에서 나타나고 후에는 이종 산업 간에 기업결합이 진행되었다.

미국에서는 1870년대 이후 독점현상이 나타나기 시작했다. 미국에서는 이른바 미국식 제조법에 의해 총기, 시계, 재봉틀 등의 분야에서 대량생산이 이루어졌는데, 대규모적인 자본투하를 필요로 하는 부문이 선도적인 역할을 담당했기 때문에 처음부터 독점적 성격을 띠고 있었다.

미국에서 처음에 독점을 주도한 산업은 철도업이었다. 철도업에서는 Cornelius Vanderbilt(1794~1877), J. Gould(1836~1892), E.H. Harriman(1848~1909) 등이 영

향력을 발휘했는데, 1873년에 풀(pool)협정[10]을 맺어 1873년부터 시작된 공황에 대처하고자 하였다. 풀협정은 동종의 여러 기업 간의 자유협정에 의하여 가격과 시장과 품질 등을 문서로 정하는 일종의 신사협정(紳士協定)으로서 카르텔과 성격상 유사한 조직이다. 그러나 미국에서는 정부의 불법화조치를 비롯한 여러 가지 이유로 오래가지 못하고 단명했다.[11]

이렇게 되자 보다 강력한 독점조직으로서 트러스트가 등장하였다. 최초의 트러스트는 John Davison Rocketfeller(1839~1937)가 1879년 기업의 결합을 더욱 공고히 하기 위해 고안한 '트러스티 방식(trustee device)'에 의한 결합[12]과 이를 모범으로 완전한 정관을 작성함으로써 1882년에 많은 회사를 트러스트 형식으로 지배했던 스탠더드 석유회사(Standard Oil Company, 1870년 설립)에서 찾아볼 수 있다. 스탠더드 석유회사의 경우 총위탁회사 41개사 중 14개사는 주식을 100% 위탁했고, 23개사는 50~90.6%의 주식을 위탁했으며, 나머지 4개사는 50% 미만의 주식을 위탁했다. 이렇게 주식을 위탁 받은 지배회사는 위탁자에게 트러스트 증권(trust certificate)을 발행했다. 1870년 설립 당시의 스탠더드 석유회사는 미국 총정유생산량의 불과 4%를 점했으나 트러스트를 형성한 이후 90%를 차지했다.

트러스트는 그 후 위스키(1887), 사탕(1887), 면실유(1884), 고무(1992), 담배(1890)와 납, 철강업, 전기 등의 부문에서 형성되었으며, 1880년에는 이미 총 24개의 트러스트가 출현하고 있었다. 특히 20세기로 전환하는 시점에서는 증권시장이 급성장하여 합동운동이 폭발적으로 진행되었다. 1898년부터 1902년 사이에는 무려 269개의 기업합동이 진행되었고, 1904년에는 318개의 합동기업 중에서 70% 이상인 234개사가 1898년 이후에 성립한 것이었다. 그리고 1895년부터 1904년 사이에 성립한 313개의 합동기업 중에는 86개사가 각 부문 생산의 40%

---

10) pool은 유리한 사업을 여러 기업 간에 균등하게 배분하여 가격을 통제하고자 했던 일시적인 이익규정으로서 주로 제철, 제강업 및 증류공업 등에서 실시되었다.

11) 풀협정에 관해서는 김호범·이해주, 『신경제사개설』, 1996, pp.374~377 참조.

12) 여기에는 약 30명의 석유정제업자와 송유관업자가 참여하여 강력한 새로운 집단을 형성하였다. 협정의 내용은 참가한 각 회사의 주주가 트러스트 증권과의 교환으로 주식을 수탁자(受託者: trustee)에게 위탁한다는 것이었는데, 이로써 수탁자는 산하기업에 대한 완전한 지배력을 확보할 수 있었다.

이상을 지배하였다.[13]

　미국 기업합동의 선두에 섰던 분야는 철도업이었다. 철도 통합은 1873년 공황이 시작된 이후 약 20년간 적극적으로 추진되었는데, 여기에는 John Pierpont Morgan(1873~1913)의 금융적 지배력과 금융기관의 집중이 커다란 영향을 미쳤다. 그 결과 1901년에는 통칭 6대 철도그룹이 미국 전노선의 7~8할을 지배하였다.

　미국의 트러스트 형성사에서 가장 극적인 것은 경제적으로 특히 중요한 위치를 차지하고 있던 철강업에서의 합동과정이다. 1898년부터 1900년에 걸쳐 철강업에서는 약 20개의 기업합동이 이루어졌다. 그 결과 제강 및 중(重)압연분야에서는 강력한 거대자본들이 병립하였고, 주요한 완성품 분야에서는 각 트러스트에 의한 독점이 출현했다. 그 합동과정에는 철도를 지배하는 금융업자 J.P. Morgan이 크게 관여했다. 그런데 1900년에 와서 철강완성부문 기업이 일관작업에 의한 원료의 자급을 계획하고, 카네기철강(Carnegie Steel Company)과 페더럴제강(Federal Steel Company)의 제강압연 부문의 2대 기업이 자체 내에서 완성품을 제조하게 되자 종전의 분업체제는 깨지고 말았다. 이러한 상황 속에서 투자은행가였던 J.P. Morgan이 적극적인 역할을 하여 1901년 U.S.스틸회사(The United States Steel Corporation)가 뉴저지주법에 의거하여 설립되었고, 카네기철강 및 페더럴제강 등 다른 10개사를 병합함으로써 공칭자본금 11억 달러에 달하는 거대한 회사로 탄생하였는데, 나중에 다시 1개사를 매수하여 총자본금이 14억 285만 달러나 되었다. 대형 기업합동이 성행했던 미국에서도 10억 달러를 넘는 거대기업은 당시에 U.S.스틸 하나뿐이었다. J.P. Morgan의 거대한 금융력을 매개로 이루어진 11개사의 철강기업의 합동은 선철생산에서는 전(全)미국 생산량의 40% 이상, 강철과 각종 압연제품에서는 60~70%를 차지했다. 이 기업합동은 완성품 분야에서 일어나고 있던 횡적 결합에 만족하지 않고 서로 다른 생산단계를 합친 종적 결합을 일거에 통합한 기업합동의 정점이었다. 요컨대, 미국에서는 철강업을 비롯하여 철도 등의 통합에 금융기관이 주도적으로 관여했다는 점에서 금융자본 활동의 전형적인 예를 보여준 경우였다고 할 수 있

---

13) 松田智雄 엮음, 『서양경제사강의』, 한울, p.292.

겠다.[14)]

이와 같이 미국의 독점은 풀에서 시작하여 1880년대 및 1890년대에는 트러스트가 지배적인 형태로 되었다. 독점형성이 가장 활발했던 1890년대 후반부터는 주식회사에 의한 기업합동이 등장하여 지배적인 형태로 되었다.[15)]

(2) 콘체른

콘체른은 금융적 방법에 의한 기업집중의 형태로서 자금대출 혹은 주식을 보유하여 기업을 지배하는데, 주식을 보유하는 형태가 일반적이며 지주회사(持株會社, holding company)를 정점으로 산하에 많은 기업들을 지배한다. 주식회사 형태의 기업집중은 반(反)트러스트법이 등장하기 이전에도 약간 있었다. 그런데 스탠더드 석유회사가 이 방법을 채택하자 널리 보급되었다. 1887년 뉴 저지주(New Jersey)를 포함한 몇 개 주에서는 재정자금의 확보를 위해 회사법을 개정하여 주식회사의 설립을 합법화했다. 즉 정당하게 인가된 회사는 다른 회사의 주를 구입하여 소유할 수 있다고 규정했던 것이다.

1892년 스탠더드 석유회사는 대법원의 판결에 의하여 트러스트 내의 다른 회사들과 관계를 끊을 것을 명령받았으나 회사 자체의 해체령은 내리지 않았다. 1899년에 뉴저지 스탠더드 석유회사는 1억 달러를 증자하여 종전에 지배하고 있던 여러 회사의 주식을 모두 취득하였다. 이렇게 하여 구입된 주식총액은 1892년 트러스트 해산령을 받았을 때 발행되고 있던 '트러스트증권'의 총액과 같은 액수에 달했다. 그러므로 이 재조직은 결국 형식적인 것에 지나지 않았고, 종전에 수탁자로서 경영을 지배하던 사람들은 재조직된 이제 새로운 주식회사의 중역이 되었다. 이 형태의 주식회사는 여러 회사를 지배하기 용이했기 때문에 1897년부터 1904년까지 기업합동이 가장 활발하게 전개되던 시기에 많이 설립되었다. 1904년에는 5,300개의 개별기업이 합동하여 318개 주식회사를 형

---

14) 금융기관의 힘이 앞장 서서 다수의 완성품부문 기업을 한꺼번에 횡적으로 통합하고 소재부문이 이를 뒤따랐던 미국의 경우와는 반대로, 독일에서는 기술적으로 규정된 제강부문의 집적을 축으로 하여 생산공정의 종적 결합이 전·후방으로 진행되었다. 위의 책, p.295.

15) 이제까지 살펴본 것과는 대조적으로 프랑스에서는 19세기 후반 산업자본의 자기금융화가 현저했기 때문에 금융자본이 다른 나라보다 늦게 제1차 세계대전 이후에 본격적으로 등장했다.

성하였는데, 그 중 236개 기업은 1899년 이후에 설립된 것이었다. 그 가운데 스탠더드 석유를 비롯한 7대 트러스트를 포함하여 170개 회사가 뉴저지주법에 의해 설립된 것이었다. 이와 같이 풀이라든가 트러스트, 콘체른 등의 과정을 거쳐 기업집중이 이루어진 1870~1903년은 일반적으로 '제1차 기업집중운동'의 시기라 지칭된다. 제2차 기업집중운동은 1920년대 이후에 나타났다.

미국에서 기업집중이 추진되었던 구체적 요인은 첫째, 기술혁신에 의한 대규모화가 경쟁을 격화시켰기 때문이다. 둘째, 철도가 부설됨으로써 시장의 확대가 이루어지고 이것이 새로운 기업 간의 경쟁을 야기시켰다. 셋째, 이 외에도 독점화의 동기가 법률에 의해 촉진되었다는 것과 고관세정책, 특허제도, 광산지배권의 취득 및 출자은행의 창업이윤(創業利潤) 획득 등도 중요한 요인이었다. 이 밖에 대규모 판매 촉진의 우위와 특정 상표에 대한 시장지배 등이 생각될 수 있겠으나, 이것들은 다음의 대중소비회사가 출현한 다음에 기업집중을 더욱 확대시킨 요인이었다고 하겠다.

(3) 반독점법과 그 한계

독점자본의 성립으로 그 폐해가 드러나기 시작하자 각국에서는 독점자본을 제한하기 위한 운동이 일어났다. 그 하나는 임금노동자들이 전개한 노동운동이다. 방대한 고정자본을 필요로 하는 기술혁신과 이에 따른 자본의 유기적 구성도(有機的 構成度)의 고도화로 인하여 상대적 과잉인구(相對的 過剰人口), 즉 실업문제가 심각하게 되자 19세기 후반에는 노동운동이 유럽에서 본격적으로 전개되었다. 다른 하나는 중간적 사회층 특히 농민층에 의한 운동이다. 대중들은 독점적 지배력이 강하지 않았던 초기 풀의 시기에도 독점에 대해 반감을 가지고 있었다. 이러한 운동들은 국가권력에 의하여 독점자본을 법률적으로 제한하고자 하는 움직임으로 연결되기도 하였다. 그 전형적인 예를 미국에서 볼 수 있다.

미국에서는 독점기업의 폐해를 시정하려고 하는 움직임이 일찍부터 일어났다. 그 중의 하나가 철도운임의 적정화를 요구한 서부 농민들의 그레인저운동(Granger Movement)이다. 이 운동은 미국의 중서부를 중심으로 전개되었던 농민운동으로서 1867년에 농민생활의 향상을 목적으로 조직했던 전국농민공제조합이 그 기원이다. 이 운동은 1870년대에 와서 농촌의 위기가 고조되자, 독점타파를 내걸고 정치운동에 뛰어들었다.[16) 다른 하나는 노동자층이 일정한 연대를 가지면서 보다 널리 전개되었던 포퓰리스트운동(Populist Movement)이다. 포퓰리스트(인민당원)운동은 19세기 말에 출현한 많은 대회사들이 거대한 트러스트를 형성하여 그 세력을 재계와 정계로 확대해가자 그 정치상의 권력을 재계의 손으로부터 일반시민의 손으로 옮기려고 하는 운동이었다.

이러한 움직임을 반영하여 당국은 각 주법에 입각하여 트러스트의 금지를 위한 방안을 강구하게 되었다. 즉 1887년에 루이지아나주(Louisiana)에서는 면실유트러스트가 위법판결을 받았고, 그 다음 해인 1888년에는 뉴욕(New York) 및 캘리포니아주(California)의 제당트러스트가 고발되었다. 1890년에는 오하이오주(Ohio)의 스탠더드석유회사가 고발되었고, 또 네브라스카주(Nebraska)에서는 네브라스카위스키증류회사에 대한 소송이 일어났다. 그러나 이러한 주법으로써는 트러스트의 전면적인 금지가 불가능했다. 따라서 전국적인 입법을 요청하는 소리가 높아지게 되어 1890년 7월에 셔먼앤티트러스트법(Sherman Anti Trust Act)이 성립했다.

그러나 이 법에 의해서도 트러스트는 실질적으로 거의 타격을 받지 않았다. 왜냐하면 셔먼법의 조문은 논외로 하더라도 그 운용이 엄격하지 못했던 것이다. 오히려 각주의 법률과 셔먼앤티트러스트법이 트러스트를 규제했지만 결과적으로 이러한 규제는 지주회사(持株會社)와 자산보유회사 등 다른 형태의 독점자본을 형성하는 계기로 작용하였다. 예를 들면, 석유트러스트는 1882년에 재편성된 후 1992년에 위법판결로 형식상으로 해산했지만 1899년에는 다시 지주회사의 지배방식으로 전환했다. 결국 다시 반(反)트러스트법이 제정되었지만, 기존 법망을 피하기 위하여 새로운 기업결합 형태인 지주회사제도가 확산하게 되었던 것이다.

---

16) 이리하여 중서부의 제주에서는 철도운임이나 곡물창고료를 법률로써 규정하는 입법에 성공, 농산물의 공동판매, 필수품 등의 공동구입을 시도했다. 그러나 1874년을 분수령으로 하여 자본가의 반격과 경영의 실패 등에 의하여 이 운동은 점차 쇠퇴하게 되었다.

제 4 절   경제적 제국주의

1. 경제적 제국주의의 특징

제국주의(帝國主義: Imperialism)는 원래 1880년 이후 영국이 추진한 팽창주의 및 식민주의를 가리키는 것이었는데, 곧이어 프랑스 및 독일과 같은 유럽 공업국들이 여기에 가담하였기 때문에 19세기에서 20세기에 전환하는 시기에 나타난 열강의 대외적 확장정책을 의미하게 되었다.[17]

영국에서는 미국 독립 이후에도 무역이 꾸준하게 성장했기 때문에 식민지 획득열이 어느 정도 완화되고, 19세기 후반에는 자유방임주의 및 자유무역주의의 풍조와 더불어 반식민주의(反植民主義的) 경향마저 볼 수 있었다. 그러나 1873년부터 갑작스럽게 대불황기에 접어들자 사태가 일변했다. 유럽의 열강들은 공황으로 생산능력에 대한 공포감에 빠지게 되자 거의 동시에 제국주의적 확장을 통해 활로를 찾고자 했다. 영국의 수출은 1872년의 수준에 비하여 1876년에는 25%나 감소하였다. 이러한 수출시장의 동요는 당연히 해외투자를 위한 독점적 세력권에 대한 관심을 불러일으킴으로써 1880년대에는 식민지에 대한 관심이 새로이 증폭되었다. 나머지 유럽의 열강들도 불황기에 계속 진행되는 공업화와 유휴자본의 압박을 받게 됨으로써 식민지지배에 대한 매력을 느끼지 않을 수 없게 되었다. 즉 유럽의 열강은 유휴자본을 배출하기 위한 해외의 투자처와 전 생산능력을 가동시키기 위한 새로운 시장의 창출이란 과제를 안게 된 것이다. 제국주의란 이렇게 대불황에 직면한 선진공업국이 불황을 타개하려는 과정에서 등장한 것이라고 할 수 있겠다.

---

17) 선진강대국이 약소후진국을 정치적으로 지배하는 것을 이른바 제국주의라 말한다면 그것은 인류역사의 모든 단계에서 볼 수 있는 현상이다. 또한 제국주의를 제3세계의 저개발세계의 입장에서 자본주의에 내재하는 통시적 일반성으로 파악한다면, 유럽 및 미국에서 산업자본주의가 확립되는 자유무역시대에까지 소급해서 적용할 수도 있을 것이다. 그러나 여기에서는 1870년대부터 20세기 초에 걸쳐서 고도로 발달했던 독점자본주의를 배경으로 일어났던 열강의 제국적 확장운동 즉 고전적 제국주의 시대만을 다루고자 한다.

1870년부터 1900년에 이르는 불과 30년 동안에 유럽 각국은 면적으로 1천만 평방마일 이상, 인구로는 거의 1억 5천만 명에 달하는 식민지를 세계 도처에 건설하였다. 이것은 세계 육지면적의 약 5분의 1, 당시 세계인구의 약 10분의 1에 해당하는 규모였다. 식민지 개척은 말할 것도 없이 값싼 자원과 판매시장을 확보하기 위한 것이었다.

이러한 제국주의의 주요한 경제적 특징을 요약한다면 다음과 같다.

첫째, 생산·자본집적의 고도화와 독점체의 성립이 이루어진다.

둘째, 은행자본의 집적과 금융자본의 확립, 즉 독점자본주의가 성립된다. 이 첫 번째와 두 번째에 대해서는 이미 앞에서 살펴본 바와 같다.

셋째, 자본수출(capital export)을 목표로 금융자본의 지배망이 전 세계에 확산된다. 산업자본주의에서는 해외시장을 원료의 공급기지와 상품수출처로써 이용했지만 독점자본주의 단계에서는 자본수출이 경제적 제국주의의 가장 중요한 특징이 된다. 자본주의가 고도로 발달한 지역에서 과잉생산과 그로 인한 이윤율저하 등 투자 면에서 불리한 조건이 나타나기 때문에 자본은 이윤을 안정적으로 확보하기 위해 해외 특히 식민지로 진출하게 된다. 즉 후진지역 및 식민지는 일반적으로 자원 및 토지와 노동력이 풍부하고 자본의 유기적 구성도가 낮기 때문에 높은 이윤을 보장하는 것이다. 자본의 수출형태에는 ① 타국의 은행, 정부 등에 차관(借款)을 대여하거나 해외의 공사채(公社債) 등에 대해 채권투자를 하는 경우와, ② 해외에 기업투자를 하는 직접투자 혹은 증권투자로 나누어진다. 이를 위해서 열강의 금융망이 세계적으로 건설되었는데, 영국의 은행들은 1910년에 전 세계에 5천개가 넘는 지점과 대리점을 개설했고, 프랑스는 140개, 독일은 70개, 네덜란드는 68개의 지점을 가지고 있었다.

넷째, 국제독점체에 의한 세계경제의 분할이 나타난다. 자본수출이 진행됨에 따라 거대독점체 간에 결합이 이루어지거나 세계시장을 보다 안정적으로 확보하기 위하여 국제적 협정이 맺어진다. 때로는 세계적 수준에서 카르텔이나 트러스트가 진행되기도 한다. 국제시장의 분할로서는 독일의 AEG(Allgemeine Elektrizitäts Gesellschaft)와 지멘스(Siemens)가 유럽 시장을 장악하고, 북미시장은 제너럴 일렉트릭(General Electric Company)이 장악한 예가 대표적이다. 그러나 이러한 분할이 결코 안정적인 것은 아니다. 국제독점체는 계속해서 확장을 지향하기 때문에 세계경제 분할이 안정적이지 않으며 오히려 경쟁이 격화될 소지를 다분히 안게 된다.

다섯째, 따라서 자본수출을 계기로 세계의 영토분할이 완료되고 그것의 재분할이 과제로 된다. 즉 제국주의 국가는 안전하고 유리한 자본수출 시장과 판매 시장의 확보에 직면하기 때문에 후진지역을 자국의 정치적 세력권에 포섭하려 할 뿐만 아니라 다른 국가가 지배하는 지역도 탈취하려 든다. 특히 이러한 영토의 재분할 움직임은 공업생산력이 역전되는 과정에서 제국주의 열강 간의 투쟁을 심화시키고 세계전쟁을 불러일으켰다.

제국주의가 등장한 배경은 물론 경제적 이유가 전부는 아니었다. 개별 사례를 보면 정치적·군사적 의도, 미개민족의 문명화라는 미화된 사명감 등 여러 가지 동기가 작용했다. 그러나 이 폭발적인 제국주의 팽창의 근저에는 경제적 요인이 강하게 깔려 있음을 인정하지 않을 수 없는 것이다.[18]

2. 각국의 자본수출

1) 영 국

영국은 열강 중 최대의 제국주의적 팽창을 이룩했던 나라로서 최대의 자본수출국이었다. 영국은 이집트(Egypt)와 남아프리카(South Africa)를 중심으로 아프리카, 인도(India)를 중심으로 하는 아시아 등 전 세계에 걸쳐 영토적 지배를 하였다.

18세기에 아프리카는 노예의 공급지에 지나지 않았지만, 1900년에는 아프리카대륙의 거의 전부가 유럽 열강에게 식민지로서 분할되었다. 제1차 세계대전 전야의 아프리카는 프랑스가 약 40%, 영국 약 30%, 그리고 독일·벨기에·포르투갈·스페인 등이 나머지 30%를 점유했다. 프랑스는 최대의 면적을 차지했

---

18) Otto Baur(1881~1938)는 "제국주의란 사실상 축적의 한계를 확대시키는 수단"이라고 하였다. 이러한 경제적 현실주의에 백인우월주의 및 인종차별주의, 미개문명개화론 그리고 기독교전파라는 종교적 사명감이 제국주의적 침략을 정당화하였다. 그리고 여기에는 국가주의와 국수주의(國粹主義) 등의 민족적 우월감도 크게 작용하였다.

지만 대부분 사하라사막인 데 비해, 영국은 인구와 자원이 가장 풍부한 지역을 점령했다.[19)]

영국은 수에즈운하 개통 이후 이집트에서 프랑스와 경쟁하다가 단독으로 지배했다. 이집트는 영국의 지배하에서 면화와 사탕의 단일재배지로서 모노컬처(mono culture)화하여 1차 산품 생산국으로 다듬어져갔다. 다이아몬드와 금의 보고인 남아프리카에서는 전형적인 제국주의자 Cecil John Rhodes(세실 존 로즈, 1853~1902)에 의하여 영국의 영토가 확장되었다.[20)] 이 지역에서 영국은 보어전쟁(Boer War, 남아전쟁, 1899~1902)에서 네덜란드계 주민인 보어인(Boers)들을 학살하여 굴복시키고 1910년 남아프리카연방으로서 자치를 허용했다.

영국의 아시아에 대한 지배는 높은 문화 수준 때문에 용이하게 달성될 수 없었다. 인도에 대해서는 동인도회사를 앞세워 각 지역을 정복하였다. 세계 면업의 조국 인도는 랭카셔의 기계제 면업에 압도되어 1820년대부터 면제품의 수입국으로 전락하였으며, 농업은 모노컬처화되고 지주-소작관계가 확대되었다. 세포이의 난(Sepoy Mutiny, 1857~1859)[21)]을 계기로 1858년부터 영국 정부의 직접 통치로 바뀌었다. 문호를 폐쇄해 온 중국에 유럽 열강이 진출할 수 있는 계기를 마련한 것은 아편전쟁(阿片戰爭, 1840~1842)이다. 이 전쟁에서 승리를 거둔 영국은 난징조약(南京條約, 1842)을 맺고 광주(廣州), 상해(上海)를 비롯하여 5개 항을 개항시키는 동시에 홍콩도(島)를 할양받았다.

19세기 말기에는 유럽의 여러 나라들이 해외무역과 투자에서 영국의 경쟁국으로 등장하였다. 그리하여 영국의 해외투자는 아시아, 아프리카, 남아메리카,

---

19) 영국, 프랑스, 독일 등의 영토 확장에 관한 자세한 내용은 김호범·이해주, 『신경제사개설』, pp.390-394, pp.396-400 참조.

20) Cecil Rhodes는 영국령 케이프(Cape)의 식민지 수상을 지냈다. 그는 인종차별주의자(racist)로서 적자생존이라는 명제를 신봉하는 사회다원주의자이며 앵글로색슨만이 거주하는 세계가 최선의 세계라는 믿음을 가진 가장 전형적인 제국주의자였다.

21) Sepoy Mutiny 혹은 Indian Mutiny는 인도병사 및 농민들이 일으킨 민족적 대항거였다. 세포이는 영국의 동인도회사가 편성했던 인도군의 인도인병사를 말한다. 동인도회사는 1848년부터 정복전쟁과 토후국병합정책에 의하여 인도정복을 거의 완성시켰으나, 강경정책은 인도인의 반영감정을 일으켰다. 1857년 초에 시작된 반란은 각지의 세포이로부터 농민에게로 파급하여 4개월 후에는 전인도의 약 3분의 2가 내란에 휩싸였다. 영국정부는 군대를 파견하는 동시에 네팔의 광폭한 구르카병까지 출동시켜 1859년 4월에 겨우 주요한 반란을 진압했다.

동유럽 등 저개발지역으로 옮겨지게 되었다. 영국의 해외투자는 1880~1881년
부터 1890~1894년 사이에 2배가 증가하였으며, 1890~1894년에서 1910~1913
년 사이에는 무려 4배가 증가하였다.[22] 정확한 통계는 아니지만 제1차 세계대
전 전야 영국의 해외투자총액은 40억 파운드에 달했다고 한다. 당시에 프랑스
의 18억 파운드, 독일의 13억 파운드, 미국의 5.4억 파운드였다.

이 시대에 직접투자와 간접투자를 합한 영국의 해외투자는 대부분 민간투
자였는데, 머천트 뱅커(Merchant banker)가 커다란 역할을 수행했다. 그 가운데
서도 최고(最古)의 가통을 자랑하는 베어링가(Baring Family)와 최대의 로스차일
드가(Rothschild Family)는 국제정상적(國際政商的) 금융재벌의 쌍벽으로서 알려져
있었다.

영국의 막대한 투자기금이 해외투자 특히 후진지역 내지 식민지에 대한 투
자로 돌려졌던 이유는 다음과 같다. 첫째, 해외투자의 수익률이 국내투자의 수
익률보다 높았다는 사실을 들 수 있다. 베어링공황[23](1890년)과 같은 위험부담
이 따르기도 했으나 해외투자의 평균적 수익률은 대체로 5% 이상으로 유지되
었으며, 따라서 콘솔(Consol)공채나 국내투자에 의한 이윤보다도 많은 초과이윤
을 획득할 수 있었다. 둘째, 산업구조의 고도화에 따라 1차 산품 특히 식량자원
등 원재료 수입의 필요성이 높아졌기 때문이다. 플랜테이션이나 광산의 개발,
철도건설 등을 위한 해외투자는 저렴한 식량자원이나 공업원료를 용이하게 확
보하기 위한 것이었다.

다음, 영국의 해외투자에서 인도투자가 갖는 특성에 대하여 약간 언급해
두고자 한다. 인도의 철도에 대한 투자는 인도에 대한 정치적 지배와 관련되어
있었기 때문에 미국의 철도에 대한 투자보다도 여러 가지 유리한 점이 많았다.
즉 인도의 철도증권에 대해서는 인도인에 부과된 조세수입에 의하여 최저 5%

---

22) M. Beau, 앞의 책, p.198.

23) 영국은 남아메리카 특히 아르헨티나 철도건설을 위하여 과잉자본을 수출했다. 이 과잉투자
는 결과적으로 실패로 돌아갔고, 아르헨티나에 내란과 혁명이 일어나 전 산업이 마비되었다.
그 여파는 곧 런던 화폐시장에 반영되었다. 아르헨티나 금융대리기관이었던 베어링회사는
영국 최고의 사립은행으로서 Overend Gurney에 못지않은 신용을 자랑하고 있었는데, 아르
헨티나에 대한 투자가 실패로 돌아가자 끝내 1890년 11월 14일 파산하고 말았다.

의 수익이 보증되고 있었던 것이다. 그러므로 미국에 대한 철도투자가 단순한 자본수출이었는 데 비하여 인도에 대한 철도투자는 식민지적 경제수탈을 위한 것이었다고 할 수 있다.

2) 프랑스

1880년 이후 프랑스는 아프리카와 인도를 중심으로 아시아에 많은 식민지를 건설함으로써 영국 다음 가는 대식민제국을 구축했다. 아프리카의 약 40%를 점했던 프랑스령은 알제리(Algeria), 튀니지(Tunisia), 모로코(Morocco), 프랑스령 적도아프리카로 대륙의 북부와 서부에 집중되어 있었다. 프랑스는 1850년대부터 인도차이나(Indo-China)에 개입하기 시작하여 청불전쟁(淸佛戰爭: 1884~1885)에서 승리한 후 베트남(Vietnam), 캄보디아(Cambodia), 라오스(Laos)를 병합한 프랑스령 인도차이나연방(1887)을 지배했다. 프랑스의 지배로 인하여 베트남에서는 곡창이 개발되고 쌀이 인도차이나 수출의 70%를 차지하였지만, 그 이익은 프랑스인 지주, 베트남인 상류층, 화교 등이 장악하고 소작제도가 확산되었다.

19세기 말기의 프랑스공업은 석탄의 부족과, 알자스·로렌의 상실에 의한 철광자원의 부족 등이 겹쳐 영국, 미국 및 독일에 비해 뒤떨어지고 있었다. 특히 중공업보다도 전통적인 사치품공업에 특화해 왔으므로 프랑스에서는 산업자금의 수요가 활발치 못했다. 따라서 보불전쟁에서 패배한 대가인 50억 프랑의 배상금이 1873년에 완제(完濟)되자 투자자들은 투자 대상지를 해외에서 찾기 시작했다. 그런데 1875~1914년 사이의 파리금융시장 평균할인율은 대체로 3%로서 당시로서는 가장 낮은 금리였기 때문에 해외의 자금수요가 파리에 집중하게 되어 파리는 런던 다음가는 국제금융시장으로 성장했다.

프랑스에서는 영국과는 달리 광범하게 분산되어 있던 다수 소액 투자가의 자금이 해외투자의 원천이었다. 이들 소투자가는 높은 수익보다도 오히려 증권의 유동성과 안정성을 찾는 경향이 강했다. 프랑스 해외투자 가운데 외국공채가 점하는 비율이 1900년의 경우 국채만으로 54%에 달할 정도로 높았던 중요한 이유는 여기에 있다. 또 하나의 이유는 파리거래소에 외국증권을 상장(上場)하는 데는 프랑스 정부의 인가를 필요로 했고, 프랑스 정부는 그것을 통하여 자본수출을 정치적 목적에 이용했다는 사실이다. 이 점은 영국이 자유방임을 원칙으로 하고 있었던 것과는 매우 대조적이다. 제1차 세계대전까지 프랑스의 해외투자는 주로 유럽에 투자되었다. 아시아와 아프리카에 많은 식민지를 두어 경제적·정치적 권익을 향유하고 있었으나 식민지에 대한 투자는 크게 활발하지 않았다. 프랑스에서는 1880년과 1914년 사이에 해외투자가 3배가 증가하였다. 그러나 1900년에 프랑스가 식민지에 투자한 액수는 15억 프랑으로 전 해외투자의 5%에 지나지 않았다. 이 당시 영국의 식민지투자가 전 해외투자에서 거의 절반을 차지한 것과는 매우 대조적이다.

프랑스는 전 유럽투자액은 약 3분의 1(해외투자 전체의 4분의 1에 해당)을 러시아에 투자하였다. 19세기 말기는 러시아에서 경제적 민족주의가 고양되어 활발한 공급투자와 보호관세정책에 의하여 공업화가 급격히 신장되고 있던 시기였다. 그러나 러시아에서는 국내에 축적된 자본이 없었기 때문에 외자의 도입이 불가피했다. 프랑스는 1888년 정부공채에 투자한 것을 계기로 독일에 대신하여 러시아에서 최대의 자본공급국이 되었다. 이러한 관계를 계기로 양국은 정치적으로 접근하게 되었고 1891년에는 불로동맹(佛露同盟)의 성립을 보았다. 이 동맹의 체결로 인하여 프랑스 자본은 더 한층 러시아에 투자되었다. 그러므로 당시 러시아의 철도 및 항만건설, 선로설비의 근대화를 비롯한 공업의 발달은 직간접으로 프랑스자본에 힘입은 바가 컸다 하겠다.

3) 독 일

제국 성립 이전의 독일의 무역정책은 프로이센의 토지귀족 융커들의 이해를 반영하여 자유무역으로 기울어져 있었다. 그러나 1870년대 후반부터 미국과 러시아로부터 곡물이 쏟아져 들어오자 융커도 입장이 바뀌어 1879년부터 보호무역으로 전환하였다. 독일은 1880년대 이후 보호관세정책과 카르텔 및 신디케이트를 이용한 조직적인 덤핑 등에 의하여 해외시장을 확대했다. 해외시장 확대에 힘입어 독일의 공업생산력은 급성장했다.

[표 8-2]에서, 1880년부터 1904년의 20년 기간 동안 선철은 2.8배로 증가하여 20세기 초에 영국을 능가하였고, 강철은 무려 9배로 증가하여 영국 생산

[표 8-2] 석탄 및 철강생산량   (단위: 백만톤)

		영국	프랑스	독일	미국
석탄	1880~1884	156.4	19.3	51.3	88.7
(1)	1900~1804	226.8	31.8	110.7	281.0
선철	1880~1884	8.1	1.9	3.2	4.2
(2)	1900~1904	8.6	2.6	8.9	16.4
강철	1880~1884	1.8	0.4	0.8	1.6
	1900~1904	4.9	1.7	7.3	13.4

자료: L. C. A Knowles, *The Industrial and Commercial Revolution in Great Britain during the Nineteenth Century*, 3rd ed., 1924, p.30.

량의 1.5배에 이르고 있다.

이와 같이 강력한 신디케이트를 가진 독일의 철강기업은 국내시장에서는 독점이윤을 챙겼고 수출에서는 덤핑가격으로 해외시장 진출을 도모했다. 독일제품은 심지어 영국 시장에 침투하여 영국인들은 적지 않은 충격을 받았다.

공업은 이처럼 급속하게 발전했지만 식민지는 영국이나 프랑스에 비할 바가 못되었다. 독일은 대체로 1884년과 1900년 사이에 아프리카와 태평양에서 식민지를 획득했다. 그 규모는 1백만 평방마일, 1천 4백만 명으로서 프랑스 식민지의 4분의 1에 미치지 못하는 규모였다. 이처럼 뒤늦었던 독일의 제국적 확장은 그 진로를 동남으로 돌려, 오스트리아·헝가리와의 동맹을 맺고 발칸반도를 거쳐 중동으로 뻗어가려 했다. 그러나 독일의 이러한 3B정책은 러시아 및 영국의 이해관계와 정면으로 충돌했다.[24]

영국과 프랑스를 뒤쫓아 독일도 자본수출을 시작했다. 독일은 중공업의 비중이 컸기 때문에 특히 자본수출이 중요했다. 왜냐하면 철도건설 자재와 같은 중공업제품은 장기차관의 대여대상국을 찾아야 했고, 또 제품의 성격상 판로의 개척이 어려웠기 때문이다.

독일은 1860년대부터 미국의 철도건설에 투자를 시작하였는데, 1880년대에

---

24) 1899년에는 비잔티움(Byzautium, 콘스탄티노플)을 거쳐서 바그다드(Bagdad)에 이르는 바그다드의 철도부설권을 얻었다. 이로써 베를린(Berlin), 비잔티움, 바그다드를 연결하는 3B정책이라는 독일제국주의의 기본적 방향이 확립되었던 것이다.

와서 그 투자액이 대폭 증가함으로써 자본의 수입국에서 수출국으로 전환하였다. 독일의 해외투자는 1883년에서 1893년 사이에 2배로 증가하였으며, 1893년에서 1914년에는 더욱 많이 3배가 증가하였다. 독일은 제1차 세계대전까지 영국과 프랑스에 이어서 세계 제3위 −그 금액은 영국의 3분의 1− 의 자본수출국으로 성장했다.

독일은 자본수출의 절반을 유럽에 투자했다. 최고의 투자 대상국은 동맹국인 오스트리아와 헝가리로서 주로 철도건설에 투자되었다. 그리고 유럽 이외의 지역에서는 미국 및 캐나다의 철도와 남미제국의 공채에 주로 투자했다. 그러나 자본수출의 지리적 분포에서 주목할 만한 특징은 발칸제국과 터키가 비교적 중요한 투자처가 되고 있다는 사실이다. 이것은 동방진출(東方進出)을 꾀했던 정책의 결과였다. 발칸제국에서는 루마니아(Rumania)의 공채와 석자자원 개발에 2분의 1이상이 투자되었다. 그리고 터키에서는 주로 철도에 투자되었다. 외국투자의 주체는 대은행이었다. 독점적 대기업과 강한 연계를 가진 독일의 대은행은 정부의 대외정책에 호응하여 대외투자에 적극 참여했다. 대은행에 의한 자본수출은 독점적 대기업의 상품수출을 촉진했다. 정부의 외교정책과 대은행 및 대기업 간의 이와 같은 특별한 협력을 배경으로 이루어진 대외투자로는 도이치뱅크(Deutsche Bank)가 중심이 되어 바그다드 철도에 대해 거액을 투자하고 독일기업이 철도건설 자재를 수출했던 실례에서 찾아볼 수 있다.

3. 다각적 무역결제권의 동요

제1차 세계대전 이전의 세계시장은 자본수출과 시장확보를 둘러싸고 열강들 간에 치열한 쟁탈전이 벌어졌다. 1914년 당시 영국은 전 세계 자본수출의 43%를 점하고 있었으며, 프랑스가 20%, 독일이 13%, 미국 7%, 벨기에·네덜란드·스위스가 합계 12%, 나머지가 5%를 차지하여, 영국·프랑스·독일의 3개국이 전체 투자의 4분의 3을 차지하고 있었다.[25] 이같이 상품 및 수출시장 확보를 위한 각축전이 전개되면서 19세기 후반과 20세기 초의 세계경제는 전과 전

---

25) M. Beau, 앞의 책, p.198.

혀 다른 구조를 형성하였다. 즉 이 시기에는 영국이 세계의 공장으로서 독점적으로 세계시장을 제패하던 시기와 달리 여러 개의 제국주의 국가들이 영국을 중심으로 다각적 결제권(多角的 決濟圈)을 형성한 것이다.

영국은 최대의 자본수출 및 무역국이었지만, 영국의 상품수출은 식민지의 후진농업국으로 돌려졌다. 자본수출도 유럽 투자분을 회수하여 아시아, 아프리카, 라틴아메리카의 제1차 산품 생산국 특히 대영제국 내의 국가들에게 집중되었다. 영국의 식민지 투자액은 전 해외 투자의 2분의 1에 가까웠다. 이리하여 영국의 농업경영은 축소되고, 공업은 사기업이 현저하게 온존하면서 고급품생산으로 선회하였다.

영국은 농업해체와 공업의 약체화를 겪으면서 식민지 및 종속국에서 막대한 이익을 수탈하였다. 특히 인도 재정수입의 4분의 1에 달하는 이자수입은 영국의 국제수지에 결정적으로 기여하였다. 반면, 대부분의 후진식민지역들은 영국, 프랑스, 독일의 선진공업국을 위한 원료공급지 및 상품판매처로 전락하였다. 선진국의 지배하에 놓임으로써 세계경제 속에 편입되었던 대부분 후진국들의 경제구조는 소수의 일차산품(一次産品)에 특화한 모노컬처(monoculture)적 산업구조로 바뀌었다. 영국 지배하의 이집트에서는 면화 및 사탕 생산을 위한 단작 농업적 산업구조가 정착되었다. 인도 역시 영국 면공업제품의 공략을 받아 1820년대부터 면제품의 수입국으로 전락했고 농업에서는 지주-소작관계가 확대되었다. 인도는 이렇게 불리한 산업구조 속에서도 영국에 대한 채무결제를 위해 독일 및 미국을 비롯한 주요 공업국에 1차산품의 수출을 확대하지 않으면 안되었다. 프랑스의 지배하에 들어간 베트남에서도 쌀 수출이 인도차이나 전체 수출의 70%를 차지했지만 이익은 지주들에게 돌아갔다.

미국과 독일은 제1차 산품 생산국에 거액의 무역적자를 누적했지만, 높은 보호관세체계를 유지하면서 신흥의 중공업에 집중투자함으로써 19세기 말과 20세기 초에는 영국의 공업력을 점차 능가하였다. 특히 영국의 가장 치열한 경쟁자인 독일은 거대 신용은행과 산업체 간의 상호 결착으로 중화학공업이 눈부시게 발전하였다. 이에 비해 프랑스는 여전히 중소기업과 사치품 생산이 지배적이었으며, 높은 수준의 농업보호관세로 농업에서는 소농민경영과 소토지소유가 유지되었다.

이상과 같이 제국주의 열강과 식민지 후진지역은 영국을 중심으로 하는 '다
각적 결제기구'를 통하여 상호의존관계를 형성하고 있었다. 그러나 이러한 제국
주의적 상호보완체제는 애초부터 내부에 모순을 내포하고 있었다. 그것은 기본
적으로 영국이 공업패권을 상실하고 독일 및 미국이 급성장한 것에 기인한다.
예를 들면, 앞의 [표 8-2]에서 보았듯이, 20세기로 넘어갈 무렵에 독일의 선철
및 강철 생산량은 영국을 크게 상회했고 미국의 증가율은 독일보다 더 컸다. 또
한 1910년이 되면 독일의 주철(鑄鐵: cast iron)생산량은 1,480만 톤에 달하게 되
어 영국의 1,040만 톤을 능가하였다. 강철(鋼鐵: steel)에서도 1900년에 와서는
독일이 740만 톤을 생산함으로써 영국의 600만 톤을 앞지르게 되었고, 더욱이
1910년이 되면 영국의 760만 톤에 비해 독일은 1,370만 톤으로 영국 생산량의
거의 2배에 도달하였다. 영국에게는 미국도 부담스러운 존재였지만 독일과의
경쟁에 더 큰 위협을 느꼈다. 미국은 지리적으로도 멀었지만, 그보다는 미국은
국내에 광대한 시장을 갖고 있었기 때문에 독일만큼 치열한 경쟁을 벌이지 않
아도 되었던 것이다.

교역에서도 영국이 차지하는 비중은 점차 감소되었다. 1875년에서 1913년
사이에 독일의 수출은 보호주의가 만연함에도 불구하고 4배가 증가하였고, 미
국의 수출은 5배 가까이 증가하였다. 반면 영국의 수출은 2.2배, 프랑스는 1.8
배 증가하였다. 이리하여 영국의 수출은 절대액에서는 꾸준히 증가하였고 제1
차 세계대전 이전까지 세계최대의 교역국이었지만, 세계무역에서 차지하는 비
중은 1880년의 4분의 1에서 1913년에는 6분의 1로 크게 감소하였다. 이것은 무
엇보다도 영국의 공업력이 상대적으로 쇠퇴하고 미국 및 독일의 그것이 급성장
한 것에 기인한다.

19세기 후반에도 세계의 정치 및 경제에 대한 영국의 영향력은 지배적이었
다. 영국의 군대와 행정기관은 세계 도처에서 힘을 발휘하였고, 스털링은 국제
통화이며 영국의 금융기관은 전 세계 5천 군데나 뻗어있었고 런던은 세계금융
의 중심지였다. 그러나 급속하게 성장한 독일이 영국의 공업력을 추월하게 되
자, 이것을 배경으로 독일은 독자적인 '마르크결제권'의 구축을 시도하였다. 나

아가 독일은 특히 인도를 자국의 결제권에 포섭함으로써 과거의 세계분할을 재
편성하려 하였다. 이것은 영국경제의 존립기반인 다각적 무역체제 및 제국루트
(Empire Route)를 위협하는 것이나 다름없었다. 1907년 이후 현재화한 독일의
세계제국에 대한 도전과 열강의 대립은 제1차 세계대전으로 세계경제를 끌고
가고 있었다.

제 5 절   노동운동과 사회문제

　19세기 중엽 이후 유럽대륙 및 미국의 공업화로 인하여 노동인구가 급증하
였다. 영국에서는 19세기 말 임금노동자가 활동인구의 80%, 미국은 1880년에
63%, 프랑스는 1911년에 58%, 독일에서는 1902년 66%를 차지하였다. 도시화
도 현저하게 진행되어 영국 런던은 4백만 명을 상회하였고, 글래스고우(Glasgow)·
맨체스터(Manchester)·버밍햄(Birmingham)·리버풀(Liverpool) 등의 도시인구는
1백만 명에 달하였다. 미국에서는 주민수 8천 명 이상의 도시에 거주하는 인구
비율이 1880년 23%에서 1900년 32%로 증가하였다. 독일에서는 2천 명 이상의
밀집된 지역에 사는 인구비율이 1880년 41%에서 1910년에는 60%로 증가하
였다.
　영국에서 공업 노동자수는 1881년 570만 명에서 1911년 860만 명, 운송 노
동자는 120만 명에 달하였다. 미국에서는 제2차 산업에 고용된 인구가 1870년
전체 활동인구의 23%에서 1910년 31%, 그 노동자수는 2백만 명에서 1909년에
620만 명으로 늘어났다. 독일에서는 공업 노동자의 비율이 1895년 41%에서
1907년 43%로 증가하였으며, 노동자수는 590만 명에서 860만 명으로 증가하였
다. 프랑스에서는 19세기 말 3백만 명에서 1913년도에 5백만 명이 되었다. 그
리하여 4대 자본주의 국가에서 노동자계급은 약 3천만 명에 달하였고, 자본주
의적 공업화가 진행된 모든 국가를 합치면 약 4천만 명이 되었다.[26]
　공업화에 따른 노동자수의 급증은 노동계급의 사회경제적 지위를 향상하기

---

26) M. Beau, 앞의 책, pp.180－181.

위한 노동 및 사회운동을 활성화하였다. 예를 들면, 영국의 노동조합주의자, 프랑스의 노동자, 독일의 Marx, 이탈리아·스위스·폴란드의 망명자들이 1864년 런던에서 국제노동자협회(The International Workingman's Association)를 창설하여 국제주의에 기초한 새로운 차원의 노동운동을 열었다.

먼저 영국을 보면, 1833~1848년간의 차아티스트운동이 대중의 관심을 집중시키기는 했으나 노동자층의 생활상에는 큰 기여를 하지 못했다. 그런데 19세기 중반경부터 1870년경에 걸쳐서 영국자본주의는 미증유의 번영을 이룩하였고, 그 결과 노동자층의 생활수준도 어느 정도 향상되었다. 이리하여 노동조합운동은 기존 사회질서의 파괴를 지향하는 급진주의에서 점차로 체제 내에서의 변화를 지향하는 점진주의로 변모해갔다. 노동자들은 1867년에는 보통선거권을 획득하게 되었는데 이것은 노동조합 조직에 새롭고 결정적인 전환의 계기를 제공하였다. 즉 1868년에 노동조합회의(Trade Union Congress)가 창설된 것이다. 보통선거권의 획득과 노동조합회의의 결성으로 영국의 산업자본가계급은 비로소 노동자계급을 고려해야 할 하나의 세력으로서 인정하게 되었다.27) 그리하여 1871년에는 노동조합법이 제정되었는데, 이것은 Marx에 의한 급진적인 인터내셔널의 호소를 영국의 노동자층들이 외면토록 한 직접적인 계기가 되었다.

영국에서는 1880년대에 와서 다시 불황이 심화되자 사회주의가 노동자의 마음을 동요시키게 되었다. 그런데 이때의 사회주의는 Marx주의적 사회주의가 아니고 영국 특유의 Ricardo파사회주의, 페이비안사회주의(Fabianism), 길드사회주의, 기독교사회주의 등이었다. 특히 주목할 만한 것은 1884년에 결성된 페이비안협회를 중심으로 한 페이비안사회주의였다. 이 협회는 그 명칭을 고대로마의 '신중장군(愼重將軍)'인 Fabius Cuncator(B.B.280~B.C.203)의 이름에서 따온 것인데, 토지나 자본의 국유화를 주장하였으며 이의 실천을 위한 점진주의적 방법을 주장했다.28)

---

27) 1867년의 주종법(主從法: Master and Servant Act)은 1875년에 고용주 및 근로자법(Employers and Workman Act)으로 대체되었고, 다시 1875년과 1876년에는 비폭력 파업피켓을 인정하는 법률이 가결되었다.
28) 그 대표적인 인물로서는 George Bernard Shaw(1856~1950), H.G. Wells(1866~1946), Sidney and Beatrice Webb(1859~1947, 1858~1943) 부부 등을 들 수 있다.

원래 영국의 노동조합은 직능별로 고임금을 받는 숙련공만으로 구성되어 매우 자조적 색채가 강한 공제조합의 형태를 띠고 있었다. 조합은 비교적 풍부한 조합기금을 가지고 법정투쟁을 위한 비용이나 조합원의 실업, 질병, 재해, 사망시에 지급했다. 그런데 1888년에 일어난 런던의 성냥공장 여공의 파업을 계기로 당시의 조합에서 제외되었던 비숙련공들의 조직화의 움직임, 즉 신노동조합운동이 전국적으로 일어나게 되었다. 이 운동이 지향한 것은 비숙련공도 조합원으로 할 것, 공제조합을 폐지하고 그것을 국가의 사회보험에 맡길 것, 직능별이 아닌 산업별조합을 만들 것 등이었다. 사태의 이러한 전개 속에서 Keir Hardie(1856~1915)의 지도하에 1893년 독립노동당이 결성되었다. 이 당은 그 사회주의적 주장을 노동자에게 알기 쉽게 전달함으로써 조합원의 지지를 획득하였다. 이로써 영국에서는 처음으로 사회주의와 노동조합의 결합을 볼 수 있게 되었다. 그리고 이 당은 1900년에 페이비안협회나 사회민주연맹(1884년 결성)과 함께 노동대표위원을 조직하였고, 이것을 기초로 하여 1906년에는 노동당이 발족하였다. 한편 1908년에는 노동자의 퇴직에 관한 법안이 통과되었고 1911년에는 실업수당과 광범위한 의료보험제도가 도입되었다.

프랑스에서는 1830년의 7월혁명 당시 노동자들이 봉건 귀족에 맞서 단결하였으나, 봉건왕정을 타도한 이후 트랑스노냉가에서 학살(the massacre of the rue Transnonain)되었다. 노동계급은 1848년의 2월에도 혁명의 선두에 섬으로써 보통선거권을 획득하였으며, 1864년에는 파업권을 인정받았고 노동조합도 실질적인 확장을 이룩하였다. 1884년에는 앙쟁(Anzin)파업, 1886년 데카즈빌(Decazeville)파업, 1895년에는 로안느(Roanne)의 면직공파업과 카르모(Carmaux)의 유리제조공 파업 등이 발생하였다. 그 후에도 1899년 크뢰조(Creusot)공장 노동자파업, 1901년 몽소레민(Montceau-les-Mines)에서 광산노동자들이 파업을 일으켰으며, 이러한 움직임은 1905년, 1910년의 파업으로 연결되었다. 1905년에는 노동조합가입자들이 75만 명에 이르렀고, 노동총동맹은 1906년 아미앵(Amiens)회의에서 노동조합운동의 독자성을 확인하였다. 한편 노동자계급의 성장으로 인하여 1884년에는 결사의 자유가 인정되었고, 1874년·1892년·1900년에는 노동시간에 관한 법이 제정되었으며, 1893년 위생 및 안전에 관한 법, 1898년 노동재해법, 1905년 연금법, 1906년 주말휴가에 관한 법이 통과되었다.

독일에서의 노동운동은 1844년의 슐레지엔 방직공의 봉기에서처럼 격렬한 대립과 유혈투쟁을 통해서 성장하였다. 1862년에는 F. Lassalle(1825~1864)의 주도로 독일노동자총연합이 결성되었고, 1867년의 헌법에서는 보통선거권이 인정되었다. 1869년에는 Bebel(1840~1913)과 Liebknecht(리프크네이트, 1826~1900)가 사회민주노동당을 결성하였다. 사회주의 및 사회민주주의자를 견제하기 위한 사회주의자법(Socialist Law)이 제정되었지만 1884년 선거에서는 사회민주당이 55만 표를 획득하여 24명의 당선자를 내었다. 사회민주당은 계속해서 세력을 확대하여 1903년 81명, 1912년 110명의 대표가 당선되었다. 이렇게 노동자들의 세력이 급속히 확대되자, Bismarck[29]는 노동자들의 불만을 무마하기 위하여 1883년 의료보험에 관한 법률, 1884년 재해보험 및 노후연금에 관한 법률, 1889년 60세 이후의 퇴직에 관한 법률 등을 실시하여 노동자들을 보호하는 조치를 취하였다.

그 밖의 유럽 국가와 미국에서도 노동운동이 성장하고 노동조합이 결성되었다. 미국에서는 1866년에 최초의 중앙집권적인 노동조합인 전국노동조합(National Labor Union)이 W.H. Sylvis(1828~1869)에 의해 조직되었다. 미국에서도 노동자들에 의한 파업이 잇달아 1877년에는 피츠버그코뮌(Pittsburgh Commune)과 철도노동자들의 파업이 발생하였으며, 1881년과 1886년 사이에는 무려 3천 건 이상의 파업이 일어났다. 이어 1893년, 1894년, 1899년, 1902년, 1910년, 1912년, 1913년에도 대규모의 파업이 미국경제를 휩쓸었다. 노동조합의 설립도 활발하게 진행되어 노동기사단, 미국철도노동조합, 미국광부노동연맹 등이 결성되었는데, 특히 전미노동연맹(American Federation of Labor)은 점진적인 입장을 취함으로써 1886년 가입자 10만에서 1912년에는 2백만 명의 대조합으로 발전하였다. 그 결과 미국에서는 많은 주가 주로 광부들의 8시간 노동을 채택하고 아동노동에 대한 규제와 노동재해에 관한 사회법률을 실시하게 되었다.

이와 같이 노동자계급의 사회경제적 지위의 향상은 기본적으로 노동자 자신들의 자각과 노동운동에 의해 달성된 것이다. 그런 의미에서 노동자의 보호

---

29) Bismarck는 1890년에 사직하였다.

법률이나 사회입법은 사실 노동자들의 불만을 체제 내로 흡수하는 기능을 수행하였다. 동시에 이러한 상황들은 자본주의가 보다 성숙한 단계로 진입하였음을 의미하는 것이기도 했다.

제 9 장

현대자본주의의 형성

현대자본주의의 형성

현대자본주의의 기본구조는 20세기 전반에 갖추어졌다. 제2차 세계대전 이후 자본주의 국가에서는 자본주의의 운용구조가 변화하여 자유방임이 폐기되고 국가가 경제에 깊숙이 관여하게 되었는데, 이것은 1930년대 세계경제를 강타한 세계대공황을 계기로 이루어진 것이다. 균형예산을 중심으로 하는 야경국가에서 벗어나 국가가 재정금융정책을 적극적으로 전개하는 이 수정자본주의는 제2차 세계대전이 끝난 후 본격적으로 발전하였다. 그러므로 여기서는 1930년대 세계를 휩쓴 세계대공황의 배경과 세계대공황이 자본주의 운용구조의 변화에 미친 영향에 대해서 알아보기로 한다.

제 1 절　현대자본주의의 특징

20세기에 접어들자 선진공업국의 생산조직은 대량생산체제를 갖추게 되었다. 대량생산체제가 발전하고 또 유지되기 위해서는 대량으로 생산된 상품에 대한 대량판매와 대량소비를 가능케 하는 대중소비사회가 존재하지 않으면 안된다. 그것은 과거에는 소수의 상류계층만이 누릴 수 있었던 물질적 소비생활을 일반대중들도 누릴 수 있게 되었다는 것, 즉 생활양식의 근대화와 평준화를 의미한다.

현대자본주의는 W.W. Rostow가 그의 경제발전단계설에서 다섯번째의 성장단계로 규정한 고도대중소비단계에 해당되는 시대이다. 이것은 일인당 실질소득의 향상과 새로운 중산계층(中産階層)의 출현으로 가능하게 되었는데, 이 단계의 경제를 이끌어가는 부문은 내구소비재 산업 및 서비스업이다. 이러한 사회는 1920년대 미국에서 최초로 등장하였는데, 자동차·재봉틀·자전거와 다리미·라디오·세탁기·청소기 등 각종 가정용 전기기구 등이 널리 보급되어 대중생활에 커다란 영향을 주었다. Rostow는 Henry Ford(1863~1947)에 의하여 벨트 컨베이어 시스템이 도입된 1913~1914년이 그 전환점이며 내구소비재 및 서비스시대가 시작된 것은 1920년대라고 설명한다.

한편 이러한 대중소비사회는 제2차 세계대전 이후의 서유럽과 일본을 비롯한 선진국에서도 자동차, 주택, 전자제품 등의 확대보급 및 소비생활의 획기적 향상을 통하여 실현되었다. 미국에서 최초로 등장했던 대중소비사회가 제2차 세계대전 이후 서유럽의 선진국과 일본에서도 등장한 것은 정부의 정책적 개입에 크게 힘입은 것이다. 즉 각국 정부는 재정금융정책을 통해 포디즘(Fordism)의 대량생산방식이 유지되도록 지원했으며, 그 결과 일반대중들도 소비생활의 혜택을 누리게 되었다. 그것은 각종의 할부제도를 비롯하여 소비를 촉진하는 신용제도의 발전과 더불어 사회간접자본 등에 대한 재정투융자 및 이전지출을 포함한 정부지출과 조세정책 등의 광범위한 정책개입에 의해서 유지되었다. 정부는 이와 같은 재정 및 금융정책을 통해서 투자 및 자본축적, 성장 및 고용, 물가와 경제안정, 국제수지 등 일련의 거시경제변수에 결정적인 영향력을 행사할 뿐만 아니라 노사관계와 생산 및 가격 등에도 정책을 확대했다. 따라서 현대자본주의에서는 정부당국의 경제 및 경기변동에 대한 영향력도 그 전에 비하여 현저하게 증가하였다. 이러한 자본주의 경제운영의 체계는 자유방임을 원칙으로 하는 20세기 초까지의 경제운영 방식과는 근본적으로 다른 것이라고 하지 않을 수 없다.

대량생산을 기반으로 대중소비사회를 지향하는 정책상의 변화가 나타나게 된 결정적인 계기는 1930년대의 대공황과 그 귀결로서 인류에게 엄청난 참화를 안겨주었던 제2차 세계대전이었다. 즉 20세기 전반 세계경제를 강타한 대공황을 극복하기 위한 정책과 전시경제체제를 계기로 국가의 경제에 대한 개입이 정착된 것이다.

그런데 19세기 후반의 대불황 이후 경제는 구조적으로 크게 변모되었음에도 불구하고 경제학과 경제사상은 기본적으로 19세기와 거의 달라진 것이 없었다. 이러한 경제학에 변화를 시도한 인물이 John Maynard Keynes(1883~ 1946)였다. Keynes는 고전파가 주장하는 경제의 자동회복력에 대해서 의문을 제기하고 가격의 신축성이 사라졌기 때문에 정부가 경제에 적극적으로 개입해야만 완전고용이 달성된다고 하였다. 즉 Keynes는 대저 "고용, 이자 및 화폐에 관한 일반이론(*The General theory of Employment, Interest and Money*)"을 통하여 관리통화제도(管理通貨制度)를 기반으로 국가가 재정 및 금융정책을 동원하여 경제상황에 맞게 정책을 실시할 것을 주장하였다. 특히 그의 이론에 따르면 불황에 대한 대책으로서 적극적 재정정책을 통한 유효수요의 창출이 크게 강조되고 있는 것이다.

이리하여 제2차 세계대전이 끝나고 Keynes경제학은 경제학계의 메인 스트림으로서 막강한 영향력을 발휘했다. 제2차 세계대전 후에는 동유럽을 비롯한 많은 지역이 사회주의로 전환했기 때문에 세계자본주의 시장규모는 공간적으로 축소되었다. 이에 대해 유효수요이론을 토대로 시장을 창출하려 했다는 점에서 Keynes의 경제학은 시장의 내포적 확대를 추구한 것이며, 궁극적으로 국가의 경제개입에 대한 행위를 이론적으로 정당화하는 역할을 수행하였다. 이렇게 자유방임을 폐기하고 국가가 재정금융정책을 주요 수단으로 경제를 운용하는 것을 수정자본주의(修正資本主義)라고 한다.

그러나 대공황이 엄습했을 때 각국이 실시한 공황대책 및 이에 따른 경제구조상의 변화가 전적으로 Keynes이론에 근거하여 달성된 것만은 아니었다. 공황으로 난관에 빠진 경제를 회복하기 위하여 각국이 실시한 정책은 실제로 처음부터 Keynes의 이론에 따랐다기보다는 국내 정세에 따라서 실시된 측면이 강하였다. 1933년 미국 대통령에 취임하여 일련의 불황대책을 수립했던 Franklin

Roosevelt(1882~1945)는 Keynes와 회담을 가졌지만 서로 의견이 일치한 것은 아니었다고 하며, 독일의 나치스(Nazis)정책도 군비확장을 통한 재정팽창으로써 일찍이 불황을 극복하였다. 이러한 불황극복책의 차이는 시민혁명과 산업혁명 이래 국민경제의 발전단계와 그 유형의 차이에서 비롯된 것이라고 할 수 있다. 즉 각국의 정책은 내용면에서 상당한 차이를 보여주었는데, 이는 각국이 국내 상황에 따라서 정책을 수립한 것이며 국가의 경제에 대한 개입은 그 후 Keynes 이론에 의하여 보완되고 정당화되었다는 것을 의미한다.

제 2 절　세계대공황

　　세계대공황은 제1차 세계대전 이후의 전후 처리과정과 밀접한 관련이 있다. 제1차 세계대전이란 제국주의전쟁은 끝났지만 열강들 간의 제국주의적 모순이 사라진 것은 아니었다. 종전 이후 1920년대에 유럽과 미국은 회복기를 맞이하였지만 이들 상호 간에는 모순되고 불안한 국제경제구조가 형성되어 있었다. 특히 이 시기에 번영기를 구가한 미국은 과잉생산공황에 빠짐으로써 세계경제를 공황으로 몰아넣는 방아쇠 역할을 하였다. 그러므로 제1차 세계대전 이후 초강대국으로서 그 거대한 잠재력을 서서히 드러내기 시작한 미국경제를 중심으로 세계대공황 및 자본주의의 변화를 살펴보아야 할 것이다.

1. 세계대공황의 배경

1) 미국경제의 번영과 한계

(1) 포디즘과 경제호황

　　제1차 세계대전으로 유럽의 교전국들은 막대한 피해를 입었으나 미국은 오히려 상대적으로 힘이 더욱 강화되었다.[1] 미국경제는 다른 여러 나라들이 전

---

1) 전쟁으로 약 8백만 명이 목숨을 잃었는데 독일에서는 270만 명, 프랑스에서 170만 명, 러시아 170만 명, 오스트리아 – 헝가리에서 150만 명, 영국 93만 명, 미국 15만 명이 사망했다.

후의 불황에 시달리고 있던 1922년에 이미 회복단계에 접어들었으며, 1929년까지 '영원의 번영'[2]을 구가하고 있었다. 예를 들면 1923~1925년을 100으로 하는 광공업생산지수는 1921년에 벌써 전쟁 전인 1913년 수준의 67에 달했고, 1929년에는 다시 119로 상승했으며, 국민소득은 1921년의 640억 달러에서 1929년에는 878억 달러로 연 4.1%(실질성장률 4.4%)의 증가율을 보여주었다. 이 번영의 10년간에 미국의 광공업생산은 1.8배로 증가하였다. 이러한 미국경제의 확대를 가져온 주요한 계기는 주택건설, 고정자본의 갱신 및 신설, 자동차 등 신흥산업의 급속한 발달 및 도로의 정비 등이었다. 단혼소가족이 살기 편하게 설계된 현대식 주택 또한 대중소비사회와 경기호황의 대표적 상징이었다. 현대식 주택에는 내구소비재가 가득하게 비치되어 주택의 매력을 배가시켰다. Rostow가 말하는 바와 같이 자동차, 일세대용 주택, 도로, 가정용 내구재, 고급식품에 대한 대중시장은 1920년대에 일어난 미국사회의 번영을 상징했다. 1920년대의 번영은 일반대중의 생활양식을 전면적으로 변혁시켰던 것이다.

이러한 미국의 번영을 대표하는 부문은 자동차산업이었다. 자동차는 유럽의 어느 나라에서도 아직 대중적 소비품으로서 자리 잡고 있지 않았으며, 미국에서만 유일하게 신흥산업으로서 발전하고 있었던 부문이었다. 이 자동차산업을 중심으로 미국에서 대중소비사회가 어떻게 출현할 수 있었는지 이해해보자.

Henry Ford(1867~1947)는 1913~1914년에 포드자동차(Ford Motor Company, 1903년 설립)에 벨트 컨베이어 시스템의 흐름공정을 도입하여 대량생산체제의 확립에 결정적인 공헌을 하였다. 포드 시스템(Ford system)은 공장 내의 노동조직을 합리적으로 편성하고 벨트 컨베이어로써 각 생산공정을 연결시키는 연속적 작업으로서 대량생산체제를 구축하였다. 이 흐름공정은 한 공정에서 다음 공정으로 연속되는 노동자들의 이동시간을 절약하고 노동자들에게 한 가지 혹

이것은 독일과 프랑스에서는 경제활동인구의 10%, 영국은 5%가 줄어든 것을 의미했다. 전쟁 경비면에서는 영국이 국부의 32%, 프랑스 30%, 독일 22%, 그러나 미국은 9%를 상실하였다.

2) 무비의 번영이 계속될 것이라는 미국인의 확신은 절대적이었다. 이 확신을 대변하여 Calvin Coolidge대통령(재임: 1923~1929, 1872~1933)은 "이제야말로 건국 이래 최대의 번영기에 접어들었으며 이것은 영원한 번영과 평화의 출발"이라고 선언하였다. 그러나 Coolidge대통령이 영원한 번영을 약속했던 바로 직후에 가공할 대공황이 미국경제를 강타했다.

은 경우에 따라서는 두세 가지의 작업만을 배분했기 때문에 생산성을 획기적으로 향상시키고 생산비를 대폭 절감시켰다. 포드자동차가 1908년부터 1927년까지 생산한 T형 자동차의 생산 단가는 1,950달러에서 290달러까지 하락하였다. 반면 Ford는 노동자들의 하루 임금을 1914년 이전 2~3달러에서 1919년 6달러, 1929년에는 7달러로 인상하였다. 이와 같이 벨트 컨베이어 시스템을 도입한 흐름공정이 생산성을 향상시키자 다른 생산에도 급속하게 보급되었다. 흐름공정의 도입으로 하이랜드 파크(Highland Park)에 있는 제철소에서는 주물형 제작공과 주물공의 95%가 비숙련공으로써 충당될 수 있었다. 1926년 포드자동차에서는 노동자의 79%를 훈련시키는 데 일주일이 걸리지 않았다. 마그네틱 플라이휠(magnetic flywheel) 조립공정의 경우 생산성이 5배로 증가하였다.[3]

이같이 미국에서는 흐름공정을 도입한 독점적 대기업의 발전과 고임금을 기반으로 대량소비로 이끌 수 있는 거대한 대중사회적 국내시장이 형성되었다. 그것은 최초로 자동차의 대중화를 연 모델 포드 T형의 판매고를 보면 알 수 있다. T형 자동차는 1912년의 78,611대에서 1913년에는 182,809대, 1914년에는 260,720대, 1915년에는 355,276대, 1917년에는 802,771대로 그 판매는 비약적으로 증대했다. 이와 같이 포디즘(Fordism)은 높은 생산성을 바탕으로 고임금을 지급함으로써 중산층의 대중소비시장을 확산시켰다. 한편, 미국 전체의 자동차 생산은 1915년 약 1백만 대, 1921년 160만 대, 1923년 4백만 대, 1929년에는 536만 대로 증가했고, 1929년에 전제조업 생산액의 12.7%, 피고용인의 7.1%를 점할 정도로 중요한 위치를 차지하였다. 1921~1929년간의 성장을 보면 승용차의 생산대수는 3.0배, 그 보유대수는 2.4배로 늘어나는 급성장세를 보였는데, 1929년 자동차는 2천 3백만 대로서 인구 1백 명당 19대 꼴로 보유했다. 같은 해 영국과 프랑스의 자동차보유는 인구 1백 명당 2대에 지나지 않았다.

1920년대에 자동차산업의 발전을 주도했던 것은 포드, 제네럴 모터즈(General Motors) 및 크라이슬러(Chrysler)의 3대 회사인데, 특히 앞의 두 회사가 큰 역할

---

3) 벨트 컨베이어의 회전속도를 높일수록 작업속도는 빨라지고 생산성은 배가되었는데, 마그네틱 플라이휠의 경우 하루 9시간의 노동시간에 노동자들은 매 10초마다 똑같은 동작을 3천 번 이상 반복해야 했다.

[표 9-1] 미국의 자동차 생산량 (단위: 만대)

연 도	생산량	연 도	생산량
1915	96.9	1925	426.6
1921	159.7	1926	430.1
1922	254.4	1927	340.1
1923	403.4	1928	435.9
1924	360.3	1929	535.8

자료: 字高基輔, 『世界恐慌史』(東洋經濟新報社, 講座 『恐慌論』 Ⅳ, 1960), p.109.

을 담당하였다. 즉 포드가 T형차를 발표했던 1908년에는 경쟁회사 GM이 설립되었고, 1920년대에 와서는 이들 기업 간에 시장확보를 둘러싼 치열한 각축전이 전개되었다. 1925년에는 크라이슬러가 여기에 참가하여 그 지위를 굳히게 되었다. 1925년에 설립된 크라이슬러(Chrysler)는 자동차시장의 4분의 1 이상은 끝내 획득하지 못했지만, GM 및 포드와의 경쟁 속에서 다른 수많은 독립회사가 이룩할 수 없었던 자동차시장의 진출에 성공하여 미국 자동차산업을 지배하는 3대 기업의 일각을 점하게 되었다.

자동차 시장에서 보듯이, 대중시장에서 소비수요의 변화는 거대기업의 치열한 경쟁을 유발했으며, 생산비 인하를 위한 대량생산방식은 고정비용의 대규모화를 초래했다. 이와 아울러 새로운 모델의 개발, 판매망의 조직, 광고 등에 대해서도 대규모적인 투자를 하게 되었고 나아가서는 제품차별화를 널리 보급시켜 시장을 확대했다.[4]

한편, 자동차산업은 종합산업으로서 관련된 산업들을 발전시켰다. 가령, 자동차산업의 발전으로 자동차판매, 자동차정비, 타이어, 가솔린 등 4백만 명 이상을 고용하는 일자리가 창출되었다. 또한 자동차산업은 철강, 고무, 판유리, 전기, 전력, 공작기계, 화학제품 등의 발전을 촉진하였다. 1926년의 경우 미국의 자동차공업은 철광업 제품의 14%, 판유리의 50%, 고무 제품의 85%, 니켈 제품의 28%, 주석 제품의 21%를 사용했다. 이와 같이 자동차산업의 확대는 관련 산

---

4) 자동차시장에 발전과 경쟁에 대한 자세한 내용은 김호범·이해주, 『신경제사개설』, pp.411–412.

업으로 하여금 합리적 경영과 투자규모의 확대를 가져오게 함으로써 지대한 영향을 미쳤던 것이다.

미국의 대표적 산업인 자동차생산에서 보았듯이, 1920년대 미국경제의 번영은 대량생산과 대중소비, 이를 뒷받침한 일부 노동자집단에 대한 고임금정책 및 합리적 노동조직에 바탕을 두고 있었다. 미국에서는 1921~1929년 사이에 공업생산은 90% 이상 증가하였으며, 투자율은 GNP의 20% 이상을 상회하였고 시간당 노동생산성은 무려 47%나 증가하였다.[5]

(2) 독점과 시장제약

1920년대 미국경제는 소위 '영원한 번영'을 구가하고 있었지만 그 이면에는 어두운 그림자가 드리우기 시작하고 있었다. 즉 과잉생산의 요소들이 점차 커지고 있었던 것이다.

첫째, 1920년대에는 생산과 자본의 집중이 급속하게 진행되어 독점이 심화되었다. 이 시기는 미국의 역사에서 19세기 말~20세기 초의 독점화에 이은 '제2차 기업집중운동의 시기'였다. 독점은 기업생산의 합리화와 더불어 높은 임금을 지불함으로써 번영국면을 창출하는 하나의 기반이었지만, 독점대기업에 의한 생산지배와 생산의 계속적 확대는 소비수요의 규모와 시장수요의 확대속도를 점차 제약하기 시작했다.

기업경영의 합리화·과학화는 벨트 컨베이어 시스템을 중심으로 한 대량생산방식을 채택함으로써 기업의 자본구성이 점차 고도화하게 되었고, 또 경쟁이 격렬해짐으로써 기업집중과 독점화가 촉진되었다. 자동차산업은 3사에 의해 장악되었고, 전기산업은 제너럴 일렉트릭(General Electric)과 웨스팅하우스(Westinghouse), 화학공업은 듀퐁사(Du Pont)와 얼라이드 케미칼 앤드 다이사(Allied Chemical & Dye), 유니언 카바이드사(Union Carbide and Carbon)에 의해서 지배되었다. 1919~1928년의 합병된 회사수는 7,159사, 없어진 회사수는 5,991사에 달했는데, 연생산액 10만 달러 이하의 기업이 현저하게 감소했다. 1929년 한 해에만 무려 1,245건의 기업합병이 이루어졌으며, 1930년에는 비은행기업자산의 거의 절반

---

[5] 1900년대와 1910년대에 노동생산성은 각각 17%, 11%가 증가하였다.

(모든 사업자산의 약 38%)을 지배하던 2백대 기업은 비은행기업 소득의 43.2%를 차지하였는데, 이것들은 불과 2천여 명의 개인에 의해서 운영되고 있었다. 은행의 집중도 이루어져 체이스 내셔널은행(Chase National Bank), 뉴욕의 내셔널 시티은행(National City Bank)과 개런티 트러스트사(Guaranty Trust Co.)의 은행 3사의 지배체제가 성립되었다.

제조업뿐만 아니라 공익사업에서도 많은 합동이 일어났으며 특히 지주회사의 발달이 현저했다. 합병의 진행과 함께 자산 10억 달러 이상의 거대기업은 1919년의 7사에서 1929년에는 22사로 증가했다. 이른바 13가족그룹에 의한 주식의 집중지배, 8대 권익집단의 확립 등도 나타나 독점적 지배력이 강화되었다. 이러한 독점체제의 강화는 높은 시장점유율을 통한 가격의 경직화, 즉 독점가격의 형성에 의하여 대기업의 독점이윤을 더욱 증대시켜 나갔다.

둘째, 독점 지배력의 강화는 실질임금상승률을 둔화시키고 소득분배의 불평등을 심화시킴으로써 시장수요의 증대를 억제하기 시작했다. 앞의 포드자동차에서도 보았듯이, 1910년대 이루어졌던 임금인상도 1920년대에는 거의 정체됨으로써 생산성향상에 따른 이익은 노동자에게 돌아가기보다는 독점기업 수중에 귀속되었다.

셋째, 임금인상폭이 둔화된 주요 원인 중의 하나는 1920년대에 노동조직이 약화된 것과 관계가 깊다. 1913년부터 1919년 사이에는 노동자의 실질임금이 하락하였다. 반면, 8시간 노동원칙이 발표되긴 하였으나 아직 산업 현장에 보편화되지 못했기 때문에 노동강도는 강화되었으며 치명적인 산업재해가 빈발하였다. 제1차 세계대전 이전 미국은 주요 자본주의국가 중에서 노동운동이 가장 비조직화되어 있었는데 1920년대에는 더욱 약화되었다. 노동조합에 대한 공격은 정부의 탄압, 대법원 판결, 황색노조(黃色勞組)의 동원, 주주(株主) 노동자에 대한 배당, 기업의 복지증진과 가족주의 강조 등 여러 방법으로 이루어졌다.[6]

---

6) 미국 정부는 노조원에 대해서 뿐만 아니라 사회주의자 및 무정부주의자에 대해서도 억압적인 조치를 취했고, 대법원은 아동노동에 관한 법률을 비롯한 일련의 사회법률의 적용을 가로 막았다. 회사의 배후조종을 받는 황색노조들도 존재하여 1927년에는 수백 개의 대기업들이 황색노조를 이용하였는데 그 조합원은 140만 명에 이르렀다. 때로는 유화적인 방법도 동원되어 백만 명 이상의 주주 노동자에게 이윤이 배당되기도 하고 주택공급, 교육계획, 의료

그 결과 미국노동자연맹(The American Federation of Labor, AFL)의 가입자수는 1920년 4백만 명에서 1929년 3백만 명, 1932년 250만 명으로 감소하였다. 바로 이와 같은 배경 속에서 과학적인 노동조직화(Tailorism)와 일관작업방법(Fordism)이 작업 현장에 널리 보급되어 갔다.

넷째, 그 외에도 농업불황이 국내시장의 확대를 제약했다. 미국 농업은 이미 1920년대에 불황에 빠져있었다. 이 불황은 전후 세계불황의 일환으로서 ① 미국을 비롯한 농업국이 제1차 세계대전 중에 유럽에 수출하기 위해 확대했던 생산을 쉽게 축소시킬 수 없었던 데에 기인하며, ② 전후 유럽 각국이 농업경영의 안정과 식량자급률의 상승, 국제수지 개선을 위해 농업관세를 인상하는 등 농업보호정책을 채택한 것, ③ 농업이 유일한 외화획득의 수단이었던 농업국가들이 종전 이후에도 꾸준히 생산 확대를 도모했던 것 등이 그 원인이었다.

2) 세계경제의 모순 구조

(1) 각국 경제의 부흥

공황의 발생은 제1차 세계대전의 전후 처리가 미숙했던 것과 깊은 관련이 있다. 종전 직후의 혼란을 극복하고 경제부흥에서 상대적인 호황을 경험하고 있었지만 그 속에는 국제적인 모순과 긴장이 내재해 있었다.

먼저, 미국을 살펴보자. 세계대전으로 가장 큰 이익을 본 나라는 미국이다. 미국은 가장 강한 공업력과 금융력을 지닌 강대국으로 부상하였다. 1차 세계대전 직전까지 채무국이었던 미국은 참전 이후 연합국에 대한 전채대부(戰債貸付)를 통해 채권국으로 바뀌었다. 반면 대량 살육전과 파괴로 인하여 유럽은 생산시설과 국부의 상당 부분을 상실했으며, 모든 전쟁당사국들의 총공채는 전쟁 전 260억 달러에서 1920년에는 2,250억 달러로 늘어났고 여기에 외채가 더해졌다. 미국이 연합군에 공급했던 물자의 가격은 이자를 포함해서 117억 달러에

혜택, 특별휴가, 구내식당 운영 등을 통한 고용관계에서의 가족주의도 강조되었다. 그러나 미국에서 사회복지는 크게 뒤늦은 편이었다. 극히 일부의 사회정책은 20세기 초에 실시되었으나 실업, 질병, 노령에 관한 복지정책은 실시되지 않았다. 미국사회가 과거 영국의 식민지로서 영국에 못지않게 개인주의적 성향이 강하였던 점도 노동자의 권리나 복지정책이 일찍이 자리 잡지 못하게 된 원인의 하나였다.

달했다. 이 가운데 영국에 대한 대외채권은 46억 달러, 프랑스에 대한 대외채권은 40억 달러로서 이 2개국에 대한 전쟁채권이 86억 달러나 되어 총액의 대부분을 차지했다.

1913년의 공업생산지수를 기준으로 1920년의 생산수준은 미국이 141이었던 것에 비하여 영국은 100, 프랑스는 62, 독일이 61에 지나지 않았다. 이것은 미국 공업력이 세계를 제패하게 되었음을 의미하는 것이다. 미국의 금보유고는 전쟁 기간 동안 무려 4배 이상 증가하여, 1913년 7억 달러에서 1921년에는 25억 달러 이상으로서 전 세계 금보유고의 약 40%를 차지하였다. 이러한 금융력을 배경으로 미국은 일찍이 1919년에 금본위제로 복귀하였다. 미국은 또한 이미 제1차 세계대전 중에 대외투자가 증가하고 있었다. 미국의 대외투자는 1913년 35억 달러에서 1919년 65억 달러로 증가하였다. 이러한 공업 및 금융경제력의 강화와 동시에 미국은 1920년대에 번영을 구가하고 있었다.

둘째, 영국은 제1차 세계대전에서 승리했지만 다른 나라에 비해서 1920년대에 심각한 불황에 빠졌다. 이 시기에 영국은 실업률이 약 10%로서 실업이 만성화되어 있었다. 불황의 원인으로서는 높은 임금수준, 섬유공업을 비롯한 수출산업에서의 중·후진국의 추월, 중공업에서의 독점체제의 미숙으로 인한 경쟁력의 약화 및 수출 정체 등이었고, 불황은 다시 국제수지의 악화와 파운드의 약체화를 초래하였다.

특히 영국 정부가 추진한 금본위제로의 복귀는 영국경제를 더욱 어려운 처지로 몰아넣었다. 미국의 금보유고가 1913년에서 1921년에 7억에서 25억 달러로 증가한 것에 비하여 영국은 2억 달러에서 8억 달러로밖에 증가하지 않았다. 대외투자에서도 미국이 제1차 세계대전 중에 증가한 것과는 대조적으로 영국은 1913년의 183억 달러에서 1919년에 157억 달러로 축소되었다. 달러에 대한 파운드화의 시세는 1914년 4.78달러에서 1921년 1월 3.78달러로 떨어졌다. 그럼에도 영국은 달러화에 대응하고 국제통화로서의 파운드의 위신을 되찾기 위해서 파운드가치를 회복하고 금본위제로 돌아가기 위한 모든 노력을 경주했다. 그러나 영국의 공업생산성이 경쟁국들의 그것보다 크게 상회하지 않는 한 이것은 국제시장에서 영국 수출품의 가격경쟁력을 오히려 감소시키는 것이었다. 이러한 정책에 대해서 Keynes는 "사실 금본위제는 이제 구시대의 유물이 되었다"고 『통화개혁론(*A Tract on Monetary Reform*)』에서 비판하고 , 또 다른 저서에서는 파운드의 태환성(兌換性)의 회복이 파운드 가치 및 영국제품의 가격을 10% 올릴 것이라고 경고하였다.

영국 정부는 1925년에 파운드의 태환성을 회복하고 국제금본위제를 재건하였다. 그러나 이로 인하여 영국 경제와 노동자는 엄청난 대가를 치르게 되었다. 파운드의 태환성이 회복되면서 영국의 수출은 1924년과 1926년 사이에 감소하였을 뿐만 아니라 1927년부터 1929년에는 1924년의 수준을 밑돌았다. 수출의 감소는 석탄, 철강, 기계제조업을 비롯하여 면직물, 모직물 등의 구공업에도 부정적인 영향을 끼쳤다. 실업자는 1921년의 불황으로 인하여 1월 1백만 명에서 6월에는 2백만 명, 7월에는 250만 명으로 급증하였으며, 제철업 노동자의 절반, 조선노동자의 3분의 1이 일자리를 잃었다. 1920년대 전반에는 경제활동인구의 12%인 1백만 명이 실업상태에 있었으며, 1930년대 초에는 3백만 명으로 증가하였다. 종전 직후 노동조합원은 8백만 명을 넘었고, 불황과 임금삭감과 해고에 대항하기 위하여 1920년대에 총파업을 결행하는 등 저항하였지만, 1927년 이후 보수당은 노동조합의 권리를 제한하고 연대파업을 금지함으로써 노동자 계급은 근본적으로 약화되었다.

셋째, 프랑스는 영국과 마찬가지로 공업설비들과 은행 및 금융망, 그들의 제국을 포함하는 최대의 자산을 보유하고 있었다. 그러나 프랑스는 제1차 세계대전의 주전장(主戰場)으로서 최대의 피해를 입었을 뿐만 아니라 1917년의 러시아혁명에 의하여 러시아에 투자했던 자산을 상실하고 약 25억 달러의 빚을 졌다.[7] 전후 프랑스는 경제적으로 곤궁상태를 벗어나지 못하고 주로 독일에서 받아들이는 배상금과 공채발행으로 경제를 운영하였다. 높은 수준의 인플레이션이 야기되고 대규모 파업이 빈발하였다.

그렇지만 프랑스는 1920년대 전반에 프랑화의 평가절하에 힘입어 수출이 증가했으며, 1926년의 Édouard Marie Herriot(에리오, 1872~1957) 내각에서는

---

7) 1917년 10월 혁명으로 사회주의화한 소련은 프랑스 등 외국이 러시아에 투자한 자산을 몰수하고 36억 달러에 달하는 국가 간의 채무변제를 거부했다.

경제가 회복되어 재건이 어느 정도 완료되었다. 농민과 소시민의 비중이 큰 프랑스경제의 구조는 크게 변화하지 않았지만 자동차공업은 유럽에서 제1위의 위치를 차지할 정도로 공업이 발전하였다. 프랑스의 경제는 1920년대 후반에는 상당히 안정되었으며 국가 재정도 매우 건전해졌다. 그 결과 프랑화는 1928년에 공식적으로 태환성을 회복하였다. 다만 그 가치는 프랑스 대혁명 이래 화폐가치 수준의 5분의 1 수준에 불과했다. 그러나 프랑스는 1926년의 금융안정화와 금본위제복귀로 인하여 1928년 이후에는 수출이 여러 부문에서 감소하였다.

　　마지막으로, 독일은 패전에도 불구하고 가장 역동적으로 전후 복구를 단행하고 호황을 극적으로 이끌어내는 데 성공했다. 독일은 패전으로 가장 가혹한 시련을 받아야 했다. 먼저 정치적으로는 노동운동과 사회민주당을 억압했던 제2제정이 무너지고 공화제와 의회민주주의가 채용되면서 바아마르공화국(The Weimar Republic, 1919~1933)이 성립하였다. 1919년 6월 *파리강화회의*에 의해 맺어진 베르사이유조약(Treaty of Versailles)은 패전국 독일에 대한 처우문제를 다룬 것으로서 독일의 미래를 결정한 가장 중요한 국제조약이었다. 독일은 모든 해외투자와 식민지 및 선박을 상실하였으며, 영토의 8분의 1을 상실하는 바람에 석탄·철강생산량의 3분의 1 및 중요한 광물자원 등을 잃고 파국에 직면하였다.[8]

　　베르사이유조약에서 독일 경제에 가장 중요한 영향을 미친 것은 배상금조항이었다. 전쟁이 끝나자 프랑스와 영국이 독일에게 막대한 배상을 요구하고 나섰다. 프랑스는 1871년 보불전쟁에서 패배했을 때 독일에게 50억 프랑이란 엄청난 배상금을 물었기 때문에 프랑스는 복수심에 불타고 있었다.[9] 이 문제

----

[8] 독일은 알자스·로렌을 프랑스에, 포젠(Posen)과 서부 프로이센의 두 주를 폴란드에 되돌려 주지 않을 수 없었다. 베르사이유조약에서는 그 밖에도 라인강 좌우편 50km 지역에서 무장을 하지 못하도록 하며, 쾰른(Köln)·코블렌츠(Koblenz)·마인츠(Mainz)에 연합군을 주둔토록 하였다. 독일에게 가혹한 베르사이유조약이 체결되었을 때 유명한 사회학자 Max Weber (1864~1920)는 "우리는 10년 이내에 모두 다 국가주의자가 될 것이다"라고 말했다고 한다.

[9] 미국의 Thomas Woodrow Wilson(1856~1924)은 무배상주의를 선언하고 피점령지역의 손실만을 독일이 지불토록 하려 했으나, 프랑스의 Georges Benjamin Clemenceau(1841~1929)는 국내 여론을 배경으로 최대한의 배상금을 받아내려 하였고, 영국의 영웅 David Lloyd George(1863~1945)도 최대한의 배상을 공약으로 당선되었기 때문에 Wilson의 제안을 받아들이지 않았다. 이 조약에서는 총액을 명시하지 않은 채 2년 내에 2백억 마르크를 지불토록

때문에 영국과 프랑스 간에는 감정대립의 외교적 분쟁까지 일어날 정도였다.[10] 1921년 4월 27일 연합국배상위원회(The Allied Reparations Commission)는 1,320억 마르크(약 320억 달러)라는 천문학적 배상액을 강요하였다. 이것은 Keynes가 계산한 지불가능액 1백억 달러를 3배 이상 상회하는 것이었다. 영국은 독일 경제의 파멸과 공산화를 우려하여 지불유예(moratorium)를 주장하였으나, 루르(Ruhr) 지방을 탐낸 프랑스가 벨기에군과 합동으로 1923년 이 지역을 점령하자 영국과의 사이에 심각한 긴장관계가 노정되기도 하였다. 이러한 무리한 요구는 1923년 배상위원회 위원장 C. Dawes(1865~1951)의 주도로 독일의 배상능력을 중시하는 새로운 방식으로 개선되었으며, 1929년에는 다시 영안(Young Plan)에 의하여 최초 배상액의 4분의 1로 감소했다가 1932년 로잔느회의(Lausanne Conference)에서는 처음 강요된 총액의 44분의 1 수준으로 획기적으로 삭감되었다.[11]

독일은 이러한 과도한 배상금과 전시공채의 상환을 위해 차입과 통화증발을 한 결과 1922년과 그 다음 해에는 엄청난 인플레이션이 발생하였다. 마르크화의 가치는 전쟁 전에 비하여 1조분의 1로까지 하락했다. 이 인플레이션은 한편으로는 공채 및 기업의 채무부담을 없앰으로써 경제재건을 위한 계기를 제공한 측면이 없는 건 아니었지만 기본적으로 경제를 혼란으로 쓸어 넣었다. 독일은 1조 마르크를 1렌텐 마르크(Renten Mark)와 교환하는 조치를 취하여 통화안

하며 배상위원회를 설치하여 지불계획을 결정하도록 되었다.

10) 1920년 7월에 개최된 회의에서는 처음으로 독일대표의 참석이 허락되었는데 여기서는 프랑스에 비하여 여유가 있던 영국의 태도가 유화되어 영국과 프랑스 간에 대립이 첨예화되었다. 영국의 이러한 태도는 기본적으로 독일경제의 부흥을 통하여 영국의 상품시장을 회복하려한 것이었다. 이 회의에서는 배상금을 프랑스에게 52%, 영국 22%, 이탈리아 10%, 벨기에 8%로 한다는 것만 결정되었다. 독일은 베르사이유조약의 과도한 부담과 보복, 그 이후 회담 내용의 강압적 방식에 계속해서 반발했다. 1921년 3월에는 연합국이 조약 불이행을 구실로 라인강 동쪽의 뒤셀도르프(Düsseldorf), 뒤스부르크(Duisburg), 루르오르트(Ruhrort) 등의 지역을 점령했다.

11) 도즈안은 일단 배상총액을 보류해 둔 채 2억 달러의 외자에 의하여 마르크의 안정을 도모하는 동시에 첫 해에 10억 금마르크로부터 시작하여 점차 액수를 늘이는 방향으로 5년만에 25억 마르크를 지불토록 하여 5년간의 연배상액을 결정하였다. 그리고 1929년의 영안(Young Plan)은 배상금을 총액 1,320억 금마르크의 4분의 1 이하로 절하하고 지불기한을 59개년으로 했다. 또 1932년의 로잔느회의에서는 이를 다시 총액의 44분의 1로 내렸을 뿐만 아니라 경제가 회복하기까지는 실제상 받지 않기로 결정했다. 이러한 조치는 당시의 시대적 풍조인 국제주의의 흐름을 탄 것이기도 하였다.

정에 성공하여 1924년에는 금본위제로 복귀하였다. 이와 동시에 도즈안의 실시를 계기로 미국의 자본이 대거 독일에 유입되어 공업잠재력을 갖추고 있던 독일경제는 급속도로 재건되었다. 즉 영국과는 대조적으로 독일은 1923년에는 1913년 수출량 수준을 회복하였으며, 이 이후로 5년 동안 착실하게 배상금을 지불할 수 있었고 1925년 이후 제1차 세계대전의 영웅이었던 Hindenburg대통령(1847~1934) 치하에서도 경제는 번영을 지속하였다. 한편 독일은 배상 요구를 충족시키기 위해서도 석탄·강철·제철 및 기계제품의 수출 증대를 달성하지 않으면 안되었는데, 이를 위해서 기업경영의 합리화와 기술혁신, 독점강화를 통한 국제경쟁력 강화가 추진되었다. 이것은 다시 영국과 독일 간의 치열한 경쟁을 촉발시켰다.

그러나 1920년대 후반의 급속한 재건에도 불구하고 독일경제의 기반은 매우 취약했다. 독일은 전쟁 전부터 해외로부터 다량의 원자재를 수입해야 했기 때문에 무역의존도가 원래 높았는데 패전 이후에는 상황이 더 불리해져서 수입초과가 지속되었다. 여기에 배상과 채무변제가 더해져 경상수지도 적자를 면치 못했으며, 이를 보충하기 위해서 거액의 자금을 도입하지 않으면 안되었다. 즉 독일은 경제재건과 배상금 및 대외부채 지불을 위한 자금도입이라는 악순환을 되풀이하는 구조적 취약성을 띠고 있었다.

(2) 국제금융의 불안정성

1920년대의 유럽경제의 상대적 호황과 부흥을 지탱한 것은 다름 아닌 미국의 자본이었다. 전쟁이 끝나자 미국에서는 과잉자본이 형성되었기 때문에 곧바로 대외투자가 재개되어 1922년까지 순조로운 신장을 보였다. 1923년 프랑스에 의한 루르점령 등의 불안요인 때문에 미국의 대외투자는 약간 주춤하기는 했으나 같은 해 독일의 '렌텐 마르크(Renten Mark)의 기적'이라고 하는 통화의 안정, 1924년 도즈안의 성립과 통화제도의 재건, 그리고 1925년 영국의 금본위제도에로의 복귀 등에 의한 국제적 신용관계의 회복이 미국의 대외투자에 유리한 조건을 부여하게 되었으므로 해외투자가 급격히 증대했다.

특히 미국의 독일에 대한 투자는 독일의 경제적 부흥을 가능케 했을 뿐만 아니라 유럽경제를 지탱시키는 중요한 기반이기도 하였다. 독일의 마르크화는 1922~1923년의 붕괴 이후 영국도 신용을 제공하여 재건에 도움을 주었지만 최대의 자금제공 국가는 미국이었다. 1924~1930년에 독일이 얻은 외국의 신용공여는 독일이 실질적으로 지불한 배상금의 두 배 반이 넘었다. 이를 통해서 독일은 국내경제를 재건하고 금 및 외화보유고를 보충하면서 대외투자를 재개할 수 있었다.

이렇게 하여 재건된 독일은 영국과 프랑스를 비롯한 유럽 연합국에 배상금을 지불할 수 있었다. 배상금을 받아들인 연합국은 미국에 대한 전채상환(戰債償還)에 충당했고, 미국의 투자여력은 더욱 강화되었다. 즉 다액의 배상금을 받아들인 프랑스나 영국은 국제수지의 압박을 완화시킬 수 있었을 뿐만 아니라 프랑스는 단기자본의 투자를 계속할 수 있었고, 영국은 프랑스나 미국으로부터의 단기자본에 의존하면서 대영제국의 연방국들에게 장기대부를 계속할 수 있었던 것이다. 이러한 유럽의 부흥과 안정, 특히 영국이나 독일에게 제1차 산품의 수요증대는 세계무역의 확대를 촉진한 중요한 요인이 되었다.

이상에서 본 바와 같이 당시의 세계경제가 다면적인 분열요인을 내포하면서도 안정될 수 있었던 것은 미국의 자본수출을 축으로 하여 세계경제가 통일적으로 편성되고 있었기 때문이라 하겠다. 제1차 세계대전으로 유럽은 생산력과 자본력을 소모한 반면 미국은 최대의 경제대국으로 성장함으로써 전후의 부흥과정에서 유럽경제뿐만 아니라 중남미제국, 캐나다 등에 대해서도 결정적인 역할을 수행했다. 미국의 자본수출이야말로 1920년대 세계경제의 안전판이었다.

그러나 여기에는 간과할 수 없는 몇 가지 문제점이 있었다. 그 중 하나가 국가 간의 복잡한 채무관계와 생산, 무역, 금융을 통제할 국제적 기관은 전혀 없었다는 점이다. 이 점은 오늘의 세계경제와 대단히 대조적인 점이라 하겠다.

미국은 최대의 공업국이자 금융대국이었지만 은행과 미국 정부는 달러를 기축통화로서 운용할 만한 의지나 경험과 수행능력을 아직 갖추고 있지 않았다. 연평균 8억 달러 정도의 무역흑자는 미국으로 금을 집중시키고 다른 국가의 달러 부족을 심화시켰으나 미국은 자본수출 등을 통해 이러한 상황을 개선하는 것에 대해 관심을 두지 않았다. 미국이 이러한 입장을 취한 것은 국제금융

운용상의 경험부족에 더하여 농업 및 원료, 공업생산이라는 면에서 대단히 자립적인 산업구조를 유지하고 있었을 뿐만 아니라 넓은 국내시장을 가지고 있었기 때문에 무역의존도가 대단히 낮았던 것과 관계깊다. 그리고 미국의 대외경제정책 자체가 1920년대 보호주의적 경향 속에서 고립주의적으로 국내시장을 보호하기 위한 조치를 채용하고 있었다. 즉 미국은 국제협력이 그다지 필요하지 않았기 때문에 자국 중심적인 금융정책을 견지했던 것이다.

반면, 국제금융상의 리더십 회복에 몰두해 있던 런던은 국제금융을 제어할 만한 위치에 있지 않았다. 그럼에도 불구하고 최대의 금융대국인 미국을 제치고 1925년 영국의 금본위제를 기반으로 국제금본위제가 재건되었다. 그 결과 재건된 국제금본위제는 런던과 뉴욕이라는 양극으로 분할된 구조를 지니게 되었는데, 이로써 국제금융시장이 단기의 투기성자금인 핫 머니(hot money)에 의해서 쉽게 교란될 수 있는 결함을 지닌 구조가 형성되었다. 더욱이 재건 금본위제는 독점의 강화, 보호주의의 만연, 통화·신용에 대한 독립성의 증대 등 여러 가지 요인에 의해 경제에 대한 자동조절기능이 크게 저하된 상태에 있었기 때문에 자금순환의 균형이 무너지면 혼란이 걷잡을 수 없이 확대될 소지를 안고 있었다.

이러한 국제금융상의 문제에 대해서 C.P. Kindleberger(1910~2003)는 "세계경제체제는 … 안정성을 책임져야 할 영국의 무능함과 미국의 우유부단함 때문에 불안정한 상태에 놓이게 되었다. … 1929년에 영국은 그러한 역할을 할 수도 없었고 미국은 그럴 의지가 없었다. 각국이 각각 자국의 이익을 보호하게 되자 세계 전체의 이익은 점점 작아졌다. 이에 따라 각국의 개별이익도 점점 작아졌다"고 진단하였다.[12] 요컨대 1930년대 세계경제를 휩쓸었던 대공황은 미국의 과잉생산과 제1차 세계대전 이후 형성된 불안정한 세계경제구조에 기인한 것이었다고 할 수 있겠다.

---

12) C.P. Kindleberger, *The World Depression 1929-1939*(Berkeley: University of Califonia Press, 1973), p.292.

2. 공황의 발생과 파급

1) 공황의 발생

세계대공황은 미국에서 발생하여 유럽으로 그리고 전 세계로 파급되었다. 먼저 1920년을 분기점으로 하여 미국의 설비투자는 점차 하강하게 되었고 1926년 이후에는 내구소비재에 대한 지출도 둔화되었다. 1929년 포드회사의 의뢰로 실시된 디트로이트(Detroit)에서의 조사에 따르면 노동자 100가구당 98가구가 전기다리미를, 76가구가 재봉틀을, 51가구가 진공청소기를 가지고 있었고 자동차는 100명당 평균 19대였다. 이것은 소비수요가 포화상태에 다다르고 있음을 보여준다. 그리고 일반적인 소비수요의 감퇴와 함께 1928년 여름에는 주택건축도 격감했고, 1929년 6월에는 자동차와 철강생산도 감퇴하기 시작했다. 이에 따라 그 관련 산업에서도 재고의 증대, 생산의 축소현상이 일어나 불황이 심화되기 시작했다.

그런데 경기하강과는 대조적으로 주식시장에는 투기 붐이 조성되고 있었다. 이러한 열광적 주식 투기는 독점기업의 성장과 밀접한 관계를 맺고 있었다. 즉 1920년대 급속하게 진행된 자본집중으로 독점이윤을 증대해 나간 대기업에서는 사내유보이윤의 규모가 대폭 증대하게 되어 투자자금의 조달뿐만 아니라 운전자금도 자기자본 및 자기금융에 의존하게 되었다. 유휴자금을 가지게 된 금융기관은 증권업자 등에 대한 대출을 늘리는 한편 스스로 증권투자를 확대했다. 그런데 대기업에서는 증권발행에 의하여 자금을 조달해야 할 필요성이 현저히 감소됐기 때문에 대부분의 증권발행은 기업집중이나 발행프리미엄의 취득을 위한 것이었다. 즉 이윤 및 유보자금의 증대로 생겨난 과잉자금이 증권의 투기화를 촉진하는 요인이 되었던 것이다. 주가가 높이 뛰게 되자 대기업의 자금과 국내의 민간유휴자금뿐만 아니라 해외자금까지도 증권시장으로 유입되었으며, 투기자금의 수요확대로 이자율이 급속히 상승하였다. 높은 이자율은 소비자금융 및 부동산저당금융을 경색시키고 자동차·주택 등의 내구소비재의 판로도 좁혀 수익 악화를 초래했으며, 이것은 종국적으로 주식 매입에 대한 불안을 야기하는 것이었다. 정부의 이자율정책은 무력화 되었고, 이것은 더욱 주식투기를 자극하였다. 그러므로 주식시장의 붕괴는 세계대공황의 원인이기보다는 1920년대 세계경제의 모순과 그 이후의 구조적 불황을 확대시키는 역할을 담당한 것으로서 공황의 한 계기였다고 할 수 있다.

증권시세는 1927년의 경미한 경기후퇴 이후부터 오르기 시작했는데 1926년을 기준으로 할 때 1929년 9월에는 216으로 엄청난 상승세를 보였다. 드디어 10월 24일 '암흑(暗黑)의 목요일(Black Thursday)'이 되자 뉴욕 주식시장은 붕괴하기 시작하여 주가폭락은 11월 13일 최저점에 닿을 때까지 3주간이나 계속되었다. 주식시장의 붕괴는 국내외에 막대한 영향을 미쳤다.[13] 경기가 1929년 이후부터 1932~1933년의 최저점에 도달할 때까지 도매물가는 30%, 공장생산은 50%나 저하했다([표 9-2] 참조). 많은 나라에서는 도매물가가 30% 정도 하락하였고 제1차 산품의 국제가격은 60% 이상이나 떨어졌다.

[표 9-2] 미국 및 영국의 물가하락률 비교

미국		영국	
기간	하락률	기간	하락률
1893~1894	−10.3%	1890~1896	−15.2%
1907~1998	−3.2%	1907~1908	−8.7%
1920~1922	−37.6%	1920~1922	−36.9%
1928~1932	−53.9%	1928~1932	−57.8%

자료: 宇高基輔, 『世界恐慌史』, (東洋經濟新報社, 講座 「恐慌論」Ⅳ, 1960) p.117.

일반적으로 생산재, 내구재가 많은 독점 부문에서는 극도의 생산 제한에 의하여 가격을 유지할 수 있었으나 비독점 부문, 특히 농업 등에서는 생산이 종전과 큰 차이 없이 계속되었기 때문에 가격폭락이 계속되었다. 이에 따라 실업자수도 증가하여 미국에서는 1천 3백만 명이나 되었고 취업노동자도 끊임없는 임금하락의 위협에 직면하였다([표 9-3 참조]).

미국의 대외무역도 크게 감소하였다. 1929년에 비하여 1932년의 수출은

---

13) 1929년의 공황은 공업생산고의 저하에 있어서 역사적으로 가장 심각한 것으로서 공업생산고는 1908~1909년의 수준까지 후퇴했다. 山本登, 『四訂 世界經濟論』, 1960, p.234.

[표 9-3] 1929년 수준에 대한 공황 최저점의 실질임금하락률

지불책임지수	66.2%감소
생계비지수	28.2%감소
실질임금의 평균적 하락률	53.0%

자료: 神野・字治田, 『アメリカ資本主義の生成と發展』, 219-220.

50%, 수입에서는 60%가 감소하였다. 그리고 공황이 심화됨에 따라 사회적 정치적 불안이 높아지게 되었고, 이 여파로 1931년 이후부터는 외국증권에 대한 매각이 일어나 이로 인한 자본회수율이 신투자액을 상회하였다. 한편, Herbert Clark Hoover대통령(1874~1964, 재임: 1929~1933)은 시장기구가 자동적으로 회복될 것으로 믿고 적극적인 경기부양책을 취하지 않았는데, 이것은 공황을 더욱 격화시키는 요인으로 작용하였다.

2) 공황의 파급

1929년 10월 미국에서 공황이 발생하기 전에 미국의 자금유입에 의존하고 있던 일부의 국가들은 이미 금융경제상의 타격을 입고 있었다. 그것은 미국 증권시장의 활황이 자금을 압박했기 때문이다. 1928년 여름 이후 미국 증권시장에서 주식투기가 과열된 양상을 띠게 되면서 단기차익을 노리는 투자자 및 금융기관은 해외에 대한 자본대부를 줄이기 시작하였다. 여기에 이자율까지 급상승하였기 때문에 자본수출의 감소와 동시에 해외자금까지 회수되어 증권시장에 투입되었다. 이것은 미국으로부터의 자본유입에 의존하는 국가에 큰 타격을 입혔는데, 유럽 특히 독일의 경기는 1928년 말경부터 하강국면에 들어갔고, 후진 농업국의 경제상태도 궁핍의 도를 더하여 먼저 중남미의 여러 나라들과 뉴질랜드・오스트레일리아가 금본위제를 정지하지 않을 수 없었다. 세계자본주의는 주변부에서부터 붕괴되기 시작했던 것인데, 이것은 당시 미국이 세계경제에서 얼마나 중요한 지위를 차지하고 있었는가를 반영한 것이라 하겠다.

1929년 10월 주식시장의 붕괴를 계기로 미국이 유럽에 대부했던 자금을 회수하기 시작하자 공황은 일시에 유럽으로 파급되어 버리고 말았다. 1929년부터

1932년 사이에 달러공급은 68%가 감소하였고 장기자본 수출은 약 4분의 3이 감소하였으며 유럽에 나가있던 단기자본이 유입되면서 자금흐름은 완전히 역전되었다.

미국 자본수출의 감소에 의하여 가장 큰 타격을 입은 나라는 독일이었다. 당시의 독일은 배상지불은 물론 식량을 비롯한 많은 물품의 수입마저도 자본수입으로써 충당하고 있었다. 독일에서는 1928년 후반부터 경기가 하강하고 있었으므로 미국의 공황에 의하여 하강이 더욱 가속화되었다. 외자 도입에 의해서 급격하게 경제 확대를 달성한 대외의존적 경제가 외국에서 발생한 경제공황의 여파를 곧바로 받아 파국에 직면한 것은 당연한 일이었다.

공황은 경제에만 부정적인 영향을 미치지 않았다. 공황은 바로 정치적 사회적 불안을 조성하여 1930년 9월의 총선거에서 공산당과 나치스가 득세하였다. 이에 따라 독일의 국제신용이 동요하기 시작했다. 1930년 제4반기에는 대은행에 예탁되어 있던 외국 단기자금의 환수액이 10억 마르크에 달하였다. 이것은 중앙은행의 발권준비를 격감시킴으로써 통화불안을 조장하고 국내신용기구까지도 동요시켰다. 1931년 3월에는 그 때까지 구주연맹안(歐洲聯盟案)을 제창하고 있던 프랑스가 이 때 맺어진 독일－오스트리아관세동맹의 가협정(假協定)에 대한 보복조치로서 오스트리아에 대부한 단기자금을 회수했다. 이를 계기로 단기자금의 유출이 증가되기 시작하여 5월에 이르러서는 끝내 오스트리아 최대의 은행 크레디트 안슈탈트(Credit Anstalt Bnak)가 파산하고 그 여파로 독일에 대여되었던 단자의 회수가 야기되었다. 이에 대해 Hoover대통령은 일체의 전쟁채권 및 배상금 지불을 1년간 연기한다는 모라토리엄(소위 Hoover Moratorium)을 제안했지만 효과가 없었고, 미국·영국·프랑스의 신용공여도 아무런 성과를 거두지 못하였다. 그 결과 라이히스 뱅크(Reichs Bank)는 신용수축을 하지 않을 수 없었으며 그것은 다시 다나트은행(Darnstädter und National Bank)의 지불정지를 초래하여 격심한 금융공황을 일으켰다. 정부는 라이히스 뱅크를 제외한 전 금융기관의 휴업을 명하는 한편, 외국과 단자의 거치협정(据置協定)을 맺어 환관리를 함으로써 통화의 자유태환을 정지했다. 이로써 독일에서는 1931년 7월 외환관리로 전환함으로써 사실상 금본위제도는 무너졌고 그 여파는 영국에 파급되었다.

'단기차입·장기대부'라고 하는 불안정한 상황을 계속해 온 영국은 1930년 대에 무역수입이 격감했기 때문에 다시 많은 자금을 단기자금에 의존하고 있었다. 그러므로 단기자금이 회수되어 가버리면 영국은 국제수지의 악화를 면할 수 없는 위기적 상황에 놓여 있었다. 물론 거액의 대외채권을 보유하고 있기는 하였으나 회수가 어려웠기 때문에 무역수지의 감소에 따른 대외지불을 위해 금이 유출되지 않을 수 없었다.

이러한 상황은 독일의 금융공황 이후에 더욱 격화되었고 영국은 이에 대처하기 위하여 긴축재정을 실시하는 한편 미국과 프랑스로부터 차관을 도입했다. 이로 인한 국제신용의 동요와 금유출의 증대는 국내여론을 들끓게 하여 마침내 노동당 내각이 붕괴하고 거국일치(擧國一致) 내각이 성립했다. 여기에 덧붙여 재정긴축이 교직원, 군인 및 실업자의 반대에 부딪쳐 사회불안은 더욱 격화되었고, 이것은 금유출을 한층 더 부채질하였다. 이처럼 궁지에 몰리게 되자 1931년 9월 21일에 의회에서 금본위정지조례가 통과되고 국제적 신용파국의 위기를 타개하기 위한 비상수단으로써 파운드의 절하가 단행되었다. 이로써 영국은 1세기 이상 유지해 온 금본위제로부터 이탈하게 되었고 파운드의 가치는 대폭적으로 하락하였다.

영국이 금본위제를 이탈하게 되자 영국과 관계가 깊은 25개국도 금본위제를 포기하였다. 따라서 영국이 금본위제를 포기한 1931년은 1925년에 간신히 재건된 국제금본위제 붕괴의 결정적 시점이 되었다. 미국이 금본위제를 정지한 것은 1933년이다. 공황의 진행으로 은행도산의 우려와 달러의 평가절하가 예상되는 가운데 1933년 2월에는 대규모의 금융공황이 미국경제를 강타했다. 1933년 4월 Franklin Delano Roosevelt대통령(1882~1945, 재임: 1933~1945)은 취임 직후 은행휴업 조치를 취하고 태환정지와 금수출 금지를 단행하여 금본위제를 정지시켰다. 달러 가치는 이후에도 하락하여 1935년 1월에는 다시 대폭적인 평가절하가 단행되었다. 프랑스, 벨기에, 스위스 등의 몇 개 나라는 금본위제를 유지하고자 애썼지만 이들도 1936년까지는 차례로 이탈하여 국제금본위제는 완전히 붕괴되었다. 이로써 경제사상 원칙적으로 금본위제는 지구상에서 완전히 모습을 감추고 각국에서는 자국의 경제사정에 비추어 정부가 적절하게 통화공급을 조절하는 관리통화제도(managed currency system)로 전환하였다.

이상에서 보았듯이 1929년에 시작된 세계대공황은 미국경제가 이룩한 1920년대의 번영과 제1차 세계대전 후의 세계경제가 이룩한 급속한 생산력의 팽창으로 인한 과잉생산 및 불안정한 세계경제 구조가 가져온 결과라 할 수 있겠다.

3. 블록경제의 출현

제1차 세계대전은 끝났으나 열강 간에 모순이 사라진 것은 아니었다. 오히려 어떤 면에서는 전후의 복구과정에서 모순이 누적되어 주요국들의 대립관계가 더욱 첨예화되고 있었다고 볼 수 있다. 이러한 열강 간의 대립관계는 세계시장에서의 치열한 쟁탈전을 통하여 표출되고 있었다. 미국은 이미 1922년의 포드니 – 멕컴버관세(Fordney – McCumber Tariff)로서 고율관세를 유지하였으며, 공황발생 다음 해인 1930년에는 홀리 – 스무트관세(The Hawley – Smoot Tariff)에 의해 관세율을 더욱 인상하였다. 이것은 다른 나라의 관세인상을 부추기는 관세전쟁의 도화선 역할을 하였다. 이같이 1920년대에 점차 강화되던 보호무역주의적 색채는 1930년대 들어서 블록경제의 성립을 계기로 자유무역체제를 완전히 해체시켰다.

대공황기에는 이전의 관세를 대신하여 수입할당이나 환관리가 새로운 보호정책으로서 실시되었다. 그 위에 국제금본위제도의 붕괴에 의한 다각적 결제기능의 마비와 특혜주의를 내건 각국의 자국이익중심주의적 통상정책은 국제무역을 더욱 위축시킴으로써 공황을 격화시키는 커다란 요인으로 작용하였다. 이에 대한 해결책을 모색하기 위해 각종 국제회의가 열리고, 1933년 6월에는 런던국제경제회의가 개최되기도 하였으나 모두 아무런 성과를 올리지 못하고 실패로 끝나고 말았다.[14]

---

14) 당시 각국들은 당면하고 있던 경제적 빈궁에서부터 벗어나기 위한 판로의 획득에만 급급했기 때문에 이 때 열린 런던 세계통화경제회의는 실질적인 해결책을 찾는 데는 도움을 주지 못했다.

그 결과 열강들은 국제무역에 대한 제한을 강화하여 자국경제의 번영을 도모하려는 이른바 '경제적 국가주의' 또는 '근린궁핍화정책(近隣窮乏化政策)'을 노골화하였다. 그 구체적 수단은 배타적 블록경제를 확대하는 것이었다. 국제 간의 경제적 협력을 위한 움직임은 정치적 긴장 때문에 후퇴하고 이제 세계는 명백히 전쟁을 향한 발걸음을 내딛고 있었다. 블록경제의 창설에 맨 먼저 나선 나라는 영국이었다. 영국은 1932년 7월의 오타와협정(Otawa Agreements)에 의하여 대영제국특혜관세제도를 창설하였다. 그 후에 열린 런던회의에 대영제국에 소속된 각국대표들이 모여 스털링블록의 헌법이라고 볼 수 있는 제국선언을 발표했다. 이로써 대영제국블록 또는 스털링 블록이 성립되었다.

영국이 제일 먼저 블록경제로 전환한 것은 영국경제의 특수성에 기인한 것이다. 영국은 세계 최대의 제국주의 국가로서 많은 식민지를 거느리고 있었기 때문에 이로부터 엄청난 이익을 향유하였지만 이것은 역으로 영국 국내산업의 발달 및 구조적 전환을 여러 가지로 제약하였다. 그리고 식민지경제를 포섭하는 높은 대외의존도는 불황기에 다시 손쉬운 탈출구로서 광대한 식민지 및 자치령과의 긴밀한 경제적 연계를 불가피하게 하였다. 경제적 국가주의의 진행과 함께 세계적으로 시장이 폐쇄되어 가고 있었기 때문에 영국은 제국시장을 확보하여 그 범위 내에서 자유무역을 유지하려고 했던 것이다. 영국은 대영제국특혜관세제도를 바탕으로 대영제국 내의 모든 나라 사이에 관세율을 경감시킴으로써 역내무역을 확대하고 대영제국의 경제적, 정치적 결속을 강화하려고 했다.[15] 그러나 결과적으로는 관세장벽에 둘러싸인 배타적인 경제블록으로 발전하였다.

그러나 블록경제는 영국 경제가 안고 있던 문제를 완전히 해결해 주지 못했다. 영국은 블록경제에 포섭된 지역과 수직적 분업관계를 바탕으로 무역을

---

15) 그러나 주요 자치령은 국내유치산업보호를 위해 관세인하를 꺼렸고, 또 영국도 자체의 농업 보호를 위해 농산물의 수입을 증대하려고 하지 않았다. 그리하여 대영제국 내 각국 간의 관세는 그대로 유지하면서 자치령들은 이미 고율관세를 부과하고 있던 제국 외 공업제품에 대하여 관세율을 더욱 인상시켰고, 영국은 종래 관세를 부과하지 않던 제국 외 국가로부터의 식료 및 원료에 대하여 새로이 관세를 부과하게 되었다. 그러므로 그러나 그 결과는 종래 제국 바깥의 외국과 사이에 실시되고 있던 무역이 대영제국 내의 무역으로 대체된 것에 지나지 않았다.

확대하고 해외투자를 보전했다. 그러나 협정에 따라 1차 산품을 중심으로 수입을 증가시켜야 하는 부담을 져야 했기 때문에 블록 외 지역에 대한 수출 증대를 위해 노력을 기울여야 했다. 이것은 블록 내의 국가들이 공업화함에 따라 완전한 봉쇄적 자치경제가 이룩될 수 없었던 블록경제의 모순의 표현이기도 했다. 영국은 1933년 4월 덴마크(Denmark)와의 호혜통상협정을 비롯하여 여러 나라들과 통상협정을 맺었다. 1938년의 영·미호혜통상협정은 그 대표적인 예이다. 이에 따라 다각무역은 후퇴하고 이제 쌍무적(雙務的) 무역균형관계가 나타나게 되었다.

대영제국의 블록화를 계기로 세계경제는 빠른 속도로 블록화가 진행되었다. 그것은 영연방과의 무역에 제약을 받은 국가들이 불가피하게 채택할 수밖에 없게 되었기 때문인데 상당히 보복적 성격을 띠고 있었다.

독일은 경제의 대외의존도가 높을 뿐아니라 재외자산도 없었기 때문에 블록화를 위한 강력한 정책을 전개했다. 나치스 경제정책의 일환으로서 환관리, 무역관리에 덧붙여 환덤핑을 하는 한편, 상대국에 경제적·정책적 압력을 가해가면서 바터협정, 청산협정 등의 쌍무협정(雙務協定)에 의하여 광역경제(廣域經濟)블록을 확대해갔다.

미국은 경제의 대외의존도가 낮았기 때문에 처음에는 정책의 초점이 국내문제에 집중되었다. 그러나 1934년부터는 호혜통상협정을 맺기 시작함으로써 무역확대를 통한 경기회복을 도모하였다. 이것은 흔히 미국이 전통적 보호무역주의에서 자유무역주의로 전환한 계기라고 해석되기도 한다. 그러나 그 저변에는 다른 경제블록이 라틴 아메리카에 진출하는 것을 저지하기 위한 계산이 있었다고 볼 수 있으며, 따라서 그것은 자유무역주의에로의 전환이라기보다 범미주주의(凡美洲主義: Pan Americanism)를 내세움으로써 남북미 대륙에 경제블록, 즉 달러블록을 형성하기 위한 일환이었다고 할 수 있다.

한편 아시아에서는 제1차 세계대전 중에 일본이 새로운 공업강대국으로 부상하였다. 일본은 유럽전쟁에서의 전시수요를 기반으로 전쟁 기간 동안에 급속하게 중공업화를 진행시켰으며, 1920년대에는 반복되는 반동공황(反動恐慌)의 내습 속에서 독점이 현저하게 진행되었다. 1920년대 과잉생산 공황으로 대륙침략의 유혹을 뿌리칠 수 없었던 일본은 1931년 만주침략을 시발로 일만지(日滿支)블록 혹은 엔블록을 창설해 나가기 시작하였다.

제 3 절 각국의 경제정책

1930년대에 자본주의 경제는 독점적 지배와 국제금본위제의 해체로 인하여 자동조절기능을 상실하였다. 공황에 직면한 각국은 공공투자에 대한 확대 등을 통하여 경제를 회복하고자 하였다. 그러나 이러한 노력은 1930년대 세계자본주의가 처한 구조적 위기를 완전히 극복하지 못한 채 다시 세계대전이란 엄청난 재앙을 초래하는 전쟁에 의하여 호황이 연출되는 비극적 사태에 도달하고 말았다. 여기서는 가장 대비되는 미국과 독일의 경제정책을 고찰·비교하면서 제2차 세계대전의 파국에 이르는 과정을 이해해보기로 하자.

1. 미 국

1933년 3월 금융공황의 과중에 대통령으로 취임한 F.D. Roosevelt가 시행했던 일련의 공황대책이 뉴딜(New Deal)[16]이다. 그것은 미국의 공황극복을 위해서는 경제기구에 대한 정부의 적극적인 개입이 불가결의 조건이라고 한 Keynes이론을 전제로 시행되었다는 점에 그 특징이 있다.[17]

뉴딜정책에 대해서는 Roosevelt가 재선된 1936년을 경계로 하여 두 개의 시기로 나누어 분석하는 경우도 있다. 그러나 여기서는 불황의 만성화에 직면하여 전환을 하지 않을 수 없었던 정책내용의 변천을 중심으로 3기로 나누어

---

16) 불황의 수렁 속에서 허덕이고 있던 국민에게 Roosevelt대통령은 "만약 세상에 두려운 것이 있다면 그것은 우리들 스스로의 공포심이다 … 비전없는 나라는 멸망한다"고 하면서 취임 당일부터 공황수습책을 실천에 옮겼다.

17) 뉴딜정책은 정부 주도의 대규모적 공공투자로써 승수효과를 기대한 Keynes이론과는 다른 것이었다. 그러나 뉴딜정책이 관리통화제도를 바탕으로 정부의 경제에 대한 개입이 적극적으로 이루어졌다는 점에서는 넓은 의미에서는 Keynes이론에 기반을 두고 있었다고 볼 수 있고, 또한 독점자본주의를 재편성한 중요한 계기가 되었다고 할 수 있다.

고찰한다.

제1기는 1933년부터 1935년 중반경까지를 가리킨다. Roosevelt는 1933년 3월 긴급은행법에 의하여 먼저 은행휴업을 실시했다. 행정명령에 의하여 은행업무를 재개한 이후에도 금수출의 허가제, 금화·금괴·금증권의 지출금지, 환거래의 제한을 실시했다. 1933년 10월 이후에는 금의 매입가격을 올렸고, 1934년 1월에는 금준비법을 제정하여 달러평가를 41% 절하시켜 금 1온스=35달러로 금교환비율을 정함으로써 물가인상에 의한 공황탈출을 꾀했다. 이리하여 물가는 약간의 등귀경향을 보이고 저금리를 축으로 하는 경기회복 정책의 기반이 어느 정도 형성되었다.

또한 경기회복을 위한 직접적 시책으로서 1933년 5월과 6월에는 농업조정법(AAA, Agricultural Adjustment Act)과 전국산업진흥법(NIRA, National Industrial Recovery Act)이 각각 제정되었다. AAA는 농산물가격을 인하하고 그 때문에 경작을 포기하거나 가축수를 줄이는 농민에게는 보상금을 지불함으로써 생산감소를 유도하여 농산물가격의 회복을 도모하려고 한 것이다. AAA정책은 여러 가지 보족적(補足的) 방책과 함께 실시되었으나 큰 성과를 올리지는 못했다.

NIRA는 셔먼(Sherman)법 제정 이래 미국정부의 기본적 정책의 하나인 독점금지법의 적용을 일시 정지하여 업자 간 협정, 즉 일종의 강제카르텔에 의하여 가격을 유지하려는 조치였다. 또 이것과 병행하여 임금 및 노동시간 등에 한도를 설정하고 노동자의 단결권을 합법화했다. 이 법률에서는 고용기회의 창출을 위해 공공사업에 대한 모든 지출권한을 대통령에게 부여했다. 그러나 이것보다는 1933년 5월의 연방긴급구제법에 의한 실업구제자금 지출이 주된 실업대책이었다.

뉴딜의 경제정책은 재정지출을 크게 늘렸기 때문에 전임자 Hoover의 경제정책보다 훨씬 적극적이었다. 그러나 기본적으로 건전재정을 포기하지는 않았다. 따라서 연방정부의 경비 가운데 적자공채에 의하여 충당되고 있던 부흥구제비는 건전재정원칙에 묶여 충분한 지출이 이루어지지 않았다. 또한 독점에 대한 옹호정책이 실시되었으므로 과잉자본의 정리도 지연되었다. 이리하여 정부가 기대했던 경기회복효과를 올리지 못한 채 NIRA는 AAA와 함께 위헌판결[18](1935년 5월과 1936년 1월)을 받아 폐지되었다.

제2기는 1935년 후반경부터 1937년 공황까지의 시기이다. 이 때는 긴급구제지출법을 제정하고 사업촉진법(WPA, Work Projects Administration)을 설치하여 공공사업을 경기진흥정책의 중심으로 하여 대규모적인 구제사업을 실시한 시기이다. 이 시기의 경기진흥정책을 흔히 '유수정책(誘水政策: pump-priming policy)'이라고 한다. 이 정책은 적자공채의 발행을 통해 유휴자금을 흡수하여 대규모적인 공공사업을 벌이게 되면 건설자재의 수요증대가 마치 펌프가 물을 끌어올리듯 관련산업의 투자를 자극하게 되어 전반적으로 경기를 회복시키고 고용을 증대시키게 될 것이라는 기대에서 취해진 것이다. 이 정책은 사적 기업과 경합하지 않는다는 원칙 아래 가능한 한 많은 실업자를 흡수하기 위해 기계 등의 사용을 극도로 제한했기 때문에 그 사업 내용은 비생산적인 성격을 띠고 있었다. 유수정책에 의해 공공사업에 고용된 실업자는 1936년 2월까지 300만 명에 달했다.

1933년 5월에 제정되었던 테네시계곡개발공사법(TVA, Tennessee Vally Authority Act)에 의한 설비건설과 이에 따른 파급효과는 이 시기에 와서 나타나기 시작했다. TVA는 초기 뉴딜 중에서 정부가 가장 적극적인 역할을 담당했던 사업이었다고 일컬어지고 있다. 또한 이 시기에는 1935년의 공익사업지주회사법, 1936년의 유보이윤세의 제정에 의하여 반독점정책이 다시 등장하게 되었다. 그러나 이와 함께 실시되었던 정부의 임금인상장려책은 기업의 한계이익을 저하시켜 투자의 정체를 촉진하는 요인이 되었다. 그런데 이 이후에 경기가 어느 정도 회복되어 공공사업을 축소하게 되자 1937년에는 다시 심한 공황에 부딪치게 되었다. 이리하여 유수정책도 소기의 효과를 올리지 못하고 정책전환을 하지 않을 수 없었다.

1937년부터 제2차 세계대전까지의 제3기 동안에는 대자본과의 협조를 강화하고 다른 한편에서는 다시 공공사업을 확대하여 정부지출을 강력히 확대하

---

18) NIRA는 세칙규준(細則規準)을 두지 않고 입법권을 대통령이 장악했다는 점과 연방정부가 이를 통하여 월권행위를 했다는 이유로, 그리고 AAA는 생산통제는 주정부(州政府)에 유보된 권한인데도 연방정부가 이를 시행하려고 했다는 이유로 위헌선고를 받았다.

는 방향으로 정책을 전환하였다. 정부지출의 중점은 일시적인 유수적 지출에서부터 경제의 장기적인 변화에 대응하여 민간투자의 부족을 메우는 보정적 재정정책으로 이행하게 되었다.

이 시기에는 사업촉진법(WPA)을 확대하고, 신농업조정법(1938년 6월) 등에 의해 정부지출을 증대시킴으로써 1938년 10월에는 330만 명의 실업자를 흡수하는 효과를 올렸다. 이와 같은 정책의 실시 결과 경기가 어느 정도 상승방향으로 전환되기는 하였으나 완전고용의 달성은 요원하였다. 즉 1940년 봄까지 실업자는 여전히 약 750만 명을 헤아리고 있었는데, 이것은 재정정책의 한계를 말해주는 것이라 하겠다.

이렇게 지지부진하던 미국경제가 지속적인 경기회복과 호황상태에 진입한 것은 군수생산이 확대되면서부터였다. 즉 1939년 유럽에서 전쟁이 발발하여 준전시체제와 함께 군비생산에 돌입하게 되고, 이에 따라 뉴딜의 공공지출을 훨씬 상회하는 군사비가 지출됨으로써 경기회복과 완전고용이 달성되었던 것이다.

뉴딜은 경기회복목표를 충분히 달성하지 못한 채 전시체제로 접어들게 됨에 따라 자연히 종료되었다. 그런 점에서 뉴딜이 성공했다고는 할 수 없으나 이 정책이 실시되는 동안에 정부에 의한 경제개입이 불가결의 요소가 되었다는 점에서 그 의미는 큰 것이라 하겠다. 그런데 뉴딜정책은 정부에 의한 경제통제 또는 경제개입이 이루어졌다는 점에서는 나치스와 다를 바가 없으나 나치스(Nazis)와 같이 강권적 방법에 의한 것이 아니었다는 데 근본적인 차이점이 있다. 그러나 뉴딜정책은 여러 가지 면에서 한계를 내포하고 있었으므로 당시의 전면적 공황을 근본적으로 치유하지는 못했다.

2. 독 일

미국의 대공황으로 가장 큰 타격을 받은 나라는 독일이었다. 독일의 호황을 지탱한 미국으로부터 도입된 자본 특히 단기자본이 회수되어 버리자 독일경제는 일거에 혼란에 빠졌다. 그런데 공황의 극복과정을 그 기본적 내용에 의하여 분류하면 독일에서도 뉴딜과 유사한 단계를 경과했다는 점을 발견할 수 있다. 즉 Heinrich Brüning(브뤼닝, 1885~1970)에서 Franz von Papen(1879~1969)을 지나 Kurt von Schleicher(슐라이허, 1882~1934)내각에 이르는 단기간이 제1기이고, Adolf Hitler(1889~1945)가 정권을 획득한 1933년 1월 이후의 이른바 나치스의 경제정책이 그 제2기와 제3기로 나누어진다.

1931년 7월 독일은 금융공황에 의한 혼란수습을 위해 환관리를 실시했다. 그리고 도산의 위기에 있던 각 기업의 구제를 강구하지 않을 수 없었지만 인플레정책에 의한 대규모적인 기업구제는 불가능했다. 왜냐하면 인플레정책을 공공연히 실시하는 것은 국제수지의 악화를 유도하고 국내의 혼란을 격화시킬 염려가 있었기 때문이다. 그래서 Brüning 내각은 1931년 12월 긴급명령을 발하여 디플레정책을 강화했다. 이것은 국제경쟁력 강화에 의한 국제수지의 개선까지도 의도했던 정책으로 시장의 가격기구에 대한 정부의 개입이라는 점에서 획기적인 조치였다. 그러나 경기는 회복되지 않았고 공황은 심화하여 실업은 다시금 증대경향을 보였다.

이 과제를 인계받은 다음의 Papen 내각은 조세증권을 발행하여 불황을 해결하려 노력했다. 조세증권은 세금을 완납한 기업 또는 고용을 증대했던 기업에 교부되는 4% 이자부증권(利子附證券)으로서 차기의 납세에 충당되는 외에 증권시장에서 매매되고 또 담보증권으로 사용되었다. 그리고 이것에 의한 재정수입은 실업대책사업비에 충당했다. 여기서 한걸음 더 나아간 고용창출계획은 이른바 Papen계획으로서 입안되었다. 그것은 독일의 공황극복책 가운데 가장 특징적인 고용창출어음을 이용했던 공공투자계획이었다. 그런데 이 계획의 수립 이후에 정권을 이어받은 Schleicher 내각이 단명으로 끝나자 이 계획은 Hitler에게 계승되어 나치스경제정책으로서 구현되었다. 나치스의 경제정책은 철저하게 국가경제를 통제하는 방법으로 수행되었다.

Hitler가 정권을 획득한 1933년의 등록실업자는 600만 명이었고, 미등록 실업자는 100만 명에 달했다고 추정된다. '일과 빵'은 Hitler의 공약[19]이었으

19) 나치스가 공약했던 2대 계획은 ① 실업자를 없애고 농민을 구제하여 경제번영을 회복한다는 것과, ② 베르사이유조약의 유대에서 독일을 해방시키고 국위를 선양한다는 것이었다. 이러

며, 이 공약은 4개년계획으로서 발표되었다. 실업대책은 전정부가 착수했던 긴급계획에 의한 종합적 공공투자를 대폭적으로 확대하여 실시하였다. 그러나 이 정책은 생산, 분배 및 소비의 모든 부문에 걸쳐 가격기구를 정지시키고 마침내는 노동자들의 직장선택의 자유마저도 통제하였다.

실업 박멸 및 고용 창출을 위한 정부의 재정지출은 1934년 말까지 50억 마르크의 거액에 달했으며, 그 가운데 60%는 고용창출어음의 발행에 의해 충당되었다. 공황 후의 정리과정에 있던 은행의 유휴자금을 이용하기 위해 공공사업을 청부했던 민간기업이 발행한 어음이 고용창출어음인데, 이것은 정부가 지불을 보증하고 또 재할인의 제한을 받지 않았기 때문에 사실상 국채와 다를 바 없었다. 그러나 이것은 필연적으로 인플레를 수반하지 않을 수 없었다. 그러므로 독일에서는 은폐된 인플레정책에 의한 자금조달방법으로 경기진흥을 도모했다고 할 수 있다.

고용창출계획에 의한 공공투자는 그 연장으로서 군비를 위한 공공투자를 불러일으켰다. 이리하여 Hitler의 재군비정책에 의한 블록 내의 원료자급화와 군수생산확보를 위한 원료통제가 실시되었다. 따라서 1934년 이후에는 공공투자중 군사지출이 대폭 증가했다. 이때의 자금조달은 특수어음의 중앙은행할인에 의하여 이루어졌는데, 특수어음에 의한 공공자금조달은 1933~1935년의 경기회복기와 비밀재군비시기의 공공연한 인플레정책을 취할 수 없었던 국내외사정 때문에 채택된 방법이었다. 국내적으로는 자본시장이 불안정했던 것과 대외적으로는 환관리의 실시와 광역경제블록화를 향한 움직임이 공공연한 인플레정책을 취할 수 없었던 중요한 원인이었다.

경기회복을 위한 각국의 자국이익중심적 과잉확대정책은 필연적으로 국제적 긴장을 자극했기 때문에 독일은 재군비를 강력하게 실시하였다. 마침내 독일은 1935년 3월에 재군비를 선언하고 징병제의 부활과 함께 군비확충을 경기진흥책의 주요 수단으로 동원하였다. 이로써 1936년에는 광공업생산이 공황 전의 수준을 상회하게 되었고, 1937년에는 실업률도 5% 이하로 저하했다.

한 거대한 목적을 추구하기 위한 정책과 가장 쉽게 결부될 수 있던 길은 이탈리아의 경우와 같이 침략탈취주의로의 전환이었다.

Hitler가 대중지배의 수단으로서 추구했던 '일과 빵'의 확보정책은 이처럼 군비확충을 중심으로 이루어졌기 때문에 임금과 생활수준은 극도로 억압되었다. 따라서 소비재생산 부문에서는 생산의 회복도 늦었을 뿐 아니라 생산재 부문의 현저한 신장이 비생산적인 군수산업에서 이루어졌으므로 재생산규모의 확대도 그만큼 제한되었다.

투자배분은 정부의 강력한 통제하에 두어지고 자금은 군수산업을 비롯하여 국내자원의 개발이나 대체원료 생산에 중점적으로 투입되었다. 그리고 거대기업에게 독점이윤을 확보해 주는 한편 세제우대조치를 강구하여 내부유보에 의한 자기금융의 비중을 높임으로써 공채의 시세를 유지하려고 했다. 그와 함께 은행도 과잉자금으로 공채를 인수케 하였다.

정부의 이와 같은 강력한 직접통제에도 불구하고 무역의 축소, 물가의 급등, 수출경쟁력의 저하현상은 더욱 격화되어 대외균형의 파탄이 확대되었다. 이렇게 되자 Hitler정권은 무력을 사용하기 시작했다. 1938년에는 오스트리아(3월)와 수데텐(Sudeten)지방(8월)을 무력으로 병합하였고, 1939년 9월에는 폴란드(Poland)를 침공함으로써 제2차 세계대전을 일으켰다.

이러한 독일의 나치스정책은 미국의 뉴딜에 비하여 여러 가지 면에서 대립되는 측면을 띠고 있었다.

첫째, 뉴딜정책이 시장기구의 작동을 전제로 실시된 반면 나치스의 경제정책은 국가경제를 철저하게 통제하여 가격기구의 작동을 중지시켰다.[20] 군수생산의 확대를 통하여 1937년에 완전고용을 거의 달성하였던 점에서는 1937년에

---

20) 국가의 경제에 대한 개입이란 측면에서 볼 때 대공황기에는 모든 주요국의 경제에서 공통적으로 실행되었다. 그러나 미국의 뉴딜은 원칙적으로 시장메커니즘의 작동을 전제로 하고 있었기 때문에 국가의 경제에 대한 개입정도는 독일이나 프랑스에 비하여 현저하게 낮았다. 예를 들면 뉴딜정책에서는 나치스의 4개년계획이나 프랑스 인민전선(人民戰線) 정부의 국유화정책과 같은 국가의 강력한 헤게모니는 찾아볼 수 없는 것이다. 한편 프랑스의 경제정책은 '소(小)뉴딜'이라고 불리는 바와 같이 미국의 정책과 유사한 면을 지니고 있었기 때문에 프랑스의 국가개입정도는 미국과 독일의 중간정도에 속한다고 할 수 있다. 대공황기 프랑스의 경제정책은 크게 두 시기로 구분할 수 있다. 첫째 단명에 그치기는 했지만 인민전선의 Léon Blum(1872~1950) 내각에 의해 프랑스 은행의 경영조직의 민주화 및 철도·군수산업의 국유화 등이 이루어진 시기와, 둘째 독일지배하의 Philippe Pétain(페탱, 1856~1951)정권에 의한 것으로 나누어지는 것이다.

다시 심한 공황상태에 빠진 미국보다도 공황 극복에서 정책적으로 효과적이었다. 그러나 군비확장을 위해 생산원료 및 자금은 철저하게 통제되었으며, 군수생산의 확대는 외화획득을 가져오지 못하고 수입물자를 급증시킴으로써 독일경제의 모순은 더욱 심화되었다. 독일이 1936년부터 4개년계획을 실시한 것도 군수생산을 중심으로 하는 중요공업원료의 국내자급도를 향상하기 위한 것이었다. 따라서 이 계획은 노골적인 전쟁준비계획의 일환이었으며, 전시경제체제하에서 가격기구의 기능은 완전히 정지되었다.[21]

둘째, Hitler는 국민에게 일과 빵을 준다고 하였지만, 노동운동을 철저하게 탄압하고 독점대기업과 유착하였다. Hitler의 나치당은 '국가사회주의(National Socialist)노동자당'이라는 의미였지만, 집권 1년이 되기도 전에 노동자 조직을 철저하게 탄압하여 노동에 대한 자본의 전면적인 지배체제를 확립하였다. 독일 정부는 공산당과 사회민주당을 금지시키고 노동전선(DAF)을 창설하여 모든 노동조합을 여기에 편입시켰으며, 노동조합의 단체교섭권을 박탈하고 노자관계를 지배-복종의 관계로 바꾸었다. 이를 기반으로 독일 정부는 중요하다고 판단되는 생산 부문에 노동력을 확보하여 집중적으로 배치하였다. 이에 비해 Roosevelt의 뉴딜정책에서는 단결권, 단체교섭권, 파업권의 노동3권이 법적으로 확립되었다. Roosevelt는 나치스와는 달리 노동조합원, 농민, 실업자, 흑인, 소수 인종 등의 소외받는 사람들에게 호의적인 정책을 실시하였다. 뉴딜정책은 대규모의 실업구제정책적 성격을 띠었는데, 사업촉진법(WPA)은 그 대표적인 예이며 전국산업부흥법에서는 아동노동의 금지, 노동시간의 제한, 최저임금의 설정, 단결권 등이 달성되었다. 그 외에도 1936년 사회보장법에서는 실업연금과 퇴직금제도가 도입되었고 직업소개소가 창설되었다. 산업별 노동조합체제는 발전하여 산업별 노동조합조직(The Congress of Industrial Organization: CIO)으로 창설되어 1938년에 조합원은 AFL보다 훨씬 많은 4백만 명을 헤아렸다. 이리하여 미국에서는 뉴딜정책에 의해서 노동자, 농민 등 국가정책의 기본적인 대상에서 제외

---

21) Hitler는 4개년계획을 위하여 Hermann Göring(1893~1946)에게 전권을 부여하였다. 4개년계획청은 공장건설과 원료생산의 자급을 위해 각종의 경제통제 중에서도 원료통제에 가장 큰 중점을 두었다.

되어 있던 계층이 비로소 국가정책의 기반이 되었다. 이같이 뉴딜정책은 나치스의 그것과는 대조적으로 국민 각계각층의 요구를 나름대로 수용함으로써 미국형 복지국가의 원형이 되었다고 하겠다.

제10장

사회주의경제의 성립

사회주의경제의 성립

제1절 러시아의 농노해방

러시아의 근대화를 제약했던 가장 커다란 요인은 장기간에 걸친 가혹한 농노제였다.[1] 크리미아전쟁(1853~1856)에 패배한 제정러시아는 농노해방을 '위로부터' 시행하지 않을 수 없게 되었다. 1861년 3월 3일 '농노해방령(Abolition Of Serfdom)'이 공포됨으로써 약 2백만 명의 농노가 신분적으로 해방되었다. 그러나 ① 토지는 완전한 사유지로서 농노에게 부여된 것이 아니라 농민공동체인 미르(Mir)에 공동지로서 일괄 양도되었으며, ② 그 배상금이 과중했다는 점, 즉 토지대금과 더불어 인격적인 소유로부터 해방된 데 대한 배상까지 요구되었으며, 그 배상요구액은 실질적인 지가보다 2~3배나 높았고, ③ 토지이양 절차에

---

1) 러시아는 19세기초경까지 농노제에 기반을 둔 농업국이었다. 즉 당시 국민의 9할 이상이 황제를 정점으로 한 십수만의 지주귀족에 예속되고 있었다. 영주는 농노에게 공납 혹은 부역을 부과했을 뿐 아니라 매뉴팩처에 사용할 권리를 갖고 있었으며, 흔히 가내노예처럼 가사에도 사용하고 있었다. 농노가 반항 또는 도망갔을 경우, 영주는 지주재판에 의하여 가혹한 형벌을 과하는 등 당시 유럽 세계에서는 도저히 생각할 수 없는 엄격한 지배와 예속관계가 엄존하고 있었다. 러시아의 농민은 농노제에 억눌려 대부분이 문맹이었던 것은 물론이고, 3기교체제의 윤작이라는 빈약한 생산방식을 개량할 여지조차 갖지 못했다.

필요한 경비의 5분의 1을 농노가 부담하지 않으면 분여지 면적을 절반으로, 경비를 전연 지불하지 않으면 4분의 1로 감소하도록 규정했다. 그리하여 농민들에게 분여된 토지의 면적은 얼마되지 않았으며, 농노해방도 불철저한 것이 되고 말았다. 토지가 비옥한 흑토지대(黑土地帶)에서는 그 분여된 면적이 평균 14에이커로서 제일 작았고 또 지주농노, 국유지농노, 황실직할지농노 가운데 가장 비중이 큰 지주농노에 대한 해방조건이 제일 나빴다. 그 결과 고역제(雇役制: Otrabotka) 또는 부역이라고 하는 봉건적 노동지대가 그대로 잔재하여 농민은 여전히 가혹한 현물지대를 지불했다.

러시아에서 농노해방은 러일전쟁(1904~1905)에 패배한 이후인 1906년에 수상 Pyotr Stolypin(1862~1911)이 헌정개혁의 일환으로서 실시함으로써 최종적으로 이루어졌다. 그 주요내용은 ① 재래의 미르제도를 해체하고 토지공유를 사유로 전환한다. ② 일부 지역에서 여전히 존재하고 있던 인두세를 폐지한다는 것 등이었다. 이와 같이 하여 슬라브족의 이명(異名)이라고까지 지칭되었던 노예제도와 장기에 걸쳐 러시아사회를 어두움에 가두었던 농노제도는 20세기에 들어와서 겨우 폐지되었다. 그처럼 장기간에 걸쳐 가혹한 농노제가 지속되었다는 것과 농노해방의 불철저성 등은 그 후의 러시아 경제발전을 제약하는 기본적인 요인이 되었다.

제 2 절   근대적 공장제도의 성립

러시아의 근대화가 시작된 시기는 대체로 1890~1913년경이다. 그러나 1913년에도 전 인구의 75% 이상이 농업에 종사하고 있었고, 공업 인구는 불과 9%에 지나지 않았으며, 또 1906년의 완전한 농노해방이 있기까지는 본격적인 임금노동자층이 출현하지 않았다고 할 수 있다.[2] 생산조직도 후진적이어서 18

---

2) 러시아의 공업생산고는 1900년의 경우 미국의 13%, 독일의 18%, 1913년에는 미국의 11%, 독일의 14%에 지나지 않았다. 더구나 그 주요자본은 대부분 외국자본의 지배하에 있었다. 예를 들면 광업 90%, 야금금속가공공업 42%, 화학공업 50%, 섬유공업 28%, 목재공업 22.7%가 외국자본에 의하여 점유되고 있었다.

세기에 PyotrⅢ세(표트르, 1728~1762)와 EkaterinaⅡ여제(예카테리나, 1729~1796)
에 의하여 정책적으로 설립된 각종 왕립매뉴팩처 및 특권매뉴팩처를 제외하면,
선대제 가내공업과 농노제 매뉴팩처만이 존재하고 있었다.3)

그러나 18세기에 공업이 점차로 발달하게 되자 귀족들도 공장노동에 농노
노동보다 자유로운 임노동이 효율적이라는 것을 점차 통감하게 되었다. 그리하
여 1824년에는 정부로부터 승인을 얻으면 공장의 농노를 해방할 수 있는 법령
이 제정되고, 1840년에 그것이 한층 확대되었다. 농노해방령 이전에 해방되었던
이들 농노를 자유농노라고 한다.

근대 이전부터 러시아에 번성했던 공업형태는 선대제 가내공업이었다. 경
제발전이 파행적이었던 러시아에서는 영국과 달리 선대제 가내공업과 근대적
공장제도가 서로 협력하면서 존재하였으며, 1890년대에는 정부도 선대제적 가
내공업을 장려했다. 1812년의 모스크바대화재 및 1861년의 농노해방 이후에는
공장에 일시 일하러 가 있던 농노나 농노매뉴팩처에서 일하고 있던 농노들이
고향에 돌아와 직인으로 일하기 시작했으므로 선대제 가내공업은 한층 더 발달
하였다.

다음에는 각종 근대적 공업제도의 확립에 대해서 살펴보기로 하자. 러시아
의 근대화는 영국의 '자생형'에 대한 가장 대조적인 '계승형'이며, 이른바 '프러
시아형'의 가장 극단적인 형태이다.4) 정부는 '위로부터'의 토지공여·보조금·면

---

3) 농노제 매뉴팩처는 대체로 세 개로 나눌 수 있다. 먼저 18세기에 발달한 상인경영의 '점유
(占有)매뉴팩처'를 들 수 있다. 이것은 특권상인이 1721년의 법령에 의하여 농노를 값싸게
구입할 수 있는 특권을 얻어 공업생산을 이루어 간 매뉴팩처이다. 19세기에 들어와서는 이
와 같이 상인이 농노를 동원했기 때문에 농지경작에 불편을 느낀 귀족들은 스스로 '장원(莊
園)매뉴팩처'를 경영하게 되었다. 이것은 '밑으로부터' 발달한 비교적 자연스러운 공업형태였
다. 1762년에 '점유매뉴팩추어'의 농노구입이 금지된 것은 귀족의 '장원매뉴팩추어'의 이익을
위한 것이었다. 그리고 최후로 등장한 '강제(强制)매뉴팩처' 형태는 농노들이 기업가로 변신
하여 경영하던 '농노소유매뉴팩처'이다. 이러한 시대적 한계를 벗어난 이상형태(異狀形態)의
기업이 존재했던 것은 농노제도가 오래도록 존속했던 결과라 하겠다.
4) 러시아에는 1890년대 이후에 자본주의적 생산양식이 도입되었으며, 그 과정이 급속했던 만
큼 매우 복잡한 성격을 띠게 되었다. 그 대표적인 예로서는 농노의 잔재를 완전히 털어버리
지 못했던 농민경영을 기반으로 한 귀족과 부르주아라고는 할 수 없었던 단계의 자본가들이
제휴하여 자본주의를 육성했다는 것, 외국자본에 예속되면서 제국주의적 발전을 하게 되었
다는 것 등이다. 러시아는 이러한 후진자본주의의 전형적 성격을 독일이나 일본보다도 더
많이 갖고 있었다.

세·군역면제 등 모든 특권을 주어서 공업을 보호·육성하였고, '밖으로부터'는
영국·프랑스·독일·오스트리아·스웨덴·벨기에·네델란드·미국 등 선진제국이
섬유공업·석탄업·철강업·기계공업·조선업·철도 등 근대산업에 기술과 자본
을 원조했다.

러시아에서도 역시 공장제도가 최초로 도입되었던 부문은 면공업이었으며,
1808년에는 모스크바에 방적기가 처음으로 도입되었다. 모스크바대화재 후 그
직인들은 대부분 이바노보(Ivanovo)로 옮겨감으로써 이바노보는 1812~1822년
에 '면업의 황금시대'를 맞이했다. 1822년부터 높은 관세의 덕분으로 영국면제
품의 수입량은 12분의 1로 감소하였으며, 반제품인 면사의 가격이 랭카셔에서
반감했기 때문에 러시아면업은 반제품을 완제품으로 완성하는 가공공업으로서
출발했다. 러시아에 섬유공업을 출범시킨 것은 영국자본가였으나, 그 후 그 기
반을 구축한 것은 독일인이었다. 그 대표적인 인물이 1839년 러시아에 근대적
영국방적기를 갖춘 면공장을 세운 것을 비롯하여 1894년까지 러시아에 122면
공장의 건설을 청부했던 L. Knoop이다. 그는 공장 건설의 알선에 그치지 않고
1860년에는 자본금 6백만 루블의 거대한 면공장을 건설했다. 그는 영국에서 방
적기, 역직기를 수입하고 또 영국인을 지배인으로 고용하였다. 이 공장은 1890
년에는 40,000추 이상의 방적 능력과 2,000대의 역직기를 갖추고 5,300명의 노
동자를 가진 거대공장으로 성장했다.

러시아는 1860년에 57개 방적공장에 42,000명의 직공밖에 없었지만, 이
륙기의 1891년에는 6백만 추의 방적능력을 가진 대륙 제일의 지위를 점하게
되었으며 1906년에는 745개 공장에 388,000명의 직공을 고용하고 5억 8,900
만 루블의 면제품을 산출했다. 원료인 면화는 처음에는 미국에서 수입했으나
1860년 이후에는 자국의 터키스탄면을 육성하여 1913년에는 5억 파운드를 생
산했다.

마직물(麻織物)은 러시아의 전통공업으로서 1830년에 최초의 근대적 아마공
장이 설립되었다. 역시 전통공업의 하나였던 모직물공업은 원래 Pyotr대제의 특
권매뉴팩처로서 성장했으나, 크리미아전쟁에 의한 군복 생산의 증대로 더욱 번영
했으며 1841년에는 영국인의 손에 의하여 생페테스부르그(Saint Peterburg)에 전공

정이 완비된 대모직물공장이 세워졌다.

중공업 원료로서의 철은 17세기에는 툴라(Tula)에서, 18세기에는 우랄(Ural)에서 생산되었으며, 1790년에 이미 영국의 선철생산량의 2배 이상에 달했다. 그 생산액의 대부분은 반제품의 형태로 영국에 수출되었다. 그러나 제철업은 도네츠(Donets)지방의 크리보이로그에서 풍부한 철광맥이 발견되고 난 후에 본격적으로 발전하기 시작했다. 1869년에는 영국 웰즈의 사이파스파제철소 숙련기계공 죤 휴즈가 우크라이나(Ukraine)에 거대한 제철소 '신러시아회사'를 건설, 웰즈로부터 지배인과 많은 웰즈의 광부, 압정공을 초청, 고용하여 경영을 시작했다. 1893년에는 공원이 6,000명으로, 그리고 얼마 안 가서 8,000명으로 증가하였으며, 공장 근처에는 휴조프카라고 불리는 공장촌이 출현했다. 1886년에는 철도가 개통되어 석탄산지 도네츠분지와 철광석산지 크리보이로그가 연결되었기 때문에 1887년에는 알렉산드로프스키(Aleksandrovsky), 도네프로프스키 양제철소가 설립되어 도네츠지방의 제철업 붐을 일으켰다. 이리하여 1895~1900년 사이에는 러시아의 철생산량이 2배로 늘어났고 남부의 야금업은 약 3~4배로 증가했다. 그 때문에 남부는 드디어 우랄의 구식철광업을 배제하게 되었다.

기계공업에 대해서 보면 Ekaterina여제의 설득에 의하여 스코틀랜드로부터 찰스 가스코인이 러시아로 건너와 생페테스부르그 근방에 국립기계공장을 세웠는데, 이것이 후에 발전하여 크론시타트(Kronstadt)의 대군수공장으로 되었다. 또 1805년에는 영국인 윌슨이 직물기계를 제작하는 공장을 세웠고, 1825년에는 유명한 알렉산드로프스키왕립기계공장이 설립되었다. 또 1838년에는 러시아정부의 요청에 의하여 스웨덴 공업가 임마누엘 노벨이 생페테스부르그에 광산기계공장을 설립했다. 그 후 기계공업의 발달이 일시 중단되었으나 1880~1890년대에 이르러 다시 부활되었다. 이리하여 1897년에는 682개 공장에 12만 명에 달하는 직공을 고용하여 자동기계나 기관차레일 등도 생산하게 되었다.

러시아의 새로운 공업 중에서 세계적인 수준으로 급속이 발전했던 것은 석유공업이다. 로버트 노벨 형제는 1873년 근대적 석유공장을 세우고 유전을 파는 데 증기기관을 사용하는 한편 그 수송방법도 근대화시켰다. 이리하여 노벨회사는 1890년에 약 1,800만 배럴의 석유제품을 생산하게 되었고, 1899년에는 세계총채유량의 12%를 차지하는 세계적 대기업으로 성장했다. 그동안 1886년에는 로스차일드가 별개의 석유회사를 세웠고, 1906년에는 노벨형제회사에 프랑스 자본이 투입되었다.

끝으로 Rostow가 러시아의 이륙단계에서 중심적 산업이었다고 주장하는 철도에 대해서 살펴보자. 최초의 러시아철도는 1836년 오스트리아기사 게르스토나에 의하여 생페테스부르그와 차이스코예 셀로(Tsarskoe Selo) 간에 26km길이로 부설되었는데, 이것은 세계에서 일곱 번째의 철로였다. 이것은 국유철도였으나, 곡물수송비의 절하를 바라던 지주들이 민간철도부설에 협력하여 1851~1880년에는 민간철도 시대가 도래하였다. 1857년에는 영국, 독일, 프랑스의 자본과 영국 및 프랑스의 기술로써 대러시아 철도회사가 설립되었다. 정부는 1881년 이후에 다시 철도국영주의를 채택하였으나, 이에 따라 1893~1903년 사이에는 대장대신 S.Y. Vitte의 주도 아래 시베리아 철도를 비롯한 러시아철도 망의 약 3분의 1이 건설되었다.[5] 그는 러시아의 근대적 통일의 기초를 마련하기 위해 1897년에 금본위제를 확립했고 근대적 은행을 만들었으며 철도망을 완비했다. 그는 '러시아 철도의 아버지'라고 불린다.[6]

러시아의 자본주의는 1900~1903년의 공황을 통하여 집중과 독점이 촉진되었다. 1901년에는 사탕신디케이트, 1902년에는 철강업카르텔, 1904년에는 석탄트러스트, 1914년에는 석유의 4사 독점체제가 성립되었다. 그리고 철과 석유에서는 프랑스 등 외국자본이 지배권을 장악하였다. 러시아의 주식자본 가운데 외국자본의 비율은 1890년 25%, 1900년에 37%, 1914년에는 47%에 달했으며, 금액으로서는 1917년까지 22억 4,200만 루블에 이르렀다.

---

5) 이 철도의 부설을 가능케 했던 직접적 계기는 당시 러시아가 정치적으로 점차 접근하고 있던 프랑스로부터의 자본투여였다.

6) Vitte는 독일의 역사학파 List의 사상적 영향을 크게 받았다. 그는 List의 보호주의적 사상에서 후진국러시아의 근대화를 위한 정책방향을 찾았으며, 1889년에는 List에 관한 소책자를 쓰기도 했다.

제 3 절 소련 사회주의의 경제건설

1. 사회주의혁명과 전시공산주의

제1차 세계대전은 후진적인 러시아 자본주의체제의 모순을 크게 증폭시켰다. 고역제적 농업구조하의 저임금 노동력 및 저곡가의 유지, 그리고 곡물의 기아수출로 인하여 농민의 불만은 누적되고 있었으며, 철도건설 및 중공업, 금융 등에서는 외국자본에 크게 의존하고 있었다. 그런데 제1차 세계대전이 발발하여 러시아도 여기에 휘말리게 되자 러시아 경제는 곧 그 취약성을 드러내고 국민의 불만은 더욱 높아지게 되었다. 러시아는 기계공업과 운송 부문의 기반이 약했기 때문에 전쟁으로 인하여 대외교역이 중단되자 전쟁 발발 후 2년만에 전쟁수행능력은 거의 마비되었고,[7] 중공업·군수공업을 제외한 나머지 부문의 생산은 극도의 부진을 면치 못하였다. 원료 및 연료난은 물론이거니와 농업에서도 전쟁에 인적·물적 자원이 대거 동원되었기 때문에 생산이 크게 축소되었다. 1916년과 1917년의 겨울에 도시를 엄습한 식량난은 일반 대중의 불만을 폭발시켜 1917년 2월에 혁명이 발생하였다. 그러나 새로이 구성된 임시정부가 실시한 국민경제규제, 곡물거래통제 등의 조치는 경제적 혼란을 전혀 수습하지 못했다. 이에 노동자들은 공장위원회를 구성하여 자주관리를 시작하였고, 농민은 지주제의 철폐와 토지개혁을 요구하였다.

토지개혁과 독일과의 강화(講和)를 거부한 Kerenskii(1881~1970) 정부는 단명으로 끝나고 Nikolai Lenin(1870~1924)과 Leon Trotsky(1879~1940)가 주도하는 볼셰비키혁명이 1917년 10월 성공하였다.[8] Lenin의 주도하에 소비에트 러시

---

7) 러시아는 일선장병의 장비가 형편없고 무기도 부족한 상태였다. 이러한 상태하에서 장군들이 조급하게 출전하고 내부에서도 분열을 겪었기 때문에 타넨베르크혈전(Battle of Tanenberg)에서 10만의 전사자와 10만 명의 포로를 내고 대패하고 말았고 오스트리아전선도 불리하였으며, 1915년 여름에는 병력 희생이 4백만 명에 달했다고 한다. 여기에다 국내정치는 전혀 개혁되지 않은 채 황후 알렉산드라 페트로브나에 의해 좌우되어 국민과 좌우익의 불만을 사고 있었다.

8) 러시아의 2월혁명은 1917년 3월 8일 '국제부인의 날'의 시위행진을 계기로 일어났다. 3월 12

아(Soviet Russia)는 모든 생산을 노동자의 관리하에 두는 사회주의혁명을 달성
해갔다. 혁명정부는 1917년 농민의 자주적인 토지분배를 승인하고 은행을 국유
화하였으며 다음 해에는 수운(水運), 상업, 중요기업과 시설, 외국무역에 대한 국
가독점[9] 등 모든 경제 분야에 대한 국유화를 진행하였으며 외채를 파기하였다.

사회주의체제가 성립하는 과정에서 러시아는 격심한 사회경제적 혼란을 겪
게 되었다. 국가권력과 국내 대자본가와의 협정이 추구되기도 하였고, 농업생산
의 격감으로 발생하는 위기를 극복하기 위하여 1918년 5월에는 식량독재포고가
발동되기도 하였다. 그러나 새로운 체제가 들어서면서 겪은 가장 심각한 위기
는 간섭전쟁(干涉戰爭)이 벌어진 1918년부터 1921년 초까지 지속된 전시공산주
의 시기였다.[10] 간섭전쟁은 소비에트정권이 외국자본을 국유화한 것에 대한 반
발로서 러시아에 투자했던 열강이 소비에트정권의 전복을 위하여 벌인 전쟁이
었다. 간섭전쟁은 특히 영국과 프랑스의 지지를 받았던 귀족과 부르주아지가
반혁명군(反革命軍)을 조직하여 소비에트정권을 공격함으로써 대규모의 내전으
로 확대되었다. 소비에트정권은 이 난국을 타개하기 위하여 전시공산제의 비상
수단으로서 중소기업의 국유화, 강제적 곡물매입, 식량의 배급제도 등을 실시하
였다. 그러나 경제혼란은 극에 달하여 철도 체계는 붕괴 일보 직전까지 갔고 농

일에는 군대의 병정들이 노동자들과 합세하였고 곧 이어 임시정부(입헌민주당과 시월당, 그
밖에 사회혁명당의 Kerenskii가 개인자격으로 입각)와 소비에트 집행위원회의 두 정부가 출
범하였다. 이로써 3백 년을 이어온 로마노프왕조(Romanov dynasty)는 완전히 몰락하였다.
이것을 '2월혁명'이라고 부르는 것은 러시아력(曆)으로 3월 8일이 2월에 해당하기 때문이다.
한편 Lenin은 4월 16일 페트로그라드에 도착하여 볼셰비키 본부에서 '모든 권력을 소비에트
로' 집중해야 한다는 요지의 '4월테제'를 연설하였다. Lenin의 주장에 대하여 사회혁명당과
멘셰비키는 근본적으로 반대하였다. 특히 멘셰비키에서는 러시아에는 아직 사회주의혁명의
조건이 성숙하지 않았으므로 부르주아권력만이 가능하다고 주장하였다. 소수에 지나지 않았
던 볼셰비키는 9월의 반혁명사건을 계기로 지위가 약화된 임시정부의 수상 Kerenskii를 몰
아내고 11월 6일 '10월혁명'(러시아력으로 10월)에 의하여 사회주의혁명에 성공하였다. 이로
써 프롤레타리아트 일당독재체제가 성립되었다.
9) 러시아혁명으로 4.2%의 시장점유율을 차지하던 러시아의 무역상품이 격감하여 자본주의 세
계시장에서 거의 모습을 감추었다.
10) Lenin은 Trotsky의 중간파, N. Bukharin(1888~1938)의 주전파의 반대를 무릅쓰고 1918년
3월 3일 브레스트-리토프스크조약(Brest-Litovsk Treaty)을 맺고 독일과 단독강화(單獨講
和)하였다. 이 조약으로 소비에트 러시아는 러시아제국의 영토였던 핀란드, 폴란드, 발트지
방을 잃고 60억 마르크의 배상금을 지불하게 되었다. 그리고 얼마 되지 않아 다시 전시공산
주의의 내란상태에 빠졌다.

민은 생산의욕을 상실하여 파종면적을 축소하였다. 물자부족으로 암시장이 횡행하였으며 인플레이션은 심화되고 식량징발은 한층 강화되었으며 영세기업까지 국유화되지 않을 수 없었다. 곡물수확은 반감되었고 공업생산량은 전전(戰前) 수준의 30%로 감소하였다. 그 결과 불만이 고조되어 1920년 후반부터는 농민폭동, 노동자의 파업이 빈발하고 1921년에는 군대의 반란이 일어나기도 하였다.

2. 신경제정책

전시공산제가 끝난 1921년에는 새로운 경제정책인 NEP(New Economic Policy)가 실시되었다. 1921년 3월에는 농업 부문에서 할당징발제가 폐지되고 현물의 식량세가 도입되어 농민은 잉여의 자유처분을 인정받았다. 농민의 생산의욕을 자극하기 위하여 토지이용형태에 대한 선택의 자유, 일정범위 내의 차지와 임노동고용의 권리가 보장되었다.

개인적 상업도 합법화되어 자유시장이 부활되었으며, 공업조직도 재편성되어 농촌공업과 사영의 소규모 공업에 대해서는 국유화의 원칙이 배제되었을 뿐만 아니라 국가가 소유하고 있던 다수의 중소기업은 협동조합 및 개인에게 임대되었다. 국유의 대기업의 경우에는 경공업 부문을 중심으로 수백 개의 트러스트로 통합되어 이윤획득을 목적으로 하는 시장조건에 맞게 개선되기도 하였다. 국가의 건전한 재정을 창출하기 위해서 지폐발행의 자제와 인플레이션의 수습이 시도되었으며, 채산성이 없는 국영기업은 폐쇄되거나 축소되었다. 1924년에는 통화개혁이 완수되었으며, 금평가에 의한 루블화의 금, 외화와의 교환가능성도 화폐가치의 안정에 크게 도움을 주었다. 이리하여 신경제정책은 1925년과 1926년경에는 대공업과 농업에서 거의 전쟁 전의 생산수준에 도달하였다.

그러나 신경제정책에 따른 생산회복은 원칙적으로 사회주의경제체제의 입장에서는 과도적일 수밖에 없는 한계를 지닌 것이었다. 즉 경제는 점차 활기를 띠게 되었지만, 이와 동시에 중소기업가와 부농(Kulak)세력이 증대하여 이들이 노동자와 일고농(日雇農)을 고용했으므로 자본주의생산체제가 확대된 측면도 있었던 것이다. 그 밖에도 국가예산의 지원을 받지 못하게 된 국영기업은 원료 및 설비를 투매하고, 트러스트는 판매를 독점하기 위한 신디케이트를 형성하였다. 공업제품과 농산물 간의 협상가격차(鋏狀價格差)는 확대되었고, 생산설비는 노후화되어 고정자본이 계속적으로 감소하였다. 농업에서 지주제는 사라졌으나 토지개혁에 의해 대규모경영은 축소되고 농업생산의 세분화와 생산성저하가 나타나고 있었다. 그러나 경제부흥이 이루어지고 국가재정이 개선되자 사영기업에 대한 통제가 강화되는 등 사회주의경제를 건설하기 위한 본격적인 조치가 시행되기에 이르렀다.

3. 계획경제의 추진

1921년에는 계획경제를 수립하기 위하여 중앙에 국가계획위원회(Gosplan)가 창설되었다. 그러나 사회주의적 개발방식에 의한 경제건설이 본궤도에 들어선 것은 Joseph Stalin(1879~1953) 치하의 1928년부터 1943년 사이에 3차에 걸쳐 5개년계획이 실행된 시기였다.[11]

1928년 제1차 5개년계획 기간에 Stalin은 부농절멸선언을 선포하여 전국에 걸쳐 농업의 집단화를 추진하였다. 당초에는 제1차 계획이 끝나는 1933년까지 전 농가의 20%를 집단화하기로 예정하였으나 실시하는 도중에서 목표가 상향 조정되었다. 집단화를 시작하기 전 소련의 농촌에는 쿨락이라는 부농이 150만 내지 200만이 있었으며, 이들에 종속된 영세농민(무지크)은 5백만 내지 8백만이 있었다고 한다. 집단화의 결과 농지는 콜호즈(kolkhoz, 집단농장)와 소포즈(sovkhoz, 국영농장)로 바뀌었으며 그것에 저항한 부농은 자취를 감추고, 1934년까지 전농가의 약 3분의 2가 강제적으로 집단화되었다. 그러나 농민들의 저항으로 농업생산은 엄청나게 감소하였다. 1928년에서 1932년 사이에 농업수입은 25%나 감소하였고 농사에 필수적인 소는 절반으로 줄어들었다. 집단화에 저항한 농민들이 가축을 도살하거나 농기구를 파괴하고 농작물에 방화했기 때문이다. 많은 토지는 방치되고 떨어진 생산성으로 인해 1932년과 1933년에는 엄청난 기근이 소련의 농촌을 휩쓸었다. 트랙터가 공급되었으나 도축된 가축의 견인력을 보충

---

11) Stalin은 1924년 Lenin이 세상을 떠난 뒤에 주도권을 장악하였다.

하는 데에도 부족하였다고 한다.

5개년계획에서는 농업집단화와 병행하여 사적 상인의 배제, 전 공업생산의 계획화 등이 이루어져 공산주의 경제체제의 기반이 강화되었다. 공업생산계획은 석탄의 증산과 기술향상에 중점을 두어 국가자금을 중점적으로 중공업에 투자하고 군수품공업과 중화학공업을 우선적으로 육성했다.

공업생산은 급속한 속도로 성장하였지만 많은 희생자를 내면서 진행되었다. 1928년 당시 소련의 선철 생산량은 350만 톤이었는데 제1차 계획에서는 1933년까지 1천만 톤으로 목표를 정했다. 그런데 스탈린은 1930년의 제16차 당대회에서 1932년까지 1천 7백만 톤으로 생산목표를 올렸다. 실제로 이 목표치가 달성된 것은 1941년이었는데, 그러나 소련의 공업생산은 대공업생산 부문에서 1931년까지 연 20% 이상의 성장을 달성하는 등 계획화에 힘입어 빠른 속도로 발전하였다. 소련의 산업현장을 둘러보았던 한 사람은 철강 야금 작업에서만도 제1차 세계대전의 격전장이었던 마른전투(Battle of Marne) 이상의 사망자가 속출하였다고 보고하였다. 한편 기계공업의 발전과 더불어 농업에서의 기계화도 이루어져 기계 사용과 함께 농업의 집단화가 진행되었다.

기술향상을 위해서는 외국으로부터 기계류를 수입하는 것이 불가피했지만 그 대가로서 수출할 수 있는 것은 곡물밖에 없었다. 따라서 어떻게 하여 보다 많은 곡물을 조달할 것인가 하는 것이 정부의 최대 과제였다. 실제로 소련의 국제수지는 세계대공황이란 불리한 교역조건하에서 기계류의 수입이 급증하여 대폭적인 적자상태를 기록하였다. 따라서 집단농장제도는 그 자체가 공산주의 체제인 동시에 이 문제를 해결하기 위한 유력한 수단으로 등장한 것이었다. 제1차 5개년계획이 끝난 1933년에는 농업 및 공업의 사회주의화가 달성되어 러시아는 공업국으로 전환되고 사회주의경제도 확립되었다고 한다.

제1차 경제계획의 목표연도인 1933년에는 농업이 회복되었다. 이후에는 집단농장의 조직이 강화된 반면, 기본적인 생산수단을 제외한 가축의 사적 소유, 농장구성원의 일정 규모의 사적 부속지 경영, 농장의 영구적 토지이용권 등이 인정되었다. 또한 농산물의 의무납입제에 의한 공출부담이 점차 경감되었고 비강제적인 국가매입도 증가했으며 축산장려도 시작되었다.

한편 공업은 1933년에 제품의 질적 수준이 악화되고 생산 불균형 및 수송 상의 애로 증대, 투자의 급격한 감소 등이 나타났지만 1934년 제2차 5개년계획의 개정안이 채택된 이후에는 개선되기 시작하였다. 계획경제의 생산관리와 통제가 강화되면서 통제기능도 전문화되고 효율화되었다. 1934년 이래 공업생산물의 원가는 점차 하락하였고, 공업생산의 양적·질적 발전이 이루어진 결과 기계 및 설비의 수입이 현저히 감소하여 생산재의 대외의존도가 크게 개선되고 국제수지도 흑자로 개선되어 1936년에는 대외채무가 거의 변제되었다.

소련은 중앙집권적 계획경제에 의거하여 5개년계획을 거듭함에 따라 경제력이나 정치력 및 군사력을 강화하게 되어 제2차 세계대전 이후에는 미국에 버금가는 초강대국으로 등장하였다. 소련은 제2차 세계대전 이후에도 추진된 경제계획에 생산재 및 군수자재의 생산 확대에 역점을 두었다. 중공업의 성장률은 높았지만 소비재의 생산이 현저히 뒤떨어지고 농업·목축업의 생산도 예정대로 증산되지 못하는 문제점을 안게 되었다. 그러나 사회주의 경제체제의 문제점이 공개적으로 현재화한 것은 훨씬 후인 1960년대에 들어서서의 일이었다.

제11장

고도성장기의
세계경제

제2차 세계대전의 성격과 결과

1. 제2차 세계대전의 성격

제2차 세계대전 후의 세계경제를 이해하려면 그 전제가 되는 제2차 세계대전의 성격 및 결과에 대해서 먼저 알아볼 필요가 있을 것이다. 1930년대를 휩쓴 세계대공황으로 인한 경제파탄과 그 귀결인 세계대전은 새로운 경제이론 및 정책의 도입을 강요하고 전후의 복구과정에서 세계를 리드하는 주도국을 교체함으로써 이전에는 보지 못한 새로운 세계경제를 확립하였기 때문이다.

전 세계를 전쟁의 참화 속으로 몰아넣었던 제2차 세계대전은 인류에게 막대한 피해를 낸 채 막을 내렸다. 1939년 9월 1일 독일의 폴란드 침공으로부터 시작된 전쟁은 서전에서는 독일이 승리를 장식했으나, 1942년 말부터 1943년 초에 걸쳐 시산혈해를 이루었던 동부전선에서의 스탈린그라드대회전(Battle of Stalingrad)[1]을 계기로 전세가 역전된 후 1943년 7월에는 소련과 벌인 우크라이

---

1) 독일은 1939년 9월 1일 폴란드 침공 이후 프랑스와 영국에 대해 강화회의를 제안하였으나 거부당했다. 그 후 독일은 1940년 4월 9일 덴마크(Denmark)와 노르웨이(Norway)를 침략하

나(Ukraine)의 쿠르스크전투(Battle of Kursk)[2]에서도 패배하고 말았다. 서부전선에서는 북아프리카에서 벌어진 1942년 10월의 엘 알라메인전투(Battle of El Alamein)를 기점으로 독일 정예군이 패배함으로써 전세가 역전되었으며, 1944년 6월 6일 감행된 노르망디상륙작전(Normandy Invasion)에 의한 제2전선[3]의 형성으로 독일은 방어선이 무너지기 시작하여 1945년 5월 7일에 항복하였다. 한편 태평양 방면에서의 전쟁도 1941년 12월 8일 일본군의 진주만공습(Attack on Pearl Harbor)이래 1942년 6월 일본이 미드웨이해전(Battle of Midway)에서 주력함대를 상실함으로써 패색이 짙어져 1945년 8월에 항복하였다.

일본의 항복에 이르기까지 약 6년 동안이나 끌었던 이 전쟁은 제1차 세계대전과는 비교가 되지 않을 정도로 규모가 크고 파괴적이어서 피해도 그만큼 컸다. 참전국의 숫자와 전쟁에 개입된 지역은 유럽을 중심으로 전개되었던 제1차 세계대전 때보다는 훨씬 광범하여 전 세계 인류의 5분의 4가 관련되었고, 동원된 병력만도 1억 명을 넘었다. 인적, 물적인 면에서도 전쟁에 가담한 양측이 모든 자원을 총동원하여 사력을 다한 총력전이었으며 승전국과 패전국을 막론하고 엄청난 피해를 입었다. 사망자는 5천만 명에 달했는데 가장 심한 지역은 중동부유럽이었다. 소련은 가장 많은 희생자를 내어 1,360만 명의 병력을 포함

였고, 5월 10일 이후에는 네덜란드(Netherland)와 벨기에(Belgium), 룩셈부르크(Luxemburg)를 침공하였으며, 영불연합군의 패퇴로 6월 16일에는 프랑스 비시(Vichy, 오베르뉴고원에 있는 도시)에 Pétang을 수반으로 하는 항복정부가 들어섰다. 독일은 1939년 8월 23일 맺었던 독소불가침협정을 깨고 1941년 6월 22일에는 육군참모본부의 바르바로사(Barbarosa)작전계획에 의해 153개 사단(3백만 명, 독일 육군의 75%), 전차 3,580대, 항공기 2,740대(독일 공군의 61%)를 동원하여 대소전을 개시하였다. 그러나 독일군의 이러한 무모한 공격은 1941년 겨울에 실패로 끝나고 말았다. 또한 1942년 말부터 1943년 초에 걸쳐 스탈린그라드를 향했던 독일군 B병단은 25만여 명의 병력 중 9만여 명만이 산 채로 항복하고 말았다. 제2차 세계대전의 분수령이었던 스탈린그라드의 공방전 이후 소련군은 수세 국면에서 공세로 전환하게 되었다. 스탈린그라드는 볼가강(Volga River) 하류의 도시로서 Nikita Khrushchyov(흐루시초프, 1894~1971)에 의해서 볼고그라드(Volgograd)로 개칭되었다.

2) 독일은 1943년 7월 5일 1백만의 병력과 전차 약 2천 7백 대를 투입하였으나 미리 알고 있던 소련군은 전차 약 3천 6백 대를 배치하여 12일부터 반격을 개시, 18시간 동안 계속된 포격전에서 승리하였다.

3) Stalin은 독소전에서의 군사적 부담을 덜기 위해서 1941년 7월경부터 제2전선의 개전을 요구하였다. 그러나 연합국 내의 여건미비와 추축국의 패배를 확신한 미, 영, 소 3국 간에 전후처리와 같은 이해관계가 복잡하게 얽혀서 1944년에 이루어졌다.

하여 무려 2천만 명 이상이 사망했고, 독일에서는 병사 420만 명을 포함해서 7 백만 명 이상이 사망하였는데 그 중 3분의 2 이상은 동부전선에서 스러졌다. 폴란드에서는 독일과 소련의 학살로 전 국민의 약 17.5%에 해당하는 6백만 명이 사망하였고, 유태인도 수백만 명이 학살당했다. 중국에서는 2백만 명 이상의 군인과 수백만의 민간인이 생명을 잃었으며, 일본은 군인을 포함하여 255만 명이 죽었다. 영국은 40만 명 정도, 미국은 태평양방면에서의 희생자를 포함하여 26만 명 정도로서 희생이 훨씬 적은 편이었다.

물적 피해 또한 막대해서 파괴된 자산을 포함한 각국의 총비용은 3조 달러에 달했고, 전쟁물자를 공급하기 위한 총전비만 하더라도 당시의 구매력으로 1조 달러 이상이었다.

총전비에서 국가별 비중은 미국 30%, 독일 25%, 소련 14%, 영국 12.5%, 일본이 7%를 차지하였다. 각국은 방대한 전쟁비용을 조달하기 위해 민간의 소비수준을 극도로 억제하였다. 전시 중 영국의 민간소비는 22% 정도로 억제되었고, 1943~1944년간 미국의 국민소득에서 전비가 차지하는 비중은 무려 46%, 영국은 52%에 달했다. 총력전이 전개되는 가운데 적국의 경제력을 약화시키기 위한 무차별 폭격과 파괴가 이루어졌기 때문에 가옥, 생산시설, 운송수단 등의 피해도 엄청났다. 유럽에서는 가옥 1천 6백만 호가 파괴되고 영국에서는 전 가옥의 30%가 파손되었다. 독일의 항구도시 함부르크(Hamburg)는 미국과 영국이 1943년 7월 26일부터 열흘간에 걸쳐 무려 9천 톤의 폭탄을 퍼부어 초토화되었으며 많은 다른 도시들도 이 같은 피해를 입었다. 일본에서는 공장건물의 4분의 1, 생산설비와 장비의 3분의 1, 발전 및 제강능력의 7분의 1, 정유능력의 7분의 6이 파괴되었다. 독일에서는 제강능력의 약 10%, 자본스톡의 17.5%, 이탈리아에서는 철강의 약 4분의 1, 프랑스에서는 자본스톡의 약 10%가 손실되었다. 또한 연합국 및 중립국 선박의 피해는 2천만 톤에 달했다.

한편 제2차 세계대전은 제1차 세계대전에 비해 훨씬 복합적인 성격을 띠고 있었다. 따라서 제2차 세계대전의 진행과 종결에 따른 처리결과는 전후 현대 세계경제의 형성에 크게 영향을 끼쳤다. 제2차 세계대전의 성격을 요약한다면 대체로 다음과 같다.

첫째, 제1차 세계대전은 세계시장을 재분할하기 위한 유럽 열강 간의 제국주의전쟁이었다. 반면 제2차 세계대전은 제1차 세계대전과 마찬가지로 제국주의전쟁임과 동시에 영국, 미국, 프랑스, 소련을 중심으로 하는 연합국이 독일, 일본, 이탈리아를 축으로 하는 추축국(樞軸國)에 대해 벌인 반파시즘 투쟁이었다.

둘째, 이 전쟁은 사회주의국가와 자본주의국가 간의 체제대결적 성격을 띤다. Hitler의 나치당은 국가사회주의독일노동자당(Nationalsozialistische Deutsche Arbeiterpartei)이라는 뜻이지만, 사실은 크룹(Krupp)과 같은 독점자본과 결탁하여 전쟁을 일으킨 것이다. Hitler가 독소불가침협정을 깨고 소련을 침략한 것은 나치당이 볼셰비즘을 나치즘을 위협하는 타협할 수 없는 적으로 간주하고 궁극적으로 타도대상으로 여기고 있었기 때문이다. 따라서 유럽의 동부전선에서는 전무후무한 대량살육전이 전쟁 말기까지 계속되어 처음이자 마지막으로 양 체제 간의 대전이 벌어졌다.

셋째, 민족해방전쟁의 성격을 가지고 있다. 제2차 세계대전은 전쟁이 진행되는 과정에서 추축국의 식민지적 억압에 대해 독립의 기치를 내건 식민지 피압박지역의 민족해방전쟁으로서의 성격을 띠게 되었다. 따라서 전후에는 많은 식민지가 연합국 및 추축국의 압박에서 해방되었고 민족해방운동이 고양되는 시기를 맞이하게 된다.

넷째, 제2차 세계대전은 어떤 전쟁보다도 교전당사국의 경제력과 과학기술에 의해 승패가 결정되었다. 전쟁이 진행되는 과정에서 과학기술의 급속한 발전과 이에 기초한 고가의 대량살상무기가 개발되었다. 공중전을 위한 전투기 개발이 이루어지고 상대방 산업시설을 파괴하기 위한 폭격기 및 해전에서의 항공모함(aircraft carrier)의 중요성이 두드러졌다. 뿐만 아니라 제트기와 로켓, 원자탄, 레이더 등 각종 신무기가 발명되었다. 막대한 연구개발비가 투입된 이러한 기술은 전후 강대국의 산업발전에 커다란 영향을 미쳤다. 특히 레이더와 같은 전자기술의 발전은 전후에 새로운 산업 부문으로서 경기호황을 창출하는 데 적지 않은 공헌을 하였다.

다섯째, 자본주의국가들에서는 전비조달과정에서 국가의 개입이 현저하게 진행되었다. 즉 오늘날 흔히 수정자본주의 혹은 국가독점자본주의라고 하는 체제가 제2차 세계대전 당시 각국에서 전시경제가 성립하면서 그 모습을 드러내기 시작했다. 국가독점자본주의는 이미 제1차 세계대전 때에 전시통제경제의 형태로 일부 전쟁당사국에서 일시적으로 나타난 적이 있었다. 그러나 1920년대에 사라졌다가 1930년대 세계대공황이 발생하자 자유방임이 폐기되고 정부의 역할이 커지면서 등장하였는데, 제2차 세계대전 이후에 Keynes이론을 배경으로 선진자본주의국에서 가장 성숙한 모습으로 등장하였다.[4] 선진 각국에서는 적극적인 재정금융정책을 통해 경기변동에 대한 규정력을 강화하고 사회보장제도를 확대함으로써 복지국가로 발전하였다.

2. 제2차 세계대전의 결과

제2차 세계대전이 종결되자 미국과 소련의 힘은 결정적으로 강화되었다. 미국은 군사적으로 가장 강력한 군대와 군수산업에 의한 막강한 군사력 그리고 핵무기를 보유하였다. 경제적인 면에서 미국은 1945년 당시 전 세계 석탄생산의 2분의 1, 석유의 3분의 2, 전력의 2분의 1 등 에너지자원의 절반 이상을 생산하고, 강철 9천 5백만 톤, 알루미늄 1백만 톤, 합성고무 120만 톤의 생산능력을 가지는 등 세계 공업생산량의 거의 절반을 생산하는 공업강대국이 되었다. 또한 세계금보유고의 80%에 달하는 약 242억 달러어치를 보유하는 세계최대의 채권국이 되었다.[5]

공업생산력에서 미국에 미치지는 못하지만 소련 또한 막강한 군사 및 경제력을 지닌 국가로 등장하였다. 소련은 대전을 승리로 이끌었던 힘을 배경으로 동유럽을 중심으로 사회주의체제를 확대시켜 나갔다. 이에 대해 미국은 IMF-GATT체제의 창출과 원조로서 대응하였다. 전후 세계는 이들 초강대국의 군사 및 산업력을 축으로 냉전시대를 맞이하였다. 연합국의 일원으로서 미국, 영국, 소련

---

4) 제2차 세계대전 후 이러한 경제체제가 선진국에서 정착된 것은 사회주의국가군의 확산, 구 식민지체제의 붕괴, 자본주의체제 내 사회주의세력의 증대, 양 체제의 대립격화 등에 대응하기 위한 국내적·국제적 제기구의 정비와 확대, 국가정책의 체계화 등이 이루어져 성숙한 단계로 진입했기 때문이다.

5) 미국은 제1차 세계대전 종결 이후 세계 금의 40%를 보유하였다.

은 파시즘에 대항한 연합전선을 구축하였지만, 3국 간에는 영토문제를 비롯한 전후처리 등에서 이미 뿌리 깊은 상호불신이 숨겨져 있어 체제 간의 대립, 헤게모니를 쥐기 위한 암투가 벌어졌다. 미국과 영국의 입장에서는 영토확장 야욕을 가진 강력한 독일의 등장을 용인할 수 없었던 것과 마찬가지로 자본주의체제를 위협하는 강력한 사회주의 소련의 존재를 좌시할 수 없었다. 따라서 제2차 세계대전 이후에는 자본주의와 사회주의의 체제대립이 본격적으로 전개되었다.

전후 동서 양 진영은 냉전체제의 심화 속에서도 고도성장을 달성하였다. 동유럽사회주의국가군은 대체로 50년대 말까지 급속한 경제발전을 달성하였다. 서방의 선진자본주의도 미국의 주도하에 자본주의적 제도를 국내외적으로 정비하고 Keynes이론을 바탕으로 70년대 초반까지 번영국면을 경험하였다.

한편, 후진국들은 제2차 세계대전 후 정치적으로 독립했지만 경제발전에서 소외되어 경제적 자립의 기회를 거의 갖지 못하였다. 그리하여 이들 국가들은 동서 간의 체제대립을 이용하여 양진영에 경제발전을 위한 각종의 조치를 요구하는 단결을 과시했다. 그러나 전후의 이러한 기본구도는 1970년대 중반을 기점으로 서서히 붕괴되고 재편되어 가게 되었다.

제 2 절　IMF-GATT체제의 출범

제2차 세계대전이 끝나자 각국은 세계대전의 상처를 치유하기 위한 노력을 다방면으로 전개하기 시작했다. 특히 전쟁을 승리로 이끈 미국과 영국은 경제피해를 복구하고 자본주의체제의 기반을 확고히 하기 위한 여러 가지 기구 및 제도적 장치를 창안하였다. 이러한 노력 가운데 자본주의국가들이 취한 가장 중요한 조치는 IMF–GATT체제의 출범이다. 미국과 영국이 주도한 IMF(International Monetary Fund, 국제통화기금)와 GATT(General Agreement on the Tariff and Trade, 관세 및 무역에 관한 일반협정)의 이 두 기관의 공동목표는 세계경제의 발전을 위한 자유, 무차별의 다각적 무역체제를 수립하는 데 있었다.

전후의 자본주의적 경제질서에 관한 논의는 대전이 발발한 지 얼마되지 않아서 이미 시작되고 있었다. 1941년 8월 미국 Roosevelt 대통령과 영국 Winston Churchill 수상(1874~1965) 간에 이루어진 대서양헌장(Atlantic Charter)에서는 세계 통상 및 자원에 대한 기회균등의 원칙이 표명되었다. 그리고 1943년부터는 미국과 영국 간에 국제결제제도를 확립하기 위한 연구가 시작되었다. 1944년 7월에는 44개 연합국 대표들이 미국 뉴햄프셔주 브레튼우즈(Bretton Woods in New Hampshire)에 모여서 연합국통화금융회의를 개최하고 IMF와 IBRD(International Bank for Reconstructon and Development＝World Bank, 국제부흥개발은행＝세계은행)의 설립을 결의하였다. IMF는 통화금융면에서 중단기자금의 공급기관으로서 설립되었고 IBRD는 장기대출업무를 담당하도록 되었으며, 각각은 1947년 3월과 1946년 6월부터 업무를 개시하였다. 통상면에서는 1947년 제네바(Geneva)에서 GATT가 성립되고 1948년에는 하바나에서 52개국에 의해 국제무역기구(ITO, International Trade Organization)헌장이 조인되었다. ITO는 국제무역 총괄기관으로서 기능을 수행할 것이 기대되었지만, ITO헌장은 조인국 대다수의 비준을 얻지 못하여 발족하지 못하였기 때문에 GATT가 정비되어 ITO의 기구를 인계하였다. 이리하여 IMF와 GATT는 전후 세계경제를 새로운 방향으로 이끄는 중심기관으로서의 역할을 수행하였다.

미국과 영국이 전쟁이 끝나기도 전에 국제경제의 자유화원칙을 설정하고 IMF－GATT와 같은 자유화를 지향하는 기구를 주도한 배경은 1930년대 세계를 휩쓸었던 대공황의 쓰라린 경험에 있다. 즉 1929년에 미국에서 시작된 공황으로 자국중심의 수출증대와 평가절하·관세인상·수입수량제한·외환관리를 통한 수입억제 등 보호주의와 블록화가 만연하고, 국제적 협조가 결여된 국제통화금융체제 때문에 공황이 연쇄적으로 파급되는 등 경기침체가 장기화하고 급기야 세계대전이 발발함으로써 세계경제가 파탄상태에 이르게 된 것에 대해 심각한 반성을 하지 않을 수 없었던 것이다. 따라서 전후에 창출된 새로운 국제경제체제는 국제협력체제의 유지와 강화를 통해 세계경제의 확대균형을 달성하고자 하였다. 이 새로운 체제는 블록경제의 방지, 자유·무차별·다각적 세계무역체제의 창출, 평가절하경쟁의 방지와 환율안정, 완전고용의 달성, 경제개발과 경제성장을 촉진하는 것을 주요 목표로 설정하였다.

IMF 설립에 대해서는 몇 개의 원안 중에서 영국의 Keynes안과 미국의 White안이 검토된 결과 Keynes안을 부분적으로 수용한 White의 안이 최종적으로 채택되었다. 영국의 대표였던 Keynes의 제안은 국제청산동맹을 창설함으로써 각국은 국제수지불균형이 발생하더라도 각국이 보유하는 외화준비에 그다지 제약을 주지 않도록 되어 있었다.6) White안은 각국이 출자한 자금으로 환안정기금을 조성하고 국제수지불균형이 발생할 경우 인출하도록 짜여있었다. 이와 같이 양국이 제안한 내용에 차이가 난 것은 미국이 전쟁수행과정에서 막대한 금을 보유하게 된 것에 대하여 영국은 전시 중에 금보유가 급감했을 뿐만 아니라 거액의 대외채무가 누적되었기 때문이다. 영국은 여전히 세계경제의 주도권을 놓치지 않기 위해서는 외화준비에 제약되지 않는 청산동맹을 만들 필요가 있었던 것이다. 그러나 압도적인 군사경제력의 차이 때문에 미국 측의 제안으로 수렴될 수밖에 없었고 투표권도 출자비율에 따라 행사하도록 되었다. 1941년의 대서양헌장 이후 IMF-GATT체제에 이르기까지 미국 입장의 관철은 바로 팍스 브리태니카(Pax Britanica)를 팍스아메리카나(Pax Americana)가 대체해 나가는, 미국의 헤게모니가 수립되는 세계자본주의의 재편과정이었다.

이리하여 성립된 IMF는 각국 통화의 교환성 회복과 외환관리의 철폐, 평가절하 방지 및 외환시세의 안정을 위해서 노력하게 되었다. IMF는 이를 위해 금에 대신하여 달러를 기축통화로 삼고(key currency system) 고정환율제를 도입하였다. 즉 달러를 기축통화로 하여 달러는 1온스당 35달러의 금과 태환될 수 있도록 규정되었으며,7) 각국 통화의 환율은 달러에 대한 평가를 기준으로 상하 1% 이내로 고정되었다. 그리고 가맹국은 GNP수준과 세계무역에서 차지하는 비중에 따라 할당된 기금을 금과 달러 25%, 자국통화 75%의 비율로 갹출하여 기금을 조성하였다. 각국은 단기적 국제수지불균형이 발생할 경우에 자국이 낸 금가치의 범위 내에서 외국통화를 인출하는 특별인출권(SDR, Special Drawing Right)이 인정되었다. 또한 구조적 불균형이 있을 때에는 IMF승인하에 평가절하

6) Keynes안은 '방코(Bancor)'라고 하는 통화단위를 기초로 세계중앙은행을 창설하여 운영하는 것을 골자로 한다.
7) 금 1온스당 35달러의 교환비율은 1934년 세계대공황기에 미국이 달러를 41% 평가절하하면서 정한 가격이다.

를 단행할 수 있도록 되었다. 이와 같은 엄격한 고정환율제도의 적용은 전후 부흥기 및 고도성장기의 장기간에 걸치는 물가안정에 크게 기여하였다. 외환규제에 대해서는 1958년 말에 서유럽주요국의 통화가 교환성을 회복하였기 때문에 60년대 초에는 주요 선진국의 대부분이 IMF 8조국으로 이행하였다.[8]

한편 ITO에 대신하여 통상면에서 국제교역의 자유화를 담당하게 된 GATT는 1930년대의 쌍무주의에 대신하여 최혜국약관을 확대하고 관세 및 각종의 무역장벽을 철폐하는 기능을 담당하였다. GATT는 1947년 23개국이 모여서 협상한 결과 2국 간 교섭을 중심으로 최혜국약관을 회원국에 확대적용한다는 원칙을 세우고, 5만여 품목에 걸치는 123건의 협상을 타결하여 1947년 10월에 조약을 체결하였다. 그 결과 서유럽에서는 수입수량제한에 대해서는 1950년대 중반부터 교역자유화 속도가 빨라져서 1960년대가 되면서 거의 그 목표를 달성하였다. 관세인하에 관해서도 1950년대에 2국 간 교섭이 진행되어 상당한 진척을 이루고 케네디라운드(Kennedy Round)에서 관세일괄인하가 교섭되기에 이르렀다.[9] Kennedy(1917~1963)는 관세를 일률적으로 50% 인하할 수 있는 권한을 의회에서 승인받아 1962년 GATT총회에서 관세일괄인하를 제안함으로써 1967년에는 공업제품에 대하여 30%를 인하하는 획기적 성과를 달성하였다.

국제부흥개발은행은 전후 경제부흥을 위한 장기자금의 공급을 목적으로 하였는데, 후에는 개발도상국에 대한 장기개발자금의 대부에 커다란 역할을 수행하였다. IMF와 GATT 두 기관은 초기에는 세계적인 달러 부족 때문에 일시적이나마 그 기능을 제대로 발휘하지 못하였으나 무역 및 외환 자유화의 진전과 EEC의 지역화에 대응하여 세계무역의 확대에 크게 공헌하였다. 즉 전후의 경제성장은 중화학공업에서의 기술혁신과 투자수요를 기반으로 규모의 경제가 크게 작용하는 대량생산체제로서 대량수요를 필요로 하였는데, 이 두 기관은 제도적인 면에서 세계시장 확대를 지원하여 1950년대와 1960년대의 고도성장에 크게

---

8) 가맹국은 IMF의 동의 없이 경상적 국제거래를 위한 지급이나 자본이전에 제한을 가하지 못하며 다른 나라의 특정통화를 우대하는 차별적 통화협정을 맺거나 외환거래 종류에 따라 서로 다른 환율을 적용하지 못하는 것을 주요 내용으로 한다. 한국은 1988년에 IMF 8조국으로 이행하였다.

9) 관세인하를 주도한 미국은 1950년대 중엽까지 관세를 50%로 인하하였다.

기여하였던 것이다.

| 제3절 | 선진국의 고도성장 |

1. 미국 원조의 역할

서방선진국은 대체로 1950년대 중반기까지 경제부흥을 이룩하고 이후에 고도성장기로 접어들게 된다. 미국을 비롯한 아메리카대륙은 전쟁피해를 직접적으로 입지 않았지만 전시경제체제를 평시경제로 전환하기 위해 각종의 경제통제나 규제를 철폐해야 했기 때문에 역시 과도적 의미의 부흥기를 거치지 않을 수 없었다.

제2차 세계대전이 끝나자 전장(戰場)이었던 유럽대륙과 일본은 커다란 혼란에 빠졌다. 이 시기에는 전시에 최저 수준으로 억제되었던 소비수요의 폭발적 증가 및 재건을 위한 자본재수요가 식량 등 필수품의 절대적 부족과 뒤엉켜 엄청난 물가상승이 초래되었다. 미국을 제외한 대부분의 나라는 국제수지 적자에 빠져 있었으며 행정기구 또한 마비되거나 권위를 상실하였기 때문에 산적한 민생 문제들을 제대로 다루지 못하였다. 때문에 생산능력 복구를 최우선의 과제로 하여 국내외의 기구 및 제도의 개편과 권위회복이 중요한 정책목표가 되지 않을 수 없었다. 이러한 정책목표는 당연히 세계대전을 승리로 이끈 미국의 정치 및 경제력에 의거하여 이루어지게 된다.

그런데 세계대전으로 많은 생산시설이 파괴되었지만 생산기반 자체는 생산이 완전히 중단될 정도로 타격을 입지 않았다. 전략적 폭격으로 쌍방이 입었던 막대한 피해에도 불구하고 공업생산력은 궤멸상태를 면하여 독일의 경우에도 공업생산시설은 단지 10%정도 파괴된 것으로 보고되었다. 또한 교전당사국들은 전쟁 중에도 대규모 투자를 지속함으로써 실질적으로 공업력이 증가하였는데, 그 결과 1945년 주요국의 총자본스톡은 대략 전전의 수준을 유지하였다.[10]

---

10) 각국의 구체적 수치에 대해서는 Philip Amstrong, Anderew Glyn, John Harrison, *Capitalim*

[표 11-1] 생산수단 스톡의 전시 중의 변화(%)

	기 계 류	총고정자본스톡
미국	100	10
영국	15	0
프랑스	5	미상
이탈리아	40	0
독일	50	20
일본	25	0

주: 숫자는 1938년과 1945년 사이의 변화율인데 매우 근사적임.
자료: P. Amstrong, *Capitalism Since 1945*(김수행 역), p.31.

한편 전쟁으로 인하여 엄청난 인명피해가 났음에도 불구하고 작업 현장에 투입될 수 있는 노동력의 심각한 감소는 나타나지 않았다. 이는 서유럽에서의 인명 피해가 상대적으로 적었던 점에 더하여 노동연령인구의 자연적 성장이 이루어지고 전시동원으로 실제 노동하는 인구의 비중이 증가했기 때문이다. 종전 이후 동유럽과 해외로부터도 엄청난 인구가 유입하였다. 따라서 이윤 획득의 기반이 되는 생산요소 자체는 전쟁으로 인한 막대한 피해에도 불구하고 그다지 손상당하지 않았다고 할 수 있었다.

그럼에도 생산은 저조하여 특히 패전국인 독일과 일본은 1945년 가을 산업생산이 전전의 5분의 1에도 미치지 못하였다. 1945년 6월에서 1946년 6월까지 1년간 유럽의 식량생산은 전전 평균수준의 60%에 불과했다. 따라서 전쟁 직후의 극도의 생산 감소와 경제혼란은 생산기반의 파괴에 기인한 것이 아니라 식량 및 연료부족, 운송수단의 파괴에 따른 병목현상으로부터 나타난 것이라고 파악하는 편이 훨씬 진실에 가까웠다. 그러나 이러한 병목현상들도 전후 1~2년 내에 신속하게 개선되었기 때문에 장기적으로 보아 생산증대를 방해할 근본적 요인은 아니었다고 할 수 있다.

한 연구에 따르면, 유럽과 일본에서 전후 복구를 위한 근본적인 문제는 전쟁으로 인한 물질적 파손이 아니라 자본주의체제가 하나의 사회체제로서 효과

Since 1945, Basil Blackwell, 1991(김수행 역, 『1945년 이후의 자본주의』, 동아출판사, 1993.), pp.30-32.

적으로 기능하는 것을 위협하는 요소였다고 지적하고 있다.[11] 종전 후 서방세
계는 매우 불안정한 정치정세가 지속되었는데 자본가 측이 이를 자본주의적 생
산을 위협하는 요소로서 간주하고 있었다. 패전국에서 자본가계급은 전쟁으로
인해 불신당할 수밖에 없었다. 그들은 파시즘과 전쟁의 가공스러운 결과에 협
조했다는 사실 때문에 정치와 산업에서 권위를 상실했다. 특히 독일과 일본에
서는 정치적 혼란과 더불어 노조 조직이 강화되고 공산당 등 급진세력의 범위
가 확대되었다. 활발한 레지스탕스운동을 통해 세력을 크게 부식(扶植)할 수 있
었던 프랑스와 이탈리아의 노동조합과 공산주의자, 사회주의자들은 급진적 개
혁을 주장하고 있었다. 미국 및 영국과 같은 전승국에서는 전쟁 기간 중에 노동
조합 가입자 수가 크게 증가하여 노조의 힘이 강화되었다. 또 자본주의체제는
국민국가들 사이의 종래의 위계질서 및 식민지 지배체제의 붕괴에 직면하고 있
었을 뿐만 아니라 소련을 중심으로 하는 사회주의체제의 확대에 우려의 시선을
보내고 있었다. 따라서 자본주의 생산체제의 원활한 가동에 보다 근본적으로
필요한 것은 자본이 이윤을 안정적으로 확보할 수 있도록 해주는 사회적 여건
의 조성이었다. 즉 자본주의적 사회관계의 회복이라는 측면에서 전후 복구는
전쟁을 일으킨 자본에 대한 혐오와 체제적 손상을 치유하는 것으로부터 시작되
지 않을 수 없었다.[12]

불안정한 사태를 수습하고 자본주의 생산체제를 안정시키는 데 결정적으로
공헌한 것은 다름 아닌 미국의 군사 및 경제원조였다. 미국의 원조를 받은 서유
럽 국가에서는 공산당 및 사회주의세력이 불법화되거나 정부로부터 축출되고
혹은 개량화됨으로써 사회적 불만은 점차 체제 내로 흡수되어 갔다. 전후 서유
럽에서 사회주의 성립의 높은 가능성으로 주목받던 프랑스와 이탈리아에서는
공산당의 영향력이 줄어들었으며 그리스에서는 파르티잔이 격렬한 내전으로 궤
멸되었다. 서방세계에서 노동운동의 경험이 가장 약한 일본의 경우는 미군정의

---

11) 위의 책, p.27.
12) 자본주의는 생산요소의 공급이 충분하고 재화의 수요가 있다는 이유만으로 생산체제가 가동
되지는 않는다. 자본주의는 궁극적으로 이윤을 목표로 하기 때문에 노동자에게 지불하는 임
금 이상의 가치생산을 통해서 이윤을 안정적으로 보장받을 수 있는 사회적 조건을 필요로
한다.

개혁적 조치13)에 의해서 사회민주화 및 경제민주화의 기틀이 세워졌다.

미국이 서방세계를 부흥시키기 위해서 계획적인 원조를 하게 된 것은 1947년을 기점으로 한다. Harry S. Truman대통령(1884~1972, 재임: 1945~1953)은 1947년 3월 의회연설에서 공식적으로 냉전(Cold War)의 개시를 선언하였으며, 6월에는 국무장관 Marshall(1880~1859)이 유럽부흥계획(ERP=European Recovery Program)을 제안하였다.14) 미국이 본격적으로 원조에 나선 것은 당시 팽창일로에 있던 사회주의로부터 자본주의를 보호하기 위해서였다. 군사원조는 서유럽 자본주의체제가 내외적으로 직면한 불안과 동요를 해소하는 데 크게 기여하였다. 소련의 영향력이 강한 터키와 공산당이 강력한 그리스에 대한 군사경제원조, 그리고 소련의 서베를린봉쇄에 대하여 미국을 비롯한 서유럽제국이 1948년부터 1년 넘게 공중가교(air bridge)를 수행한 것은 그러한 미국의 의도를 보여주는 대표적인 예라고 하겠다. 미국은 군사원조를 배경으로 1947년에는 아메리카대륙, 1949년 북대서양, 1954년에는 동남아시아에서 군사동맹을 결성하였다.

서유럽 경제부흥에 보다 직접적 역할을 수행한 것은 경제원조이다. 유럽부흥계획의 원조제안 이른바 마샬플랜은 경제부흥을 통하여 자본주의 체질을 강화함으로써 서유럽이 직면한 잠재적 위험을 제거한다는 목표를 띠고 있었다. 그러나 경제원조는 무엇보다 미국 자신의 이익을 고려한 결과였다. 즉 미국은 경제원조를 통해 경제부흥에 깊숙이 관련하여 영향력을 확대하고 교역상대국을 재건함으로써 수출시장을 개척한다는 목표를 갖고 있었다.

마샬플랜이 발표되자 1947년 7월에는 파리에서 16개국이 참가하여 유럽경제협력위원회(CEEC=Committee of European Econimic Cooperation, 후의 OEEC=유럽경제협력기구)가 발족하였다.15) 미국은 플랜이 종료되는 1952년까지 경제협력기구(ECA=Economic Cooperation Administration)를 통하여 의회가 승인한 130

---

13) 재벌해체, 농지개혁, 노동운동의 조성을 가리킨다.
14) 미국은 1947년 이전에는 계속적이고 계획적인 원조를 고려하지 않고 있었다. 미국은 1943년에 설치된 국제연합 구호 및 재건기구(UNRRA=United Nations Relief and Rehabilitation Administration)를 설치하고 거액의 원조를 하였다. 그러나 이는 단속적이고 무계획적이었을 뿐만 아니라 식량공급이 대부분이었기 때문에 그다지 효과가 없었다.
15) 이 기구에는 소련과 동유럽도 회원국으로 포함하고 있었으나, 소련의 거부로 이들 국가들은 제외되었다. 독일은 당초에는 회원국이 아니었지만 나중에 가입하였다.

억 달러를 공급하였는데, 그 대부분은 대부보다는 이자지급을 필요로 하지 않는 증여였다. 마샬원조는 초기에는 식료품, 농산물 등이 주종을 이루었으나 나중에는 원료, 자본재 등 생산력의 증대에 필수적인 상품이 대부분을 차지하였다. 한편 미국은 일본에 대해서도 같은 시기에 GARIOA, EROA를 중심으로 원조를 크게 확대하였다. 미국의 원조는 1945년부터 1952년까지 380억 달러(증여 265억 달러, 차관 115억 달러, 경제원조는 335억 달러, 군사원조 45억 달러)에 달하였는데, 유럽에 290억 달러, 아시아태평양지역에 70억 달러가 제공되었다.

원조에 힘입어 1947년 이후 유럽의 총생산은 연간 약 7%, 공업생산은 연간 약 10%가 성장하여 1948년에는 독일을 제외하고 전쟁 전의 생산수준을 초과했다(독일은 1951년). 서유럽제국은 전쟁 직전의 생산지수를 기준으로 1951년에는 대체로 약 30%~80%의 증가를 달성하였다.16) 이리하여 서방세계는 1950년대 중반경까지 전쟁으로 인한 피해를 완전히 회복하였다. 전쟁으로 가장 격심한 피해를 입었던 일본조차도 1956년 경제백서에서 "이제는 전후가 아니다"라는 표현으로서 성장에 대한 자신감을 표출하기에 이르렀다.

한편 미국은 빠른 경제재건에도 불구하고 달러부족17)에 시달리는 서방세계를 상대로 원조과정에서 커다란 이익을 취하였다. 즉 미국은 자신의 의도대로 IMF제도를 관철하고 이를 기반으로 거액의 달러를 살포하여 명실상부한 세계통화로 격상시키면서 수출시장을 개척하였다. 미국은 동맹국에 제공한 원조물자 판매대금인 대충자금(對充資金, counterpart fund)의 사용도 효과적으로 통제하였다. 대충자금의 사용처는 미국의 동의가 따라야 했고 대충자금으로 조달되는 재화에 대한 미국 선박의 이용, 미국산 곡물의 구입 등이 강제되었다.

이와 같이 미국의 원조는 경제부흥을 지원하고 자본주의 생산체제의 확립

---

16) 다만 일본은 1951년에도 여전히 전전의 생산수준을 회복하지 못하였다.

17) 유럽은 전후부터 1950년대에 걸쳐 달러부족현상을 심각하게 겪었다. 전후 빠른 경제건설에도 식량 등 소비재와 생산력증강을 위한 자본재 공급을 만족시켜줄 국가가 역내에 없었기 때문에 꾸준한 무역적자의 개선에도 불구하고 달러부족은 쉽게 해결되지 않았다. 특히 영국과 서유럽국가들은 1948~1949년 투자와 생산감소로 인한 미국 경기침체의 여파로 국제수지가 악화되어 대폭적인 평가절하를 단행하지 않을 수 없었다. 평가절하와 더불어 1950년 한국전쟁으로 경기가 상승하여 국제수지가 호전되었으나 1951년에는 다시 적자폭이 확대되었다.

을 위한 사회관계를 회복시켜 사회경제적 혼란을 급속히 제거함으로써 IMF-GATT체제와 함께 장기간의 고도성장을 창출하는 중요한 역할을 효과적으로 수행하였다. 그리고 이러한 역할담당이야말로 대서양회담 이후 드러난 미국의 주도권이 현실화하는 과정으로서 미국 중심의 자본주의 경제질서를 건설하는 전제조건이었다고 하겠다.

2. 선진국의 고도성장

전후 경제부흥기가 지나자 1970년대 초까지 장기간에 걸친 고도성장기가 도래하였다. 1948년부터 1971년까지 전 세계의 공업생산은 연평균 5.6%, 국제무역은 연평균 7.3%씩 유례없는 증가를 기록하였다. 1950년대와 1960년대 주요 선진국의 연평균 경제성장률을 보면, 일본이 가장 높고 다음이 서독이며 영국이 가장 낮았다. 일본은 1955년부터 시작하여 1973년 오일쇼크(Oil Shock)가 올 때까지 주요국 중에서 가장 빠른 9.8%의 성장률을 보였는데, 1960년대에는 무려 11.4%에 달하였다. 선진국은 고도성장기에 전 세계 공업생산의 5분의 3, 세계무역의 3분의 2를 차지하였다. 특히 미국의 비중은 압도적이어서 전 세계 공업생산의 3분의 1 정도를 차지하였다.

[표 11-2] 세계 산업 및 무역의 연평균 성장률

기 간	세계공업	국제무역
1860 ~ 1870	2.9	5.5
1870 ~ 1900	3.7	3.2
1900 ~ 1913	4.2	3.7
1913 ~ 1929	2.7	0.7
1929 ~ 1938	2.0	-1.15
1938 ~ 1948	4.1	0.0
1948 ~ 1971	5.6	7.3

자료: W.W. Rostow, *The World Economy*, p.49, p.67.

[표 11-3] 주요 선진국의 연평균 실질경제성장률   (단위: %)

	1950-59	1960-69	1970-79	1980-83
미국	4.0	4.4	2.9	1.0
영국	2.6	3.0	2.0	0.5
서독	7.8[1]	5.2	3.2	0.5
프 랑 스	4.6	5.8	4.1	1.1
이탈리아	5.9	5.7	3.2	1.2[3]
일본	8.2[2]	11.4	6.1	3.8

주: 1) 1951-1959, 2) 1954-1959, 3) 1980-1982.
자료: 日本銀行, 『國際比較統計』.

이 시기 선진국에서는 활발한 설비투자와 1인당 자본장비율의 개선으로 노동생산성이 제고되어 높은 수준의 이윤을 확보하였다. 이것은 한편으로는 노동강화를 초래했지만 기업은 그 대가로 보다 높은 임금을 지불할 수 있었다. 일본에서는 1955~1975년간에 매년 노동자 1인 시간당 임금이 7.9% 증가하였고, 서독에서는 1950년대에 매년 2.5%, 프랑스에서는 주당 실질임금이 연평균 4% 증가하였다.[18] 실질임금의 상승은 구매력을 자극하여 소비수요를 증폭시킴으로써 호황을 이끌어 내었으며 소비자들은 주택과 자동차, 라디오, TV과 같은 내구소비재를 선호하였다. 호황과 소득증대는 소비패턴도 변화시켰는데, 자동차의 예에서 볼 수 있듯이 자동차 수요증가는 고속도로를 증설케 하고 주말외출과 연례휴가여행을 증가시켰다. 또한 건강유지비가 증가하고 쏟아져 나오는 상품을 소화하기 위한 각종의 할부제도와 신용제도가 일반화되었다. 이리하여 서유럽 국가와 일본은 고도성장을 달성한 1950년대 및 1960년대에 미국이 1920년대에 경험했던 대중소비사회로 진입하였다.

미국은 제2차 세계대전 이후 타의 추종을 불허하는 금융경제대국으로 부상하였다. 금융면에서 미국의 금보유는 1949년 말에는 최고 246억 달러, 1951년에는 전 세계 340억 달러 중 240억 달러에 달하였다. IMF-GATT체제는 미국에게 막대한 무역흑자와 자산상의 순수입을 가져다주었다. IMF를 사실상 지배

---

18) M.Beau, *A History of Capitalism 1500-1980*, Macmillan Press, 1984(정동현 편역, 『자본주의 역사와 변모』, 부산대출판부, 1993), p.282.

한 미국은 국제금융시장에서 통화 공급권을 장악하여 막대한 이자 수입뿐만 아니라 달러 대부를 통해 미국 상품에 대한 구매력을 제공함으로써 커다란 이익을 거두었다.[19] 또한 고정환율제는 경쟁국의 평가절하를 원천적으로 방지하여 미국이 국제경쟁력과 흑자구조를 장기간 유지하는 데 커다란 도움이 되었다. 미국은 1950~1970년 사이에 7백억 달러 이상의 무역수지흑자와 해외자산으로부터 360억 달러의 순수입을 벌어들였다.

서유럽은 1950년대까지 달러 부족으로 성장에 제약을 받았으나 1970년대 초까지 세계 경제성장과 교역확대의 견인차 역할을 맡았다. 서유럽 주요국가 중 서독은 고용인구, 노동생산성, 1인당 자본의 모든 면에서 가장 빨리 증가하였다. 서독의 복구가 유럽의 경제적 안정에 필수적이라는 인식 때문에 1947년 이후 서독에 대한 원조는 다른 나라에 비하여 빠르게 증가하였다. 그리고 1948년 6월 통화개혁은 거의 불가능할 것처럼 보이던 인플레이션을 잡음으로써 경제기적을 산출하기 시작하였다.

또한 서유럽은 경제협력을 가속화함으로써 고도성장을 달성하는 데 커다란 도움을 받았다. 특히 1967년에는 EC(European Community)를 창설하여 1968년 7월에는 역내관세를 완전히 철폐하고 역외공통관세제도를 실시하였다.[20]

미국의 세계전략이 급변하는 가운데 일본에 공사자격으로 파견된 J. Dodge는 1949년 인플레이션수습을 핵심으로 하는 경제안정화정책을 실시하였다. 이

---

[19] 이에 대해 J. Tobin 교수는 "자기 집 뒤뜰에 금광이나 지폐인쇄기를 가지고 있다는 것은 즐거운 일이다. 금환본위제는 우리에게 남아프리카 못지않은 이와 같은 특권을 주었다"고 하였다. H. Magdoff, *The Age of Imperialism*(New York: Monthly Review Press, 1969), p.104(M. Beau, 앞의 책, p.291에서 재인용).

[20] 1947년 CEEC(유럽경제협력위원회)로 설립되어 1948년 개칭된 OEEC(Organization for European Economic Coorperation, 유럽경제협력기구)는 미국 원조를 받아 1950년 가맹국의 합의로 EPU(European Payment Union; 유럽지불동맹)를 창설하였는데, 무역결제를 원활히 함으로써 회원국은 통화의 교환성을 회복하고 1958년에는 다자간 교역을 달성하였다. 서유럽이 각국 경제와 정책의 고립분산성을 제거하고자 만든 또 하나의 기구는 EC였다. 제2차 세계대전 이후 세계경제의 주도권을 미국에 내준 유럽은 이를 통해 관세동맹, 단일시장 건설, 공동정책을 채용하고자 하였다. 1958년에는 1957년의 로마조약에 의해 베네룩스3국, 이탈리아, 프랑스, 독일의 6개국 사이에 EEC(유럽경제공동체)가 발족하였으며, 1967년에는 브뤼셀조약에 의해 EEC, ESEC(유럽석탄철강공동체), EURATOM(유럽원자력공동체)의 세 기관이 통합하여 EC(유럽공동체)가 창설되었다.

디플레이션적인 정책은 물가안정에는 성공적이었으나 심각한 침체를 몰고 왔는데 마침 1950년에 터진 한국전쟁이 일본경제의 분위기를 극적으로 반전시켰다. 미국은 극동전략의 일환으로 공산주의의 방벽으로서 일본경제를 부흥시키고자 전쟁배상의 사실상 철폐, 경제력집중 배제정책의 완화 등의 조치를 취했다. 일본은 미국의 원조, 기술, 시장에 의존하여 가공수출형 산업화를 추진함으로써 패전으로 잃은 자립적 생산기반을 되찾기 시작했다. 1970년대 중반까지 일본이 선진국 중에서 가장 높은 성장률을 달성한 원동력은 기술혁신에 의한 민간기업의 설비투자를 비롯하여 우수한 인적자본, 장시간의 고밀도 노동, 기업 간 중층적 하청체계와 기업 내 연공서열제라는 일본 특유의 조건이었다.

이와 같이 전후에 선진국의 고도성장이 달성된 배경을 다음과 같이 이해할 수 있다.

첫째, 국제적 협조를 이끌어내어 세계시장을 확대시키고 국제금융의 안정에 기여한 IMF-GATT체제가 크게 기여했다. 협조체제는 이 외에도 유럽과 UN을 중심으로 다수가 설립되어 제2차 세계대전 이전과 대조적 양상을 보였다. 이와 함께 자유무역을 주도한 미국은 군사보호와 자본·기술이전 및 세계최대의 시장을 제공하여 1950~1960년대의 고도성장을 이끌었다.

둘째, 중화학공업부문에서 달성된 기술혁신이다. 앞에서 지적한 것처럼 활발한 설비투자와 1인당 자본장비율의 개선으로 노동생산성이 제고되었던 것이다. 라디오·냉장고·에어컨디셔너·세탁기·TV 등의 가전기기, 자동차·항공기·유조선 등의 수송기기, 합성섬유·합성수지 등의 석유화학제품, 그리고 이들 최종소비재 부문의 확대에 유발된 철강·펄프 등의 소재 부문과 석유에너지 부문에서의 새로운 제조법의 개발 등 눈부신 기술혁신이 진행되었다. 이들 신제품과 새로운 제조방법의 일부는 종전 이전에 이미 개발된 것으로서 1차 산품에 대한 원료절약효과를 가져왔다. 또한 자본축적이 가속화 되어 거대한 생산설비에 의한 대량생산방식이 채택되었고 소득증대에 따라 대량소비체제가 등장하였다. 중화학공업 부문에서 규모의 경제를 일으킨 기술혁신은 자본 간의 치열한 경쟁과 부문 상호 간 수요증가에 상승작용을 불러일으켜 투자를 지속시켰다.

셋째, 경제에 대한 국가 개입의 현저한 증대이다. 정부는 국가의 기간산업을 국유화하거나 경제계획을 실시하였으며, 완전고용을 달성하기 위하여 재정금융면에서 적극적 입장을 취했다. 금융정책은 주로 금리조정을 통해서 민간투자를 촉진하였다. 재정정책에서는 정부지출을 지속적으로 확대하여 국민소득의 상당 부분이 정부부문에 의존하게 되었다. 정부지출의 증대분은 주로 냉전과 민족해방운동에 따른 군비지출, 사회간접자본의 공급, 복지국가 실현을 위한 사회보장제도의 확대 등에 사용되었다. 이러한 이례적인 번영의 시기에 Post-Keynesian은 소비와 투자를 창출하는 이론을 제시하여 경제학의 메인 스트림을 형성하였다.

마지막으로 저렴하고도 안정적인 1차산품의 공급이 성장에 크게 기여했다. 1950년대와 1960년대에 원재료, 연료 등 1차산품의 가격은 지속적으로 하락하였는데, 이것은 신기술 도입, 다국적기업의 개발투자 등으로 공급량이 비약적으로 증가한 반면 원료절약기술의 발달과 대체원료 개발로 수요가 제약되었기 때문이다. 특히 대량생산체제의 유지에 필수적인 원유는 석유메이저에 의해 매우 낮은 가격으로 공급되었다.

제 4 절   사회주의의 발전

제2차 세계대전 이후에는 소련을 중심으로 동유럽 국가도 급속도로 발전하였다. 제2차 세계대전이 종결되자 소련은 강대한 군사산업력을 갖춘 국가로 등장했다. 소련은 유럽의 동부전선을 주도했기 때문에 동유럽에서 결정적인 영향력을 행사했다. 소련은 이를 배경으로 영토를 확장하고 동유럽 점령지역에 사회주의체제를 심었다. 전후 처리에서 중요한 위치를 차지한 영토변경 문제에서 소련은 동부 독일을 사회주의에 편입하였으며, 폴란드, 체코슬로바키아, 유고슬라비아, 헝가리, 루마니아, 불가리아에 사회주의정권을 수립하였다.[21] 이 과정에서 루마니아와 핀란드의 일부 지역이 소련 영토로 편입되었다.[22] 소련은

---

21) 이들 7개국은 1945년 7월 포츠담회담의 결과 사회주의화되었다.

22) 에스토니아(Estonia), 라트비아(Latvia), 리투아니아(Lithuania)의 발틱 3국은 1939년 8월 독

1947년에 코민포름(Cominform=Communist Information Bureau, 공산당정보국)을 설치하여 각국 공산당을 지휘감독하였으며, 우수한 무기를 갖춘 강력한 군대를 가지고 전중부유럽에 주둔군을 파견하였다. 한편 아시아에서는 중국, 북한, 북베트남이 사회주의에 편입되었다.

소련은 제2차 세계대전으로 인구의 10%를 잃고 많은 생산시설을 파괴당했으나, Stalin의 정책으로 공업력이 현저히 강화되어 종전 무렵 생산수준은 전전수준에 도달하고 있었다. 1924년 Lenin이 사망한 후 Trotsky를 몰아내고 정권을 장악한 Stalin은 1928년부터 1943년까지 3차에 걸친 5개년계획을 실행하여 사회주의 경제건설을 진행시킨 바 있었다. 1946년에 다시 착수된 5개년계획이 1950년에 마무리되었을 때 소련은 미국에 버금가는 공업생산대국으로서 위치를 확고히 하였다. 1950년 공업생산지수는 1940년도에 비해 71%를 상회하였고, 기계 및 장비는 60%, 화학제품은 무려 80%나 증가해 있었다. 또 석탄생산은 2억 5천만 톤, 강철은 2천 5백만 톤에 달하였는데 1928년의 선철생산량이 3백 5십만 톤에 지나지 않던 것에 비하면 비약적인 성장이라 하지 않을 수 없다. 과학기술수준도 미국에 만만치 않은 수준으로서 1949년에는 핵폭탄실험을 하였고 1957년에는 대륙간탄도탄 발사시험에 성공하고 세계최초로 인공위성 스푸트니크(Sputnik) 1호를 쏘아 올렸다. 또한 동유럽 사회주의에 대해 각종 원조를 제공하고 경제협력을 강화하기 위하여 코메콘(COMECON; 경제원조상호회의)을 창설하였다. 그 결과 전후 자본주의가 미국 경제력에 절대적으로 의존한 것처럼 동유럽 경제는 소련에 크게 의존하게 되었다.

소련과 소련의 영향력하에 들어간 동유럽 국가들은 생산수단의 집단적 소유와 중앙계획당국의 계획경제에 의해 국가주도에 의한 축적 및 공업화를 급속히 진행시켰다. 1928년 시작되어 1953년 3월 5일 Stalin이 사망하던 해까지 Stalin 통치하에서 소련은 사회주의 경제계획의 기본 내용을 실행하였다. 즉 고도의 중앙집권적 계획경제가 수립되어 농업 집단화 및 군수 부문을 중심으로

소불가침협정에서 별도로 맺었던 비밀의정서에 의해서 소련에 합병되었다. 독소전 이후 독일에 점령되었던 이 지역은 소련의 요구에 1943년 3월 미국과 영국이 응함으로써 다시 소련에 소속되었다.

중화학공업에 우선순위를 매긴 정책이 추진되었다. 소련의 경제정책을 모범으로 삼았던 동유럽의 사회주의국가들도 1950년대까지 유례없는 생산증가를 달성하였다.

그러나 사회주의국가들이 채택한 중화학공업 중심의 발전전략은 만성적인 소비재 부족을 초래하는 등 점차 문제점을 드러내기 시작했다. 제5차 경제계획이 끝난 1955년 소련의 많은 생산시설은 생산목표를 달성하는 데 실패하였다. 나머지 동유럽 국가에서도 1960년대 전반에는 기술진보가 정체되고 생산효율은 점차 떨어지고 있었다.

소련과 동유럽은 농업생산 증대에도 많은 관심과 노력을 기울였다. 농업 내부의 강한 반발을 억누르고 진행된 집단화체제하에서 농업생산은 그러나 공업성장에 비하여 더욱 심각한 정체와 감소를 경험하였다.[23] 시장판매를 허용한 극히 일부의 토지에서 생산된 농산물이 전체 생산의 상당 부분을 차지하게 된 사실이야말로 집단생산체제의 한계를 극명하게 보여준 사례였다. 유럽의 농업 대국으로서 전통적인 곡물 수출국이었던 소련은 1960년대에 농산물 수입국으로 전락하였다.

이와 같이 급속한 경제발전을 주도했던 계획경제체제는 1950년대 후반과 1960년대 초부터 한계를 드러내기 시작하였다. 공업생산성과 노동생산성의 둔화, 기술진보의 정체와 소비재 부족이 가속화하였던 것이다. 투자와 생산, 분배의 결정권이 중앙당국에 집중되고 계획기구가 비대화하였기 때문에 국가기구의 관료화가 초래되었으며, 이것은 정보의 처리능력을 현저히 떨어뜨리고 변화하는 여건에 대한 적절한 대응을 방해하였다. 생산증대도 사실은 양적 증대만을 달성한 것으로서 생산을 외연적으로 확대한 것에 지나지 않았다. 당시까지의 성장은 단순히 유휴자원과 잉여노동력의 증가에 의존하였으며, 1950년대 말 노동력이 부족하게 되자 성장률이 떨어졌다. 따라서 사회주의국가들이 이룩한 성과는 기술진보를 기반으로 가용자원과 투하노동력의 효율적 사용을 통한 질적 수준의 발전, 내포적 성장과는 거리가 멀었다.

---

23) 소련은 1934년까지 전농가의 3분의 2를 집단화하였는데, Stalin은 농민의 집단화가 제2차 세계대전을 치르는 것보다 더 어려운 작업이었다고 한 적이 있다.

  고도성장을 가져온 중앙집권적 계획경제체제가 역설적으로 발전을 가로막
는 장애요인으로 작용하자 동유럽은 이에 대해 이윤동기를 부분적으로 허용하
는 Liberman방식이나 자주관리제를 도입하였다. Evsei G. Lieberman(1897~1981)
이 1962년에 발표한 논문 '계획, 이윤, 보너스'라는 논문은 논쟁을 거쳐 1963~
1966년 사이에 동유럽 국가의 경제정책에 전면적으로 도입되었다. 그의 정책을
가장 적극적으로 도입한 나라는 헝가리와 체코슬라바키아였다. 헝가리는 시장
기구를 적극 이용하려는 '규제된 시장경제'(regulated market economy)를 중심으
로 채택하였고 체코슬로바키아는 시장기구와 노동자자주관리(worker's self-
management)를 결합시키고자 하였다. 유고슬라비아는 독일 점령하 파르티잔을
지휘했던 Josip Bros Tito(1892~1980)의 지도 아래 소련의 영향력에서 벗어났는
데,[24] 노동자들이 생산시설을 직접 관리하는 노동자자주관리방식과 사회주의적
시장경제체제라는 독특한 체제를 채택하였다. 그러나 이러한 개혁도 부분적인
것에 지나지 않았기 때문에 일시적 성과에 그쳤을 뿐 상황을 크게 바꾸어 놓지
는 못했다.
  한편 1949년에 공산화한 중국도 소련의 계획경제를 모범으로 삼고 기술경
제원조를 받기도 하였지만 1950년대 말 이후 국경분쟁과 이념논쟁을 계기로 대
립이 심화되었다. 중국은 1958년 대약진운동과 1966년 문화대혁명을 추진하였
으나 실패하고 말았다.
  그러나 사회주의경제는 이러한 문제에도 불구하고 여전히 전체적으로 생산
확대를 지속하고 강한 정치적 영향력을 발휘하였다. 정체된 동유럽 사회주의의
성장률은 그들의 통계를 따르더라도 1970년대 후반에는 급속히 떨어지기 시작
하는데, 생산성 향상과 대중의 소비욕구 충족이라는 면에서 치명적 결함을 드
러내어 노골적인 정치경제적 체제위기와 붕괴를 겪게 되는 것은 1980년대 후반
부터의 일이었다. 그렇지만 자본주의의 고도성장기에 사회주의도 내부적 모순
을 내포하면서도 여전히 공업생산확대와 체제유지를 통해서 냉전시대의 한 축
을 담당해 갔다.

---

24) 유고슬라비아는 1948년 코민포름에서 축출되었다.

제 5 절   남북문제

제2차 세계대전 후에는 식민지 상태로부터 독립을 쟁취한 많은 후진국을 중심으로 자본주의와 사회주의의 체제 대립의 사이에서 또 다른 하나의 세력권이 형성되었다. 이른바 제3세계이다. 제3세계는 모든 나라들이 결집력 강화에 적극적으로 가담한 것은 아니었지만 자본주의 선진국과 사회주의국가들에 대해서 각종의 경제원조와 양보를 당당하게 요구하고 세계의 정치 및 경제에 커다란 영향을 미쳤다는 점에서 전후 세계체제의 한 축으로서의 중요한 위치를 차지하였다. 이것은 제2차 세계대전 이전에는 생각할 수조차 없었던 커다란 변화라 하지 않을 수 없다.

후진국들은 제국주의 지배하에서 성장한 부르주아지 및 지식인, 노동자 등의 민족해방운동과 유럽제국주의의 약화, 마르크스주의의 확산, 동서대립의 심화 등에 힘입어 1970년대 전반까지는 거의 정치적 독립을 쟁취하였다. 그러나 제3세계의 정치적 독립이 곧바로 경제적 자립화를 의미하는 것은 아니었다. 무엇보다도 식민지 지배체제가 남긴 후유증은 기본적 필요의 충족은커녕 기아와 질병의 만연으로 처참한 상황을 드러내었다. 이에 대해 후진국들은 결집력을 강화하여 남북문제를 제기하고 이를 집단적으로 해결하고자 시도하였다. 이리하여 1950년대 후반과 1960년대 초반에는 선후진국 간의 경제력 격차를 다루는 남북문제가 세계의 경제문제로서 본격적으로 관심을 끌기 시작하였다.

제3세계의 집단적 해결의지는 국제기구의 설립을 통해 문제를 해결하려는 방향으로 나아갔다. 1955년에는 인도네시아의 반둥(Bandung)에서 아시아와 아프리카의 29개국 대표들이 모여 아시아 – 아프리카회의(Afro – Asian Conference)를 개최하고, 반식민주의, 민족자결, 평화공존, 아시아·아프리카의 연대 등을 선언하였다. 유고슬라비아(Yugoslavia) Tito 대통령의 제창으로 1961년에 베오그라드(Beograd)에서 개최된 제1회 비동맹제국 수뇌회담에서는 후진국의 경제적 어려움을 해결하기 위하여 UN에서 회의를 개최할 것을 요청하기로 하였다. 그 결과 1961년 제16회 UN총회에서는 1962년도의 제17차 UN총회에서 UNCTAD (United Nations Conference on Trade and Development, UN무역개발회의)를 개최하기로 합의하였다.

이와 같이 사태가 진전되면서 제3세계는 세력확장을 바라는 자본주의와 사회주의 양측으로부터 어느 정도 지원을 약속받을 수 있었다. 1960년 UN총회에서는 아시아와 아프리카 45개국이 제안한 식민지독립선언이 소련의 지원으로 채택되었다. 미국의 Kennedy 대통령도 1961년 UN총회에서 'UN개발10년계획'을 제안하였다. 이 회의에서는 1960년대를 UN개발의 10년으로 규정하고, 1960년대 말까지 후진지역의 연평균 성장률을 5%까지 끌어올린다는 목표 아래 미국을 중심으로 대규모 원조를 하기로 약속하였다. 특히 1961년의 제16차 유엔총회에서의 UNCTAD 개최결의는 비로소 국제사회가 힘을 합쳐 남북문제를 해결하기로 결의하였다는 점에서 중요한 역사적 사건이었다.

애초부터 미국을 비롯한 선진국그룹은 후진국이 제창하는 새로운 국제경제기구의 창설을 반대하는 입장에 서 있었다. 그러나 후진국은 1963년 77그룹을 결성하는 등 단결력을 강화하여 UNCTAD의 개최를 다시 요구하고, 특히 UN에서 다수를 차지하고 있었기 때문에 UNCTAD의 결성에 성공할 수 있었다. 드디어 1964년에는 제1차 UNCTAD총회가 제네바에서 121개국이 참가한 가운데 개최되어 남북문제를 본격적으로 다루는 장이 마련되었다.

UNCTAD의 선진국에 대한 입장과 요구는 1964년 의장에 선출된 Raúl Prebisch(1901~1986)가 제출한 보고서에 잘 나타난다. 그의 보고서는 세 가지로 요약된다.

Prebisch는 첫째, 1차 산품에 특화한 후진지역과 기술이 발달한 선진국 사이의 국제분업체계에서는 1차 산품의 교역조건이 악화되고 경제성장에 격차가 나타날 수밖에 없다는 점을 지적하였다. 그는 이를 시정하기 위해서 1차 산품에 대한 수요와 가격보장을 요구하였다. 둘째, 선진국은 후진국의 공업화를 위한 기술 및 자금을 유리한 조건으로 제공해야 한다. 셋째, 제3세계 공업수출품에 대한 일반특혜공여 및 시장제공이 이루어져야 한다고 주장하였다. 그의 이런 주장은 UNCTAD 3대요구로서 받아들여져 선진국과의 협상에 적극적으로

[표 11- 4] UNCTAD의 총회 개최내용

	연 도	개 최 지	주요의제	합의사항
제1회	1964	제네바	일차산품, 특혜공여원조	UNCTAD상설기구화, 국민소득1% 원조목표
제2회	1968	뉴델리	일반특혜공여, 원조	GNP1%의원조목표, 일반특혜제도 (1970)
제3회	1972	산티아고	개발자금의 SDR링크, 후발개도국문제	
제4회	1976	나이로비	일차산품종합프로그램, 누적채무, 기술이전	일차산품공통기금(1980)
제5회	1979	마닐라	일차산품, 누적채무	
제6회	1983	베오그라드	일차산품, 누적채무	

자료: 土屋六郞, 『戰後世界經濟史槪說』, p.220.

이용되었다.[25]

　　Prebisch 보고서에 기초하여 UNCTAD는 선진국에 협력을 강력하게 요구하여 어느 정도 성과를 거둘 수 있었다. 그렇지만 요구사항들은 선진국의 양보를 일방적으로 기대하고 있었기 때문에 첨예한 이해관계가 걸린 부분에 대해서는 관철이 용이하지 않았다. 오히려 남북격차는 확대일로를 걸었다. Prebisch가 후진지역의 빈곤을 심화시키는 주요한 원인으로 강조한 1차 산품의 공업제품에 대한 교역조건은 1950년대와 1960년대에 지속적으로 악화되었고 무역수지도 대폭적인 적자를 기록하였으며, 도입된 개발자금은 오히려 외채상환부담을 증가시켰다. 1950년대에서 1970년대 전반에 이르기까지 1인당 국민소득에서 제3세계는 선진제국과 비슷한 성장률을 달성하였다. 그러나 여기에는 성장이 빨랐던 중동, 남유럽의 일부 지역이 포함되었기 때문에 인구의 대부분을 차지하는 아시아, 아프리카의 실질성장은 평균치보다 낮았으며, 선진국 소득과의 절대적 격차도 더욱 크게 벌어지고 말았다.

---

25) 제1차 UNCTAD총회에서는 선진공업국은 국민소득의 1%를 원조할 것, UNCTAD를 UN의 상설기구로 할 것, 이후 4년마다 총회를 개최하여 주요의제를 심의할 것 등이 결의되었다.

[표 11-5] 선후진국의 경제성장률과 1인당 GNP

	성장률(1970~1975)	1인당 GNP($)	
		1950년	1975년
남아시아	1.7	85	132
아프리카	2.4	170	308
라틴아메리카	2.6	495	944
동아시아	3.9	130	341
중공	4.2	113	320
중동	5.2	460	1,660
개발도상국	3.0	187	440
선진국[1]	3.2	2,378	5,238

주: 1)=포르투갈, 터키를 제외한 OECD국.
자료: M. Beau, *A History of Capitalism 1500–1980*(정동현 편), p.277.

　　제2차 세계대전 이후부터 1970년대 초반에 이르는 시기는 성장의 시대라고
불릴만 했지만 성장은 겨우 18% 정도의 인구를 가진 선진자본주의국에 한정되
었다. 오늘날에도 제3세계의 많은 나라들은 1인당 국민소득에서 선진국과 비교
하여 엄청난 격차를 보일 뿐만 아니라 기아, 질병, 유아사망률, 주거환경, 교육
수준 등 모든 면에서 절대적 빈곤에서 벗어나지 못하고 있다. 또한 후진국은 국
내적으로도 선진국에 비해 불평등한 분배구조를 보인다. 그 원인의 상당 부분
은 식민지지배하의 제국주의적 수탈과 잘못된 경제정책에 기인한다. 극히 소수
의 대지주에 의한 대토지소유와 플랜테이션, 외국의 수요를 충족시켜 주기 위
한 농업의 모노컬처화, 생산성이 낮은 소작제도의 확대, 저수준의 공업화와 국
내산업연관이 결여된 파행적인 산업구조 등은 제국주의 지배의 산물이다. 더욱
이 발전에 필수적인 자본, 자원, 인적 자본의 부족과 경제정책의 실패, 무능하
고 부패한 관리와 비능률은 발전을 왜곡시켰다. 철저히 계산된 서방의 경제원
조가 후진제국의 정치경제적 부패와 빈곤 그리고 불안을 가속화하는 일조차 없
지 않다.
　　이와 같이 식민지체제하에서 1차 산품 생산에 특화된 지역이 경제적으로
자립한다는 것은 지난한 일이었다. 그렇지만 제3세계가 국제기구 결성을 통해

힘을 집결하여 경제발전을 모색했다는 점에서 그것은 제2차 세계대전이 남긴 중요한 유산이며 전후 세계체제를 규정하는 중요한 요소였다고 하겠다.

제12장

전후 경제체제의 붕괴

전후 경제체제의 붕괴

제2차 세계대전 이후 미국과 소련을 중심으로 형성된 세계체제는 20세기 말부터 붕괴되기 시작했다. 먼저 1947년 이후 성립된 브레튼우즈체제(Bretton Woods System)가 1970년대 전반에 붕괴되었다. 국제금환본위제와 고정환율제를 기반으로 유동성을 공급하고 국제수지를 조정하는 이 메커니즘의 붕괴는 미국 경제력의 상대적 약화와 관계가 깊다. 1960년대부터 낮은 생산성의 문제점이 누적되어 온 사회주의는 1990년대 초에 아예 뿌리째 뽑혀나갔다. 또한 사회주의가 붕괴되자 제3세계의 발언권도 약해지고 세계무대에서 쇠퇴하기 시작했다.

제 1 절   브레튼우즈체제의 붕괴

1. 브레튼우즈체제의 붕괴

제2차 세계대전 이후 미국의 경제력과 금융력은 자본주의 국제경제질서를 떠받치는 기둥으로서의 역할을 충실히 수행하였다. IMF 설립 협상에서 미국은 영국 대표인 Keynes가 세계중앙은행 역할을 담당할 국제청산연맹(ICU, International Clearing Union)의 설립과 함께 무역결제 수단으로 제안한 방코(Bancor)를 누르고 달러화를 기축통화(key currency)로 하는 데 성공했다. 미국은 달러를 세계통화라는 지배적 위치에 올려놓음으로써 금융적인 면에서 막강한 위력을 발휘했다. IMF가 출범하자 1950년대 중반까지의 전후 복구과정에서 달러의 원활한 공급 여부는 각국의 경제성장을 결정할 정도로 그 영향력이 지대하였다. 미국은 외환시장에서의 통화공급권의 장악과 타의 추종을 불허하는 경쟁력을 바탕으로 자국 중심의 세계시장을 형성하였다. 이것은 당연히 미국에게 막대한 이익을 가져다주었다. 그러나 달러 가치는 선진국들이 전쟁의 피해를 복구하고 본격적인 성장기에 접어들자 동요하기 시작했다.

먼저, 미국을 제외한 선진국들도 미국의 경제적 지원을 배경으로 세계시장의 규모를 확대하면서 고도성장을 달성했다. 앞 장의 [표 11-3]에서 본 바와 같이, 1960년대의 번영기에 유럽 및 일본의 성장률은 대체로 미국을 앞질렀다. 유럽과 일본은 민수용 산업에서의 기술개선과 경쟁력제고를 바탕으로 미국 시장을 집중적으로 공략하여 국제수지를 개선하고 통화가치를 증대시켜 나갔으며 특히 일본과 서독의 대미수출의 증가는 괄목할 만한 것이었다. 그 결과 미국 이외의 주요 선진국들이 세계경제에서 차지하는 중요성은 점차 증대하였다.

반면, 미국 경제의 비중은 감소하였다. 미국이 자본주의 생산에서 차지하는 비중은 1950년 70%에서 1960년대 초에는 66% 이하로, 70년대 초에는 50% 이하로 하락했다. 자본주의 교역에서 점하는 비율도 1950년대의 절반 수준에서 1960년대에는 3분의 1, 1970년대 초에는 4분의 1로 떨어졌다.

미국 비중의 감소를 대표적으로 보여주는 지표는 국제수지의 악화 및 이에 따른 달러의 유출규모이다. 미국 바깥으로 빠져나가는 달러의 규모는 미국의 대외부채를 증가시키고 달러 가치의 하락을 초래하는 원인이었다.

첫째, 미국의 무역흑자는 1960년대 말부터 점차 축소되어 1971년에는 전후 최초로 27억 달러의 적자를 기록하였으며 1972년에는 적자가 69억 달러로 증가하였다.

둘째, 달러의 유출은 국제교역뿐만 아니라 군사 부문에서도 계속되었다. 미국은 치열한 이념대립과 냉전구도 속에서 자유민주주의 가치관의 수호자로서 세계 각국에 군대를 파견하고 군사원조를 지속하였다. 이것은 전후 미국의 산업구조가 군수산업과 밀접하게 맞물려 있었음을 보여준다. 이것은 또한 선진국들이 미국의 정치군사적 보호 아래 민수 부문을 중심으로 대미시장 지향적 경제성장을 추구한 당시의 독특한 세계자본주의의 구조와 깊은 관련성이 있음을 의미한다. 미국은 1957~1967년간에 560억 달러에 달하는 군사경제원조를 하였으며, 특히 베트남전쟁(Vetnam War, 1960~1975)[1]에서는 1961년부터 1970년 사이에 약 350억 달러에 달하는 군사비를 지출하였다. 미국의 방대한 군비지출과 베트남을 비롯한 대외원조의 확대는 최첨단 기술 부문인 군수산업을 중심으로 미국경제에 활력을 불어넣었고, 이에 따라 미국은 소비재시장을 주요 국가들에게 개방함으로써 고도성장을 창출하였다. 그러나 이것은 미국의 국제수지를 악화시키고 경쟁상대국에게 금과 달러의 보유고를 크게 증가시키는 결과를 초래하였다.

미국의 대외지출은 계속되었기 때문에 금은 계속적으로 유출되고 외국의 달러 보유고도 지속적으로 증가하였다.[2] 물론 미국에서 유출된 달러가 모두 외국의 통화당국으로 흘러들어간 것은 아니었고, 미국 정부도 달러가치를 방어하기 위하여 공식적으로는 민간보유 달러에 대해서 금태환의 의무를 지고 있지 않았다. 그러나 외국의 달러 보유 증가는 궁극적으로 미국의 금 보유를 감소시켰다.[3] 외국의 달러 보유는 1960년 이후 미국 내 금 보유고를 크게 웃돌기 시작하여 1968년에는 미국 금 보유의 3배, 1972년에는 8배에 이르렀다. 1971년 말 유로달러(Eurodollar)는 무려 1천억 달러에 달한 반면 미국의 금 보유고는 1972년에 1백억 달러 정도에 지나지 않았다.

---

1) 미국은 1962년 2월 북폭(北爆)을 개시한 데 이어 1965년 2월부터 대규모의 지상군을 투입하여 본격적인 군사개입에 돌입하였다. 전투가 격화되었을 때에는 하루에 1억 달러에 가까운 전비가 소모되었다.
2) 미국으로부터 달러를 벌어들인 국가들은 이를 태환함으로써 금 보유고를 증가시켰는데, Charles De Gaulle 대통령(샤를르 드골, 1890~1970, 재직: 1959~1969) 시절의 프랑스는 외환시장에서 이를 투기적으로 운용하기까지 하였다.
3) 외국의 민간 달러 보유자가 달러가치에 불안을 느끼고 국제금시장에서 달러로 금을 매입하자 금 가격이 인상되었다. 이에 대해 각국 정부는 금 1온스=35달러의 공정가격을 유지하기 위하여 금을 방출하고 달러를 흡수하였는데, 이는 각국 정부의 달러 보유를 증가시킴으로써 미국에 대한 금의 태환을 지속할 수 있었다.

[표 12-1] 미국의 금 보유고와 달러채무 (단위: 10억 달러)

연 도	미국의 금보유고	외국 보유 자산
1955	22	12
1960	18	19
1965	15	25
1968	11	32
1972	10	82

자료: M. Beau, *A History of Capitalism 1500–1980* (정동현 편), p.293.

이와 같이 미국의 무역흑자의 감소와 군사비지출이 외국의 달러 보유를 증대시키고 미국의 금 보유를 감소시키자 달러 보유와 달러 가치에 대한 불안이 광범위하게 확산되었다.[4] 사태가 이렇게 되자 Richard Nixon 대통령(1913~1994, 재직: 1969~1974)은 1971년 8월 15일 달러의 태환정지를 선언하였다.[5] 그러나 Nixon의 달러방위조치는 달러 가치에 대한 의구심을 증폭시켜 국제통화체제를 동요시키고 세계경제에 대한 위기감을 고조시켰다. 1971년 12월에는 워싱턴의 스미소니언박물관(Smithonian Museum)에서 개최된 10개국 재무장관회의에서 금의 공정가격은 1온스당 38달러로 결정되어 달러는 7.89%가 평가절하되고 다른 국가들의 통화가치는 절상되었다.[6]

고정환율제를 유지하려 했던 스미소니언합의는 얼마 지나지 않아 깨졌다. 주요 선진국들은 스미소니언합의에 따라 국제수지흑자를 감소시키기 위하여 국내적으로 경기부양책을 폈지마는 일본 및 독일의 무역흑자는 오히려 증가하였고, 미국도 국내수요확대정책을 실시하였기 때문에 국제수지적자가 악화되었다.

---

4) 이미 달러는 1960년대 중반경부터 종종 불안한 면을 노출하고 있었다. 그 결과 나타난 것이 1960년대 말의 금의 이중가격제이다.

5) 미국은 1971년 8월 15일 '달러방위긴급조치'를 발표하였다. 이것은 ① 달러와 금의 태환정지 및 외국통화와의 교환정지, ② 수입품에 대한 10%의 과징금부과, ③ 임금과 물가의 90일간의 현상동결, ④ 감세에 의한 경기활성화를 주요 내용으로 담고 있다.

6) 스미소니언합의에 의한 달러의 평가절하는 37년만의 일이었다. 영국의 파운드(pound, £)와 프랑스의 프랑(franc, F 혹은 Fr)은 금에 대한 평가는 그대로 둠으로써 달러에 대해서 각각 8.6% 절상되고, 독일의 마르크(Mark, DM)는 금평가 4.6%, 달러에 대해서는 13.6% 절상되었으며, 일본의 엔화(Yen, ¥)는 금에 대해서 7.6%, 달러에 대해서 16.88%의 평가절상으로 조정되었다. 여타 114개국의 통화도 달러에 대해서 평가절상되었다. 이와 같이 각국 간의 통화가치가 조정됨으로써 12월 20일에는 미국이 설정했던 10%의 수입과징금도 철폐되었다.

1973년 초 미국 정부는 다시 달러의 평가절하를 단행하였으며, 서방의 주요국들은 달러에 대한 자국통화의 가치를 인상시키면서 변동환율제로 이행하였다.[7] 1970년대 초의 평가절하는 일시적이나마 미국 기업들의 경쟁력을 강화시킬 수 있었다. 그러나 미국의 적자는 각국의 통화조정만을 통해서 개선될 성질의 것이 아니었다.

달러의 태환 정지와 변동환율제의 도입은 IMF의 가장 중요한 두 가지 약속이 파기된 것을 의미한다. 금과 달러를 기준으로 고정되었던 국제통화의 안정성 −즉 고정환율제− 은 깨어지고 각국의 통화가치는 금융시장의 상황에 따라 연동하는 변동환율제로 이행하였다. 이리하여 제2차 세계대전 이후 GATT의 자유무역체제의 확대를 위해 환율안정을 목표로 했던 브레튼우즈체제는 붕괴되고 말았다.

한편 변동환율제의 등장으로 국제통화제도는 금·달러본위의 금환본위제로부터 사실상의 달러본위제로 변화하였다. 이로써 미국은 금 보유에 제약되지 않고 자유로이 자국통화를 증발할 수 있는 토대를 확보하였다. 그 결과 1970년대 중반 이후에는 달러의 급속한 증발을 통해서 세계적인 인플레이션이 발생하는 메커니즘이 형성되었다.[8]

2. 오일쇼크

오일쇼크는 생산비를 대폭적으로 인상시킴으로써 원유생산에 크게 의존하

---

7) 1973년 1월 이탈리아는 2중환율제를 채택하고 스위스는 변동환율제를 도입하였다. 2월 초에는 서독이 대량의 달러를 매각하고 일본과 유럽의 주요국이 외환시장을 폐쇄하면서 달러의 10% 절하가 이루어졌다. 계속하여 2월 14일에는 일본이 엔화를 5% 절상하면서 변동환율제로 이행하였고, 3월에는 서독이 마르크를 3% 절상하자 EC6개국도 변동환율제로 이행하였다.

8) IMF통계에 의하면 이미 1970년대 초반에도 유동성이 대량으로 살포되고 있었다. 1970년 말 국제유동성은 926억 달러에서 1973년 초에는 1,792억 달러로 급증하였으며, 달러의 대외채무는 같은 기간에 3배로 늘어나고 있었다. 또 다른 자료에 의하더라도 미국 내에서 유통 중인 달러는 1970년의 2,200억 달러에서 1979년에는 3,600억 달러가 된 반면, 미국 밖의 은행이 보유한 달러자산은 1970년 1천억 달러에서 1979년 6,600억 달러로 급증하였다. 이 외에 독일 마르크화 및 스위스프랑화 등 이들 국가들 밖에서 2천억 달러 이상이 보유되고 있었다.

고 있던 세계경제를 물가상승과 경기침체의 함정에 빠뜨렸다. 외자계 석유회사에 대한 국유화와 원유가 인상을 불러일으킨 주요 동기의 하나는 선진국의 천연자원지배에 대한 반발로서 나타난 자원민족주의의 고양에 있다. 그러나 자원민족주의가 오일쇼크를 불러일으키도록 자극한 것은 국제통화체제의 동요, 즉 브레튼우즈체제의 붕괴였다.

Nixon에 의한 달러의 평가절하는 원유판매 대금을 달러로 축적하던 산유국의 불안을 현실화하였다. 제3세계의 국가들은 제2차 세계대전의 종결 이후 자국산 원유생산시설에 대한 감독통제권을 잇달아 강화했다. 이란(Iran)의 Mohammad Mossadegh(모사데크, 1880~1967)정권은 1953년에 전복되었지만 1951년에 영국과 이란의 석유회사를 국유화한 적이 있었다. 1950년대에 산유국들은 점차로 원유 수익의 절반을 분할하여 취득할 수 있었다. 그리고 산유국들은 1960년에 석유수출국기구(OPEC, Organization of Petroleum Contries)를 창설하였으며, 1960년대에는 베네수엘라(Venezuela), 쿠웨이트(Kuwait), 사우디아라비아(Saudi Arabia), 알제리(Algeria), 이라크(Iraq), 리비아(Libya) 등이 국영회사를 창설하였다. 또한 1970년에는 시리아(syria)가 송유관을 봉쇄하여 사우디아라비아산 원유의 수송을 방해한 적이 있었으며, 리비아는 배급을 감소시키고 자국의 원유생산을 증대하였다.

그러나 중동 산유국을 중심으로 한 석유수출국기구는 자원민족주의의 고양에도 불구하고 영향력을 행사하는 데에는 한계가 있었다. 실제로 제2차 세계대전 이후 세계의 원유생산 증가율은 연평균 15% 이상으로서 매년 세계 원유수요 증가율 7%를 크게 상회하였다. 이리하여 원유가격은 1920년대 1배럴당 12달러 80센트~13달러에서 1960년대 초에는 1달러 60센트까지 폭락하였다. 이것은 명목가격으로 1920년대의 8분의 1 내지 10분의 1로서 달러 구매력을 기준으로 하면 37분의 1 내지 40분의 1로 떨어진 것이었다. 또한 1970년대 초 산유국이 원유 1배럴에서 얻는 수입은 1949년 수준의 3분의 2수준에 지나지 않았다.

이러한 원유수입의 감소에 따른 불만과 달러의 평가절하는 1973년 10월 아랍과 이스라엘 간의 제4차 중동전쟁을 계기로 원유 생산시설의 국유화와 유가의 대폭적인 인상을 일으켰다. 전쟁이 발발하자 아랍제국은 원유를 무기로 하여 아랍적대국과 비우호국에 대한 압박전술로써 원유금수조치(禁輸措置)를 취했다.[9] 그러나 원유는 이들 국가들에게 유일한 보유자원이자 외화획득수단이었기 때문에 얼마가지 않아 이러한 조치는 중단되고 가격의 대폭적인 인상으로 전환되었다.[10] 아랍국가들은 원유가격의 결정권을 장악하고 가격을 일거에 4배로 인상하였다. 당시의 원유생산과 수출은 중동에 편재되어 있었기 때문에 가격인상은 쉽게 이루어졌다.[11] 원유 공시가격은 1973년 9월말 가격인상 직전 1배럴당 3달러 10센트에서 1974년 초에는 11달러 65센트로 올랐으며, 1979년 1월 초 제2차 오일쇼크 때는 13달러 40센트, 1980년 11월에는 32달러, 1981년 10월에는 사상 최고수준인 34달러로 급상승하였다. 이에 따라 산유국들은 막대한 오일머니(oil money)를 비축할 수 있게 되었다.[12]

　반면, 미국을 제외한 선진국 및 비산유국들의 경제는 일시에 혼란상태에 직면하였다. 현대산업사회에서 원유는 경제뿐만 아니라 군사정치적인 면에서도 매우 중요한 위치를 차지한다. 원유는 특히 석유화학공업이나 철강 등의 중공업, 비금속공업 분야뿐만 아니라 전후 호황을 누린 전자산업의 발달에 대해서도 원료 및 에너지자원으로서 가장 중요한 생산수단이다. 그러므로 원유 가격의 대폭적 인상은 세계경제를 급속한 인플레이션과 경제불황, 기업이윤율의 급락, 산유국과 비산유국 간의 국제수지의 불균형에 빠뜨렸다. 자본주의경제는 1973년의 제1차 오일쇼크 이후 심각한 경기침체와 물가인상이 동반되는 스태그

---

9) 1973년 10월 이집트의 기습으로 제4차 중동전쟁이 발발하자 같은 달 OAPEC(Organization of Arab Petroleum Exporting Countries: 아랍석유수출국기구. 1968년 쿠웨이트, 사우디아라비아, 리비아에 의해 창설, 그 후 카타르(Qatar), 바레인(Bahrain), 알제리, 이라크, 시리아, 이집트 등이 가입하여 10개국으로 구성됨)는 원유가격을 21% 인상할 것을 결의하고, 5% 이상의 원유공급제한과 아랍에 비우호적인 국가에 대한 원유금수조치를 결정하였다.

10) 미국의 원유공급회사들은 유가인상으로 오히려 이익을 보았다. 또한 미국의 기업들은 달러의 평가절하와 더불어 상대적으로 유리하게 원유를 공급받았기 때문에 유럽 및 일본에 비하여 경쟁력이 개선되는 효과를 얻었다.

11) 중동산 원유가 세계경제에서 중요한 위치를 차지한 것은 제2차 세계대전 이후이다. 중동산이 세계원유생산에서 차지하는 비중은 1938년 5.5%, 1946년 9.4%였는데 1973년에는 43.6%로 크게 증가하였다.

12) OPEC의 경상수지흑자는 1974년 한 해 동안 무려 약 6백억 달러에 달하였다.

플레이션(stagflation)의 딜레마에 휩쓸리게 되었던 것이다.

3. 스태그플레이션

1) 이윤율 하락

1950년대 및 1960년대 고도성장을 달성했던 선진자본주의국가들은 1970년 대의 오일쇼크 이후에 심각한 경기침체에 함몰되었다. 이 시기에 자본주의경제 는 성장률 둔화, 실업 증가, 구매력 감소 등의 심각한 경기침체를 겪게 되는데, 특히 경기침체와 인플레이션이 혼합되어 나타나는 스태그플레이션의 진행은 그 때까지 자본주의경제가 전혀 겪은 바가 없던 현상으로서 각국의 정책담당자와 경제학자를 크게 당황시켰다.

유가인상으로 각국의 물가상승률은 일제히 두 자리 수를 기록하였고,[13] 비 산유국의 국제수지는 악화되었다. 각국에서는 물가를 잡기 위해 총수요억제정 책을 채택하였지만 물가상승은 꺾이지 않았으며 오히려 투자위축과 실업증가로 인하여 성장률은 마이너스로 떨어졌다. 한편 원유가격의 인상으로 막대한 수입 을 획득한 산유국에서는 수입증대분을 자본재 및 소비재 특히 무기 등의 구입 에 사용하였으나 그 대부분은 지출되지 않고 오일머니의 형태로 축적되었다. 따라서 산유국의 수입증가가 세계시장에서 차지하고 있던 선진국의 투자 및 소 비의 축소를 충당하기에는 역부족이었다.

그런데 1970년대 중반 이후의 경기침체는 오일쇼크를 직접적 계기로 한 것 이지만 실제로 위기의 요소는 이미 1960년대의 번영기부터 잠재되어 있었던 것 으로 파악된다. 즉 1960년대에 선진자본주의 경제에는 자본축적을 저해하는 여 러 가지 요인이 점차 성장하고 있었던 것이다. 그것은 이윤율의 하락으로 나타 나고 있었다.

주요 자본주의국가에서 이윤율의 하락은 호황을 지속하던 1960년대부터이 다. 즉 영국, 독일, 미국 등에서는 1960년대 초 혹은 1960년대 후반부터 대체로

---

13) 1974년부터 1978년까지 유가는 대체로 공산품가격을 뒤따랐지만, 제2차 오일쇼크기인 1979 년과 1980년에는 유가가 훨씬 빠른 속도로 상승하였다.

이윤율이 저하하고 있었으며, 예외적이었던 일본조차 1970년대 초에는 이윤율의 감소를 경험하고 있었다. 이와 같이 1960년대에 잉여가치의 생산 및 실현을 잠식한 요인은 다음과 같은 사실에 기인하고 있다.

첫째, 노동운동의 확산이다. 1960년대 노동운동의 강화는 주요국에서 실질임금을 적지 않게 인상시켰다. 물론 임금노동자의 소득증대는 구매력을 증대하여 자동차 등의 내구소비재 부문을 중심으로 시장수요를 확대하고 호황을 유지하는 기능을 수행하였지만, 노동운동의 열기는 기업의 수익성을 점차 잠식해들어갔다. 뿐만 아니라 노동강도의 강화와 산업재해, 단편적이고도 반복적인 일관작업공정에 대한 불만으로 폭동과 파업이 속출하였으며 이것은 전문직 노동자와 사무직 노동자에게도 영향을 미쳤다. 결근율(缺勤率)과 전직률(轉職率)도 크게 상승하여 기업경영을 압박하였다.

둘째, 수질오염, 대기오염으로 생존이 위협받고 특히 중금속에 오염된 동물과 기형아의 출산 등은 사회문제화되었다. 오염과 공해에 대한 비난 때문에 기업들은 공해방지시설 설치를 위해 추가적으로 비용을 지출하지 않을 수 없었다.

셋째, 기업제품의 수명과 질에 대한 주의를 촉구하는 소비자운동이 일어났다.

넷째, 무엇보다 중요한 것으로 소비수요의 한계가 점차 드러나고 있었다는 점을 지적해야 한다. 즉 선진국에서 소비생활이 비약적으로 향상된 결과, 호황의 주도 업종이었던 가전제품과 같은 내구소비재와 주택부문의 수요가 정체되기 시작했다. 기업은 제품을 보다 고급화함으로써 이에 대처하려 하였지만(예를 들면 흑백TV를 대신한 컬러TV) 충분한 수요를 환기시키기에는 역부족이었다.

다섯째, 1960년대에는 생산부분에서 자본집중이 빠른 속도로 진행되었다. 미국에서는 1960년대 초에 매년 약 1천 건의 기업합병이 일어났는데,[14] 1962년에는 100대 기업이 공업생산의 58%를 차지하였다. 프랑스에서는 1950~1960년 사이에 850건, 1961~1971년간에 2천 건 이상의 기업합병이 진행되었다. 서독에서도 집중이 진행되어 1973년 3대 은행의 대표가 독일기업감독위원회에서

14) 당시 금융 및 산업재벌로서 스탠더드오일, 모빌, 텍사코(Texaco), 걸프(Gulf)는 석유를 지배하였고, 제너럴모터즈·포드·크라이슬러는 자동차, 제너럴일렉트릭·웨스턴 일렉트릭은 발전분야, IBM은 컴퓨터, ITT는 전송을 지배하였다.

324개의 권한을 확보하였다. 자본 및 생산집중을 달성한 기업들은 1인당 자본
장비율을 제고하는 고급생산설비를 장착함으로써 생산성을 현저히 향상시켰다.
그러나 소비수요의 포화와 경쟁의 격화로 인하여 수익률을 회복하기가 쉽지 않
았던 것으로 보인다.

이와 같이 선진국에서는 1960년대에 비용증가, 시장포화, 경쟁격화 등으로
이윤율이 하락하고 불황의 기저가 깔리는 가운데 오일쇼크에 의하여 결정타를
맞았던 것이다.

2) 인플레이션

물가는 이미 1960년대에 완만하게 상승압박을 받고 있었다. 선진국에서는
장기호황으로 수급에 핍박이 생겼을 뿐만 아니라 달러의 대량유통에 따른 과잉
유동성, 이에 따른 각국에서의 신용의 확대, 완전고용과 총수요를 높은 수준으
로 유지하기 위한 확장적 재정금융정책, 노동생산성을 상회하는 임금인상 경향
과 일반물가의 상승[15] 등의 요인에 의해 이미 세계적인 규모로 인플레이션이
진행되고 있었다.

미국의 경우를 보면, 1960년대 초반에는 미미하게 상승하던 물가(1965년까
지 매년 2%)가 1965년 이후에는 매년 약 5% 정도로 상승했다. 여기에 1970년대
들어와 금 보유의 제약에서 벗어난 달러증발(增發)과 다국적 은행들의 신용창
출, 그리고 무엇보다도 1973년 OPEC에 의한 석유가격의 대폭적 인상 등이 이
미 진행 중에 있던 세계적 인플레이션을 가속하였다. 이에 따른 국제적 투기 또
한 성장을 제약하는 요인으로 작용하였다.[16]

유가인상 이후 미국, 일본, 독일 등 주요 선진국은 곧바로 강력한 인플레이
션억제책을 시행하였기 때문에 1976년경에는 OECD(Organization for Economic

---

15) 전후의 고도성장을 주도한 중화학공업 부문은 생산성 상승률이 높았던 반면, 농업과 서비스
업은 그렇지 못하였다. 그럼에도 임금의 성장률이 높은 부문을 따르는 경향 때문에 물가는
전반적으로 상승하였다.

16) 이 외에도 경제성장을 제약한 요소로서 정치적 불안과 군사적 분쟁을 들 수 있다. 즉 베트남
을 중심으로 하는 동남아시아, 중동, 중남미, 폴란드 등의 동유럽, 이란－이라크전쟁, 포클랜
드분쟁(Falkland Islands War) 등으로 정치적 불안이 증대되었다.

[표 12-2] 주요 선진국의 물가인상률(%)

	1950~59		1960~69		1970~79		1980~83	
	도매	소비자	도매	소비자	도매	소비자	도매	소비자
미국	1.9	2.1	1.2	2.3	8.3	7.1	6.6	8.3
영국	3.6	4.2	2.7	3.5	13.0	12.5	9.2	10.8
서독	1.8	1.1	1.2	2.5	4.9	4.9	5.7	4.9
프랑스	6.1	6.6	2.6	3.9	8.6	8.9	11.5	12.1
이탈리아	0.1	2.7	2.0	3.8	14.1	12.2	15.3	18.0
일본	5.9	3.1	1.0	5.5	6.2	9.0	4.7	4.4

자료: 일본은행, 『국제비교통계』.

Coorperation and Development, 경제협력개발기구) 가맹국의 평균 물가인상률은 한자리 수로 떨어졌다. 그럼에도 1978년 물가상승은 8.5%로서 1960년대 평균치의 거의 3배에 달하였다. 한편 1970년대 일본을 제외한 선진국의 경제성장은 2~4% 정도에 지나지 않았고 제2차 오일쇼크가 지나간 1980년대 초반에는 0.5% 내지 1%대로 더욱 악화되었다(제11장의 [표 11-3]을 참조). 실업자는 1977년 말 OECD 전체적으로 1천 6백만 명 이상, 제2차 오일쇼크 직후인 1980년 초에는 2천만 명 이상을 헤아렸다.

이렇게 볼 때 1970년대의 경제위기는 본질적으로 축적운동 그 자체가 축적을 제약하는 장애물을 만들어내는 모순으로부터 발생한 것이었다. 크게 보면 자원민족주의도 자본주의적 성장과정에서 빚어진 누적된 모순의 발현이라 하지 않을 수 없을 것이다. 즉 1970년대의 스태그플레이션과 1980년대의 저성장은 1960년대 후반에 여러 요인에 기인한 이윤율저하와 선진국 간의 불균등성장, 국제통화체제의 동요 및 오일쇼크 등 일련의 연관된 사건들에 의해서 빚어진 산물이었다.

1970년대에 불어 닥친 스태그플레이션은 쉽사리 극복되지 않았다. 수출경쟁이 치열하게 전개되는 가운데 대부분의 국가는 자국산업을 보호하기 위하여 수입을 억제하는 보호주의적 입장으로 선회하였기 때문에 무역마찰이 빈발하기 시작하였다. 특히 최대의 무역국인 미국이 이를 주도함으로써 세계경기의 회복을 지연시키는 결과를 초래하였다.

　이러한 사태에 대하여 각국의 정책당국이나 경제학자들은 대내적으로 주류 경제학, 즉 Post Keynesian의 총수요관리정책정책으로 스태그플레이션에 대처하고자 하였지만, 이는 유효한 거시경제정책이 되지 못하였다.[17] 미국의 경우, 1976년 Jimmy Carter(1924~, 재임: 1977~1981) 행정부는 성장촉진책을 실시하였지만, 소기의 목적을 달성치 못하고 물가상승을 억제하는 데 실패하였다.[18] 이리하여 1970년대 후반부터 Keynes학파에 대한 비판이 높아지는 가운데 정부의 역할을 비판하는 보수주의적 경제학이 점차 확산되었다.

제 2 절　사회주의의 붕괴

　제2차 세계대전 이후 세계는 미국을 중심으로 하는 선진자본주의와 구소련을 축으로 하는 사회주의권, 그리고 제3세계의 세 그룹으로 나뉘어졌다. 이 중 전후세계의 정치경제를 기본적으로 규정한 것은 미국과 소련을 중심으로 한 양 체제 간의 대립이었다. 전후 사회주의는 소련으로부터 중동부유럽과 아시아지역 등으로 확대되면서 자본주의에 대한 우월성을 실증하는 것 같았다. 그러나 동유럽 사회주의는 1989년 12월 몰타(Malta)에서 George H. W. Bush(1924~, 재임: 1989~1993) 미국대통령과 소련 공산당 서기장 Mikhail Gorbachev(1931~, 대통령 재임: 1990~1991)이 만나 "냉전을 지중해에 묻었다"고 한 미소정상회담이 끝나자마자 급속하게 붕괴하였다. 동유럽 사회주의의 붕괴는 그 자체로서만 끝나지 않았다. 그 여파는 지구상에 남아있는 나머지의 사회주의국가와 제3세계에 충격을 주면서 이들의 대외정책과 경제정책의 방향전환에 커다란 영향을 미쳤다.

　냉전체제는 양 체제 간의 대등한 입장에서의 화해가 아니라 체제경쟁에서

---

17) 급속히 경제환경이 변화함에도 불구하고 경제이론이 제대로 대처하지 못하는 상황에 대해 영국 경제학자 Joan Robinson 여사(1903~1983)는 이미 1971년 미국경제학회 제84차 총회에서 "경제학의 제2의 위기"라고 언급하였다.

18) Carter 정부는 1976년부터 생산성의 향상을 통해서 물가를 안정시키고자 하는 성장촉진책을 실시하였다.

한 쪽이 일방적으로 패배함으로써 끝났다. 동유럽 사회주의 특히 소련 몰락의
직접적 계기는 1980년대 Ronald Reagan 미국대통령(1911~2004, 재임: 1981~1989)
의 군사력강화에 역점을 둔 정책에 있다. 전략방위구상(SDI, Strategic Defense
Initiative, Star Wars)으로 대변되는 군사력을 바탕으로 한 미국경제력의 회복정책
은 소련의 군사비부담을 강화함으로써 패배와 동유럽 사회주의의 몰락을 초래
하였다.

　　미국의 Reagan 대통령은 1981년 8월 중성자탄을 비축하겠다고 선언하고
1982년 11월에는 전략무기감축협정(SALT, Strategic Arms Limitation Treaties)을 위
반하고 MX미사일(Missile Experimental) 체제를 발표하였으며, 1983년에는 전략
방위구상을 선언했다. 소련은 일찍이 1974년에 군비경쟁에 착수했지만 그럴 만
한 여유가 많지 않았다. 제2차 세계대전 이후 소련의 군사비 지출은 소련 재원의
무려 30~40% 가량을 차지했다. 이는 미국이 군사비에 지출한 비율의 4~5배에
해당하는 것이었다. Reagan 대통령은 검증 가능한 핵무기 협정이 없다면 군비
경쟁이 가속화할 것이며 군비 경쟁이 계속되는 한 미국이 승리할 것이라고 했
다. 이러한 정책이 공산주의 체제에 부담을 가중시킨 것은 의심의 여지가 없
다.19) 그러나 자본주의에 강력하게 대응하던 사회주의가 그토록 급작스럽게 붕
괴한 근본원인은 자본주의국가와의 경쟁에 의한 체제 외적 압력보다는 체제 내
의 여러 모순과 한계가 작용했기 때문이다.

　　1930년대 Stalin 통치하에서 수립된 중앙집권적 계획경제체제는 제2차 세계
대전 이후에 중동부 유럽에 확대되어 생산력의 비약적 향상과 경제적 후진성
극복에 크게 기여하였다. 그러나 동유럽 국가군이 1950년대 후반에 이르기까지
달성한 생산증가는 생산의 질적 측면보다는 생산물의 양적 확대를 추구하는 외
연적 생산체제의 발전에 지나지 않았다. 앞의 제11장 제4절에서 이미 지적한
것처럼 당시의 생산증가는 유휴자원과 잉여노동력의 증가에 주로 의존하는 것
이었다. 그 결과 생산력을 비약적으로 향상시켰던 사회주의적 통제경제는 오히

---

19) 소련은 전략방위구상이 탄도탄요격미사일협정(Anti-Ballistic Treaty)을 위반했다고 항의했
　　는데, 이 주장은 근거가 있다고 한다. Tony Judt, *Postwar: A History of Europe Since 1945*
　　(조행복 옮김, 포스트워 1945~2005, 제2권, pp.969-970.

려 경제발전의 장애요인으로 작용하였다. 경제적 후진성이 어느 정도 극복되고 규모가 커지자 통제경제체제는 더 이상 맞지 않게 된 것이다. 더욱이 일당독재 체제하 관료주의의 경직성과 만연된 부패는 사회주의적 생산효율을 현저히 저하시키고, 새로운 생산기술이 생산현장에 도입되는 것을 쉽게 허용하지 않았다. 비록 새로운 기술체계가 마련된다 하더라도 그것이 초래할 노동강화와 고용감소의 우려 때문에 생산현장에는 정작 파급될 수 없었다. 이에 대해 당국에서는 1960년대 초에 이윤동기를 부분적으로 인정하는 Lieberman방식이나 사회주의적 자주관리제 등을 도입하거나, 심지어 1970년대 Leonid Brezhnev(1906~1982) 치하에서 근무시간 중의 노동자이탈을 단속하는 등 온갖 노력을 기울였지만, 생산성향상에는 그다지 성과를 거두지 못하였다. 이같이 사회주의적 생산체제가 한계를 드러낸 것은 경제효율을 중요시하는 시장기구의 역동성이 결여되었기 때문이다. 경쟁의 결여와 기회비용을 무시한 생산체계의 운영으로서는 생산성과 생산물의 질적 향상을 달성할 수 없었던 것이다. 이 때문에 소련에서는 1986년에 개인노동활동법으로 제한적이나마 소규모 사기업이 허용되었지만 이들이 생산한 제품에 대한 소비자는 거의 없었다. 그 3년 뒤에 사업가는 소련 전체 인구 2억 9천만 명 중에서 겨우 30만 명에 지나지 않았다.[20]

　　1970년대 중반 이후 진행된 자본주의의 심각한 경기침체에 대해서 사회주의권과 일부의 정치경제학자들은 자본주의의 전반적 위기 혹은 일반적 위기가 도래하였다고 주장하고 사회주의체제의 우월성을 주장하였다. 그러나 국제금융체제가 1973년에 고정환율제에서 변동환율제로 이행하고 1970년대에 서유럽 국가들이 스태그플레이션에 시달리던 시기에 동유럽 국가들은 서유럽보다 오히려 크게 뒤쳐졌다. 코메콘 국가들의 국제무역은 1963년에 전 세계무역의 12%를 차지했지만 1979년에는 9%에 지나지 않게 되었고 그마저 빠르게 축소되고 있었다. 사회주의 국가는 사회주의 건설에 필요한 초보적인 산출에만 집중한 탓에 1960년대와 1970년대에 서방 경제를 일변시킨 고부가가치 생산으로 전환할 기회를 놓쳤다. 러시아를 제외하고 동유럽 국가 중에서 산업이 가장 발전했다는 동독(German Democratic Republic, 독일민주공화국)은 1989년 인구 1,600만

---

20) 위의 책, p.976.

명이었음에도 컴퓨터 시장에서 그다지 국제경쟁력이 강하지 않은 인구 750만 명의 오스트리아 생산의 50분의 1에 지나지 않았다. 동독은 세계시장에서 더 좋은 제품을 더 낮은 가격에 구매할 수 있음에도 구태여 국내산 구입에 수백만 마르크를 허비하고 있었다. 체코슬로바키아(Checoslovakia)는 1981년 1인당 강철 수출이 세계 제3위였지만 생산비용 이하로 판매했다. 실질비용과 시장가격을 무시한 고정가격제도 때문에 생산성 향상을 기대하기란 불가능했으며, 모든 관리자들은 총생산량이 감소하는 것을 두려워하여 혁신을 두려워했고 또한 이들에게는 전혀 동기가 부여되지도 않았다. 트랙터 공장이나 트럭 제조회사는 예비 부품을 충분히 준비하려 노력하지 않았고 공식 통계에는 종류에 상관없이 생산된 기계의 전체 숫자만 기록되었다.

착취가 없는 공유를 사회주의의 강점이라고 선전했지만, 역설적으로 소유의 부재로 부패는 줄기는커녕 오히려 늘어났던 것으로 파악된다. 의료, 생필품, 교육기회 등 기본적 필요를 충족하는데도 뇌물이 오가는 부패가 만연했다. 1980년대의 공산주의 경제에서 상대적으로 효율적으로 작동한 부문은 유일하게 첨단기술 방위산업과 흔히 2차 경제라고 일컫는 상품과 서비스의 암시장에 지나지 않았다. 1960년대 말부터 1980년대 초까지 Brezhnev 집권기에 일반 국민에게는 특별한 테러나 억압이 없었음에도 생활은 정체했고 활력을 상실했다. 이 시기 공산주의 사회에서는 일인당 주류 소비량은 4배가 늘었다고 한다. 1979년 3월 기본 식품 한 바구니(소시지, 우유, 감자, 야채, 차, 맥주 등)를 얻는데 워싱턴(Washington)에서는 12.5시간을 일하면 되고 런던에서는 21.4시간이 필요했지만, 모스크바(Moscow)에서는 많은 보조금에도 불구하고 42.3시간을 일해야 했다. 소련은 이미 1960년에도 곡물 순수입국이었는데 1970년부터 1982년 사이에만 식량 수입이 세 배로 증가했다. 이와 같은 소비생활의 정체는 당연히 민심을 이반시켰다.

소련의 원유를 빼면 국제시장에서 사회주의 생산품은 전혀 팔리지 않았다. 동유럽 사회주의 국가들은 부족한 재원을 IMF와 IBRD 및 민간은행들로부터 거액을 자금을 빌려서 충당했는데 체코슬로바키아는 1970년대에만 경화(硬貨) 채무가 12배가 늘었고 폴란드는 약 3배가 증가했다. 1986년 헝가리(Hungary)의 공식적인 경상수지 적자는 14억 달러였다. 동유럽 전체의 경화 채무는 1971년 61억 달러에서 1980년 661억 달러로 늘었다. 소련은 주요 수출품인 원유의 국제가격이 1970년대 말에 최고가를 경신한 후 하락하면서 외채가 1986년 307억 달러에서 1989년 540억 달러로 급증하였다.

돈을 빌린 국가들은 생산 혁신에 자금을 투입하지 못하고 대부분을 이자지불과 소비자금 보조나 소비재 수입에 충당했다. 사태가 지경이 된 기본 원인은 중앙화된 계획경제에 있었다. 사회주의 국가들은 서방의 공업경제와 질적인 측면에서 경쟁할 수 없었을 뿐만 아니라 개발도상국들과도 경쟁이 불가능했다.[21]

한편, 사회주의국가에서도 새로운 기술 및 생산체계가 급속하게 구축되고 있음을 충분히 간파하고 있었다. 1988년 국제적 공산당기관지『세계마르크스주의평론』창간 30주년을 기념하는 자리에서 소련대표 A. Dobrynin은 "새로운 기술혁명이 시작되고 있으며, 그것은 컴퓨터공학과 로보트관련지식의 완전한 습득을 요구한다. 따라서 … 우리는 노동계급 또한 재구성해야 한다. 모든 인간적 이익이 계급적 이익에 우선한다."[22]라고 언급한 바 있다. 그러나 동유럽 사회주의는 이에 적응하지 못하고 몰락하였다. 즉 동유럽 특히 소련은 고도첨단기술(예를 들면 군사기술이 대표적이다)을 갖추고 있음에도 불구하고 민수 부문의 대중생산에 적용하지 못하고 광범한 불만을 일으켰던 것이다.[23] 이것 역시 자본주의 시장기구의 역동성이 결여되어 지식정보화와 정보통신기술의 진전에 적극적으로 대응할 수 없었던 계획경제체제의 경직성에 원인이 있으며, 냉전에서의 패배도 기본적으로 여기에 기인하는 것을 의미한다. 현재와 같이 다품종소량생산체제를 통해 소비자의 다양한 욕구충족을 지향하는 과학기술혁명시기에 생산과 분배를 일원적으로 처리하는 중앙집권적 생산체제는 적응할 수 없었다고 하겠다.

---

21) 위의 책, pp.947-955, p.975.
22) Zbigniew Brgezinski, *The Grand Failure: The Birth and Death of Communism in the Twentieth Century*(New York: Charles Scribner's Sons, 1989), pp.190-191.
23) 동서유럽은 지리적으로 매우 근접해 있기 때문에 TV 등의 언론매체를 통한 서유럽의 경제상황, 풍요한 사회에 대한 끊임없는 정보전달은 대중의 불만을 폭발시키고, 체제개혁을 추진하도록 압력을 가하였다.

1989년과 1990년에 걸쳐서 동유럽 각국의 공산당은 거의 몰락하였으며 사
회주의경제체제도 붕괴하였다. 이렇게 고유한 한계 때문에 붕괴한 사회주의는
새로운 변신을 시도하여 시장경제를 도입했다. 1985년 페레스트로이카(Perestroica＝
개혁)와 글라스노스트(Glasnost＝개방)의 기치 아래 등장한 Gorbachev 정권은 1990
년 2월 공산당 일당독재를 포기하고 시장경제를 도입할 것을 결정하였다. 그러
나 Gorbachev의 공산당은 1991년 8월의 쿠데타실패를 계기로 해체되었으며,
곧 이어 소비에트연방도 해체되어 독립국가연합(CIS, Commonwealth of Independent
States)으로 바뀌고 말았다. 흥미있는 사실은 Daniel Bell(1919~2011)이 지적한
것처럼 첨단전자기술에 기초한 국제통신망의 확산이 소련사회주의의 몰락에 결
정적으로 기여했다는 점이다. 즉 Gorbachev 집권 말기에 쿠데타세력은 TV방송
국과 전화국을 먼저 인수하였지만, 렐콤(Relcom)이란 러시아컴퓨터통신망과 인
터넷이 접속되어 쿠데타 저지에 중요한 역할을 수행하였다.[24) 헝가리, 체코슬로
바키아, 동독뿐만 아니라 루마니아에서조차 통신수단과 텔레비전 방송이 국민
들의 봉기를 성공으로 이끄는 데 적지 않은 역할을 했다. 공산주의는 실로 통제
그 자체로서 경제의 통제였으며 지식의 통제였고 운동과 여론과 인간의 통제[25)
였기 때문에 정보에 대한 통제권과 독점권이 소실되자 몰락하지 않을 수 없었
다 하겠다.

한편, 전후 소련의 영향력 아래 놓여있던 여타의 동유럽 사회주의국가에서
도 정치적으로 사회주의정권이 붕괴하고 의회민주주의로 전환하였으며, 사유화
와 시장경제의 도입을 전면적으로 허용하는 체제개혁을 수행했다. 2013년 현재
EU 가맹국 28개국 중에서 사회주의국가였던 불가리아, 체코, 슬로바키아, 크로
아티아, 에스토니아, 헝가리, 라트비아, 리투아니아, 폴란드, 루마니아, 슬로베니
아의 11개국이 가맹국으로 등록하고 있다.

---

24) 인터넷은 원래 1969년 미국방부 첨단연구프로젝트(DARPA)가 대학과 연구소, 군부대 간에
   정보교환을 위해 창설한 컴퓨터정보망이다. 1985년 미국 과학재단이 이 시스템에 슈퍼컴퓨
   터와 광섬유를 이용하여 통신속도를 획기적으로 개선하였으며, 현재인터넷을 통해서 60여
   개국의 과학자들이 연구결과를 교환하고 있다고 한다. 다니엘 벨 특별기고<하>, 조선일보,
   1995. 3. 16.
25) 위의 책, p.977.

제 3 절	제3세계의 쇠퇴

  비동맹회의를 모태로 1964년 창설된 UNCTAD는 남북문제를 중점적으로 다루었다. 개발도상국들은 UNCTAD를 무대로 공통의 목표인 공업화를 위해 선진국의 협력과 원조를 지속적으로 요구하였다. 그 결과 1960년대에는 개발국상국에게 금리인하, 상환기간의 연장,[26] 증여확대[27] 등을 포함하여 1백억 달러 이상이 원조되었다. 그렇지만 성장의 혜택을 입은 나라는 소수에 지나지 않았다. 1인당 실질GDP 성장률을 보면, 1960년대에 선진국은 연평균 4.1%이었던 데에 비하여 개발도상국은 3.5%에 지나지 않았다. 특히 후발개도국(LLDC, Least Less-developed Countries)의 1인당 소득은 선진국에 비하여 1950년대에는 24분의 1이었던 것이 1960년대에는 30분의 1로 떨어졌다.[28] 이와 같이 UNCTAD는 1960년대를 개발의 10년으로 규정하였고 제3세계도 경제문제의 해결에 전력을 질주하였지만, 대부분의 개발도상국에게는 좌절의 시기였다.

  1970년대에는 남북 간의 대립이 더욱 첨예하게 전개되었다. 1971년 페루(Peru)의 리마(Rima)에 모인 제3세계의 대표들은 1960년대의 실패를 거울삼아 결속을 새로이 다짐하면서 선진국에 대한 대립적 자세를 강화하였다.[29] 선진국과 후진국의 대립은 1970년대에 자원민족주의를 더욱 강화시키고, 이를 바탕으로 신국제경제질서(New International Economic Order: NIEO)를 형성하려는 노력을 전개하였다. 자원민족주의가 보유자원에 대한 통제권의 확립을 통해서 선진국의 자원국제주의에 대항하고 남북문제의 해결을 지향한 것이라면, 후자는 이 자원민족주의를 국제적 수준에서 강화하고자 한 것이다.[30]

---

26) UNCTAD의 원조는 증여적 요소뿐만 아니라 민간투자를 포함하는 자금흐름을 모두 포함한다.
27) 1972년 산티아고에서 열린 제3차 총회에서는 증여의 성격이 강한 정부개발원조(ODA)가 제기되어, 이를 GNP의 0.75%로 할 것을 결의하였다.
28) 土屋六郎, 『戰後世界經濟史開設』, p.223.
29) 제3세계는 1971년 국제통화체제의 동요와 보호주의적 경향으로 발전도상국에 대한 선진국의 협조적 노선이 변화할 것으로 예상하고 경제적 자립화노선을 강화하였다.
30) 자원민족주의와 신국제경제질서에 대한 자세한 내용은 김호범·이해주, 『신경제사개설』, pp. 511-516.

자원민족주의의 고양을 계기로 1970년대 전반까지 강력한 연대를 유지하던 제3세계는 그러나 이후에 서서히 결집력이 약화되고 발언권도 축소되었다. 그 배경을 정리해보면 다음과 같을 것이다.

첫째, 선후진국 간의 격차가 1980년대에 들어서 더욱 확대되었다. 예를 들면, 후발개도국의 1인당 국민소득은 1960년대 30분의 1에서 1980년대에 41분의 1에 지나지 않게 되었다. 세계은행 보고서에 따르면, 개발도상국의 외채잔고는 오일쇼크 이후 눈덩이처럼 불어나기 시작하여 1983년 말에는 무려 8천 1백억 달러를 넘었다.

자원민족주의가 강화된다고 해서 일방적으로 선후진국간의 차이가 줄어드는 것도 아니었다. 오일쇼크가 발생한 초기에는 유가의 대폭적인 인상에 크게 고무되어 다른 제1차 산품 분야에서도 자원민족주의가 강화되었지만, 원유 이외의 생산자원은 그 중요성이나 대체가능성, 지역적 공급조건 등의 면에서 불리하여 국제카르텔을 결성해도 영향력을 발휘하지 못하였다. 오히려 오일쇼크는 장기적으로 불황을 심화시키고 1970년대 시작된 과학기술혁명에 따른 에너지 절약형산업의 발전을 자극함으로써 제1차 산품의 수요와 가격을 떨어뜨리는 요인으로 작용하는 측면이 있었다.[31] 제3세계가 주로 제1차 산품의 수요확보와 가격안정에 관심을 기울여 생산효율을 획기적으로 증대시키는 데 실패한 동안, 선진공업국은 지식집약적이고 정보집약적인 기술적 패러다임을 창출함으로써 새로운 변화와 발전의 단계로 들어섰다. 선진국 중에서 가장 빠른 경제성장을 달성한 일본이 공업생산의 급속한 증가에도 불구하고 원료와 에너지의 소비증가가 크게 없었던 점은 이에 대해 시사하는 바가 매우 크다 하겠다.

둘째, 사회주의체제가 붕괴한 데에 크게 기인한다. 중앙집권적 계획경제 1980년대 말부터 붕괴되고 냉전이 종식되자, 양 체제의 대립을 이용하여 국제적 협조와 양보를 요구하던 제3세계의 발언권이 약화된 것이다.

셋째, 제3세계의 분열에 따른 결집력의 약화이다. 1970년대 이후 개발도상

---

31) 제1차 산품의 시장상황을 나타내는 대표적 지표인 로이터지수(Reuter' Index of Community Prices)는 1971년 가을의 수치를 바닥으로 1974년 초에는 약 3배까지 상승하여 정점에 도달하였지만 1975년에는 하락세로 전환하였다. 그 원인은 오일쇼크 때문에 세계적 불황이 확대하여 제1차 산품의 수요가 감소하였기 때문이다.

국 간에 진행된 격차와 불평등의 심화(이른바 南南問題)는 이해관계의 불일치를 초래하였다. 경제적 격차는 먼저, OPEC와 나머지 국가 간에 나타났다. 제1차 오일쇼크를 계기로 원유가격에 대한 결정권을 획득한 OPEC는 막대한 오일머니를 보유하게 된 반면, 비산유 개발도상국들은 국제수지가 악화되었다. 당시 쿠웨이트, 리비아, 사우디아라비아, 카타르 등은 1인당 GNP가 선진국을 앞질렀다. 오일쇼크는 다른 생산자원 보유국에 대해서도 자원민족주의를 자극하여 감독 및 지배권을 강화하는 조치를 취하도록 유도하였다. 그러나 원유에 비해 여타 생산자원은 그 중요성이 떨어지고 대체자원의 개발가능성도 훨씬 높기 때문에 산유국과 비산유 개발도상국 간에는 갈수록 경제적 차이가 벌어질 수밖에 없었다. 더욱이 오일쇼크로 인한 세계불황으로 제1차 산품의 수출이 감소함으로써 비산유국의 국제수지는 더욱 악화되었다. 자원빈국의 경우는 더 말할 나위도 없었다.

개발도상국 간에 격차가 나게 된 또 다른 배경은 1970년대 후반에 등장한 NICs이다. 즉 유럽의 스페인, 포르투갈, 그리스, 유고슬라비아, 중남미의 멕시코, 브라질, 동아시아의 한국·대만·홍콩·싱가포르 등의 선발개도국(혹은 신흥공업국가군)의 급성장이 그것이다. 이 중에서도 아시아의 신흥공업국가군은 수출지향적 공업화를 통해서 눈부신 성장을 달성했다. 뿐만 아니라 그동안 제3세계 비동맹회의의 일원으로서 커다란 영향력을 행사하던 중국조차 자본주의 국가로부터의 외자도입에 의한 경제건설에 적극적으로 나서 고도성장을 이룩하고 있다. 이에 비해 사하라사막 이남의 아프리카, 남아시아에 집중 분포되어 있는 후발개도국과 최빈국은 내전과 농업부진 등으로 기아선상을 헤매었다. 이와 같은 개발도상국 내 경제력의 격차는 제3세계의 분열을 조장하였다. 분열의 예는 제2차 오일쇼크[32] 때에 잘 드러난다. 1979년 마닐라(Manila)에서 열린 제5차 UNCTAD 총회에서 남미의 비산유국은 상호의존의 의제하에 에너지문제를 토의하도록 요구하면서 OPEC와 정면으로 대립하였으며, 같은 해 하바나(Habana)에서 개최된

---

32) 제2차 오일쇼크는 이란에서 팔레비정권을 무너뜨린 이른바 회교혁명으로 이란의 석유수출이 중단되자 공급부족으로 유가가 급등한 것을 계기로 일어난다. 수차례에 걸쳐서 가격이 30달러대로 올랐기 때문에 제1차 쇼크에 못지않은 충격을 주었다.

제6회 비동맹수뇌회담에서도 특별구제조치와 에너지문제의 UN총회 상정이 제안되어 의견이 대립되었다.

이상에서 살펴본 바와 같이 새로운 과학기술혁명을 주도해 간 선진국과의 기술적·경제적 격차, 동유럽 사회주의의 몰락, 제3세계 결집력 약화 등은 제3세계의 교섭력에 손상을 입히게 되어 오늘날 남북문제가 세계의 주요 관심사에서 벗어나게 되는 배경이 되고 말았다.

제13장

오늘의 세계경제

13 오늘의 세계경제

제1절 신자유주의시대와 세계화

오늘날 세계경제의 특징 중의 하나는 세계화와 상호의존의 심화라고 할 수 있다. 세계화와 상호의존의 핵심은 자본의 국제적 이동이다. 자본의 세계화는 다국적기업(multinational corporation) 및 은행을 비롯한 금융자본의 투자를 통해서 이루어지고 있다. 다국적기업은 자본이동과 직접투자를 통하여 세계 각지에 생산기지를 만들기도 하고 당해지역의 산업을 공동화시키기도 한다. 다국적기업이 다른 지역에 투자하는 것은 현지의 생산원료나 풍부한 노동력을 이용하기 위한 것도 있지만, 진출한 지역의 시장 판매를 목적으로 한 것도 있고 단순히 경영상의 지배권을 확보하기 위한 것도 적지 않다. 어떤 경우든 다국적 기업은 세계 각지에 수많은 생산공장을 가지고 지역의 인력을 고용하게 된다. 예전에는 이를 경제적 착취로 비난했지만 오늘날은 대체로 고용의 창출로 인식하고 환영하고 있다. 생산기지의 이동을 통해서 다국적화하고 있는 것은 거대기업뿐만이 아니다.

중소규모의 기업도 현지의 생산자원이나 시장상황이 유리하다고 판단되면 신속하게 입지를 변경하고 있다. 국제적으로 자본의 이동이 극도로 자유로워지고 있기 때문이며, 역으로 그렇기 때문에 시장을 잠식당하지 않기 위해서는 전 세계를 생산·판매시장으로 삼지 않을 수 없다. 이렇게 경쟁이 격화되기 때문에 거대기업일지라도 변화하는 상황에 재빨리 적응하지 못하면 도산의 위기에 처한다.

거대은행을 비롯한 금융기관들은 세계적으로 형성된 전산망을 통해서 전 세계 1년 교역액보다 훨씬 많은 자금을 매일 유통시킨다. 달러의 태환정지 이후 과잉유동성의 범람은 파생금융상품과 헷지펀드와 같은 투기자본을 양산하였다. 이들 금융자본들은 교역의 자유화를 지향하는 WTO와 같은 국제적 협약을 바탕으로 장벽 없는 이동의 자유화를 추구하고 있다.

또 하나의 세계화 및 상호의존 추진력은 FTA이다. FTA는 일종의 지역단위 혹은 국가 간 블록화현상이라고 할 수 있다. 사상적으로 극단적인 시장자유주의를 지향하는 신자유주의시대에 FTA가 수많은 지역에서 나타나고 있다는 것은 일견 매우 모순된 현상처럼 보일 수 있다. 그러나 오늘날의 FTA는 1930년대에 세계시장을 분할하고 축소하여 세계대전을 일으켰던 블록경제와는 판이하게 다르다. 오히려 FTA는 국가 간, 지역 간의 시장을 확대하고 자본이동을 자극하여 세계경제의 상호의존을 심화시키는 측면이 강하다고 할 수 있다. 반면, 1930년대의 블록경제는 식민모국과 식민지 간에 혹은 국가 간에 쌍무협정을 맺고 블록 밖의 경쟁상대국을 시장에서 방출하고자 했다. 이 점이야말로 FTA가 1930년대의 블록경제와 결정적으로 다른 점이다. 현재의 경제통합체의 등장은 교역상대시장을 뚫기 위해 오히려 세계적 규모에서 재화와 자본의 이동을 촉진하고 있는 것이다. 여기서는 세계화 시대의 경제이론과 세계화의 동향, 그리고 FTA에 대해서 살펴보기로 한다.

1. 경제이론과 정책의 변화

오늘의 세계화시대에는 신자유주의사상과 이론이 풍미하고 있다. 자본은 과학기술 혁명과 보수적 경제이론을 바탕으로 세계화를 추구하고 있다. 이에 대한 비판이 적지 않음에도 이러한 경향은 향후에도 상당기간 지속될 것이다.

왜 이런 현상이 나타나게 된 걸까? 여기서는 경제이론의 변화를 중심으로 살펴봄으로써 이해해보기로 하자.

제2차 세계대전 이후 서방 세계를 중심으로 한 자본주의 경제를 번영으로 이끈 것은 이론적으로 포스트 케인지언(Post-Keynesian)의 경제학이다. 그러나 1970년대에 두 차례 불어 닥친 오일 쇼크를 직접적 계기로 선진 각국의 경제는 경기침체와 물가급등의 함정에 깊숙이 빠져 들어갔다. 달러화의 위기로 표시되는 국제통화체제의 위기와 변동환율제로의 전환(IMF체제의 붕괴), 치열한 수출경쟁과 보호무역주의의 등장으로 인한 무역마찰 등으로 세계경제의 안정성에도 커다란 의문이 제기되었다. 특히 세계 최대의 무역국인 미국이 자국 산업의 보호를 위해 보호주의를 주도하였기 때문에 세계경기의 회복이 지연되었다.

세계적 경기침체에 대하여 경제학자들이나 정책 당국은 총수요관리정책[1]을 실시하였지만 유효한 처방책이 되지 못하였다. 예를 들어, 미국의 Jimmy Carter(재임 1977.1~1981.1) 행정부는 성장촉진책을 실시하였지만, 고유가의 진행 속에서 높은 물가상승률의 억제와 경기후퇴를 극복하는 데 실패하였다.

1970년대 세계경제를 강타한 스태그플레이션에 기존의 경제이론이 무력해지자 점차 케인즈경제학에 대한 비판이 거세졌다. 이 비판의 선봉에 섰던 학자가 Milton Friedman(1912~2006, 1976년 노벨경제학상 수상)이다. Friedman은 자신의 신화폐수량설을 바탕으로 통화정책의 중요성을 강조하고 케인즈학파의 자유재량적 재정정책을 비판하였다. 그는 통화주의(Monetarism)의 준칙주의에 의거한 통화공급을 통해서 인플레이션을 억제할 수 있으며 재정정책으로서는 불황을 이겨낼 수 없다고 주장한다. 재정지출을 위해 공채를 발행하고 조세를 증가시키면, 이자율이 상승하여 민간투자가 감소하거나 민간소비가 감소하는 구축효과(crowding out effect)가 나타나 물가만 오르고 실업해소와 경기회복에는

[1] 제2차 세계대전 이후 주류경제학의 위치를 차지했던 것은 포스트 케인지언(Post-Keynesian)이었다. 대학에서 배우는 거시경제학 체계 중 유효수요이론이나 유동성선호이론은 케인즈학파에서 발전된 것이다. 이 중에서 케인지언들은 정부의 재정정책을 선호한다. 이러한 입장의 대표적 인물이 Paul Anthony Samuelson(1915~2009, 1970년 노벨경제학상 수상)이다. 그는 완전고용을 위해 정부가 개입해야 하며, 완전고용이 달성되면 시장기구에 맡겨야 한다고 한다. 신고전파종합의 대표자라고도 할 수 있다.

도움이 되지 않는다는 것이다. 결론적으로 그는 자유주의적 입장에서 시장경제의 가격기구가 제대로 작동하기 위해서는 정부의 역할을 축소해야 하며, 시장경쟁을 촉진하는 작은 정부만이 개인의 자유를 보장하고 시장의 효율적 기능을 보장함으로써 경제를 안정적으로 운용할 수 있다고 한다. 이 외에도 적응적 기대가설 혹은 합리적 기대가설 등이 등장하여 케인즈정책에 대한 비판에 가세하였다.

이러한 경제이론들은 1970년대 불황의 원인을 대체로 다음과 같이 파악한다. 스태그플레이션은 단순히 임금이나 원료가격의 상승, 총수요의 확대 때문이 아니라 제2차 세계대전 이후 20여 년 이상 지속되어온 인플레이션정책(확대정책)에서 생겨난 인플레이션기대심리 때문이다. 자유재량적 확대재정금융정책이 장기적으로 실시되었기 때문에 각 경제주체인 가계, 기업, 노동조합 등은 물가상승 경향이 약간이라도 예상되면 정책이 실시될 것을 예상하여 미리 임금과 가격을 인상시켜왔다. 그 결과는 정책효과를 상쇄하고 오히려 인플레이션을 가속화시켜왔다는 것이다.

따라서 포스트 케인지언보다 훨씬 보수적인 이들의 주장은 시장기구의 작동을 신뢰하고 정부기능의 축소를 주장하였는데, 1980년대 이후 미국과 영국을 중심으로 선진국의 통치철학과 경제정책에 지대한 영향을 미치게 되었다. 미국에서는 Carter정부를 뒤이은 Reagan정권이 화폐론자의 견해를 수용하여 정책의 당면 목표를 물가안정에 두고 통화공급량 억제 및 고금리정책과 조세인하를 추진하였다. 이 정책은 고금리를 통해 해외로 빠져나간 달러를 유입시켜 달러의 위신을 세우고, 기업과 부유층(중산층)의 세금을 감면하여 생산과 소비를 진작시키는 것이 목표였다. 강한 미국의 재건을 슬로건으로 내걸었던 Reagan의 경제정책(Reaganomics)은 1982년 이후에 인플레이션을 진정시키는 데는 성공하였다. 그러나 고금리로 투자유인이 감소한 미국의 기업들은 해외로 공장을 옮겼고 중산층의 소비도 기대만큼 증가하지 않았다. 또한 약속과는 달리 거액의 재정적자가 지속됨으로써 프라임 레이트(prime rate)가 20%를 초과하는 등 세계경제를 동시불황으로 몰아넣었다. 비슷한 시기에 정권을 획득한 영국의 Thatcher 수상(1925~2013, 재임: 1979~1990)도 인플레이션 근절을 위해 강력한 억제정책을 펼쳤다. 이 외에 주요 선진국들도 거의 동일한 정책을 추진하였다.

　이와 같이 경제학의 이론구조가 변화하면서 미국과 영국을 중심으로 한 선진국에서는 보수적인 정책을 실시하였는데, 각국에서는 복지지출이 감소하고 노동조합의 약화 등이 초래되었다. 작은 정부의 주장은 국가기능의 축소보다는 정책순위에서 후위로 밀리는 복지부문을 축소하였다. 여기에는 과도한 복지가 노동자의 태만과 국가재정 파탄은 물론 기업의 생산성을 하락시켜 국가경쟁력까지도 해친다는 논리가 근저에서 작용한 것이라 할 수 있다.

　그 결과 거시경제학 주도권이 변화함과 동시에 IMF체제가 붕괴되자 시장기능을 강화하는 여러 가지 조치들이 취해지기 시작했다. 이 조치들은 제2차 세계대전 이후 자유무역의 확대를 위한 기구의 설립이나 정책의 수준을 훨씬 넘어서는 세계화를 진행시키고 있다. 그리고 자유화를 위한 조치만 일방적으로 이루어지는 것이 아니라 보호주의적 성격을 띤 통상마찰도 동시에 진행되었다. 즉 미국을 비롯한 선진국은 국제거래의 자유화를 지향하면서도 자국의 경쟁력이 취약한 산업 부문을 보호하기 위한 보호주의적 입장을 강화시켰다. 이 과정에서 무역마찰이 심화되었다. 그런데 이러한 경향은 상대방 시장에 진출하기 위한 여러 가지 움직임을 현실화했다. 가령, 미국은 미국무역대표부를 동원하여 국내시장을 보호하고 상대방 시장을 미국내법에 따라 제소함으로써 무역마찰을 주도하였다. 반면, 미국은 세계최고의 경쟁력을 지닌 농업분야 및 금융부문을 중심으로 하는 서비스업분야의 개방을 경쟁상대국에 강력하게 요구했다. 특히 미국을 비롯한 선진국은 금 보유에 관계없이 통화를 발행하게 됨으로써 금융을 중심으로 국경을 넘나드는 거래가 증가하는 세계화현상을 주도하였다.

　이와 같은 이론적 변화와 함께 국제적으로도 자본(금융) 및 상품교역의 세계화가 강력하게 추진되고 있다. 즉 국제적 협약과 이를 추진하는 국제기구의 영향력이 점차 커져가고 있는 것이다. 자원의 국제적 이동에 결정적 계기로 작용한 것이 1986년의 Uruguay Round이다. Uruguay Round는 세계화를 심화시킨 국제적 합의로서 가장 중요한 계기 중의 하나이다. 1995년에는 WTO(World Trade Organization: 세계무역기구)가 출범하고 Uruguay Round를 보다 강화한 DDA(Doha Development Agenda)가 2002년부터 추진되기에 이르렀다. 최근 국가 간에 맺어지고 있는 FTA 또한 세계화를 더욱 심화시키는 요소로 작용하고 있다. 심지어 그 이전에 결성된 OECD나 IMF도 신자유주의적 입장에 서서 각국의 경제정책에 대한 지도와 간섭을 진행하고 있다. 이들은 각국의 재정적·물리적 장벽을 제거함으로써 세계화의 진행을 촉진하고 있는 것이다.

이처럼 20세기 말 이후의 세계경제는 통상마찰과 상호의존을 동반하면서 세계화가 심화되고 있다. 20세기 말부터 시작된 세계화는 그 이전에 진행된 세계화와는 본질적으로 차이가 있다. 먼저 이전에 세계화가 가장 대규모로 진행된 시기는 19세기 말이다. 그런데 이 시기는 식민지 쟁탈전이라는 제국주의의 진행과 더불어 진행되었다. 반면 최근의 것은 정치적인 식민지지배를 동반하지 않으면서도 전 지구적으로 진행되고 있다. 규모면에서도 19세기 말의 세계화현상과 비교할 바 없이 크다. 둘째, 국제기구의 개입과 국가 간의 공조가 확산된다는 점에서 19세기 말의 세계화와는 차별화된다. 셋째, 그 분야가 단순히 자본투자나 인적 자원이동에 국한되지 않고 금융업 등 서비스업을 중심으로 진행되고 있다. 19세기 말 제국주의는 자본수출을 기본적 특징으로 하고 있었지만, 그것은 주로 주식투자나 국공채 매입이 주를 이루었다. 현재의 세계화는 금융이 핵심적이라는 지적이 있을 정도로 자본수출 및 이동에서 엄청난 규모로 이루어지고 있는데, 하루의 자본이동량이 전 세계 1년 무역거래량의 몇 배에 이르고 있다. 이와 같이 하여 현재의 세계화는 자유교역(거래)의 확대와 국제공조를 통해 세계경제의 불안정성을 제거하는 측면이 있는 반면, 한 국가나 지역에서 발생한 경제적 충격이 다른 지역으로 재빠르고 대규모로 전파되는 특징을 가지고 있다.

2. 국제기구와 세계화

세계화의 진행에 크게 영향을 미친 것이 국제적 합의를 이룬 우루과이라운드와 WTO의 출범이다. 그 외에도 기존의 IMF나 선진국들의 경제협력기구인 OECD, IBRD 등의 국제기구와 국가 간, 지역 간 자유교역을 도모하는 FTA도 정책면에서 이를 뒷받침하고 있다. 여기서는 새로이 등장한 Uruguay Round와

WTO를 살펴본다.

　제2차 세계대전이 끝난 후 무역자유화를 추진한 국제기구는 GATT이다. GATT는 교역의 자유화를 위해 첫째, 회원국 간에 무차별을 위한 최혜국대우(most-favored-nationtreatment)와 내국민대우(national trearment)[2]를 통한 관세의 차별대우 제거, 둘째, 국내산업보호 수단으로서 관세만을 인정한 수량제한의 금지, 셋째, 보조금과 덤핑 등을 규제하는 공정한 경쟁의 원칙을 내세웠다.

　GATT는 IMF와 더불어 자유무역의 2대 기관으로서 자유·무차별의 원칙하에 주로 2국 간 혹은 다국 간 관세문제를 다루었다. 1962년까지 5회에 걸쳐 주로 관세인하 교섭을 진행하였고,[3] 제6차 협정이 이루어진 1964~1967년의 Kennedy Round에서는 관세 및 반덤핑조치를 실시하였는데, 특히 관세의 일괄인하라는 새로운 방식을 채택하여 평균관세율을 35%까지 인하하는 성과를 얻었다. 1973~1979년의 Tokyo Round에서는 관세인하, 비관세조치, 다자적 협상을 추진하였고 평균 33%의 관세를 인하하였다. 그러나 GATT는 다자간 무역협상에서 많은 예외를 인정하고 그 내용도 매우 복잡하게 구성되어 있었다. 뿐만 아니라 과학기술의 급속한 발전으로 서비스업 및 자본이동의 중요성이 증가함에 따라 새로운 기구의 출현을 필요로 하게 되었다.

　이에 따라 1986년 우루과이(Uruguay)에서 개최된 제8차 회의에서는 뉴라운드 개시 의제에 합의함으로써 1987년 초에 Uruguay Round를 출범시켰다. 이 8차 회의를 계기로 논의된 사항은 관세, 비관세조치는 물론 서비스업, 지적 재산권, 분쟁해결, 무역관련 투자, 섬유류, 농업 부문 등 매우 광범위한 것이었다. 특히 관세 및 비관세조치 이 외에 협상테이블에 올려진 의제들은 1970년대 세계불황 이후 진행된 과학기술혁명과 깊은 관련을 맺고 있다. 가령, 지적 재산권은 첨단산업의 발전에 따른 특허기술을 선진국의 입장에서 보호하기 위한 것이다. 그 외 서비스업이나 무역관련 투자, 농업 부문에 대한 보조금지급 제한 등의 조치는 미국을 비롯한 선진국이 강한 경쟁력을 보유하고 있는 분야를 개방

---

2) 타국민 또는 타국에서의 수입상품을 자국민 또는 자국의 동종의 국내상품과 차별 없이 동등하게 대우하는 것을 가리킨다.
3) 제1회 Jeneva(1947), 제2회 Annecy(1949), 제3회 Torqyay(1951), 제4회 Geneva(1956), 제5회 Dillon(1960~1961)이다.

하도록 압력을 넣었다. 특히 서비스 업종 중에서 금융 산업은 선진국이 가장 강한 경쟁력을 보유한 부문으로서 세계화를 진행시키는 강력한 무기가 되고 있다.

Uruguay Round는 관세인하와 함께 금융, 정보통신, 건설 등 서비스무역을 주요 대상으로 협상한 끝에 1993년 12월 15일 완전히 타결하였고, Uruguay Round 협상결과를 보다 강력하게 시행할 수 있도록 1995년 1월 1일에는 GATT를 WTO로 전환하였다. GATT에 이어 새로이 출범한 WTO는 스위스의 제네바에 본부를 두고 있으며, 회원국은 2015년 4월 현재 161개국이다. GATT가 1947년 23개국으로 시작하여 Kennedy Round 마지막 연도인 1967년에 62개국, 1979년 Tokyo Round 때 102개국을 넘어서 1994년에 125개국이었던 데 비하면 WTO는 출범 자체가 명실상부하게 세계적 기구였다고 할 수 있다.

현재는 2001년 시작된 DDA를 바탕으로 새로운 협상들을 주관하고 있다. DDA는 2001년 카타르(Qatar)의 도하(Doha)에서 열린 WTO 제4차 각료회의에서 합의되어 시작된 다자간 무역협상을 가리킨다(제1차 각료회의는 1996년 싱가포르, 2차는 1998년 제네바, 3차는 1999년 시애틀에서 개최). DDA는 Uruguay Round에 이어 새로운 세계 무역 질서를 만들기 위해 추진되었으며, 농업과 비농산물, 서비스, 지적 재산권, 무역규범, 환경, 분쟁해결 등의 다양한 분야를 포함한 무역 자유화를 목표로 한다. 1999년 WTO 제3차 각료회의에서 'New Round' 출범을 위한 협상을 시작하였지만, 개발도상국이 선진국 중심의 협상에 대해 반발하고 농업 등의 분야의 갈등, 전 세계에서 모여든 시민과 농민 단체들의 격렬한 반대 행동 등으로 합의를 이루지 못하였다. WTO는 최빈 개발도상국에 대한 특별대우와 기술 지원 방안 등에 대한 협의를 바탕으로 제4차 각료회의를 개최하여 DDA를 채택하고 New Round 출범을 합의하였다. 2005년 1월 1일까지 공산품, 농산품, 서비스업 등 각 분야의 시장 개방 협상을 마친다는 계획이었지만, 협상은 선진국과 개발도상국 간 의견차이로 인해 2015년 현재 타결되지 못하고 난항을 거듭하고 있다. 그렇지만 DDA는 Uruguay Round에서 언급된 자유화조항들과 매우 유사하다는 점에서 Uruguay Round를 이어받고 있으며, 내용상 협상대상 조항에 대한 자유화를 기반으로 세계화를 추진하는 모멘텀으로 작용하고 있다고 볼 수 있을 것이다.

제 2 절   자유무역협정의 시대

1. 등장 배경

오늘날 세계화를 추동하는 또 하나의 국제적 움직임은 FTA(Free Trade Agreement)이다. WTO(혹은 GATT)는 모든 회원국에게 최혜국대우를 보장해 주는 다자주의를 원칙으로 하는 자유무역을 추진하는 세계적 무역체제이지만, 다자주의를 원칙으로 한다는 점에서 수많은 가입 국가들의 이해관계를 조정해야 한다는 어려움이 있다. 즉 선진국과 후진국 사이뿐만 아니라 선진국 간, 후진국 간에도 산업구조상 적지 않은 차이가 있기 때문에 일괄적 협상타결이 쉽지 않은 것이다. 이와 달리 FTA는 양자주의 및 지역주의적인 특혜무역체제로서 회원국에만 무관세나 낮은 관세를 적용하므로 WTO보다 협상타결이 유리하다. 때문에 최근에는 FTA를 통해서 시장확대와 자유무역을 추진하고자 하는 움직임이 가속화되고 있는 것이다.

최근에 성행하고 있는 FTA의 계기가 된 것은 NAFTA(North American Free Trade Agreement: 북미자유협정, 1992년)와 EU(European UnionL: 유럽연합, 1993)이다. NAFTA는 1970년대 이래로 경제력이 상대적으로 약화되어 가고 있던 미국의 주도로 출범했다. EU는 제2차 세계대전 종결 이후 세계경제의 주도권을 미국에 빼앗겼을 뿐만 아니라 일본을 중심으로 동아시아의 경제발전이 가속화되는 과정에서 약화되는 경제적 영향력을 회복하기 위해 결성되었다. 그러나 최근에는 지역 내 다수의 국가들을 포함하는 FTA로부터 대체로 2국 간 협정을 맺는 추세가 일반화되고 있다.

이렇게 볼 때 FTA는 그 유형상 크게 두 가지로 나누어진다. 첫째, 같은 대륙의 인접국가나 일정한 지역에 있는 국가들 간에 맺는 협정이다.[4] 1992년 세계최초로 체결된 NAFTA와 1993년 11월 1일 창립된 EU가 그것이다. WTO가

---

4) 그렇기 때문에 흔히 지역무역협정(RTA: Regional Trade Agreement)이라고도 한다. 그러나 FTA라는 용어를 사용하는 것이 일반적이다.

출범한 1995년 이전인 GATT체제하에서 NAFTA와 EU가 시작되었지만, 특히 EU결성 과정에서 나타났듯이 이것 역시 산업구조의 차이 때문에 다수 국가의 통일된 합의를 끄집어내기가 쉽지 않았다. 때문에 최근에는 2, 3개국 간의 FTA 가 대세를 이루고 있다.

두 가지 유형의 FTA는 모두 자유무역을 기조로 한다는 점에서는 동일하다. 그러나 전자에 소속된 회원국이 각국이 고유의 관세 및 수출입제도를 유지하는 반면, 후자는 협정국들이 단일관세 및 수출입제도를 공동으로 도입하는 점에서 차이가 있다. 이같이 FTA는 협정국 간에 맺어지는 자유화이기 때문에 협정을 맺지 않은 나라에 대해서는 특혜를 배제한다는 점에서 일종의 배타적 성격을 띠게 되는 것이 사실이다. 또한 FTA를 맺게 되면 비교우위에 있는 상품의 수출 과 투자를 촉진하여 시장을 크게 확대하는 측면이 있지만, 협정상대국에 비해 경쟁력이 낮은 산업은 피해를 감수할 수밖에 없게 된다. 그러나 국제거래상의 장벽을 뛰어넘기 위해 국가 간 협정이 매우 활발하게 추진되고 있다는 점에서 상호의존과 동시에 세계 시장의 확대와 세계화에 크게 기여하고 있다. 여기서 는 NAFTA와 EU에 대해서 살펴보기로 한다.

2. NAFTA

1) 미국 경제의 동향

1970년대부터 크게 동요하기 시작한 미국경제력은 1980년대에 들어서 상 대적 약화가 더욱 현저하게 드러나게 된다. 1980년대 초반 「강한 미국」의 기치 하에 Reagan 대통령은 이전과는 다른 새롭고 독특한 정책을 실시하였다. 흔히 레이거노믹스(Reaganomics)라고 불리는 그의 정책은 이론적으로는 1970년대 후 반 케인지안에 대해서 비판의 목소리를 드높인 M. Friedman의 통화론자와 같 은 신보수주의적 입장에 서 있었다. Reagan정책의 기본적 발상은 통화긴축을 통해 인플레이션을 완화하고, 고금리로써 달러가치를 높은 수준으로 유지(고달러) 하며, 개인 및 기업에 대한 감세, 정부규제 완화, 정부지출 삭감으로 투자를 촉 진하여 불황을 극복한다는 것이었다. 그러나 레이건의 정책은 원래 설정했던 취지와 비교해 볼 때 그다지 큰 성과를 거두지 못하였다. 고금리와 고달러는 감세조치에도 불구하고 국내 투자를 그다지 자극하지 못하였고 국제시장에서의 경쟁력을 약화시키는 요인으로 작용하였다. 오히려 이러한 정책기조는 생산시설의 해외이전을 촉진하여5) 미국 내 산업의 공동화를 초래하였다.

더욱이 Reagan 대통령은 소련에 대해 군사적 우위를 확보하기 위해 우주무기개발(소위 전략방위구상이라고 불린 SDI의 추진)을 비롯한 군비지출을 증가시켰다. 이는 제3세계의 민족주의에 대한 과도한 간섭 등과 함께 재정적자를 지속적으로 증가시켜 당초의 약속과는 달리 2조 5천억 달러에 이르는 연방정부의 채무를 누적케 하였다. 재정적자는 1983년도에 GNP의 6%에서 1988년에는 GNP의 50%를 상회하였다. 뿐만 아니라 1980년부터는 무역수지적자, 1982년부터는 경상수지도 만성적 적자로 반전되어 미국을 최대의 채무국으로 전락시켰다.

[표 13-1]을 보면, 1980년대에 미국은 광공업생산 중에서 우주·국방 부문에서의 생산증가가 가장 현저하고, 최종생산물의 소비재 부문의 증가가 가장 낮

[표 13-1] 미국의 광공업 생산지수

	1980	1983	1985	1987	1989
전체	98.1	99.1	110.2	116.7	126.1
최종생산물	101.3	105.1	119.0	126.6	138.1
소비재	97.7	101.7	107.0	114.5	122.2
자본재	105.1	108.2	133.5	140.8	158.2
(기 업)	102.8	100.6	127.4	139.9	166.6
(우주국방)	111.5	139.4	173.6	194.2	189.1
중간재	94.8	98.9	108.7	123.2	131.5
원재료	95.7	92.6	101.3	104.8	112.6
내구재	93.0	92.8	108.9	117.2	130.8
비내구재	95.5	96.0	98.7	107.6	113.3

주: 1979=100.
자료: *Economic Report of the President*, 1991. 2.

5) 미국 기업들은 생산기지를 임금 혹은 원재료의 가격이 낮은 지역으로 이전하여 생산한 후 역수입하였다. 이를 해외조달(Out-Sourcing)이라고 한다.

[표 13-2] 미국 연방기금지출에서 군사관련지출의 비중 (단위: 10억 달러)

연 도	연방기금지출액(A)	총군사관련지출(B)	B/A(%)
1979	374.9	169.4	45.2
1980	433.5	196.0	45.2
1981	496.2	231.8	46.7
1982	543.4	271.3	49.9
1983	613.3	301.5	49.2
1984	638.6	333.7	52.3
1985	726.1	372.7	51.3
1986	750.9	394.4	52.5

주: 총군사관련지출＝국방비＋군사원조＋군인연금＋우주개발비＋국채이자지불×0.6
자료: U.S. Dept. of Commerce, *Statistical Abstract of the U.S, 1987*, p.293.

다. 이는 미국이 군수 부문에서 첨단과학기술을 기반으로 발군의 우위를 과시
한 반면, 일반산업이나 민수산업에서의 제품개발에는 투자가 상대적으로 소홀
했음을 나타낸다.

또한 Reagan의 경제정책으로 계층 간의 소득분배는 더욱 악화된 것으로
나타난다. 세금감면, 정부규제 완화, 정부지출의 삭감노력으로 혜택을 입은 고
소득층은 생산에 투자하기보다는 소비를 증가시켰으며, 계층 간의 소득분배율
은 Reagan에 이은 Bush정부와 민주당 정권에서도 개선되지 않고 악화일로를
걸어왔다.

다만, 레이거노믹스는 스태그플레이션을 해소하고, 이후의 장기호황을 창출
하는 정책적 성과를 어느 정도 거두었다. 나아가 이 정책(특히 고금리·고달러 유
지정책)은 제2차 오일쇼크의 충격에서 벗어나고 있지 못하던 국가들로부터의 수
입을 증대, 세계상품에 대한 수요흡수기능을 수행함으로써 불황을 완화한 역설
적 기능을 수행한 것으로 보인다. 그렇지만 소비재 부문에서 거액의 무역적자가
누적되어 버려 미국은 1985년 9월 뉴욕에서 열린 플라자회의(Plaza Agreement)
를 기점으로 저금리·저달러(달러가치의 평가절하)로 방향을 전환하지 않을 수 없
었다. 그런데 저금리로의 선회는 1987년 10월 19일 주가폭락을 일으킨 「블랙먼
데이」까지 자산에 대한 과잉투기를 유발하여 세계적으로 거품경제를 조장하기

도 하였다.

이와 같이 미국은 국제금융제도를 변동환율제로 전환하고 경쟁력이 취약한 부분에 대해 보호주의적 조치를 취했지만, 민수 부문의 산업경쟁력은 쉽게 개선되지 않고 있다. 가령, 1948년에 미국은 전 세계의 수출에서 5분의 1을 상회하는 21.4%를 차지했지만 1960년에는 15.5% 줄어들었고, 1987년 10.4%를 저점으로 2000년까지 12.3%로 약간 증가했지만, 2003년 9.7%를 기록한 이후로 2014년 8.7%로 전 세계비중이 10분의 1 이하로 감소하였다.

미국이 1990년대 초에 EU가 등장하기 전에 NAFTA를 결성한 것은 세계경제의 구조전환뿐만 아니라 쌍둥이적자(무역적자, 재정적자)와 세계최대의 채무국화에 따른 경제력 약화에 효과적으로 대응하기 위한 것이라 할 수 있다.

Reagan 대통령 이후 공화당의 George Herbert Walker Bush, 민주당 Clinton, 공화당의 George Walker Bush, 다시 민주당의 Obama 정부에 이르기까지 30여 년간 정권이 교체되어 왔지만, 신보수주의적 경제이론 및 정책의 영향은 감소하지 않았고 모든 정부는 세계화 정책을 줄기차게 추진해오고 있다. 그러나 중국과 동아시아 신흥공업국의 등장, EU의 출범 등으로 미국 경제가 세계에서 차지하는 비중이 감소하고 경쟁력도 획기적으로 개선되지 않고 있다. 그렇지만 미국은 여전히 세계최고의 경제 강대국으로서 세계경제를 주도하고 있다. IBRD 자료에 따르면, 2013년 미국경제는 제3위의 일본과 비교해 보더라도 GDP가 거의 3.5배에 가깝고 제4위인 독일의 4.5배에 이른다. 특히 사회주의권이 붕괴한 이후 미국의 영향력은 정치경제적으로 영향력이 오히려 강화된 측면이 있다. 미국은 원천기술을 가장 많이 보유하여 지식기반경제를 기반으로 미래산업에 대한 활력을 불어넣고 있는 나라이다.

2) NAFTA의 결성

NAFTA(North American Free Trade Agreement: 북미자유무역지대)는 1992년 8월 미국, 캐나다, 멕시코 간에 체결되었다. 이에 앞서 1988년 미국과 캐나다 간에 FTA가 체결(1989년 발효)되었는데, 1991년 6월에 멕시코를 포함한 3개국 통상장관회담이 시작되어 1992년 협상이 마무리되고 1994년 1월부터 발효되었다.

이로써 NAFTA는 당시에 인구 3억 6천만 명, 연간 6조 달러 이상의 세계최대의 교역규모를 자랑하는 지역경제권으로 등장하였다.

미국이 서둘러서 NAFTA를 추진한 배경은 1992년 1월 1일 출범을 목표로 한 유럽 경제의 통합이 가속화되고 있었던 점, 아시아태평양지역에서의 일본 경제력에 대한 견제의 필요성, Uruguay Round 등 다자간 체제구축을 위한 협상을 보완하려는 의도 등이 크게 작용하였기 때문이다.[6]

NAFTA결성으로 역내 관세 및 비관세장벽의 철폐, 원산지규정의 강화, 투자·금융·육상운송 등 서비스교역의 자유화, 지적재산권보호 등이 본격적으로 추진되었다. 특히 NAFTA는 환경에 관한 규정을 최초로 삽입한 자유무역협정이었다.

NAFTA는 미국의 자본과 기술력, 캐나다의 천연자원, 멕시코의 풍부한 노동력 등 각국의 비교우위 요소를 결합하여 국제경쟁력과 자원배분의 효율성을 크게 제고하고자 한 것이다. 미국은 수출업자와 투자자를 보호하고 다자간 무역협정의 부진을 극복하여 규모의 경제를 달성하고자 했고, 멕시코는 외국인 직접투자유치와 미국 소비시장에 대한 진출 등을 목표로 했다. 이러한 시장자유화조치는 북미지역, 특히 미국과의 교역에 크게 의존하는 역외 국가들에게 새로운 대책을 요구하였다.[7]

NAFTA는 출범 이후 교역량이 급증한 것으로 나타난다. 1993년 기준으로 2012년에 미국과 멕시코의 교역액은 5배 증가하였고, NAFTA 3국의 교역액은 BRICs,[8] 한국, 일본과의 교역 총액과 비슷한 규모이다. 항공, 자동차 등 주요 산업에서는 역내 3국 간에 원료 및 중간재의 생산공급망이 확대되고 외국인 투자가 크게 증가하였다.

---

6) 경제기획원·상공5부, 『북미자유무역협정의 영향과 대응방향』, 1992. 9, pp.6–7.
7) Carla Anderson Hills 미국무역대표부(Office of the United States Trade Representative) 대표는 1992년 9월 8일 자동차를 비롯한 많은 품목에 대해 원산지규정을 엄격히 적용함으로써 북미산 제품에 혜택을 줄 것을 강조하였다.
8) 브라질(Brazil), 러시아(Russia), 인도(India), 중국(China)을 가리킨다.

3. EU의 출범

1) 서유럽 경제의 정체

제2차 세계대전 후 유럽은 승패전국을 막론하고 엄청난 인적·물적 피해를 입고 세계경제의 주도권을 미국에 내주었다. 미국의 Marshall플랜하에서 경제부흥을 이룩한 서유럽은 70년대 초에 이르기까지 고도성장을 달성하고 세계의 교역확대에 견인차 역할을 하였다. 제11장의 [표 11−3]에서 보았듯이, 1950~1983년의 기간 동안 영국을 제외한 서독, 프랑스, 이탈리아의 주요국은 미국의 성장률을 능가하였으며, 서독의 발전은 유럽국가들 속에서도 가장 괄목할만한 것이었다. 1960년대에 고도대중소비사회에 진입한 서유럽은, 그러나 오일쇼크가 덮친 1970년대 중반 이후로는 저성장, 고실업, 인플레이션의 경제불황에 끊임없이 시달려왔다. 따라서 서유럽의 각종 경제지표는 하락과 정체를 면치 못하였다. [표 13−3]은 다른 지역과의 비교에서 현저한 격차를 보여 서유럽의 정체를 잘 보여주고 있다.

[표 13-3] EC·미국·일본의 생산성[1] 및 단위노동비용증가율(제조업) (단위: %)

	1980		1983		1985		1989		1979~1989	
	생산성	단위노동비용	생산성	단위노동비용	생산성	단위노동비용	생산성	단위노동비용	생산성	단위노동비용
EC	−0.4	12.4	4.5	3.2	3.5	4.2	2.6	3.0	2.6	5.0
미국	−2.1	11.6	7.9	−2.5	4.6	0.4	4.6[2]	0.7	−	1.6
일본	6.3	−0.4	6.0	−2.3	5.9	−1.1	5.9[3]	0.9	5.8	−0.8

주: 1) 총부가가치/투입노동력, 2) 1987년, 3) 1988년.
자료: OECD, *Historical Statistics*, 1991.

첫째, 서유럽(EC)의 산업별 시장점유율은 1970년대 중반 이래 사무·통신기기 등의 첨단분야, 철강, 자동차, 가정용기기, 일반기계류 및 섬유·의류 부문에서 큰 폭으로 하락하였다. 그 결과 1986년 이후 세계시장에서 차지하는 점유율은 1973년 수준에 훨씬 미달했다.

둘째, 제조업의 생산성이 1982년 이후 미국, 일본에 비해 낮은 증가율을 기록한 반면, 단위노동비용의 상승률은 미국, 일본보다 높게 유지되었다.

셋째, 기계장비투자증가율(기계장비 및 총고정자본형성/GDP) 또한 고정자본형성증가율과 비교하면 1970년대에 비하여 1980년대에 그 격차가 더욱 벌어졌다. 특히 설비투자가 정체하여 산업구조의 전환을 지연시키고 경쟁력의 저하를 초래하였다.

넷째, 1982~1988년에 발명특허건수는 6만 596건으로 일본의 25만 7천 5백건에 비해 비교가 되지 않는다.

다섯째, 첨단분야에서의 R&D투자가 부진하여 공업제품 전체의 경쟁력이 급속히 저하되었다.

여섯째, EC의 공산품무역의 역내의존도가 1958년 EC결성 후 1970년대 초까지 급속하게 상승하여 역외 국가와의 경쟁을 통해 기업이 성장하는 역동성을 상실해간 것으로 드러난다.[9] 즉 서유럽 국가들은 첨단산업을 비롯한 주요생산 분야에서의 시장점유율의 대폭적 하락, 경쟁지역을 상회하는 노동비용의 상승, 낮은 장비투자증가율, 연구개발투자의 부진에 따른 공업 부문 전체의 경쟁력 하락 등으로 경제성장에 제동이 걸렸던 것이다.

이와 같이 서유럽 경제가 전체적으로 저하하여 위기감이 고조되면서 유럽통합을 위한 움직임이 가속화되었던 것이다.

2) EU의 등장

제2차 세계대전 이후 세계경제의 주도권은 미국으로 이전되었다. 또한 서유럽은 일본에게 세계시장의 상당 부분을 잠식당했을 뿐만 아니라 동아시아의 개발도상국들에게도 경공업이나 철강분야, 전자 등에서 경쟁력을 상실하는 위기를 맞이하였다.[10] 즉 1980년대 후반에 이르자 유럽의 기업들은 정부의 보호에도 불구하고 일본 및 한국을 비롯한 신흥공업국에서 수입되는 제품에 의해 압도당했다. 예를 들어, 세계 최대의 민수용 전자기기 생산업체 중의 하나인 필

---

9) 산업연구원, 『EC통합추진과 산업재편방향(연구보고서 제241회)』, 1991, pp.11-24.

10) P.F. Drucker, *The New Realities*, p.142.

립스(philips)는 미국 내에서의 계열회사를 제외하고, 네덜란드, 독일, 영국, 프랑스, 이탈리아, 스페인에서의 생산이 극동아시아로부터의 심한 공세에 시달렸으며, 영국시장에서는 한국제품에게 거의 완전히 밀려나고 있었다.

이 같은 침체에 따른 위기감이 1980~1990년대에 유럽시장의 경제통합을 본격적으로 추진한 직접적 배경이었다. 서유럽의 주요 국가들은 경제통합을 통해서 물리적 장벽, 기술적 장벽, 재정적 장벽 등 관세·비관세장벽을 철폐하고 재화·용역, 인력, 자본이동의 자유화를 추진하고자 했다.

유럽의 경제통합에 대한 열망은 일찍이 제2차 세계대전 이후에 시작되었는데, 1958년의 EEC(유럽경제공동체) 발족으로 통합의 전기를 마련하였고, 1967년에는 EC(유럽공동체)가 성립하였으며, 영국(1972년), 그리스(1981년), 스페인(1986년), 포르투갈(1986년) 등도 가입하여 1986년에는 회원국이 12개국으로 확대되었다. EC는 1970년대의 불황 이후 회원국을 적극 포섭하고 1980년대 후반에는 통합완성을 위한 움직임을 가속화하였다. 협상 결과, 1991년 12월에는 마스트리흐트조약(Treaty of Maastricht)이 체결되었으며, 이를 기초로 1993년 11월 1일에 EU(유럽연합)가 출범하였다.[11]

유럽 경제통합의 기반을 확고히 하고 유럽경제의 위상을 제고하기 위해서는 유럽 각국이 독자적으로 사용하고 있는 통화의 통합이 요청되었다. EC는 EU 결성 이전인 1979년 3월에 이미 EMS(European Monetary System: 유럽통화제도)를 발족시키고 EMS하에 ERM(European Exchange Rate Mechanism: 유럽환율조정체제)[12]을 만들었다. ERM은 단일통화 창출의 전단계로서 EC 가입국의 환율변동폭을 제한함으로써 유럽 환율시장을 안정시키려는 제도이다. 이를 위해 동일한 시기에 ECU(European Currency Unit: 유럽통화단위)를 도입하였다. ECU는 단일통화로 가기 전의 단계 장치로서의 의미를 가졌다고 할 수 있다. 단일통화의 합의에 이르는 과정은 여러 차례 난관에 부딪혀 적지 않은 기간이 소요되었으며 EU 출범 이후에도 5년 이상의 기간이 걸렸다. 실제로 경제력이 약한 국가

11) 스위스, 노르웨이, 아이슬란드, 벨라루스, 우크라이나, 몰도바, 보스니아 헤르체고비나, 세르비아, 알바니아, 터키는 가입하지 않은 상태이다.
12) EMS에 소속된 것으로 1979년 3월에 창설되었다. ERM에는 독일의 마르크화가 30% 이상을 차지하고 있었기 때문에 독일이 막강한 영향력을 행사했다.

의 중앙은행이 변동폭 한도 내에 개입하는 경우가 적지 않았다. 또한 제도 도입 이후 1993년 5월까지 14년간 17회의 외환 재조정과정을 거치게 되었는데, 이는 환율안정이란 목표에서 상당히 벗어난 것이었다. 1992년에는 독일이 통일 이후 인플레이션을 억제하기 위해 고금리정책을 실시하자 9월 6일에 영국과 이탈리아가 화폐가치 방어에 실패하여 ERM으로부터 잠정 철수하는 등 EMS에 위기가 초래되기도 하였다.

그러나 EU가 출범 이후 경제통합이 급진전되는 가운데 1994년 1월 1일에 유럽경제화폐통합의 핵심역할을 담당할 EMI(European Monetary Institute: 유럽통화기구)가 설립되어 EU 회원국의 중앙은행 간 협력체제가 강화되었다.[13] EMI는 1998년 6월 1일 ECB(European Central Bank: 유럽중앙은행) 및 ESCB(European System of Central Banks: 유럽중앙은행제도)의 출범으로 해체되었는데, 이로써 단일통화 및 단일환율을 향한 체제가 완성되었다. 1991년 1월 1일에는 드디어 EURO가 ECU를 대체하여 대부분의 EU 가입국들은 단일통화체제에 소속되었다. 2015년 현재는 EU 소속국 중 19개국, 3억 3천만여 명이 EURO를 사용하고 있고, EU 가입국은 아니지만 EU와 협정하거나 혹은 협약없이 사용하는 소규모 국가도 수개국이다.[14] 다만, EU에 가입했지만 영국, 스웨덴, 헝가리, 폴란드 등은 EURO를 사용하지 않고 있다.[15]

EU가 EURO를 도입한 후 교역규모가 날로 증가하고 내부적으로 경제통합이 가속화되는 성과를 얻고 있지만, 통화의 통합에 따른 효과가 모든 가입국에게 동일하게 나타나고 있는 것은 아니다. [표 13-4]에서 보듯이, EU는 출범 이후 수출에서 높은 성장세를 보여주고 있는데, 2000년 이후 2013년까지 약 2.5배로 증대하였다. 이 중에서 독일은 같은 기간 동안 2.6배가 되어 EU 주요국 중에서 가장 빨리 증가하여 2000년대 중반 이후에는 대체로 미국과 비슷한 수

---

13) 독일 프랑크푸르트에 본부가 있었고, ECB의 전신이다.
14) EU 회원국으로서 EURO를 사용하는 나라는 독일, 이탈리아, 프랑스, 스페인, 네덜란드, 벨기에, 오스트리아, 룩셈부르크, 핀란드, 그리스, 아일랜드, 포르투갈, 슬로바키아, 슬로베니아, 에스토니아, 라트비아, 리투아니아, 사이프러스, 말타이다.
15) EU 멤버이면서 EURO를 사용하지 않는 국가는 이 외에도 불가리아, 크로아티아, 체코, 덴마크 등이다.

[표 13-4] 주요국의 수출액 (단위: 10억 달러)

	2000	2002	2004	2006	2008	2010	2012	2013
독일	552	616	909	1,113	1,447	1,257	1,408	1,452
프랑스	327	331	451	497	614	523	570	580
이탈리아	241	254	353	419	541	446	503	519
영국	282	279	346	451	463	406	469	471
EU28개국	2,451	2,641	3,764	4,621	5,952	5,177	5,830	6,080
미국	782	693	819	1,037	1,287	1,278	1,546	1,580
중국	249	326	593	969	1,429	1,578	2,049	2,210
한국	173	162	254	325	422	466	549	560
일본	478	415	564	647	781	770	798	715

자료: stats.oecd.org, www.imf.org

준이다. 무역수지면에서도 독일은 2000년 이후에 항상적으로 흑자를 달성하여 2013년에는 무려 2,630억 달러로서 세계최대의 무역흑자국의 지위를 지키고 있다. 반면, 남유럽을 중심으로 발생한 유럽경제의 위기에서 그리스 등 산업경쟁력이 상대적으로 약한 국가들은 환율조정을 할 수 없어서 위기를 극복하기 쉽지 않았다. 이것은 EU결성과 EURO의 단일통화도입의 효과가 가입국 모두에게 동일하게 적용되지 않고, 경쟁력이 강한 독일과 같은 국가에게 집중되고 있음을 보여주는 사례라고 하겠다.

제 3 절 동아시아시대의 개막과 중국 경제의 부상

자본주의 시장경제에서 발생한 가장 주목할 만한 현상 중의 하나가 동아시아지역의 경제발전이다. 동아시아에서 최초로 근대적 산업력을 갖춘 경제강국은 19세기 말 비유럽세계에서 가장 먼저 산업혁명을 달성했던 일본이었다. 즉 제2차 세계대전 이전에는 일본만이 아시아에서 근대적 선진대국이었다. 전쟁이 끝나고 고도성장의 시기가 도래하자 일본이 가장 앞서서 동아시아 지역의 경제발전을 선도하였고, 1970년대에는 오일쇼크에 따른 경기침체에도 불구하고 아시아의 NICs(Newly Industrialized Countries: 신흥공업국가군)가 등장하여 두 자리수에 가까운 고도성장을 달성하였다. 1980년대에는 후발개도국에 속하는 아세안(ASEAN)의 국가군이 고속성장의 대열에 합류하였다. 그리고 1970년대 말에는 중화인민공화국이 개방정책을 취하면서 세계시장에 참여하기 시작하여 현재는 미국과 더불어 세계경제를 이끌어가는 기관차역할을 하고 있다.

1. 일 본

먼저 동아시아의 경제발전을 주도한 것은 일본이다. 제2차 세계대전에서 패배하고 생산기반의 상당 부분을 잃었던 일본은 동경에 진주한 맥아더사령부(GHQ)의 통할하에 토지개혁, 노동조합의 설립, 재벌해체의 3대 국내개혁을 단행하여 경제민주화의 기틀을 다졌다. 미국은 제2차 세계대전 중에 일본의 군사경제를 민주화하는 방안에 대한 연구를 진행했다. 토지개혁은 명치유신 이후 잔존하고 있던 지주-소작관계를 없애고 자작농체제를 확립하고자 한 것이다. 노동조합 설립을 합법화한 것은 노조설립을 통해 저임금을 없애고 노동자의 생활수준을 개선하기 위한 것이었다. 일본의 재벌은 수십 개에서 약 200개에 달하는 기업군을 거느리고 있었고 군부와 결탁하여 전쟁을 지원한 중심세력이었다. 재벌해체는 이러한 군사경제의 핵심을 민간경제로 전환하기 위한 조치였다.

일본은 3대 개혁을 실시함과 동시에 미국의 군사적 보호 아래 미국이 제공한 원조와 기술, 시장을 이용하여 가공수출형 공업화를 진행하였다. 우수한 인적 자본과 장시간의 고밀도노동, 기업 간 중층적 하청체계와 연공서열제라는 특유한 경영방식은 1970년대 중반까지 선진국 가운데 가장 높은 성장률을 기록하는 데 결정적 역할을 하였다.

일본은 고도성장과정에서 민수산업 부문에서 미국의 기술적 우위를 점차 잠식하였는데, 특히 1970년대 오일쇼크를 계기로 독자적 기술체계를 갖추었다. 즉 일본은 유가상승으로 선진국 중에서 가장 큰 타격을 입었으나, 설비갱신투자를 증가시키고 중후장대(重厚長大)형의 에너지다소비형 생산체제로부터 경박단소(輕薄短小)로 요약되는 첨단산업에 막대한 시설 및 연구개발(R&D)자금을 투자함으로써 단기간의 수출부진과 불황을 타개했다. 특히 미국이 1970년대 중반 이후 개발된 첨단기술을 주로 군수산업분야에 집중한 것과는 대조적으로 일본은 일반산업의 국제경쟁력을 강화하는 데 이용하였다. 그 결과 일본은 핵융합, 신소재, 슈퍼컴퓨터, 위성통신, 우주개발 등의 분야에서 최고 수준의 기술을 보유하게 되었다.

IMF체제하에서 일본의 환율은 1949년 1달러＝360엔으로 결정되었는데, 1971년 12월 스미소니언합의에 의해 1달러＝308엔으로 변경될 때까지 22년간이나 그대로 유지되었고 실질가치보다 약간 저평가된 엔화는 수출증대에 크게 기여했다. 그러나 미국은 무역수지 적자폭이 줄어들지 않자 일본으로 하여금 엔화를 절상하도록 압력을 가했다. 특히 1980년대 초에 Reagan 행정부가 실시한 고금리와 긴축정책은 인플레이션 탈출에는 성공적이었지만 민간투자를 감소시키고 무역적자폭을 확대했기 때문에 1985년 9월에 개최된 플라자회의(미국, 영국, 서독, 일본, 프랑스 5개국의 재무장관, 중앙은행총재가 회동)에서 그 책임을 일본과 독일에 돌려 평가절상하도록 압박하였다. 플라자회의를 계기로 일본의 엔화가치는 235엔대에서 오르기 시작하여 1년 후에는 120엔대에 이르렀다. 이후 환율은 1990년 초에는 160엔 선으로 다시 올랐다가 미일간 무역협상에서의 갈등으로 1995년 4월에는 80엔대로 떨어지기도 했는데, 최근까지 100엔대 전후를 유지하고 있다.16) 일본은 발군의 기술력과 국제경쟁력을 바탕으로 1985년 이후에 끊임없는 엔화강세(평가절상)에도 불구하고17) 세계최대의 무역흑자국, 자금공급국가로 부상하였다. 엔화가치가 1971년 8월 닉슨 독트린 이후 현재까지 3배나 올랐음에도 불구하고 [표 13-5]에서 보듯이, 2010년까지 무역흑자를 지

---

16) 이러한 급속한 엔화가치 상승으로 인하여 일본의 연공서열제와 중층적 하청체계가 상당히 변화했다고 한다.
17) 미점령군 당국은 일본 정부로 하여금 인플레이션을 수습하고 경제를 회복시키기 위해서 1948년 12월 「경제안정 9원칙」을 실시토록 하였다. 이를 위해 미국은 주일 공사 자격으로 Joseph Dodge를 파견하였는데, 그는 1949년부터 실시된 초균형예산을 주도하였다. 이 때 1달러＝360엔의 환율로 정해졌다.

[표 13-5] 주요국의 무역수지 추이 (단위: 10억 달러)

	00	01	02	03	04	05	06	07	08	09	10	11	12	13
독일	57	86	127	149	195	197	204	267	264	195	205	222	245	263
프랑스	-12	-4	2	-6	-19	-41	-46	-71	-101	-78	-87	-124	-105	-100
이탈리아	2	9	7	2	-3	-12	-25	-13	-20	-10	-42	-36	12	39
영국	-52	-54	-60	-77	-111	-108	-110	-183	-174	-131	-154	-162	-171	-170
스페인	-40	-38	-39	-52	-75	-96	-114	-137	-139	-65	-72	-69	-40	-21
EU28국	-55	-4	40	19	-3	-76	-161	-204	-294	-105	-138	-144	-40	162
미국	-436	-412	-468	-532	-651	-767	-817	-809	-816	-504	-635	-728	-731	-689
중국	24	23	30	25	32	102	178	262	297	198	182	156	231	261
한국	12	10	10	15	30	23	15	14	-12	40	40	31	29	45
일본	98	55	77	87	110	77	67	92	21	28	75	-33	-86	-118
OECD	-343	-276	-268	-360	-459	-667	-769	-811	-974	-439	-591	-817	-761	-633

자료: stats.oecd.org, www.imf.org.

속한 것은 그만큼 강한 일본산업의 경쟁력을 보여주는 것이다.

한편, 일본은 고도성장 단계에 진입하면서 주변의 아시아국가로 경제영역을 확대하기 위한 경제협력 방안을 끊임없이 강구해왔다. 먼저 일본은 한국, 대만, 홍콩, 싱가포르 등지에 생산시설을 직접투자하여 생산기반을 조성하고 이들 지역의 수출증대에도 기여하였다. 일본의 투자는 이들 국가들이 수출지향적 공업화를 채택한 것을 계기로 증대하였는데, 일본의 엔화 강세는 이들 지역은 물론 동남아지역에 대한 투자를 자극하여 성장률 제고에 기여하였다. 다만, 급속했던 엔화의 평가절상은 일본의 기업들로 하여금 고임금의 일본을 떠나 해외로 산업시설을 이전토록 압박하여 일본의 중소기업지대를 공동화하고 불황으로 몰아넣기도 했다. 그렇지만 일본은 여전히 GDP 세계 3위의 국가로서 첨단산업은 물론 부품소재산업에서도 강력한 경쟁력을 발휘하면서 세계의 생산을 뒷받침하고 있다.

2. 동아시아국가

동아시아에서 일본 다음으로 고도성장 과정에 진입한 국가는 한국, 대만, 홍콩, 싱가포르 등 소위 아시아의 신흥공업국가군(Newly Industrializing Countries)이다.[18] 이들 나라들은 대체로 외국자본의 도입을 바탕으로 수출드라이브정책을 강력하게 추진하여 고도성장을 이룩했다. 동아시아국가들은 거의 비슷한 시기에 자본도입과 공업화를 위한 제반조건을 정비하였다. 제2차 세계대전이 끝나고 이 지역에서는 냉전체제를 배경으로 자본주의적 생산관계가 생성 혹은 확대되었다.

이 같은 성장기반의 조성에 크게 기여한 것이 토지개혁(land reform)이었다. 싱가포르와 홍콩은 도시국가이므로 지주가 존재하지 않았지만, 한국과 대만에서는 일제의 식민지기에 지주-소작관계가 확대되었다. 1950년 3월부터 실시된 한국의 토지개혁은 연평균 토지생산물의 1.5배를 5개년간에 걸쳐 현물로 납부하도록 하였고 지주에게는 농지증권을 발행하였다. 동시에 귀속재산처리법에서는 지주들에게 일제가 남기고 간 귀속재산 매입에 우선권을 부여하고 귀속재산의 매입대금으로 농지개혁법에 의한 농지증권으로 납부할 수 있도록 하였다.[19] 하지만 해방 이후의 혼란과 1950년 6월에 발발한 전쟁으로 지주들은 농지증권을 귀속재산 매입에 사용하지 못하고 대부분을 생활자금으로 소비하고 말았다.

대만의 토지개혁법은 1953년 1월에 통과되었다. 대만에서는 토지채권과 국유기업들의 주식을 지주들에게 지급하도록 하였다. 양 국의 토지개혁은 지주자본을 직접적으로 산업자본으로 전환하는 것을 염두에 두고 있었지만 대부분의 지주계층은 몰락했다. 그러나 식민지시대의 지주-소작관계를 청산하고 기본적으로 자작농체제를 수립했다는 점에서 이 두 나라는 일본과 더불어 토지개혁을 가장 철저하게 수행한 국가였다.[20] 이같은 토지개혁의 성과는 자본주의적 발전

---

18) 동아시아의 신흥공업국가군은 라틴아메리카 및 아프리카 등의 국가와 비교할 때 매우 경이적인 경제발전을 달성하여 세계적 주목을 받았다. 동아시아의 성장의 배경으로서 정부의 역할, 공업화정책의 성격 및 특징, 미국의 대아시아정책 등, 고도성장의 내외적 결정요인이 무엇인가에 대해 다양한 분석이 이루어지고 있다.

19) 한국은행, 『경제연감 4288』, p. I =377.

20) 제2차 세계대전 이후 많은 나라에서 토지개혁을 실시하였는데, 일본, 한국, 대만을 제외한 나머지 국가들에서는 토지개혁이 그다지 성공적이지 못하였다고 평가된다.

에 크게 공헌하였다. 즉 이러한 토지소유관계는 농민의 소득증대를 통해 시장을 확대하고 교육기회를 확대하였으며, 공업화 장애 세력인 지주계급을 해체함으로써 정부로 하여금 공업화정책을 일관성있게 추진하도록 한 것으로 평가되는 것이다.

한편, 이들 국가들은 냉전하에서 체제대립의 최전선에 배치되어 미국으로부터 각종의 전략적 원조와 대우를 집중적으로 받았다. 이리하여 각국은 국내자본의 부족을 외부자본으로 보충할 수 있는 기반을 정비하였으며, 정부주도의 경제개발계획을 작성하고 수출드라이브정책을 추진하였다. 특히 공업화정책을 비교해 볼 때, 라틴아메리카지역이 수입대체공업화정책을 오랫동안 지속한 반면, 이들 국가들이 단기간의 수입대체공업화정책을 거쳐 수출지향적 공업화로 전환한 것은 매우 대조적이다. 즉, 대만은 한국보다 먼저 1950년대에 경제개발계획에 착수하였고, 한국도 1950년대의 수입대체공업화에서 1962년 제1차경제개발계획이 실시된 후 얼마 지나지 않아 정책을 수출지향으로 바꾸었다.

아시아의 신흥공업국들은 대내외적 조건을 유리하게 이용하여 고도성장단계로 진입하였다. 특히 1960년대 이후에는 세계경제가 선후진국 간의 국제분업체제로 전환하는 과정을 유리하게 이용하였다. 즉 선진국은 1960년대 후반 이후 점차 하락하는 이윤율을 보전하기 위해 개발도상국 쪽으로 대출을 증가시키거나 저임금을 이용하기 위해서 생산기지를 이동시켰는데, 신흥공업국은 이 기회를 놓치지 않았던 것이다.[21)]

아시아의 신흥공업국에 집중적으로 투자한 것은 미국과 일본이었다. 미국의 다국적기업은 1960년대까지 유럽진출을 마감하고 1970년대에는 동아시아로 발길을 돌렸다. 일본은 1970년대 말부터 본격적으로 해외로 진출하였는데, 동아시아에 대한 직접투자의 비중이 미국을 능가하면서 동아시아는 일본 자본을 중심으로 개편되었다.[22)]

---

21) 신흥공업국 9개국(아시아NICs, 아르헨티나, 브라질, 멕시코, 말레이시아, 인도)의 인구는 개발도상국 인구의 13%에 불과했는데, 1976년에는 이들 국가에 개발도상국에 대한 전체투자의 42%, 1981년에는 40.3%가 집중되었다.

22) 일본은 1950년대부터 자본을 수출하였는데, 60년대 후반 경상수지흑자기조가 정착하자 해외직접투자에 대한 규제를 풀기 시작하였다. 따라서 일본은 1969년 10월의 제1차 자유화 이래

　　이 두 선진국의 동아시아에 대한 투자는 대부분 전기·전자와 같이 조립과
정이 노동집약적인 분야에 집중되었는데, 특히 일본은 전자공학에서 ME(Micro
Electronics)화를 주도했기 때문에 이 지역은 산업구조의 고도화가 용이하게 진
행되었다. 이리하여 아시아의 신흥공업국들은 미국과 일본의 집적투자에 힘입
어 1970년대 이후의 구조적 불황기에도 눈부신 발전을 거듭할 수 있었다.[23]

　　한편 동남아시아의 아세안(ASEAN)에 속한 국가들도 공업화를 위한 제반 여
건을 정비하고 외국자본을 본격적으로 도입하여 신흥공업국을 추격하기 시작했
다. 이 지역의 고도성장은 역시 해외직접투자의 유치를 기반으로 한 수출지향
적 공업화라고 할 수 있다. 동남아시아국가에 대한 직접투자 또한 일본이 중심
이라고 할 수 있는데, 일본기업은 1985년 플라자회의 이후의 엔고압력을 회피
하기 위하여 대거 진출하였다. 1980년대 후반에는 임금이 급상승한 신흥공업국
가의 기업들도 꾸준히 이 지역으로 생산시설을 이전했다. 따라서 동아시아에서
고도성장을 달성한 국가들은 전체적으로 모두 조기에 수출지향형 공업화전략을
채택하여 앞선 공업국과의 국제분업체제에 참가하고, 차관 및 해외직접투자를
받아들여 선진기술을 학습함으로써 후발성의 이익을 극대화하여 왔던 것으로
판명된다.

　　[표 13-6]은 동아시아 지역을 중심으로 한 경제지표를 보여준다. 여기에
따르면 다른 지역에 비해 1960년대 이래 NICs의 성장이 한눈에 들어온다. 즉
한국, 대만, 홍콩, 싱가포르는 1980년에 이르기까지 국내총생산이 연평균 10%
에 가까이 성장하고 있고, 1980년대 이후에도 여타 지역과 비교하여 매우 높은
성장률을 지속하였다. 수출구조는 공업제품 중심으로 크게 변화하여 1988년에

　　1972년에는 자동인가제를 모든 해외투자에 대해서 적용, 실질적인 자유화를 단행하였으며,
　　1984년 4월의 제7차 자유화조치에 이르기까지 범위를 확대하여 규제를 철폐하였다. 金時中
　　外著, 『해외직접투자의 현황과 정책과제』, 대외경제정책연구원, 1992, pp.114-115.
23) 동아시아지역의 발전과 크게 대비되는 모습을 보여주는 곳이 중남미지역이라고 할 수 있다.
　　동아시아지역에 비해 훨씬 일찍 공업화를 시작했던 중남미지역은 수입대체공업화계획에 기
　　초하여 경제발전을 추진하였다. 그러나 이러한 당시의 개발방식은 대량생산과 대량소비를
　　전제로 하고 있었으므로 협소한 시장에 알맞는 수입대체공업화는 곧 한계에 봉착하게 되었
　　다. 물론 여기에는 인적 자본의 결여, 빈부격차, 불안한 정치 등도 유리한 투자여건을 조성
　　하는데 실패한 요인으로 지적될 수 있을 것이다.

[표 13-6] 세계의 1인당 GNP, 성장률 및 공업제품수출

	1인당GNP ($), 1989	GDP평균성장률		공업제품 수출액(억$), 1988	공업제품수출비중		세계공업수출 에서 차지하는 비중(1988)
		1965~80	1980~89		1970	1988	
한국	4,400	9.9	9.7	579	76.5	92.9[2]	2.9
대만	7,512	9.9	8.0	555	75.8	91.9	2.8
홍콩	10,350[1]	8.6	7.1	266	95.7	95.4	1.3
싱가포르	10,450	10.0	6.1	274	27.5	69.7	1.4
A – NICs	–	–	–	1,673	70.0	88.1	8.5
멕시코	2,010	6.5	0.7	103	32.5	44.9[2]	0.5
브라질	2,540	9.0	3.0	173	13.2	51.1	0.9
LA – NICs	–	–	–	276	19.0	48.6	1.4
타이	1,220	7.3	7.0	86	4.7	54.1	0.4
말레이시아	2,160	7.4	4.9	23	6.5	42.6	0.1
필리핀	710	5.9	0.7	90	7.5	32.4	0.5
인도네시아	500	7.0	5.3	54	1.2	27.9	0.3
ASEAN(4)	–	–	–	252	5.2	39.9	1.3
중국	350	6.4	9.7	283	41.8[3]	53.9[2]	1.4
일본	23,810	6.6	4.0	2,551	92.5	96.3	12.9
미국	20,910	2.7	3.3	2,050	66.7	68.2	10.4
OECD	19,090	3.8	3.8	19,342	72.0	77.4	77.5

주: 1) = GDP, 2) = 1989년, 3) = 1975년.
자료: 柳田侃, 『アジア經濟論』, 1993, p.17에서 작성.

는 수출에서 차지하는 비중이 일본 다음으로서 88.1%, 전 세계 공업제품 수출의 8.5%를 차지한다. 아시아의 신흥공업국이 제3세계 공업제품수출에서 차지하는 비율은 54.5%로 절반 이상이었다.[24] 아세안국가들도 아시아NICs 다음가는 GDP성장률을 보여주고 있다.

아시아 신흥공업국의 고도성장의 기반이 된 공업제품수출에 대해서 보면 특히 첨단기술제품의 비중이 현저하게 상승하고 있다. 한국과 대만의 경우 전자제품의 생산에서 노동집약적인 부품의 생산비율이 하락하고 자본·지식집약

24) 柳田侃, 『アジア經濟論』, ミネルウ"ア書房』, 京都, 1993, p.16.

적인 산업용 기기의 생산비율이 현저하게 증가하였다. 이는 앞에서도 지적한 바와 같이 미국 및 일본의 다국적 기업들이 전자·전기 부문을 중심으로 생산기지를 이전한 결과 생산증가와 수출증대가 달성되는 과정에서 기술이전이 이루어졌기 때문이다.[25]

[표 13-6]을 보면, 1970년대 말부터 세계시장에 본격적으로 뛰어든 중국도 매우 높은 성장률을 달성하고 있는데, 현재에는 세계 각국의 해외직접투자를 받아들여 기술을 흡수·개발하면서 세계의 산업투자지역으로 부상하고 교역을 주도하고 있다. 또한 사회주의 국가인 베트남도 1986년 이후 개혁·개방정책으로 전환하였는데, 최근에는 5~6%대의 성장률을 보이고 있다. 한편, 동아시아 지역은 지역 내에서 상호 간 자본이동과 교역비중이 크게 늘어나면서 실질적인 경제협력관계가 한층 심화되고 있다. 거대 시장의 중국, 자본과 기술력을 갖춘 일본, 고도성장의 경험을 축적한 신흥공업국, 자원이 풍부한 동남아시아로 구성된 동아시아말로 현대의 세계경제질서를 변화시키는 원동력이 되고 있는 것이다.[26]

3. 중 국

중국 경제의 영향력이 갈수록 커지고 있다. 개방 이전의 중국은 기본적으로 자본주의의 침투와 지배에 대한 우려 때문에 죽의 장막이라고 불려질 정도로 매우 폐쇄적이었다. 특히 마오쩌둥(毛澤東: 1893~1976) 시대의 대약진운동

---

25) 물론 동아시아국가 수출은 섬유 및 의류, 잡화 그리고 노동집약적인 전자부품·기기의 비중이 여전히 많은 부분을 차지한다. 이는 미일계의 기업이 저임금의 풍부한 저임금노동력을 이용하기 위해 진출해온 사정과 무관하지 않다. 특히 이 지역에서 전자산업이 발전하게 된 것은 미국에서의 민생용전기기기 ―이 분야는 조립공정이 노동집약적이다― 의 수출시장을 둘러싸고 미일계 기업이 경쟁적으로 투자한 것에 기인한다. 가령 외자계 기업이 진출했던 초기부터 1980년대 초반까지 한국과 대만의 전자제품수출에서 외국기업이 차지한 비중은 양국 모두 절반 혹은 그 이상을 차지하였다. 이러한 외국자본의 진출은 기술이전을 통해 노동집약적인 현지기업의 발전에 크게 기여하였다.
26) 1980년대에 유가하락으로 중동은 성장률이 마이너스였으며, 중남미, 아프리카, 유럽의 성장률도 2% 정도에 지나지 않는다. 반면, 아시아는 6%를 넘는 성장을 지속하였다. 木下悅二, "レーガン時代の世界經濟とその遺産,"『ポスト冷戰の世界經濟』, pp.4-5.

(1958~1960)과 문화대혁명(1966~1976)은 중국사회에 깊은 내상을 입혔다. 이 두 운동은 원칙적으로 자력갱생을 추구한 경제정책의 한계와 사회적 혼란을 노정하였을 뿐 서방선진국과의 생산성 격차를 줄이지 못하였다.

대약진운동은 국가주석인 마오쩌둥의 주도하에 실시되었다. 이것은 인민공사를 창설하여 집단화하고,[27] 철강사업과 같은 노동력 집중산업을 독려하는 대중적 경제부흥운동이었다. 단기간에 선진국을 따라잡는다는 야심찬 계획하에 공업생산목표를 높게 설정하고 농촌의 노동력을 동원하였다.[28] 그러나 농촌에서 지나치게 많은 노동력을 빼내는 바람에 농업노동력이 크게 감소하여 1960년에만 2천만 명이 굶어죽는 등 3년간 3천만 명 이상의 아사자가 발생하고 농업경제는 파탄상태에 이르렀다. 공업생산목표액도 달성불가였으며, 대약진운동은 중국 전체의 경제문화수준을 20년 이상 퇴보시켰다는 비판을 받았다. 그 결과 마오쩌둥이 국가주석직에서 사임하고 류사오치(劉少奇: 1898~1969)가 국가주석이 되었으며, 덩샤오핑(鄧小平: 1904~1997)도 권력의 실세로 부상하였다.

마오쩌둥은 1966년 문화대혁명(무산계급문화대혁명)을 일으켜 다시 권좌에 복귀하였다. 문화대혁명은 자본주의, 봉건주의, 관료주의의 타파라는 주장을 내걸고 이상적인 사회주의 건설을 시도한 운동이었는데, 청소년으로 구성된 홍위병을 동원하여, 지식인, 전문가, 학자 등을 고문·처형하고 사찰 등 문화재를 파괴하였다. 이 운동 역시 수많은 전문인력을 제거하고 쫓아내었기 때문에 중국의 경제사회적 발전을 저해하였다.

중국의 개혁개방은 모택동 사후 문화대혁명의 4인방을 제거하고 재등장한 오뚜기 덩샤오핑의 주도하에 추진되었다. 그는 국내적으로는 자본주의적 시장원리를 부분적으로 도입하고 대외적으로는 시장을 개방하여 본격적으로 중국을 세계시장에 뛰어들게 하였다. 덩샤오핑의 개혁개방정책은 동유럽보다 십여 년

27) 행정 부문과 농공업 생산 부문·학교·민병(民兵) 등을 포함하는 사회의 독자적인 말단권력 조직이다. 인민공사 도입 초기에는 모든 생산수단을 인민공사의 집단소유과 전인민의 소유로 하는 등의 급진적 조치를 취했기 때문에 혼란과 농민의 생산의욕을 감퇴시켰다. 이러한 문제점 때문에 초기의 정책을 후퇴시키는 시정초치가 취해졌지만, 반발을 일으켜 문화대혁명을 일으키는 요인 중의 하나로 작용하였다.
28) 예를 들면, 중앙정부는 1958년도 철강생산량의 목표를 620만 톤에서 800~850만 톤으로 매우 높게 설정하였다.

앞선 것이다.

중국의 개혁과 개방은 대체로 3단계를 거쳐 이루어졌다. 첫째, 개혁의 1단계(1978~1984)는 인구의 80%가 집중되어 있는 농업 부문으로부터 시작되었다. 중국 정부는 농민의 의욕을 고취하고 생산성을 올리기 위하여 농업의 관리구조와 유통체제를 개선했다. 집단화한 인민공사를 개혁하여 개인의 책임제를 실시하였고, 향진기업(鄕鎭企業)을 설립하여 노동력을 흡수하고 소득 증대를 도모하였다. 향진기업은 1978년부터 각 지역의 특색에 맞게 설립된 소규모 기업으로서 지방자치단체의 주민이 공동으로 경영하는 집체소유제 형식이다. 주민의 공동소유를 원칙으로 재투자액을 제외한 모든 이윤을 주민에게 분배했기 때문에 매우 높은 생산성을 달성하였다. 1992년 9월까지 약 550만 개가 설립되었다.

둘째, 농업 부문의 개혁에 이어 기업의 효율성과 생산성을 제고하는 데 주력하여 도시부문의 경제개혁을 추진하였다(1984~1987). 특히 기업에 활력을 불어넣고 생산성을 올리기 위해 국가소유기업에 대한 개혁을 단행했다.

셋째, 대외적으로 교류와 협력을 강화하기 위해 개방정책을 실시했다. 중국 정부는 특히 외국의 자본과 선진기술을 흡수하기 위해 제도를 정비하고 유인책을 제공하였다. 이것을 계기로 해외직접투자가 급증하여 중국은 세계의 투자지역으로 급속히 부상하였고 성장속도도 가속화되었다. 지역적으로는 연안지역이 먼저 개방되었기 때문에 이 지역에서 생산과 소득이 증가하기 시작한 이후 점차 내륙으로 개방효과가 파급되고 있다.

개혁개방정책이 가속화되면서 중국에는 사회경제적 변화가 급격하게 진행되었는데, 1980년대 중반에 이르자 지식인과 학생들의 자유화·민주화 요구가 전국적으로 크게 일어났다. 특히 후아오방(胡耀邦: 1915~1989)의 급서와 추모를 계기로 터진 천안문(天安門)사건을 중국 정부는 무력으로 진압하였고, 장쩌민(江澤敏, 1926~), 리펑(李鵬, 1928~)으로 이어지는 보수파가 덩샤오핑의 지지를 기반으로 당권을 장악하였다. 그러나 후진타오(胡錦濤, 1942~), 원자바오(溫家寶, 1942~)를 거쳐 현재의 시진핑(習近平, 1953~)체제에 이르기까지 완급을 조절하면서 개혁과 개방정책을 지속하고 있다. 시진핑체제의 중국은 최근에 정부 주도 정책으로 수출을 통해 경제발전을 달성했던 방식에서 탈피하여 새로운 경제체계를 형성하는 것을 목표로 하는 신창타이(新常態)의 뉴 노멀(New Normal)정책을 추진하겠다는 의지를 밝히고 있다. 이 정책은 GDP성장률을 기준으로 하는 기존 성장 주도 정책과는 다른 새로운 기준으로 경제를 이끌겠다는 발상으로 중국 경제의 민영화와 규제완화를 통한 질적 개선을 목표로 한 것이다.[29] 즉 이것은 그 동안의 성장전략에서 벗어나 확대일로의 빈부격차를 해소하고 경제의 질적 수준을 개선하려는 것으로 새로운 발전전략을 모색하는 것으로 보인다.

그동안 중국의 GDP성장률을 살펴보면, 앞의 [표 13-6]에서 1980~1989년에 연평균 9.7%, 2000년대에 들어서서도 매년 10% 전후로서 대단히 높은 성장률을 달성하였다. 다만, 2011년 9.3%로 떨어진 이후 점차 하강하여 2014년에 7.4%였고, 2015년에는 7%를 목표성장률로 설정했기 때문에 앞으로 이 수준을 넘어서기 어려울 것으로 예상된다. 그렇지만 중국은 여전히 세계의 경제성장을 이끄는 기관차 역할을 할 것이다.

중국이 전 세계 수출에서 차지하는 위치를 살펴보면, 1950년 0.9%였는데 개방 직후인 1980년에도 0.9%에 지나지 않았다. 1991년에는 2.0%, 2000년 3.9%였는데, 이 이후에 급상승하여 2010년 10.4%로서 최초로 10%를 넘어서 2014년에는 12.5%로서 전 세계의 8분의 1을 차지했다.[30] 중국의 수출액은 2010년 이후 세계 1위의 자리를 지키고 있으며, 2위국과의 차이도 점차 벌리고 있다. 중국은 이같은 교역의 증대를 바탕으로 2006년 이후 세계 최대의 외환보유국으로서 2015년 8월 현재 무려 3조 6,500억 달러 이상을 보유하고 있다. 중국의 위안화 또한 그 위상을 강화해가고 있는데, 2015년 11월 30일에는 IMF 집행이사회에서 특별인출권(SDR) 구성통화로 채택되었다. 민수산업에서의 기술력도 착실하게 전진하여 예전의 노동집약적 산업 중심에서 기술집약적, 지식집약적 산업을 기반으로 하는 세계적 기업이 등장하고 있다.

[표 13-7]에서 보듯이, 2014년 현재 GDP 10조 달러로서 미국 다음가는 위치를 차지하고 있다. 그러나 머지않은 장래에 제1위의 경제대국으로서의 위

---

29) 원종현, "중국의 신경제체제 구축관련 주요 이슈와 시사점," 이슈와 논점, 제1066호, 국회입법조사처, pp.1-2.

30) www.imf.org

[표 13-7] 2014년 GDP 순위   (단위: 10억 달러, %)

순 위	국 가	국내총생산(당해년 가격) 10억US$	세계 GDP 비중 %
1	미국	17,419	22.4
2	중국	10,360	13.3
3	일본	4,602	5.9
4	독일	3,853	4.9
5	영국	2,942	3.8
6	프랑스	2,829	3.6
7	브라질	2,346	3.0
8	이탈리아	2,144	2.8
9	인도	2,061	2.7
10	러시아	1,861	2.4
13	한국	1,410	1.8

자료: The World Bank.

치를 자리매김할 것이다.

중국이 개혁개방 정책 이후 세계시장 진출을 바탕으로 고속성장을 달성하여 왔지만, 향후 해결해야 할 과제도 적지 않은 것이 현실이다. 국가 규모에 비해 아직 낮은 1인당 GDP(2014년 7,572달러, 세계 77위), 극심한 물가앙등과 부동산 가격의 상승, 연안과 내륙의 발전격차, 빈부격차, 부패 등의 문제와 함께 저임금구조의 해소 및 점차 발생 빈도를 높여가고 있는 노동문제와 향후 틀림없이 다시 대두할 민주화요구 등 만만치 않은 문제가 산적해 있는 것이다. 또한 앞이 보이지 않을 정도로 심각한 대기오염을 비롯한 환경문제 또한 중국 사회가 해결해야 할 당면한 과제이다. 이와 같은 과제를 어떻게 해결해 나갈 것인가는 중국 자체의 경제성장 및 발전은 물론이고 세계 경제의 미래에도 적지 않은 영향을 미치게 될 것이다.

인명색인

사항색인

ㅇ

ㅎ

김호범

현재 부산대학교 경제학부 교수

경제사개설

초판발행	2015년 12월 26일
중판발행	2020년 8월 10일
지은이	김호범
펴낸이	안종만·안상준
편 집	배근하
기획/마케팅	정성혁
표지디자인	권효진
제 작	우인도·고철민
펴낸곳	(주) 박영사
	서울특별시 종로구 새문안로3길 36, 1601
	등록 1959. 3. 11. 제300-1959-1호(倫)
전 화	02)733-6771
f a x	02)736-4818
e-mail	pys@pybook.co.kr
homepage	www.pybook.co.kr
ISBN	979-11-303-0288-1 93320

정 가   23,000원